Moritz Neumann
Im Zweifel nach Deutschland

Moritz Neumann

Im Zweifel nach Deutschland

Geschichte einer Flucht und Rückkehr

zu Klampen!

e-mail: info@zuklampen.de · www.zuklampen.de
Satz: thielenVERLAGSBÜRO · Hannover
Druck: Clausen & Bosse · Leck
Umschlag: Matthias Vogel (paramikron) · Hannover

ISBN 3-934920-57-8

Bibliografische Information Der Deutschen Bibliothek
Die Deutsche Bibliothek verzeichnet diese Publikation in der Deutschen Nationalbibliografie; detaillierte bibliografische Daten sind im Internet über ‹http://dnb.ddb.de› abrufbar.

Meinen Kindern
Daniel, Shira und Sarah

»Rosa, komm mal her, das mußt du hören.« Moritz Neumann klang ausgesprochen zufrieden. »Hör dir das an, jetzt bekommen sie endlich mal die Wahrheit gesagt.« Nichts regte sich. »Rosa, wo steckst du denn? Roosaa!«

Rosa Neumann steckte ihren Kopf durch den Türspalt, schien kurz zu überlegen, ob sie ihre Arbeit in der Küche wirklich unterbrechen sollte, und kam dann doch ins Wohnzimmer. Sie hatte ihre Küchenschürze umgebunden, die Ärmel ihrer Bluse hochgekrempelt und wischte sich die feuchten Hände trocken: »Ich bin ja schon da. Was ist denn?«

Moritz Neumann hatte die Zeitung vor sich auf dem Eßtisch ausgebreitet. Jetzt, da seine Frau neben ihm saß, strich er die *CV-Zeitung*, das offizielle Organ des Centralvereins deutscher Staatsbürger jüdischen Glaubens, noch einmal glatt und begann laut aus dem Leitartikel vom 9. Mai 1933 zu lesen: »Niemand wird es wagen, unsere verfassungsmäßigen Rechte zu verletzen. Jeder Versuch in dieser Richtung wird uns auf unserem Posten finden, entschlossen zur Verteidigung.«

Moritz Neumann blickte auf: »Na, was sagst du?« Rosa reagierte nicht. »Willst du noch was hören? Dann paß auf: ›Deutschland wird Deutschland bleiben, und niemand kann uns unser Vaterland und unsere Heimat rauben.‹ Rosa, jetzt sag doch endlich was.«

Rosa Neumann war aufgestanden, um wieder in die Küche zurück zu gehen. Sie blickte ihren Mann an: »Hoffentlich wirst du recht behalten - und nicht Hans.«

Moritz Neumann winkte unwirsch ab: »Hans mit seinen Phantastereien. Ich sage dir, das sind fehlgeleitete junge Leute. Wer hat uns denn überhaupt in diese Lage gebracht? Doch nur die Linke mit ihrer Unzufriedenheit und Aufmüpfigkeit. Aber die Regierung wird bald erkennen, wer wirklich zu ihr steht, und daß sie sich auf unsereins verlassen kann. Und dann wird alles wieder gut.«

Moritz Neumann hatte als Inhaber des großen Textilhauses in der Amalienstraße einen guten Namen in Breslau. Textilien en gros und en détail. Ein erfolgreicher Geschäftsmann, geschätzt von der Kundschaft, bekannt für seine liberal-konservative Einstellung und seinen Hang zur längst verblichenen Monarchie. Daß er Jude war, störte nicht sonderlich. Immerhin hatte er am Weltkrieg teilgenommen, war Unteroffizier seiner Majestät des Kaisers gewesen, dekoriert aus dem Feld zurückgekehrt.

* * *

Lange trafen sie sich nun schon regelmäßig in der Höfchenstraße, am runden Tisch im Wohnzimmer von Moritz und Rosa Neumann. Da saßen die Verwandten und Freunde beisammen, tranken Tee und rauchten. Und immer wieder war das zentrale Thema die seit dem Januar 1933 so schrecklich veränderte Lage. Es gab Freunde, die hatten sich vom Pessimismus überwältigen lassen und waren ausgewandert. Ja, selbst einige aus der Familie waren nicht zu überzeugen gewesen, daß sich alles regeln würde, daß der braune Spuk bald zuende sein würde. Man stelle sich vor, Deutschland, das Land der Dichter und Denker, die Heimat der abendländischen Kultur, in den Händen von ein paar wild gewordenen Banditen, und dann noch angeführt von einem Österreicher. Der würde sich nicht mehr lange halten können.

Willi und Else Tischler, die beiden Architekten, hatten so lange nicht warten wollen und waren schon gleich nach der von den Nazis so genannten »Machtergreifung« nach London gegangen. Leicht war das Leben dort nicht, aber immer noch einfach im Vergleich zu Montevideo, wohin die beiden Krebs-Brüder mit ihren Frauen ausgewandert waren. Montevideo in Uruguay. In Breslau jedenfalls war es ihnen garantiert besser gegangen. Aber wahrscheinlich würden sie ohnehin bald zurückkommen. Was wollten sie auch in Uruguay.

Früher, als die Zeiten noch ruhiger waren, hatte Rosa Neumann bei Gelegenheiten wie dieser gern das Grammophon angekurbelt und eine Schellackplatte aufgelegt, *La Traviata* oder *La Bohème*, am liebsten aber, wenn die Runde nicht gleich wieder darüber stöhnte, den *Walzertraum* von Oscar Straus. Rosa war eine stattliche und energische Frau mit streng zurückgekämmten Haaren, die in einen dicken Knoten mündeten. Dort steckte meist ein spanischer Kamm. Das war ihr Erkennungszeichen – wie bei ihrem Mann der an den Enden nach oben gezwirbelte Schnurrbart der Marke »Es ist erreicht«. Wäre sein Haupthaar nicht schon so schütter gewesen, Moritz Neumann hätte entfernt ausgesehen wie Kaiser Wilhelm zwo, den er noch immer verehrte, trotz alledem.

Heute blieb das Grammophon zugeklappt, die Schallplatten im Schuber. Im Geschäft von Moritz Neumann waren gestern nacht die Fensterscheiben eingeworfen worden. Es war nicht der erste Anschlag, aber diesmal war absolut nichts heil geblieben, auch nicht die Auslage. Und dann war da dieser Zettel gewesen, der auf dem Scherbenhaufen lag: »Heute sind es nur die Scheiben«, stand da in krakeligen Großbuchstaben, »morgen bist du dran, du Moses. Deutschland erwache, Juda verrecke!«

Moritz Neumann, dem Begriffe wie Staat und Autorität, Recht und Ordnung noch immer etwas galten, hatte die Polizei angerufen und berichtet, was geschehen war. Als nach mehr als einer Stunde noch immer kein Wachtmeister zum Ort des Geschehens gekommen war, hatte sich Neumann selbst auf den Weg zum nächsten Polizeirevier gemacht. Er wolle Anzeige erstatten, weil sein Geschäft von Unbekannten verwüstet worden sei, hatte er dem Uniformierten an der Pforte erklärt. Und er hatte es als ausgesprochen unangebracht empfunden, als dieser nur die Schultern zuckte und, offenbar verwundert über das Ansinnen, antwortete: »Sie sind doch der Herr Neumann aus der Amalienstraße? Und Sie wollen Anzeige erstatten? Gegen wen denn?« »Gegen die Bande, die mein Geschäft demoliert hat«, hatte Moritz Neumann geantwortet, worauf der Uniformierte ihm den Rat gab: »Gehen Sie wieder nach Hause. Eine Anzeige bringt in diesem Fall sowieso nichts. Das können Sie sich doch denken.«

Ja, das hätte er sich eigentlich denken können. Damals, als alles begonnen hatte, nur wenige Wochen nach dem 30. Januar 1933, den die Nazis als Tag der Machtergreifung feierten, damals waren die Scheiben seines Geschäfts mit dicken Strichen weißer Farbe beschmiert worden: »Deutsche, wehrt euch. Kauft nicht bei Juden.«

Und als Moritz Neumann am Morgen des folgenden 1. April das Rollgitter hochgeschoben und den Laden geöffnet hatte, da hatten rechts und links vom Eingang zwei grimmig dreinschauende SA-Männer in braunen Hemden, mit Schulterriemen und Hakenkreuzbinden gestanden, zwei Statuen gleich, die stur geradeaus starrten und nicht mit der Wimper zuckten, als Moritz Neumann sie ansprach: »Kann ich den Herren behilflich sein? Haben Sie spezielle Wünsche?«

Sie hatten nicht geantwortet, es nicht für angebracht gehalten oder nicht zu antworten gewagt. Vielleicht hatten sie auch gar nicht gewußt, was sie hätten antworten sollen. Ob sie sich schämten? Eher nicht. Auf die Kunden jedenfalls wirkte ihre Anwesenheit. Die meisten Kaufwilligen machten auf dem Absatz kehrt und verzichteten darauf, das Geschäft zu betreten. Die meisten. Nicht alle. Kurt Sohlbach, der ältere Buchhalter der Metallfabrikation Seysmar und Söhne, der sich seit Jahrzehnten im Hause Neumann einkleidete, war an den SA-Statuen vorbeigegangen, hatte noch ein freundliches »Sie gestatten wohl« gemurmelt und die Eingangstür geöffnet. Moritz Neumann hatte er erklärt, er lasse sich von primitiven Dummköpfen nicht vorschreiben, wo er kaufen dürfe und wo nicht, hatte zwei Krawatten erstanden und war dann wieder gegangen. Als er schon ein paar Schritte entfernt war, hatte ihm einer der SA-Männer hinterher gerufen: »Judenknechte kommen auch noch dran.«

An diesem Abend schilderte Moritz Neumann der Runde noch einmal, wie die beiden damals dagestanden hatten. Breitbeinig in ihren Reiterhosen mit den hohen Stiefeln, die Arme vor der Brust verschränkt.

Moritz Löwi, der Psychologe in der Familie, tat diese Körperhaltung als klassisches Zeichen von Unsicherheit ab: »Das lernt man bei uns im ersten Semester, daß diese Position Stärke demonstrieren soll, aber nur innere Schwäche dokumentiert.«

Nur allzu gern schloß sich die Runde dem doch irgendwie beruhigenden Urteil des Experten an.

Nur Hans, der zweitälteste Sohn der Neumanns, störte die allgemeine Neigung zur Beschwichtigung: »Mir ist es egal, ob einer stark oder schwach ist, wenn er mit einer Pistole vor mir steht und den Finger am Abzug hat. Ihr müßt die Zeichen der Zeit erkennen. Macht euch doch nichts vor.«

* * *

Hans war Sozialdemokrat, der einzige in der Familie. Es hatte eine Zeit gegeben, da sich sein Vater für die politischen Ideen seines Sohnes geschämt, sie gar »undeutsch« genannt und etwas von der »ruhmreichen Zeit der Monarchie« gemurmelt hatte, und daß damals alles besser gewesen sei. Dann hatte sich regelmäßig Rosa, die Mutter, eingemischt, um den aufkommenden Streit zu schlichten: »Laß ihn halt, den Hans. Einen roten Buffke muß jede anständige Familie aushalten.«

»Roter Buffke«, das war seither sein Spitzname, vom Vater mit verächtlichem Unterton ausgesprochen, von der Mutter meist mit leichtem Lächeln, ein Kosename eben. Aber Hans war nicht einfach nur Mitglied der Sozialdemokratischen Partei Deutschlands, er war ein Aktiver, hatte dem »Reichsbanner Schwarz-Rot-Gold« angehört, war auf die Straße gegangen, hinter der roten Fahne her marschiert und hatte sich mit den Nazis geprügelt, mit solchen Braunhemden, wie sie am Morgen des 1. April vor dem Geschäft seines Vaters standen, um der Welt den »Judenboykott« zu demonstrieren.

Als die sozialdemokratische wie die kommunistische Partei verboten wurde, hatte sich Hans, anders als viele seiner Genossen, nicht in die Situation ergeben. Er nahm regelmäßig an geheimen und konspirativen Treffen teil, bei denen Pläne für eine Sammlung der demokratischen Kräfte zum Sturz der Nazis entworfen wurden, doch er glaubte allmählich immer weniger daran, daß die Rückkehr zur Vor-Nazizeit so einfach möglich sein sollte, wie seine Genossen es sich vorzumachen liebten – und sein Vater, seine Onkels und Cousins anscheinend auch.

Sollte er in den Untergrund gehen, vielleicht als Kurier? Nachrichten aus dem Reich in die Schweiz oder nach Dänemark schmuggeln, um der Welt vor Augen zu führen, was sich tatsächlich in

Deutschland abspielte, was aus Deutschland geworden war? Unmöglich. Als Sozialdemokrat war er schon gefährdet, aber dann noch als Jude? Der erste Fehlschlag würde sein Todesurteil bedeuten. Was dann also? Sollte er ganz aus dem gigantischen Gefängnis verschwinden, zu dem die Nazis Deutschland in so kurzer Zeit gemacht hatten? Emigrieren? Nach Holland vielleicht, in die Tschechoslowakei oder nach Frankreich? Und was würde er dort tun, wovon leben? Er hatte den Beruf des Kaufmanns erlernt, war für das Geschäft des Vaters auf Reisen gegangen, er kannte sich gut in Prag aus. Dort sammelten sich zur Zeit viele Genossen und warteten auf den Tag, da sie ungefährdet wieder nach Hause würden zurückkehren können.

Oder sollte er einen Schlußstrich ziehen, endgültig reinemachen, nicht mehr an Rückkehr denken und ganz woanders neu beginnen? In den USA oder in Südamerika, wie die Krebs-Brüder. Oder in Palästina? Das schwierige Leben dort, die Hitze, die Entbehrungen – all das schreckte ihn nicht. Es war ein anderer Grund, warum er diesen Gedanken verwarf: Hans war kein Zionist. Doch ja, er sympathisierte irgendwie schon mit den Ideen von Theodor Herzl und Max Nordau, mit dem Gedanken, frei zu sein, wirklich frei, als Jude. Eine neue Gesellschaft zu bauen, den neuen jüdischen Menschen zu formen, stark und selbstbewußt. Aber Hans war Deutscher. Ein jüdischer Deutscher. Sein Land war Deutschland, hier wurde er gebraucht. In dem anderen Deutschland, dem, das dem Nazi-Spuk aus eigener Kraft ein Ende bereiten würde.

Hans fühlte sich wohl unter seinen Genossen, geborgen und relativ sicher. Sie würden es nicht zulassen, daß ihm die Nazis etwas antaten, sie würden sich vor ihn stellen und mit aller Bestimmtheit sagen: Er ist einer von uns.

Zugegeben, Genosse war nicht gleich Genosse. Da war ein wunder Punkt in dem mitunter etwas märchenhaften Gut-Böse-Szenario, das Hans sich zurechtlegte. Der wunde Punkt hieß Gregor Seiler, war wie Hans 34 Jahre alt und sein Freund aus frühesten Volksschultagen. Sie waren das, was man wahre, echte Freunde nennt. Nicht nur, weil sie als träumerische Jugendliche, die Karl May gelesen hatten, sich am Ufer der Oder gegenseitig die Unterarme aufgeritzt und die blutenden Stellen gegeneinander gepreßt hatten, um für alle Zeiten ihre Blutsbrüderschaft zu besiegeln.

Gregor Seiler, ein Kind armer Leute, war durch die Freundschaft mit Hans zum Ziehkind der Familie Neumann geworden. Kaum ein Tag, da er nicht von der Schule mit Hans nach Hause gekommen war, dort gegessen und den Tag verbracht hätte. Und wenn Hans am Samstag mit dem Vater in die Storch-Synagoge gehen mußte, weil der Vater zwar kaisertreu-deutsch, aber eben auch ein jüdischer Traditionalist war, kam Gregor natürlich mit. Daß er eigentlich evangelisch war, störte niemanden. Und Gregor störte es auch nicht.

Sie hatten gemeinsam die Oberrealschule abgeschlossen, sie gingen an den Samstagabenden gemeinsam aus, suchten sich ihre Liebschaften gemeinsam und blieben auch dann noch eng verbunden, als sie beruflich längst unterschiedliche Wege gingen. Hans, der so gern Architektur studiert hätte, aber als Lehrling im väterlichen Geschäft beginnen mußte, das er ja später, irgendwann einmal, übernehmen sollte. Und Gregor, der am liebsten mit Hans zur Universität gegangen wäre, doch Geld verdienen mußte, weil sein Vater schon so lange arbeitslos war, daß kaum noch Hoffnung bestand, er könne jemals wieder in Lohn und Brot kommen. Deshalb folgte Gregor dem Zureden der Eltern und ging »zum Staat«, in die Landesverwaltung, von wo er später zur Polizei wechselte.

Hans war ein zutiefst politischer Mensch, beseelt von den Idealen der Französischen Revolution, von Freiheit, Gleichheit und Brüderlichkeit. Den Weg dorthin, davon war er überzeugt, würde die Sozialdemokratie weisen. Gregor hingegen war eigentlich unpolitisch. Er hätte sich auch vorstellen können, zum Militär zu gehen, sagte er – wenn es das Militär der Kaiserzeit noch gäbe. Für ihn waren Begriffe wie »Volk« und »Vaterland« Ausdruck einer Gesinnung, die er »ordentlich« nannte. Daß er trotzdem bei den Sozialdemokraten gelandet war, hatte vor allem an Hans gelegen, der ihnen kurz nach der Matura beigetreten war. Allerdings schätzte Gregor an den Sozialdemokraten deren Sinn für Gleichheit und Gerechtigkeit. Wenn sie jetzt noch national gesinnt gewesen wären, hätte er sich bei ihnen sicherlich wohler gefühlt.

Der Bruch kam Ende 1932, als Hans verlangte, Gregor müsse sich für den demokratischen Staat engagieren, statt als bloße Karteileiche im Mitgliederverzeichnis der Partei aufzutauchen. Natürlich, Reichsbannermann zu werden, das schied aus für einen, der gerade in den Polizeidienst gewechselt war. Damit stand er zwar nicht auf der anderen Seite, aber im selben Stall war er auch nicht mehr. Sagte Gregor.

Hans dagegen erwartete Solidarität, die große Gemeinsamkeit unter Sozialdemokraten. Und er scheute sich nicht, ihre alte Freundschaft in die Waagschale zu werfen: »Wenn du mein Freund bist«, hielt er Gregor vor, »dann stehst du auch zu mir.«

Gregor sah das anders. »Ich bin dein Freund und ich bleibe dein Freund. Das ist eine persönliche Angelegenheit. Das mit der Partei ist eine politische Sache. So etwas kann man nicht miteinander verknüpfen.«

Als Hans um die Weihnachtszeit herum erfuhr, Gregor habe seine Mitgliedschaft in der Partei zurückgegeben, schien ihm dies wie die logische und durchaus zu erwartende Reaktion des Freundes von einst, der damit einen Teil seiner eigenen Geschichte abgestreift hatte. Nein, nicht bloß seiner eigenen, sondern ein wesentliches Stück ihrer gemeinsamen Geschichte.

* * *

In der Höfchenstraße saß der Schreck tief. Seit Januar '33 hatten sie schon so manches erlebt, was wie ein Rückfall in die Zeiten der Barbarei anmutete. Aber zumeist hatten sie davon nur in der Zeitung lesen müssen. Die Einschränkungen im privaten und geschäftlichen Bereich, ja auch gelegentliche Gemeinheiten und Niederträchtigkeiten einzelner Mitmenschen, von denen man dies nicht erwartet hätte, hielten sich noch in Grenzen. Jedenfalls wenn man Augen und Ohren verschloß. Was sich aber jetzt zugetragen hatte – der Überfall auf Moritz Neumanns Geschäft –, das war eine ganz persönliche und sehr massive Drohung gegen einen geachteten Bürger Breslaus, einen angesehenen Kaufmann, einen Veteranen des Ersten Weltkriegs.

»Vielleicht ist es das Zeichen an der Wand, das wir gebraucht haben, um uns zu entscheiden. Jetzt ist die Zeit reif, wir müssen raus.«

Albert Hadda, der Architekt, hatte während seiner Studienjahre in Berlin mit den Kommunisten sympathisiert – nicht ernsthaft, allenfalls ein flüchtiger Flirt war es gewesen. (Um sich in irgendeiner Richtung festzulegen, war er zu unkonventionell, zu sehr Nonkonformist. Wovon seine Frau Berta ein Klagelied hätte anstimmen können, wenn sie nicht so duldsam gewesen wäre).

»Also, laßt uns die Koffer packen und das Kapitel abschließen. Es ist Zeit zu gehen.«

»Und wohin, wenn ich fragen darf«, fiel ihm Moritz Neumann ins Wort, »vielleicht nach Palästina zu den Arabern oder auf den Bauernhof dieses Russen, wie heißt er noch, ja, David Grün?«

»Wer ist denn David Grün?«, fragte Hans Neumann.

Albert gab ihm ein verhaltenes Zeichen, nicht weiter Öl ins Feuer zu gießen. »Dein Vater meint ben Gurion, den von der Zionistischen Organisation, der in der Wüste einen Kibbuz gegründet hat.«

»Und auf diesen kommunistischen Bauernhof will mein Neffe Albert mich aussiedeln. Wenn dein Vater noch am Leben wäre, hättest du jetzt ein paar hinter die Ohren bekommen für diese sonderbare Idee.«

So endete es meistens. Es war, als sperrte sich das Gehirn stets dagegen, sachlich zu analysieren, wenn sie an diesen Punkt gerieten. Sie waren allesamt intelligente und lebenserfahrene Männer, erfolgreich in ihren Berufen, selbstbewußt und durchaus entscheidungsfreudig. Aber wenn es um die möglichst nüchterne Einschätzung ihrer gegenwärtigen Lage ging, verloren sich diese Fähigkeiten. Mit gutem Grund. Denn wohin sollten sie auch gehen? Und wovon sollten sie, in fremder Umgebung, leben?

Ein Professor für Psychologie, ein Allgemeinmediziner, ein Architekt – sie alle waren auf ihre Muttersprache angewiesen. Und Moritz Neumann, der einstmals angesehene Geschäftsmann – sollte er etwa alles zurücklassen und in seinem Alter noch einmal von vorne beginnen?

»Wieso nicht Palästina?« Hans fragte ohne Hintergedanken. Doch sein Vater reagierter verärgert: »Mein eigener Sohn läßt sich von diesen Kindereien anstecken? Hier leben wir, hier ist unsere Heimat. Sollen wir uns von der Plebs verjagen lassen? Ich habe für dieses Land im Schützengraben gelegen. Es ist mein Vaterland mindestens so sehr wie das dieser braunen Horden. Lebend werden die mich hier nicht herauskriegen.«

Hans liebte seinen Vater und hatte gewiß nicht vor, ihn aufzuregen und sein ohnehin angegriffenes Herz zu belasten. Aber nach allem, was sich gerade zugetragen hatte, war falsche Schonung fehl am Platz.

»Papa, denk doch mal daran, was sich schon alles verändert hat. Wir dürfen nicht mehr wählen gehen, und an jeder Gaststätte hängt inzwischen neben der Speisekarte ein Schild ›Juden sind hier unerwünscht‹. Ich fürchte, wir sind allmählich wirklich in Gefahr. Du vor allem. Wir müssen uns endlich zu einer Entscheidung durchringen. Oder sollen wir abwarten, bis einem von uns was zustößt?«

Jetzt mischte sich die Mutter ein: »Dein Vater ist nicht so unentschlossen, wie es scheint. Wir haben schon Gespräche geführt, um eventuell das Geschäft in andere Hände zu übergeben. Und wenn wir dann noch einen anständigen Preis bekommen, hätten wir die Voraussetzung, um anderswo wenigstens leben zu können. Moritz, sag es ihnen doch!«

»Also, wenn du meinst ... Ich habe neulich mit Karl Geron geredet. Wir verhandeln.«

Moritz Neumann machte eine Pause, als erwarte er eine Reaktion. Und tatsächlich fragte Hans in einer Mischung aus Erschrekken und Empörung: »Geron? Unser Geron, dieser Mistkerl? Der gekündigt hat, weil er in einem jüdischen Geschäft nicht mehr arbeiten wollte? Geron, der Ober-Arier?«

»Ja, unser Geron. Schließlich war er dreizehn Jahre unser erster Verkäufer. Der Mann versteht was vom Geschäft.«

»Dem willst du dein Geschäft übergeben? Dieser billigen Knallcharge mit Parteiabzeichen? Das kann nicht dein Ernst sein.«

Wieder ergriff Rosa das Wort: »Hans, wir wissen, was wir von Geron zu erwarten haben. Aber wenn wir das Geschäft einem Mann der Partei verkaufen, dann können wir wenigstens darauf setzen, daß uns noch was bleibt, wenn wir wirklich auswandern. Die würden uns doch sonst alles wegsteuern und wir blieben ohne einen Pfennig. Der Geron will unser Geschäft, also wird er auch was dafür tun.«

»Klar wird er was dafür tun«, erregte sich Hans, »das haben wir heute nacht gesehen. Jetzt weiß ich auch, wem wir dieses Pack zu verdanken haben. Die hat der Geron angespitzt. So drückt man den Preis. Und zum Schluß kann man von Glück reden, mit dem Leben davongekommen zu sein. Die dümmsten Kälber suchen sich ihre Metzger selber.«

»Ich verbiete dir, so mit deinem Vater zu sprechen«. Moritz Neumann war rot angelaufen und schlug mit der Faust auf den Wohnzimmertisch.

»Weder bin ich dumm, noch habe ich das Bedürfnis, mir meinen eigenen Metzger zu suchen. Ich möchte nämlich ganz gerne noch ein paar Jahre leben. Allerdings weiß ich sehr wohl, was gut für mich ist. Ich brauche keine Belehrungen, schon gar nicht von roten Besserwissern, die nicht imstande gewesen sind, den Nazis Einhalt zu gebieten.«

Die Runde schwieg betroffen. »Ich habe ein paar Schnittchen vorbereitet«. Rosa versuchte, die gespannte Atmosphäre aufzulokkern. »Wenn ihr wollt, essen wir jetzt was. Hans, du bleibst doch?«

»Nein, Mutter, ich muß noch mal weg. Treffe mich mit ein paar Freunden.«

* * *

Am nächsten Morgen nieselte es leicht, obwohl schönes Wetter vorhergesagt worden war. Aber vielleicht schien ja die Sonne wenigstens im Riesengebirge, wo drei der Neumann-Kinder, Lotte, Günther und Annemie, gerade Ferien machten. Moritz Neumann trank seinen Morgenkaffee bedächtiger als üblich.

»Hans ist die ganze Nacht nicht nach Hause gekommen«, sagte Rosa, und die Sorge in ihrer Stimme war unüberhörbar. »Ich wünschte, er wäre zum Vergnügen unterwegs. Aber wahrscheinlich war es wieder politisch. Er wird sich noch um Kopf und Kragen bringen.«

Moritz Neumann blickte auf. Es schien, als habe er seiner Frau gar nicht zugehört. Unvermittelt sagte er: »Rosa, ich gehe heute nicht ins Geschäft. Es bleibt geschlossen. Vielleicht für immer.«

»Wenn du das für richtig hältst ... Aber was wird nun aus uns?«

»Setz dich zu mir, Rosa, und hör zu. Ich bin nicht so blauäugig, wie der Rest der Familie glaubt. Ich sehe sehr wohl, was geschieht. Und ich wäre kein guter Geschäftsmann, wenn ich nicht verschiedene Möglichkeiten in Betracht zöge. Vor zwei Jahren habe ich angefangen, Notgroschen ins Ausland zu transferieren. Immer, wenn jemand über die Grenze gefahren ist, dem ich vertraue, habe ich ihm was mitgegeben und darum gebeten, es dort auf einem Konto zu deponieren. Damit wir uns, wenn es nötig werden sollte, in Sicherheit bringen können, ohne im Armenhaus landen zu müssen. Jetzt, scheint es mir, ist es an der Zeit.«

»Aber Moritz, und du hast niemals jemandem davon erzählt? Vertraust du deiner eigenen Familie nicht? Wenn dir, Gott behüte, etwas passiert wäre ... Niemand hätte auch nur die geringste Ahnung gehabt! Und was hast du dir weiter vorgestellt?«

»Ein Teil des Geldes liegt auf offiziellen Geschäftskonten in der Tschechoslowakei. Und in Prag sitzt ... «

»Karel Goldstein, mit dem du schon so lange geschäftlich verbunden bist, ich weiß.«

»Goldstein ist ein anständiger Mann. Ich werde ihm schreiben. Daß wir einen kurzen Besuch planen, daß wir ein paar Tage in Karlsbad ausspannen wollen und er uns bitte Hotelzimmer reservieren solle. Wenn wir erst dort sind, können wir alles weitere überlegen. Hunger jedenfalls werden wir nicht leiden müssen.«

»Gut, das mit dem Geschäft wäre geregelt, wenn Geron wirklich kauft. Aber was geschieht mit unserer Wohnung? Mit den Möbeln?«

»Wenn wir das machten, was Cousin Hermann immer als »geordneten Rückzug« bezeichnet, dann würde das natürlich auffallen. Dann würde jeder merken, daß die Neumanns verschwinden wollen. Entweder, wir nehmen das in Kauf – oder wir verzichten auf alles.«

»Du willst ernsthaft alles zurücklassen? Alles, wofür du ein Leben lang gearbeitet hast? Bist du also schon so fest entschlossen? Ich kenne dich kaum wieder. Und was ist mit den Kindern?«

»Wir warten ab, bis Günther, Lotte und Annemie aus dem Riesengebirge zurück sind. Und dann beraten wir noch einmal gemeinsam. Ich wollte dir nur sagen, welche Vorbereitungen ich bereits getroffen habe. Für den Eventualfall. Und außerdem …«

Moritz Neumann hielt inne. An der Wohnungstür wurde ein Schlüssel im Schloß gedreht, die Tür ging auf. Rosa lief in den Flur, um nachzusehen.

»Hans, du bist es? Ja, um Gottes willen, wie siehst du denn aus? Du bist ja völlig durchnäßt. Wo warst du denn die ganze Nacht? Kannst du dir vorstellen, welche Sorgen dein Vater und ich uns gemacht haben?«

»Alles in Ordnung, Mutter. Es war nur der Regen. Mir geht's gut. Jedenfalls, soweit es unsereinem heutzutage überhaupt gut gehen kann.«

»Ich mach dir sofort einen heißen Tee, du kannst dir ja den Tod holen. Wo kommst du überhaupt her?«

»Ich habe vor Papas Geschäft gestanden und gewartet.«

»Du hast gewartet? Worauf?«

»Darauf, daß sie wiederkommen und die Holzwände hinter den eingeworfenen Schaufensterscheiben beschmieren. Ich hätte sie mir schon gekauft …«

»Du hättest was?« Moritz Neumann schaute seinen Sohn fassungslos an. »Du hättest sie dir gekauft? Und dich von ihnen totschlagen lassen? Du allein gegen diese Banditen?«

»Ich war nicht allein, Vater. Zwei Genossen waren bei mir. Und wir hätten sie uns geschnappt, da kannst du sicher sein.«

»Ja, ihr hättet sie euch geschnappt – und eine Stunde später wäre die Gestapo hier gewesen. Mut hast du ja, Hans, aber Mut allein zählt nicht. Manchmal muß man auch ein wenig nachdenken.«

* * *

Oskar Schiebelhut war Sozialdemokrat durch und durch. Hans und er kannten einander seit vielen Jahren, von ihren gemeinsamen Aktionen beim Reichsbanner Schwarz-Rot-Gold her. Seit die Nazis an der Macht waren, mußte Schiebelhut besonders vorsichtig sein, denn als Straßenbahnschaffner war er Beschäftigter der Breslauer Verkehrsbetriebe, und er konnte von Glück reden, daß er überhaupt noch eine Stelle hatte.

Heute war Oskar Schiebelhut im Depot eingesetzt, was ihm ganz gelegen kam. Er war übernächtigt und hatte Kopfschmerzen – der Betrieb in der Straßenbahn, das Gedränge, das ständige Kassieren wäre ihm heute schwer gefallen. Er hatte gerade den ersten Schluck Kaffee aus seiner Thermoskanne genommen, als die Tür aufging und Emil Schimietzka hereinschaute.

»Hier bist du? Da sind zwei, die wollen mit dir reden. Ich glaub, die sind ...«

Weiter kam Emil nicht. Er wurde beiseite geschoben, nicht grob, aber entschieden. Und dann sah Oskar zwei Männer in dunkelgrünen, fast knöchellangen Ledermänteln und grauen Schlapphüten ins Innere des Aufenthaltsraums blicken: »Oskar Schiebelhut?«

»Der bin ich.«

»Wir möchten uns ein bißchen mit Ihnen unterhalten.«

Oskar wußte sofort, mit wem er es zu tun hatte. Die Ledermäntel, die Hüte – das war so gut wie ein amtlicher Ausweis: die Gestapo, die pseudo-legale Terror-Truppe der Nazis. Oskar mühte sich, gelassen und locker zu bleiben.

»Unterhalten? Worüber? Ich bin im Dienst, muß gleich wieder raus.«

»Ist schon in Ordnung, der Betriebsleiter weiß Bescheid. Das soll Ihre geringste Sorge sein.«

Sie setzten sich, einer auf den Stuhl neben Oskar Schiebelhut, der andere ihm direkt gegenüber.

»Sie sind also dieser Schiebelhut.«

Oskar hätte am liebsten gebellt: »Für Sie immer noch Herr Schiebelhut«, aber er biß sich auf die Zunge. Ruhe bewahren, keine Provokation, ganz normal tun.

»Ja, der bin ich.«

»Dann sagen Sie uns doch mal, wo Sie heute nacht waren«.

»Und warum wollen Sie das wissen?«

Jetzt schaltete sich der kleinere der beiden ein: »Die Fragen stellen wir. Also, wo waren Sie heute nacht? Raus damit, oder sollen wir uns im Präsidium weiter unterhalten?«

Die Drohung war eindeutig. Oskar kannte das von Genossen, die schon einmal im Präsidium befragt worden waren. Auf diese Art von »Unterhaltung« verstand sich die Gestapo. Wenn sie damit fertig waren, konnte der Befragte oft kaum noch auf seinen zwei Füßen stehen, geschweige denn gehen. Oder er landete sonstwo.

»Ich bin durch die Stadt gegangen. Mit Freunden.«

In dem Moment, wo er es ausgesprochen hatte, wußte Oskar, daß er einen kapitalen Fehler begangen hatte. Jetzt hatte er die anderen mit reingerissen.

»Jetzt hören Sie mal zu, Schiebelhut. Wir haben keine Lust und keine Zeit, mit Ihnen Versteck zu spielen. Heute nacht sind zwei anständige SA-Männer, die nichts als ihre Pflicht tun wollten, von unbekannten Schlägern überfallen und mißhandelt worden. Wir kennen und beobachten Sie seit langem. Wenn Sie jetzt aussagen, kommen Sie mit einem blauen Auge davon – und Ihrer Familie wird kein Haar gekrümmt. Wenn nicht, können Sie es auch anders haben.«

Urplötzlich fühlte sich Oskar hundeelend. Ihm war übel, er hätte sich am liebsten übergeben. Fieberhaft schwirrten die Gedanken durch seinen Kopf. Vor seinem geistigen Auge sah er die Gesichter der Freunde, sah sie im Chor rufen, mit Fingern auf ihn zeigen. Und dann hörte er ihre Stimmen: »Verräter«, riefen sie, und wieder »Verräter«. Aber er konnte doch seine Familie nicht in Gefahr bringen, seine Frau und die Kinder. Das mußten die Genossen doch einsehen.

»He, Schiebelhut, träumen Sie, oder was? Wir können hier nicht ewig sitzen. Also, Mann, entweder Sie reden jetzt oder Sie kommen mit uns mit!«

Oskar blickte auf. Er sah in die Gesichter unter den Schlapphüten. Zwei scheinbar unbeteiligte Gesichter. Dann fing er an zu reden …

* * *

Hans war, nachdem er den Tee getrunken und seine Kleider gewechselt hatte, ins Geschäft gegangen. An das Scherengitter vor der

Eingangstür hatte er ein Schild mit der Aufschrift »Wegen Krankheit vorübergehend geschlossen« gehängt und sich daran gemacht, die Glasscherben wegzuräumen und im Geschäft ein wenig für Ordnung zu sorgen.

Als er in die Höfchenstraße zurückkam, saß der Vater grübelnd am großen Tisch im Salon. Draußen war es schon dunkel, die Gaslaternen verbreiteten ihr schwaches Licht, nur hier und da hörte man einen Kraftwagen vorbeifahren.

An der Tür läutete es, Rosa ging nach draußen. Sie blieb länger als gewöhnlich, und Hans wollte schon nachsehen, als die Mutter bleich ins Wohnzimmer kam.

»Hans, komm doch mal. Da ist Besuch für dich.«

Den Ledermantel und den Schlapphut sah er zuerst. Dann erst erkannte er das Gesicht unter dem grauen Filz mit dem breiten Rand. Nein, das konnte nicht sein! Hans straffte sich, ballte unwillkürlich die Fäuste, gab sich betont korrekt: »Ich fürchte, Sie haben sich in der Tür geirrt. Ich kenne Sie nicht.«

»Laß den Quatsch, Hans, ich bin's, Gregor.«

Hans versuchte, die Tür zu schließen, doch der Besucher lehnte sich dagegen.

»Hans, ich muss mit dir reden. Nur kurz«.

»Mein Herr, es gibt zwischen uns nichts zu bereden.«

»Jetzt hör auf mit dem Blödsinn, es ist wichtig. Es geht um dich. Und vor allem, laß mich rein. Ich will nicht, daß mich jemand sieht.«

Widerwillig zog Hans Neumann die Tür auf und ließ Gregor Seiler eintreten. Mit allem hätte er gerechnet, nur nicht damit, daß sie ausgerechnet Gregor Seiler schicken würden, ihn zu verhaften. Und daß Gregor sich dazu hergegeben hatte.

»Du kennst den Weg ja«. Hans ließ Gregor vorgehen und folgte ihm den langen Flur entlang zu seinem Zimmer.

»Also, was gibt es?«

Gregor ließ sich aufs Bett fallen und wies Hans mit einer Kopfbewegung an, sich in den Sessel zu setzen. »Du fühlst dich hier ja offenbar noch immer zuhause!«

Gregor ging auf Hans' bitteren Spott nicht ein: »Paß jetzt mal genau auf. Gestern nacht bist du zu weit gegangen. Du hast wohl gedacht, wir sind noch in Weimar und du noch beim Reichsbanner. Wie kann man nur so blöde sein, sich mit SA-Männern anzulegen. Hast du immer noch nicht kapiert, daß die Straße uns gehört?!«

»Darf ich mir erlauben, in aller Bescheidenheit anzufragen, worum es eigentlich geht, Herr Gestapo-Rat, oder was bist du jetzt eigentlich?«

Gregor blieb ungerührt: »Ich hab keine Zeit für deine Kindereien. Wir haben eine Aussage vorliegen. Ein Zeuge hat euch beobachtet und beschrieben.«

Hans war aufgesprungen: »Welche Methoden habt ihr wieder angewandt, ihr Schweine? Wen habt ihr gefoltert, um ihn zum Reden zu bringen?«

»Setz dich, verdammt noch mal, und hör zu. Wir wissen, daß du dabei warst, ja, daß du die Sache sogar angestiftet hast. Also werden sie dich abholen. Und eins kann ich dir sagen, so schnell kommst du nicht zurück.«

Hans überlegte fieberhaft. Sollte er Gregor bewußtlos schlagen und abhauen? Nein, dann hätten seine Eltern die Zeche zu bezahlen. Sollte er den Unwissenden spielen und darum bitten, Dr. Franz Ullmer anrufen zu können, den früheren Amtsgerichtsrat, der seine Beamtenstelle verloren hatte und jetzt als Rechtsberater der Jüdischen Gemeinde tätig war?

»Hans, ich kenne dich so gut wie mich selbst. Vergiß alles, worüber du jetzt nachdenkst.«

Hans, der Freche und der Schlagfertige, war auf einmal wieder der kleine Junge von damals: »Und was soll nun werden, Gregor, was soll ich tun? Mich von dir festnehmen lassen? Einfach so?«

»Verstehst du immer noch nicht, Hans? Ich bin nicht gekommen, dich zu holen. Das wird ...«, Gregor schaute auf seine Armbanduhr, »... in sieben Stunden geschehen.«

»Ja, aber dann ... was willst du eigentlich?«

»Mensch, dich warnen. Bist du wirklich so begriffsstutzig?«

»Du willst mich warnen? Du, der Gestapo-Fritze warnt den jüdischen Untermenschen? Und warum, wenn ich fragen darf?«

»Weil wir mal Freunde waren, Hans. Wir waren Blutsbrüder, weißt du noch? Und jetzt tu ich dir den letzten Freundschaftsdienst und geb dir einen guten Rat: Hau ab, Mann. Verschwinde und laß dich nicht mehr sehen. Sonst machen sie dich fertig.«

»Sag mal, Gregor, wenn das rauskommt ...?«

»Wenn das rauskommt, werde ich behaupten, daß du spinnst. Aber, keine Bange, es wird nicht rauskommen, weil du nämlich heute nacht noch Deutschland verlassen wirst. Du hast keine andere Wahl.«

»Wie stellst du dir das vor? Soll ich meine Eltern etwa in dieser Situation schutzlos zurücklassen? Das glaubst du doch nicht im Ernst!«

Gregor stand auf und zog den Mantel gerade.

»Es geht nicht um deine Eltern, glaub mir. Es geht allein um dich. Deine Eltern waren immer gut zu mir. Sie haben mich jahrelang durchgefüttert. Hier war mein eigentliches Zuhause. Das vergesse ich ihnen nie. Solange ich das kann, werde ich auf sie aufpassen. Aber du bist in Gefahr. Weißt du noch, wie wir früher manchmal nach Prag gefahren sind? Wir haben den Express um 3.17 Uhr genommen. Den gibt es immer noch. Und wenn wir um 4 Uhr kommen, um dich zu holen, wirst du schon unterwegs sein. Mach's gut, Hans. Die Zeiten haben sich geändert.«

* * *

Es wurde ein überhasteter Abschied von den Eltern, und er ging nicht ohne Tränen ab. Hans hatte keine Sekunde gezögert, den kleinen Koffer vom Schrank geholt und das Nötigste eingepackt. Einen Anzug zum Wechseln, ein paar Hemden und Krawatten, ein zweites Paar Schuhe. Zum Bahnhof ging er zu Fuß, statt mit der Droschke zu fahren. Sicher war sicher. Außerdem wollte er noch einmal durch die Straßen Breslaus laufen – wer wußte schon, wann er zurückkommen würde.

Am Bahnhof kam er viel zu früh an, löste die Fahrkarte nach Prag. Sicherheitshalber nahm er Hin- und Rückfahrt, falls irgendwer fragen sollte. Dann ging er auf den Perron und setzte sich auf eine der hölzernen Bänke. Es waren wenige Menschen auf dem Bahnsteig, kein Wunder, um diese Stunde. Sein Herz schlug. Hatte er Angst?

»Nur Tölpel haben keine Angst«, hatte Erwin vom Reichsbanner immer gesagt, bevor sie zu ihren Aufmärschen gestartet waren. Angst ist wichtig, weil sie einen vor Unfug bewahrt.

Hans saß leicht vornüber gebeugt, die Hände gefaltet und zwischen die Oberschenkel gepreßt. Über den schmalen Rand seiner goldgeränderten Brille blickte er nach oben und musterte die wenigen Menschen in seiner Umgebung. Was, wenn Gregor ihm die falsche Uhrzeit genannt hatte und sie schon zuhause vorgefahren waren, ihn zu holen? Unsinn, das hätte Gregor einfacher haben und ihn gleich mitnehmen können. Was, wenn der Zug Verspätung hatte? Es war alles sehr knapp. Womöglich zu knapp?

Hans, reiß dich zusammen. Wie oft hast du hier schon gesessen und auf den Zug nach Prag gewartet?! Du kennst dich aus, du bist wieder auf Geschäftsreise. Und du wirst zurückkommen, irgendwann bestimmt. Schließlich hast du die Rückfahrkarte schon gelöst.

Die Lautsprecherstimme, so blechern und scheppernd, daß sie kaum zu verstehen war, riß ihn aus seinen Gedanken: »Breslau, hier ist Breslau. Reisende nach Prag bitte einsteigen.« Hans stand auf, ging mit staksigen Beinen zum Waggon der zweiten Klasse. Er stieg ein, suchte sich im Dämmerlicht, das von einer kleinen blauen Birne nur wenig erhellt wurde, einen Sitzplatz, lehnte sich zurück und spürte, wie der Zug anrollte. Adieu, Breslau. Auf Wiedersehen, Deutschland. Auf Wiedersehen?

* * *

Zwei Wochen waren vergangen, seit Hans Neumann so plötzlich verschwunden war. Moritz Neumann und seine Frau Rosa waren aufs Präsidium vorgeladen worden, nachdem in der Nacht um 4 Uhr drei Männer geläutet hatten, um unverrichteterdinge wieder abzuziehen. Wo ihr Sohn hingefahren sei, wurden sie auf dem Präsidium gefragt. »Nach Prag«, antwortete Moritz Neumann, »auf Geschäftsreise.« Wann sie ihn zurückerwarteten? »In zwei Wochen ungefähr. Er will in Karlsbad noch ein paar Tage ausruhen.«

Es wurde ein Protokoll angefertigt, Moritz und Rosa Neumann mußten unterschreiben. Und dann wurden sie aufgefordert, sich sofort zu melden, sobald ihr Sohn wieder in Breslau sei.

Sie hatten das Büro der Gestapo-Bereichsstelle beinahe verlassen, als Moritz Neumann, die Hand schon an der Klinke, die Stimme des Vernehmungsbeamten noch einmal hörte.

»Sagen Sie, Herr Neumann, kennen Sie eigentlich den Hauptkommissar Seiler?«

Moritz Neumann spürte einen Stich in der Herzgegend. Er drehte sich langsam um, blickte betont freundlich und antwortete: »Ja, den Herrn Seiler kenne ich. Von früher noch.«

Der Beamte nickt zum Abschied: »Er hat mich gebeten, Sie von ihm zu grüßen. Also, auf Wiedersehen. Und vergessen Sie nicht, uns anzurufen.«

Jetzt saßen sie wieder zuhause im Salon, die übliche Runde. Auch Günther, Lotte und Annemie waren dabei, zurück aus dem Riesengebirge. Nur Siegmund Hadda fehlte, wie fast immer. Als Chefarzt hatte er mal wieder Dienst im Jüdischen Krankenhaus. Dabei gab es dort doch nun wahrlich genügend Ärzte, nachdem sie nur noch eingeschränkt in ihren Praxen praktizieren und keine Arier mehr behandeln durften. Aber heimlich kam trotzdem so mancher der alten Patienten von früher noch zur Untersuchung. Das war für beide Seiten nicht ganz ungefährlich, nicht für den Arzt und nicht für seine Patienten. Zu dem Allgemeinpraktiker Hermann Löwi, dessen Wartezimmer früher ständig überfüllt war, hatte kürzlich ein Patient, ein pensionierter Gymnasiallehrer gesagt: »Ich weiß, daß der Klumpfuß immer schreit, die Juden seien unser Unglück. Aber der ist nur krank im Kopf. Ich aber bin krank am Herzen, und deswegen komme ich zu Ihnen.«

»Ich habe«, sprach Moritz Neumann in die Runde, »heute eine Nachricht von Karel Goldstein erhalten. Hans geht es gut.«

Albert Hadda fragte irritiert: »Wie kann der so gedankenlos sein, einfach zu schreiben? Wenn nun die Gestapo den Brief abgefangen hätte!«

Moritz Neumann beruhigte ihn. »Goldstein hat nur geschrieben, daß die Lieferung unbeschadet angekommen ist, und daß er sich meldet, wenn er für weitere Artikel interessierte Kundschaft findet. Versteht ihr?«

»Der erste hätte es also geschafft. Und wer geht als nächster?« Annemie, das Nesthäkchen, blickte ihre Mutter an. Nesthäkchen – das stimmte eigentlich nicht mehr so recht. Annemie war ausgebildete OP-Schwester und assistierte gelegentlich ihrem Onkel Siegmund bei seinen chirurgischen Eingriffen. Annemie war jetzt 23 Jahre alt und mit Martin Blut verlobt, einem jungen Arzt, der ebenfalls am Jüdischen Krankenhaus angestellt war. Sein Examen hatte er wenige Wochen vor dem 30. Januar '33 bestanden.

Rosa Neumann schaute erschrocken und traurig auf ihre jüngste Tochter: »Heißt das, ihr habt euch entschieden? Wo wollt ihr denn hin?«

»Martin meint, wir sollten zunächst nach Berlin gehen.«

»Nach Berlin?! Ausgerechnet in die Höhle des Löwen? Ist es euch hier in Breslau zu langweilig?«

»Sie wissen schon warum«, warf Hermann Löwi ein, »im Auge des Taifuns ist es immer am ruhigsten. Außerdem ist Berlin größer. Da fällt man als Jude weniger auf.«

»Das ist es nicht«, sagte Annemie, »in Berlin kommen wir vielleicht schneller an ein Visum, wenn wir ständig beim Konsulat anklopfen. Man ist einfach dichter dran.«

»Ein Visum wohin?«

»Das wissen wir noch nicht genau. Vielleicht Südamerika, vielleicht, wenn wir Glück haben, die Vereinigten Staaten. Und wenn gar nichts anderes mehr geht, versuchen wir es mit Shanghai. Hauptsache: raus hier.«

* * *

In Prag hörte man viel Deutsch auf den Straßen in diesen Monaten, noch mehr als sonst üblich. Die tschechoslowakische Hauptstadt war, neben Paris, zu einem Zentrum deutscher Emigranten geworden. In Grüppchen saßen sie in den Straßencafés und glaubten fest daran, diesen Wartesaal nur auf kurze Zeit bevölkern zu müssen. Sie lasen deutschsprachige Zeitungen, entweder das in Prag erscheinende *Tageblatt*, die *Prager Presse*, den *Montag* oder die *Zürcher Neuesten Nachrichten* – keine Zeitung aus dem Reich, denn die waren alle kontrolliert und zensiert, linientreu und auf Kurs. Unablässig wurde darüber diskutiert, wie lange es wohl dauern würde, hier, jenseits der Grenze, zu »überwintern«. Die Optimisten redeten, als säßen sie noch zuhause in den vertrauten Gasthäusern, und schätzten, daß die Nazis nach wenigen Wochen abgewirtschaftet haben würden. Die Pessimisten gingen davon aus, sich im sicheren Hafen des Auslands auf Dauer einrichten zu müssen.

Es war eine bunte Mischung, die da aus Deutschland nach Prag übergesiedelt war, ein Querschnitt durch alle intellektuellen Berufe. Journalisten und Schriftsteller, Theaterleute, bildende Künstler, Ärzte und Juristen, meist politisch engagiert als Sozialdemokraten oder Kommunisten, als Pazifisten oder Antifaschisten, viele von ihnen Juden. Manche planten zu bleiben, andere sprachen davon, weiterzuziehen. Vielleicht in die USA, vielleicht nach Palästina, je nach dem, welche Botschaft das erhoffte Visum schneller ausstellte.

Vorige Woche hatte Hans im Kino die Bekanntschaft eines Riesen gemacht. Der hatte ausgerechnet auf dem Platz vor ihm gesessen, ein Mensch von ungeheuren Ausmaßen. »Können Sie sich nicht endlich hinsetzen?« hatte Hans Neumann in das Dunkel gerufen, als die *Wochenschau* mit Bildern von der Olympiade in Berlin begann. Worauf der Riese sich umdrehte und entschuldigend erklärte: »Mein Herr, ich sitze schon.«

Im Kinosaal wurde gelacht. Hans Neumann blickte sich prüfend um, er suchte im Halbdunkel einen anderen Platz. Der einzige freie Sitz, den er in dem Dämmerlicht ausmachen konnte, war der neben dem Riesen. Hans Neumann kletterte über die Stuhlreihe, murmelte eine Entschuldigung und sank neben dem Giganten in den Fauteuil. Sein Kopf mit dem schon sehr gelichteten Haar reichte nicht ganz an die Schulter des Nachbarn.

Nach dem Film gingen sie gemeinsam einen Kaffee trinken. Der Riese hatte auch einen Namen. Er hieß Uli Sichel und war von Beruf vereidigter Buchprüfer. Als die Nazis Juden nicht mehr als Buchprüfer zuließen, hatte er ein vorübergehendes Auskommen als Trainer der Schwimmerriege von »Maccabi Darmstadt« gefunden, des vorerst noch nicht zwangsaufgelösten jüdischen Sportvereins. Zwei Jahre lang hatte er im Woog, einem mitten in der Stadt gelegenen Badesee, mit den Wasserballern gearbeitet, dann hatte er seinen Koffer gepackt und war nach Prag gefahren – mit Hilfe der Zionistischen Organisation, die ihm auch eine Bleibe in der Stadt organisiert hatte.

Sie waren sich auf Anhieb sympathisch gewesen, hatten sich das »Du« angeboten und mit ihren Kaffeetassen angestoßen. Uli Sichel hatte sich in keiner deutschen Partei engagiert, aber er war ein überzeugter Anhänger von *Hapoel*, der jüdischen Arbeiterbewegung. Also waren sie sich auch politisch nahe.

»Und was hast du jetzt vor?«, fragte Hans.

»Ich warte nur darauf, daß die Engländer meine Papiere zur Einreise nach Palästina akzeptieren, dann fahre ich nach Marseille und mit dem nächsten Schiff weiter nach Haifa. Mit den Deutschen jedenfalls bin ich fertig. Ein für allemal.«

»Haifa, und was willst du dort? Sprichst du überhaupt Hebräisch?«

»Ich kann mich inzwischen einigermaßen verständigen. Wir hatten Kurse in Darmstadt, zur Vorbereitung auf die *Alijah*, die Einwanderung. Aber ich lerne noch weiter. Im Selbststudium. Hauptsächlich Vokabeln pauken, wie in der Schule. Das andere kommt dann schon. Und was ich in Haifa machen werde? Mal schauen, was sich so bietet. Ich habe jedenfalls keine speziellen Ansprüche, bin eigentlich nur gespannt. Und du? Hast du nie daran gedacht, nach Palästina zu gehen? Oder wart ihr zuhause so stockdeutsch, daß so etwas nicht in Frage kommt?«

»Ein regelrechter preußischer Nationalheiliger ist mein Vater. Oder vielleicht sollte ich besser sagen: das war er. Einiges von der alten Glorie ist inzwischen wohl auch für ihn verlorengegangen. Ich jedenfalls war in dieser Familie stolzer Deutscher immer das rote Schaf.«

»Na, ist doch prima, da bist du bei der sozialistischen Kibbuz-Bewegung genau an der richtigen Adresse. Wenn du willst, sprechen wir gleich morgen im hiesigen Büro der Zionistischen Organisation vor. Du bringst einfach deine Papiere mit, und die beantragen bei den Engländern für dich die Einreise. Vielleicht könnten wir ja sogar dasselbe Schiff nehmen.«

Hans war unschlüssig: »Ich weiß nicht recht. Ehrlich gesagt, hatte ich andere Pläne«.

»Und«, fragte Uli, »worauf laufen die hinaus? Amerika?«

»Ach wo, ich denke nur, wir dürfen den Nazis Deutschland nicht einfach überlassen. Nicht kampflos. Nicht mal die Hälfte der Deutschen hat damals die Nazis gewählt. Meinst du nicht, daß die anderen es wert wären, daß wir ihnen zur Seite stehen?«

»Träumst du, Hans?« Uli Sichel war sichtlich ärgerlich: »Willst du die Bande noch immer in Schutz nehmen? Nach allem, was sie dir, mir, uns allen angetan haben? Sie mögen nicht alle in der Nazi-Partei sein, aber wenn es um uns Juden geht, marschieren die geschlossen. Sollen sie doch in ihrem braunen Dreck ersticken. Weißt du, wie man ein Land nennt, in dem die Farbe braun so allgegenwärtig und beherrschend ist? Nein? Bitte sehr: einen großen Haufen Scheiße.«

»Du bist ungerecht, du redest ja beinahe so über die Deutschen wie die Nazis über uns! Die Genossen, mit denen ich im Reichsbanner war, mit denen ich auf der Straße gegen die Nazis gezogen bin, sind schließlich auch Deutsche. Und die kämpfen sehr wohl gegen die Diktatur, und wenn der Spielraum noch so klein ist.«

Uli hatte sich noch immer nicht beruhigt.

»Oh, Hans, wo lebst du eigentlich? Deine Genossen verkaufen dich, so schnell kannst du die paar Pfennige gar nicht zusammenkratzen. Ich sag es dir noch einmal: Wenn wir Juden uns auf die Hilfe der anderen verlassen, dann sind wir verloren. Uns bleibt nur eine Wahl: Wir brauchen endlich unseren eigenen Staat. Dafür lohnt es sich zu kämpfen. Und dann können die uns alle mal.«

»Wie du redest! ›Die Deutschen‹, sagst du. Was bist du denn? Etwa kein Deutscher?«

»Nein, nicht mehr.« Uli hieb mit der mächtigen Faust auf den Tisch, daß die Kaffeelöffel auf den Untertellern tanzten.

»Ich war mal einer. Aber als ich das Land verließ, da haben sie mir meine Staatsangehörigkeit abgenommen. Und du kannst hundert Prozent sicher sein, daß du inzwischen auch ein Staatenloser bist. Na und, wenn schon. Sollen sie unsere Pässe doch fressen und daran ersticken. Wo man mich nicht will, dränge ich mich nicht auf. Ich jedenfalls werde bei den Engländern einen palästinensischen Mandats-Pass beantragen. Dann ist die Verwandlung amtlich.«

»Du magst recht haben, Uli, aber ich habe meine eigenen Erfahrungen gemacht. Schau, ich gebe dir ein Beispiel: In der Nacht bevor ich mich davonstehlen mußte wie ein Dieb, da hatte ich eine kleine Affäre mit zwei miesen SA-Typen. Wir haben sie so zusammengeschlagen, daß sie es ihr Leben lang nicht vergessen werden. Und mit von der Partie waren zwei Genossen, für die ich meine Hand ins Feuer lege. Zwei meiner Freunde vom Reichsbanner. Ich hatte sie gefragt, ob sie mitmachen würden und sie waren sofort dabei. Da kannst du doch nicht so tun, als stünden wir allein auf weiter Flur. Gewiß, es ist eine harte Zeit. Aber nicht hoffnungslos. Wir stehen jedenfalls nicht ganz allein.«

»Also gut, Hans, für dich ist das anscheinend wie bei den Musketieren, einer für alle und alle für einen. Dann lies du ruhig weiter deinen Dumas und träume deine Kinderphantasien. Aber erschrick nicht, wenn du dich plötzlich im wirklichen Leben wiederfindest. Ich werde dir jedenfalls aus Haifa schreiben, vielleicht kommst du ja irgendwann nach. Es ist spät. Gehen wir.«

* * *

In Deutschland waren die Olympischen Spiele zuende gegangen und hatten dem Regime den erhofften Propagandaerfolg gebracht. Die Nazis hatten allen Grund zum Jubel, nachdem selbst Baron de Coubertin, der Präsident des internationalen Organisationskomitees, erklärt hatte: »Die wahre Größe der Olympischen Spiele ist durch den Austragungsort Berlin in unsere Geschichte zurückgekehrt.

Deutschland hat dem olympischen Ideal einen überragenden Dienst erwiesen.«

»Es scheint ja tatsächlich, als ob die Lage sich entspannte«. Moritz Neumann streifte sein Oberhemd über und begann, die Knöpfe in die Knopflöcher zu nesteln. Er zog die Hosenträger über, während Dr. Löwi sein Stethoskop zusammenklappte.

»Ach, Moritz, ich wage eigentlich keine Prognose mehr. Sollen wir wirklich glauben, daß der Zenit der antisemitischen Maßnahmen überschritten ist? Vielleicht war das alles ja auch nur eine Verschnaufpause wegen der vielen Besucher aus dem Ausland. Ich weiß nicht ...«

»Jedenfalls«, sagte Moritz, während er vor Anstrengung ungewöhnlich heftig atmete, »haben wir schon Schlimmeres erlebt. Da kommt einem die Ruhe geradezu vielversprechend vor.«

»Wenn es nicht die Ruhe vor dem Sturm ist. So, Moritz, aber jetzt zu dir.« Der Cousin und Hausarzt der Familie Neumann bemühte sich, nicht allzu ernst zu blicken.

»Dein Herz macht mir Sorgen. Du brauchst Ruhe und Schonung. Mit Medikamenten allein ist das bald nicht mehr zu regeln. So darf das nicht weitergehen mit dir.«

»Dann sag es doch am besten den Nazis, daß sie Rücksicht auf meinen Gesundheitszustand nehmen sollen.«

»Du hast ja recht, Moritz. Aber wenn die medizinischen Möglichkeiten ausgeschöpft sind, muß der Patient nach Kräften mithelfen. Das heißt als erstes, daß ich dir mit sofortiger Wirkung jede weitere Zigarre verbiete. Und komm mir jetzt bloß nicht damit, daß du von den starken Brasil auf leichte Sumatra umsteigen willst. Der Unterschied ist wie zwischen erschießen und erhängen.«

»Jede weitere Zigarre will er mir verbieten, der Onkel Doktor, und wozu soll das, bitteschön, gut sein? Immerhin bist du selbst ein Freund einer guten Zigarre.«

»Moritz, du bist kein kleines Kind mehr. Erstens bin nicht ich herzkrank, sondern du. Zweitens ist Nikotin Gift für die Gefäße. In Deiner Verfassung kannst du dir das Rauchen einfach nicht mehr erlauben. Es ist zu riskant, versteh das doch.«

»Riskant, meinst du? Soll ich dir sagen, was riskant ist? Als Jude heutzutage in Deutschland zu leben, das ist riskant. Aber dagegen gibt es wohl noch keine Medizin, Herr Doktor?«

»Moritz, manchmal bist du unvernünftig wie ein kleines Kind. Und stur bist du wie ein Ochse.«

Hermann Löwi suchte das Thema zu wechseln: »Hast du eigentlich mal wieder von Hans gehört?«

»Ja, Karel Goldstein schreibt von Zeit zu Zeit seine verklausulierten Botschaften. Hans ist nach wie vor in Prag, scheint aber wieder mal Feuer unter dem Hintern zu haben. Es geht ihm wohl schon wieder zu gut.«

Hermann widersprach: »Schimpf nicht. Was heißt schon »gut«? Wie soll es einem gut gehen, der dazu verdammt ist, jenseits der Grenze zu sitzen, der seine Familie nicht sehen kann und sich Gedanken macht, weil er nicht weiß, wie es weitergehen soll?«

* * *

Hans half im Geschäft von Karel Goldstein aus, verdiente sich ein bescheidenes Auskommen und war unzufriedener denn je. Gestern hatten sie Silvester 1936 gefeiert, ein paar Freunde, die wie er aus Deutschland kamen und darauf warteten, daß jemand den Nazis den Garaus machte. Im Grunde aber wußten sie alle, daß sie ganz und gar unrealistischen Phantasien nachhingen. Das Regime war stabiler denn je. Der gebürtige Adolf Schicklgruber spielte mit den Großen der Welt, und die zogen immer wieder den Schwanz ein, machten sich zu Kasperlefiguren im Spiel des »Gröfaz« – des Größten Fatzkes aller Zeiten, wie sie ihn hier, in hilfloser Parodie der Nazi-Bezeichnung »Größter Führer aller Zeiten«, nannten.

Der war erst ins Rheinland einmarschiert, hatte den Versailler Vertrag in der nur denkbar drastischsten Weise gebrochen – und hatte die Franzosen aussehen lassen wie bellende Hunde, denen das Gebiß abhanden gekommen war. Dann hatte er das Saarland ins Reich zurückgeholt – und die Franzosen hatten geknurrt und gekuscht. Und schließlich hatte er mit Mussolini, der sich aufspielte, als sei er der neue Cäsar, die Achse Berlin-Rom gebildet und den sogenannten Weltmächten gezeigt, daß die Deutschen, die Verlierer des Weltkriegs, zurück auf die politische Bühne drängten und alles andere als bloße Statisten im großen Spiel sein wollten.

Hans und seine Freunde aber hatten in der Prager Wohnung von Max Seidewitz gesessen, einem einstigen Sozialdemokraten, der in Berlin zusammen mit Rosa Luxemburg die USPD gegründet hatte und als einer der ersten aus Deutschland geflüchtet war, nachdem die Braunen die Macht an sich gerissen hatten. Sie hatten ihre Gläser mit Punsch erhoben, tschechische Kristallgläser mit Henkel, einander zugeprostet und ein gutes neues Jahr gewünscht, ein besseres als das, das hinter ihnen lag. Das war ein recht bescheidener Wunsch, aber nicht einmal der hatte Aussicht, in Erfüllung zu gehen.

Seidewitz hatte gute Kontakte zu Genossen in den verschiedenen Ländern. Er war gut darin, Entwicklungen zu analysieren und politische Prognosen zu treffen. Allwissend aber war er nicht. Und zaubern konnte er ebenso wenig. Deswegen saß er wie die anderen hier in Prag, begrüßte das Jahr 1937 mit nur verhaltener Hoffnung und suchte aus der Not der Geduld eine Tugend zu machen.

»Eigenartig ist das schon«, begann Seidewitz, während er den Blick über die geometrischen Formen an der Zimmerdecke schweifen ließ, »daß wir hier in Prag so einträchtig beieinander sitzen können, Kommunisten und Sozialdemokraten, wo wir uns zuhause bei jeder Gelegenheit in den Haaren gelegen haben. Irgendetwas muß da gründlich falsch gelaufen sein, sonst hätten es die Nazis nicht schaffen können. Aber wir sind offenbar mal wieder ziemlich spät klug geworden. Ich hoffe nur, nicht zu spät.«

»Ich will ja jetzt nicht wieder davon anfangen«, wandte Fritz Leuner, der Sozialdemokrat aus Halle ein, »aber an uns hat's nicht gelegen. Wir mögen nicht ganz so entschieden gewesen sein wie ihr, aber wir hätten uns sehr wohl zusammenraufen können. Und dann hätten wir das braune Pack auch verhindert. Gemeinsam mit euch. Nur, eure Leute haben das nicht kapiert. Ideologie contra Vernunft.«

Das war es wieder, das Perpetuum mobile der Gespräche unter den deutschen Emigranten. Ein übers andere Mal drehte sich alles um die Fehler, die gemacht worden waren und daß sie mit ein wenig Klugheit leicht hätten verhindert werden können. Aber natürlich nur die Fehler der jeweils anderen. Seidewitz wechselte deshalb das Thema.

»In Spanien suchen sie Genossen für den bewaffneten Widerstand gegen die Faschisten. Die Lage ist ernst dort, besonders, weil Franco mit den Nazis zu verhandeln scheint, um Unterstützung für seinen Kampf gegen die Republik zu finden. Die Gelegenheit wird Hitler sich nicht entgehen lassen.«

Hans Neumann hatte zu Beginn des Abends einige seiner Geschichten zum Besten gegeben, die früher unter Freunden immer für schallendes Gelächter gesorgt hatten. Heute reagierten die Anwesenden ziemlich verhalten. Aber das war es nicht, was ihn hatte verstummen lassen. Immer wieder überkam ihn das Gefühl, verloren zu sein, allein auf diesem Globus, ausgeliefert den ortenden Augen einer Giftschlange, die sich genüßlich vorwärtsschob, wissend, daß ihr auf Dauer keine Beute entging. Als Seidewitz von Spanien anfing, wurde Hans mit einem Ruck aus seinen trüben Gedanken gerissen.

»Dann stimmt es also, daß sie dort Truppen aus aller Welt zusammenstellen, um die Republik zu verteidigen?«

Seidewitz straffte sich und setzte sich im Sessel zurecht.

»Und ob das stimmt!«, sagte er. »Sie haben eine richtige kleine Armee auf die Beine gestellt, die sogenannten *Brigadas Internacionales*, die Elfte Brigade. Die Amerikaner bilden die Lincoln-Brigade, Kämpfer aus Deutschland die Thälmann-Brigade, dann gibt es die französischen Genossen in der Commune de Paris und die Italiener in der Garibaldi-Brigade. Es sind schon mehr als zehntausend. Sie stehen überall, wo's brennt, in allen Städten, wo sich der Widerstand gegen die Faschisten konzentriert: in Barcelona, in Valencia und in Madrid. Sie kämpfen auf Seiten der vom Volk gewählten Regierung, sie kämpfen für die Erhaltung der Demokratie – und das Volk liebt sie dafür.«

Jetzt war Hans Neumann hellwach.

»Und wie bekommen die Brigaden Nachschub? Wie kommt man überhaupt ins Land, als Freiwilliger?«

»Am besten über Paris«, erklärte Seidewitz, »dort haben die Spanier ein Büro der Brigaden eingerichtet, mit wohlwollender Unterstützung der französischen Volksfrontregierung. Und dann gibt es noch ein weiteres Büro, das ein bekannter Schriftsteller leitet, André Malraux. Er hat den Auftrag übernommen, die Luftwaffe der Republik aufzubauen. Bei ihm meldet sich das Fliegerpersonal. Für alle anderen gibt es die allgemeine Anlaufstelle. Und wer möchte, braucht sich dort nur zu melden. Dann wird er in kürzester Zeit nach Spanien gebracht.«

Sie saßen noch einige Zeit beisammen, tranken noch das eine oder andere Glas Punsch, redeten wieder und wieder über das eine und einzige Thema – ihre Rückkehr nach Hause –, aber Hans Neumann hörte nur flüchtig zu. Er war in Gedanken weit weg, am anderen Ende Europas. Sich als Kämpfer einreihen, für Freiheit und Selbstbestimmung eines Volkes kämpfen, das von machtbesessenen Nationalisten in einen Bürgerkrieg getrieben wurde … Noch ehe er es sich selbst eingestand, war die Entscheidung gefallen. Sein Entschluß stand fest: Er würde nach Spanien gehen, als Interbrigadist.

* * *

Es dauerte doch länger als geplant, ehe er alle Vorbereitungen getroffen hatte. Vor allem mußte sich Hans Karel Goldsteins lange, besorgte Monologe anhören.

»Hans, und wenn du alles andere nicht gelten läßt, dann denk wenigstens an deine Familie in Breslau. Hier bist du in Sicherheit und doch nicht weit weg von zuhause. Vergiß nicht den angegriffenen Gesundheitszustand deiner Eltern.«

Goldstein wußte, daß er damit bei Hans einen Nerv traf, doch gegen dessen Antwort wußte auch er nichts mehr einzuwenden.

»Ich denke an sie, Karel, häufiger als du vielleicht glaubst. Ich denke an sie und es schmerzt mich, im Herzen und im Kopf. Aber sage mir eines: Wenn, Gott behüte, mit Papa oder Mama etwas passieren sollte, was kann ich tun? Heimfahren und sofort verhaftet werden, vermutlich bereits beim Grenzübertritt? Mach dir doch nichts vor, ich bin ein Gefangener in relativer Freiheit. Ich habe mein Selbstbestimmungsrecht längst verloren. Die Nazis haben nicht nur

Macht über unseren Körper. Sie haben es auch auf unsere Seele abgesehen.«

»Hans, bei allen guten Geistern, was ist los mit dir? Ich kenne dich gar nicht wieder. Wo ist der stets gut gelaunte, zu Späßen aufgelegte Hans von früher? Ich habe fast den Eindruck, Prag bekommt dir nicht. Du wärst ja nicht der erste, dessen Seelenzustand durch unsere Stadt aus dem Gleichgewicht geriete. Aber deine Verwandlung macht mir ja schon beinahe Angst.«

»Laß gut sein, Karel. Ich bin dir dankbar für deine Sorge, und für deine Hilfe sowieso. Irgendwann werde ich es dir hoffentlich vergelten können. Aber keine bange, gemütskrank werde ich schon nicht. Allerdings leide ich zur Zeit sehr wohl. Ich leide, wenn ich sehen muß, daß all unsere politische Arbeit vor '33 vergebens war, in den Wind geschrieben. Meinen Pessimismus, also jedenfalls das, was du so nennst, empfinde ich eher als Durchbruch zu einer realistischen Erkenntnis. Und diese Erkenntnis wird von der Summe meiner Erfahrungen, Beobachtungen und Gespräche mit den deutschen Emigranten hier in Prag genährt. Das sind nämlich nicht alle und nicht durch die Bank nur anständige Leute.«

Goldstein zog erstaunt die Augenbrauen hoch. Was sollte das jetzt wieder? Suchte Hans mit aller Gewalt nach Rechtfertigungen für seinen Wunsch, nach Spanien und in ein Abenteuer von unsicherem Ausgang zu gehen? Was paßte ihm denn jetzt plötzlich nicht mehr an den Emigranten, mit denen er allabendlich im Kaffeehaus zusammensaß?

»Es ist«, erklärte Hans, »die Unfähigkeit der verschiedenen Seiten, sich bei aller politisch unterschiedlichen Richtung auf das gemeinsame Ziel zu besinnen – und auf den gemeinsamen Gegner. Dabei meine ich gar nicht mal so sehr meine sozialdemokratischen Genossen, obwohl es unter denen auch genügend verbohrte Befehlsempfänger gibt, die neben der offiziellen Parteilinie nichts anderes mehr gelten lassen. Aber diejenigen, die wirklich ihr Denkvermögen ausgeschaltet haben, das sind die Kommunisten. Sie erklären ihre KPD mit aller denkbaren Überheblichkeit zur einzig wahren Führerin im Kampf um die Befreiung der Arbeiterklasse und verlieren dabei völlig aus den Augen, daß es längst nicht mehr allein um die Arbeiterklasse geht, sondern um die Befreiung eines ganzen Landes aus den Klauen des Nationalsozialismus.«

Hans redete sich langsam in Rage.

»Es gab auch unter den Kommunisten hier in Prag einige, die anders dachten und davon träumten, daß wir gemeinsam stark genug wären, um es mit den Nazis aufzunehmen. Deshalb haben sie in den Kaffeehäusern und Wirtshaus-Hinterzimmern für die Idee eines vereinten Widerstands geworben. Und was passiert? Da schicken sie einen von den ganz strammen KPDlern, die sich nach Moskau gerettet haben, so einen unauffälligen Bürokraten-Heini namens Walter Ulbricht, und danach ist auf einmal Schluß mit der großen Idee einer Volksfront-Exilregierung. Einfach aus und vorbei mit einer Idee, die uns begeistert und uns eine Perspektive gegeben hätte. Und das, Karel, wenn du das miterleben mußt, wenn du deine Seifenblasen zerplatzen siehst, aus der Kaffeehaus-Perspektive zwischen Zeitungen, Schachspiel und wohlklingenden theoretischen Streifzügen gebildeter aber wirklichkeitsfremder Nachbarn, das ist dann einfach zuviel. Da kotzt dich diese Scheinwelt mit ihrem bloßen Gerede irgendwann fürchterlich an.

Vielleicht ist es tatsächlich so, daß wir Deutschen nicht so recht zum wirklichen und funktionierenden Widerstand taugen. Ich rede gar nicht von Revolution, jedenfalls nicht dir gegenüber. Aber ich will nicht darauf warten, daß mir irgendwer irgendwann eine Bahnsteigkarte in die Hand drückt und mir sagt, daß ich jetzt, und erst jetzt, den Perron betreten darf. Ich will Herr meiner Entscheidungen sein. Und deshalb versuche ich es jetzt anderswo.«

* * *

Es war kalt gewesen in Prag, und es war nicht weniger kalt in Paris. Ein beißender Wind trieb dürre Schneeflocken vor sich her und kroch durch sämtliche Kleider. Hans Neumann fror. Er zog den beigefarbenen Trenchcoat enger und senkte den Kopf, um die Baskenmütze dem Wind entgegenzuhalten. Mit dem runden Filz auf dem Kopf sah er aus wie ein Franzose, wie ein französischer Arbeiter. Die besseren Herren pflegten Hüte zu tragen. Dabei trug Hans die Baskenmütze schon, seit er in Prag angekommen war. Er mochte nämlich die neuerdings in Mode gekommenen Schiebermützen nicht, die zu Anzug und Krawatte aussahen, als wolle jemand Lenin im Volkstheater spielen. Menschen neigten offenbar zur Uniformität, selbst bei Kleinigkeiten. Deswegen gab es in Deutschland jetzt so viele Rotzbremsen. So nannten sie den zu beiden Seiten gestutzten Schnurrbart, der zu Hitlers Markenzeichen geworden war.

»Nicht zu glauben, wie viele Schicklgrubers es auf einmal in Deutschland gibt«, hatte Hans einmal gesagt. Aber damit hatte er nicht allein die Manneszierde auf der Oberlippe gemeint.

Hans war in einem kleinen Hotel in Bahnhofsnähe abgestiegen, hatte sich zunächst nur für zwei Tage eingeschrieben, seinen Koffer abgestellt und war dann gleich zur nächsten Metrostation gegangen, um das Büro der Interbrigaden zu suchen. Jetzt lief er durch schmutzige kleine Gassen und hatte plötzlich das Gefühl, in einer ganz anderen Welt gelandet zu sein, jedenfalls gewiß nicht in Paris.

Immer wieder begegneten ihm Männer, die mit ihren schwarzen Hüten und dichten Vollbärten unschwer als Juden zu erkennen waren. Oder solche, die kleine, kreisrunde Ledermützen mit kurzem Schild trugen. Er kannte diese Gestalten, sie sahen aus wie die Juden aus Rußland oder Polen, die »Ostjuden«, wie man sie in Breslau verächtlich genannt hatte. Hans hatte diese abwertende Bezeichnung nie gemocht. Er hatte nie vergessen, daß auch sein Urgroßvater einst zu Fuß aus Rußland nach Schlesien gekommen war.

Als zwei Vollbärtige auf ihn zukamen, verlangsamte Hans seine Schritte. Einer Eingebung folgend, stellte er sich den beiden Männern in den Weg, griff in die Manteltasche und zog einen Zettel heraus. »17, rue des petites écuries«, stand dort gekritzelt. Hans lächelte, sagte »Pardon« und schaute fragend. Einer der beiden sah auf den Zettel, dann wieder auf den Mann vor ihm und fragte: *»Vous cherchez la rue des petites écuries?«*

Hans glaubte, den Sinn der Frage verstanden zu haben und nickte eifrig. Woraufhin ein Wortschwall auf ihn niederging, aus dessen unbekannten Worten er nur eines verstand: *»Folies bergères.«* Davon hatte er gehört. Es war ein Theater, so wie das weltbekannte »Moulin rouge«.

Er ging in die Richtung, die der Vollbärtige ihm gewiesen hatte, überquerte eine Straße, wandte sich nach links und entdeckte vor sich zwei gläserne Flügeltüren, wie an den Kinos in Breslau. Hans blickte an dem unauffälligen und etwas verwitterten Gebäude empor. Über den Glastüren hing ein Plakat: »Folies bergères«.

Na, bitte. Hans fühlte sich gut. Er war allein in einer fremden Stadt, die er nur aus Büchern, aus der *Wochenschau* und aus Erzählungen kannte. Aus Erzählungen hinter vorgehaltener Hand, in denen etwas geflüstert wurde von der »Hauptstadt der Sünde«. Hier war er ganz auf sich gestellt, aber die erste Etappe hatte er geschafft. Seine Unsicherheit schwand. Zielstrebig ging er auf eine ältere Frau zu, die mit Schrubber und Eimer aus einem Hauseingang trat.

»Pardon, Madame«, sagte Hans und präsentierte wieder seinen Zettel.

Wieder ein Schwall unbekannter Worte, immerhin aber begleitet von gut verständlichen Handbewegungen.

Endlich entdeckte er das Schild: rue des petites écuries. Das Haus Nummer 17 erwies sich als schmales Gebäude mit vier Etagen, ein bißchen heruntergekommen wie alle Häuser in dieser Gegend. Da es keine Türklinke gab, sondern nur einen runden Metallknauf, der vor vielen Jahren aufgehört haben mußte zu glänzen, versuchte Hans, diesen Knopf zu drehen. Es geschah nichts, die Tür blieb verschlossen. Auch eine Klingel war nirgends zu sehen. Hans klopfte an die Tür, etwas verhalten zunächst, dann kräftiger. Jenseits der Tür war eine Stimme zu hören: *»Un instant.«* Dann wurde die Tür ein Stück aufgezogen, es erschien ein mittelgroßer Mann in brauner Lederjacke, einen karierten Schal um den Hals und eine Baskenmütze auf dem Kopf, die so weit nach hinten geschoben war, daß sie fast am Hinterkopf hing. *»Oui?«*

Hans entschied sich, gar nicht erst auf Französisch herumzustottern, sondern einfach deutsch zu sprechen.

»Ist hier das Büro der Brigadas Internacionales?«

Der Mann fragte: *»Vous désirez?«*.

Hans deutete auf seine Brust: »Ich bin Antifaschist aus Deutschland. Emigrant. Ich will mich für Spanien melden.«

Der Mann musterte ihn einen Augenblick, dann trat er zwei Schritte zurück, zog die Tür dabei etwas weiter auf und sagte: *»Entrez.«*

Hinter einem Tisch im Hausflur saß ein Mann, gleichfalls in Lederjacke und Baskenmütze. Er sah zu Hans auf.

»Du bist Deutscher?«, fragte er mit einem ziemlich schweren Akzent, den Hans nicht zu deuten vermochte, »du willst dich bei uns melden?«

Dankbar, sich in seiner Sprache unterhalten zu können, wiederholte Hans sein Sprüchlein: »Ich bin Antifaschist aus Deutschland. Bin voriges Jahr emigriert und komme jetzt aus Prag. Ich glaube, ihr könnt mich gebrauchen.«

Der Mann brummte: »Möglich.« Er schaute dabei keineswegs unfreundlich, sondern rief laut in den Hausflur: »Gerhard!«

Es klang wie »Gerr-arrt«. Im Stockwerk über ihnen ging eine Tür, und dann rief eine Stimme herunter: »Was ist los?«

Der Mann hinter dem Tisch schaute nach oben: *»C'est pour toi. Un camarade – peut-être.«*

Das Zimmerchen im ersten Stock war eingerichtet wie ein einfaches Büro: Schreibtisch mit Lampe und Telefon, Aktenrollschrank, Ordner, Waschbecken und ein blau-grau gemustertes Handtuch. In der Ecke neben der Tür ein kleines Bistrotischchen und drei Stühle. Der Mann, der Gerhard gerufen worden war, erwartete Hans an der Tür. Er sah jung aus mit seinem schmalen Gesicht und der dünnen Brille. Er deutete auf die Stühle und sagte: »Was kann ich für dich tun?«

Hans sah ihm in die Augen: »Du für mich? Ich will etwas für euch tun. Ich will mich bei euch einschreiben.«

Gerhard musterte ihn.

»Du willst dich bei uns einschreiben? Wie heißt du überhaupt?«

»Hans Neumann. Ich komme aus Deutschland, bin vor rund einem halben Jahr nach Prag emigriert – und jetzt will ich nach Spanien.«

»Und warum bist du emigriert?«

»Weil ich Antifaschist bin ...«, Hans machte eine Pause: »...und Jude.«

»Nun laß dir doch die Würmer nicht einzeln aus der Nase ziehen, los, erzähl!«

Und Hans erzählte. Zwischendurch hielt er immer wieder kurz inne, als ob er fragen wollte, ob er nicht zu weitschweifig war, aber sein Gegenüber gab ihm durch eine kurze Handbewegung zu verstehen, er solle ruhig fortfahren. Hans erzählte von Breslau, vom Leben in Prag, von Seidewitz und den anderen Emigranten. Als er geendet hatte, atmete er hörbar aus, dann fragte er: »Und wer bist du?«

Gerhard schien einen kurzen Augenblick irritiert, dann schaute er amüsiert.

»Du hast recht, entschuldige. Also, ich heiße Gerhard Westerhelm, bin Kommunist und stamme aus Bremen. Ich habe in Marburg studiert, romanische Sprachen. Ich war ein Aktiver, deshalb mußte ich flüchten. Noch am 31. Januar 1933 bin ich aus Deutschland raus, erst nach Brüssel, von dort nach Paris, dann nach Barcelona und Madrid. Und jetzt haben sie mich wieder nach Paris geschickt.«

»Wer hat dich nach Paris geschickt?«

»Wer? Na, die Regierung. Ich habe in Madrid im Außenministerium gearbeitet. Die konnten mich dort gebrauchen, wegen meiner Deutschkenntnisse und wegen meiner Kontakte zur KP. Und als die Interbrigaden gegründet wurden, haben wir hier ein Verbindungsbüro eröffnet. Ich bin für die Elfte zuständig, das ist das Thälmann-Bataillon. In den anderen Büros sitzen Kameraden aus anderen Brigaden ... Sag mal, was hast du eigentlich gelernt außer Textilien zu verkaufen?«

Hans wollte ärgerlich reagieren, besann sich aber gerade noch.

»Ich kann Auto fahren. Auch Lastwagen. Ich habe die Führerscheine aller Klassen.«

Gerhard klatschte begeistert in die Hände: »Mann, das ist ja großartig. Fahrer werden bei uns gebraucht wie Elefanten beim alten Hannibal. Wir haben gepanzerte Wagen, aber die sind schwierig zu fahren, weil sie so schwer sind. Traust du dir das zu?«

»Ich sagte doch, daß ich auch Lastwagen fahren kann. Die sind wahrscheinlich auch nicht einfacher zu steuern.«

»Na, dann ist der Tag ja gerettet«, lachte Gerhard, »ich habe einen Chauffeur für die Truppe gekeilt. Weißt du, Journalisten und Schriftsteller haben wir jede Menge. Was uns fehlt, sind Soldaten – und Fahrer für unsere Militärfahrzeuge. Du bist unser Mann!«

Hans sah ihn an und mußte auch lachen. Und dann gaben sie sich die Hand.

Es war spät geworden, draußen war es dunkel und Gerhard hatte die Schreibtischlampe angeknipst.

»Hast du überhaupt schon was gegessen?« erkundigte sich Gerhard.

»Nur gefrühstückt.«

»Was hältst du davon, wenn wir um die Ecke gehen, zu »Jean«? Da gibt's was Warmes und ein Glas Rotwein. *D'accord?*«

»D'accord«, erwiderte Hans und setzte seine Baskenmütze auf.

Die Bar »Chez Jean« war eine gewöhnliche Eckkneipe, ein dunkler Schlauch mit Steinfußboden und einfachen, nicht sonderlich bequemen Sitzmöbeln. Es roch nach einem Gemisch aus Rotwein, Pastis, Mokka und dem kalten Rauch der schwarzen Zigaretten, die den Franzosen an den Lippen zu kleben schienen. Gerhard hatte beim Eintreten, gleichsam im Vorübergehen, dem Mann hinter dem Tresen eine kurze Bestellung zugerufen und Hans dann zu einem kleinen Tisch am Fenster bugsiert. Dort saßen sie nun, prosteten sich mit den bauchigen und etwas kurz geratenen Weingläsern zu, und Gerhard zog an seiner dicken runden Zigarette. Nachdem er den Rauch zwischen den gespitzten Lippen hindurch zur Decke gepustet hatte, fragte er unvermittelt: »So, du bist also Sozialdemokrat. Weißt du auch, daß ihr bei uns nicht gerade den besten Ruf habt?«

Hans schaute irritiert: »Was heißt das? Nicht den besten Ruf? Und was heißt ›bei uns‹? Wollen die Internationalen Brigaden etwa den Quatsch wiederholen, den die Deutschen vorgemacht haben? Diese Selbstzerfleischung im Widerstand? Soll ich wieder nach Hause fahren, weil ich nicht gut genug bin für Euch? Bestimmt ihr jetzt, was gut ist für das spanische Volk und was nicht? Und von wem es sich helfen lassen darf?!«

Hans war aufgesprungen vor Erregung. Von den Nachbartischen schaute man neugierig herüber. Worum ging es da, bei diesem deutschen Gefühlsausbruch?

Gerhard reagierte gelassen. Er faßte Hans am Handgelenk und blieb so ruhig wie zuvor.

»Setz dich, Hans, und hör mir mal kurz zu. Ich mache keinen Unterschied zwischen guten Freiwilligen und besseren. Aber nach allem, was in Deutschland geschehen ist, wie die Nazis an die Macht gekommen sind und wie die Opposition dabei versagt hat, dieses Emporkommen zu verhindern, gibt es Skepsis – auch gegenüber Sozialdemokraten.«

Hans öffnete den Mund zu einer Erwiderung. Dann überlegte er es sich anders. Er winkte nur kurz ab, ließ seinen Blick durch das Lokal streifen und schaute dann auf Gerhard. Es war ein ziemlich enttäuschter Blick.

* * *

Im fernen Breslau war die Stimmung gedämpft, noch gedrückter als ohnehin in letzter Zeit. Am 31. Dezember 1936, in der Silvesternacht, als sich Hans in Prag für die Interbrigaden entschied, war zuhause seine Mutter gestorben. Es war ein Schock für die Familie. Alle wußten vom angegriffenen Gesundheitszustand Moritz Neumanns, von seinem schwachen Herz. Rosa aber hatte ihre Beschwerden stillschweigend ertragen. Nur Hermann Löwi war eingeweiht, schließlich war er ihr Arzt. Sie hatte unter Diabetes gelitten, und daran war sie ziemlich unerwartet gestorben.

Onkel Lusche, als Direktor des Jüdischen Friedhofs, hatte die Beisetzung organisiert. Es hatte eine Beerdigung im kleinen Kreis werden sollen, aber dann waren doch überraschend viele Trauergäste gekommen. Sogar ein paar Nichtjuden waren dabei, eine Familie aus dem Nebenhaus in der Höfchenstraße und zwei Kunden, die früher oft im Textilhaus Neumann eingekauft hatten. Wenn es sich herumsprach, daß sie an einer Beerdigung auf dem Jüdischen Friedhof teilgenommen hatten, würden sie Schwierigkeiten bekommen. Daß sie trotzdem gekommen waren, rechnete die Familie ihnen hoch an. Nur Hans war nicht dabei. Er ahnte ja nicht einmal, daß seine Mutter nicht mehr am Leben war.

Als sie vom Friedhof nach Hause kamen, setzten sich Moritz Neumann und seine Kinder zur *Schiwa*. An allen sieben Abenden der jüdischen Trauerzeit kamen Verwandte und Freunde der Familie, um Anteil zu nehmen und dabei zu sein, wenn Moritz Neumann das Abendgebet und das *Kaddisch* sprach. In die Synagoge waren sie nur am Schabbat gegangen, an dem Freitagabend, der auf den Todestag folgte.

Rabbiner Dr. Schönberger hatte die Verstorbene in seiner Predigt als gute jüdische Ehefrau und treusorgende Mutter gewürdigt. Er hatte über die Neumanns gesprochen, die zu den bekannten und geschätzten jüdischen Familien der Stadt zählten, den guten Ruf erwähnt, den sich Moritz Neumann mit seinem Textilgeschäft erworben hatte, und daß er stets zu den Spendern der Synagoge gezählt habe.

Er schloß die Würdigung mit den Worten: »Diese Familie war sich immer ihrer Verpflichtung gegenüber unserem Land, diesem Land, bewußt. Moritz Neumann, der trauernde Witwer, ist als dekorierter Unteroffizier aus dem Weltkrieg zurückgekehrt, und sein Cousin, der von uns allen geschätzte Mediziner Dr. Hermann Löwi, hat unserer Gemeinde Ehre gemacht, als ihm das Eiserne Kreuz Erster Klasse verliehen wurde. Ich hoffe inständig, daß wir bald eine Zeit erleben werden, in der diese Leistungen wieder etwas gelten ... in der wir alle wieder etwas gelten.«

Am letzten Tag der Schiwa drohte die Wohnung aus allen Nähten zu platzen. Morgen würde wieder der Alltag beginnen. Aber was hieß das schon, Alltag. Ins Geschäft ging Moritz Neumann nur noch selten, es fehlten ihm der Wille und die Kraft. Sein Herz machte ihm immer stärker zu schaffen, aber schlimmer wog die Mutlosigkeit. Der Verkauf des Geschäfts, so wie er geplant war, hatte sich zerschlagen. Und jetzt noch auswandern? Ohne seine Rosa? Wozu sollte das gut sein?

Sein ältester Sohn Günther kümmerte sich deshalb mehr als je zuvor um die Geschäfte, schloß morgens den Laden auf und stand dann mit seiner Schwester Lotte hinter dem Tresen, um Kunden zu bedienen. Personal hatten sie schon längst nicht mehr, schließlich war es Ariern verboten, bei Juden beschäftigt zu sein. Nein! Es war Juden verboten, Arier zu beschäftigen. Aber ohne erfahrenes Personal waren die Geschwister Neumann ziemlich hilflos. Lieferungen ins Ausland gab es seit einiger Zeit auch keine mehr, ebenso wenig Bestellungen von Material. Das konnte, und auch nur in kleinen Mengen, lediglich noch aus Niederschlesien geordert werden. Genau genommen war es ein Ausverkauf auf Raten.

Wenige Tage vor Rosas Tod hatte Annemie den Eltern eröffnet, daß Martin, ihr Verlobter, eine Stelle am Jüdischen Krankenhaus in Berlin bekommen habe. Das grenzte fast an ein Wunder, wo es doch im Moment mehr arbeitslose jüdische Ärzte gab als Sterne am Nachthimmel. Sie wollten Ende Januar ihre Zelte in Breslau abbrechen, um in die Hauptstadt zu gehen. Und dort wollten sie versuchen, ein Visum zu erhalten, wohin auch immer.

Rosa hatte schweigend zugehört. Dann aber hatte sie gefragt: »Ohne Hochzeit? Du willst mir doch nicht sagen, daß ihr ohne zu heiraten zusammenleben wollt? Moritz, willst du dazu etwa deinen Segen geben?«

Bevor der Vater antworten konnte, warf Annemie schüchtern ein: »Vielleicht kann man das ja vorher noch organisieren. Ich könnte Rabbiner Dr. Schönberger ja mal fragen.«

Und so kam es, daß die *Chuppa*, der Hochzeitstermin, auf den 23. Januar festgelegt wurde. Nur wußte da noch niemand, daß Rosa Neumann diesen Tag nicht mehr erleben würde.

Moritz Neumann ging jetzt, da er Witwer geworden war, häufiger in die Synagoge, fast jeden Morgen war er beim *Schacharith*-Gottesdienst anzutreffen. Früher war er nur freitagabends zu *Kabbalat Schabbat* und samstags in die Storch-Synagoge gekommen, jetzt legte er Wert darauf, möglichst täglich dort zu sein. Er hatte sich vorgenommen, der traurigen Pflicht zu genügen und Tag für Tag, elf Monate lang, das *Kaddisch*-Gebet zu sagen, die seit vielen Hunderten von Jahren unveränderte Lobpreisung Gottes, das traditionelle jüdische Totengebet.

Es war ein schwerer Gang. Nicht allein deshalb, weil ihn ein übers andere Mal die Erinnerung an Rosa überkam und die Trauer über den plötzlichen Verlust. Sie hatten noch so viel vorgehabt, hatten ja eigentlich ernsthaft den Schritt wagen wollen, ein zweites Leben irgendwo in der Ferne. Er war doch schon fest entschlossen gewesen. Und dann dies. Warum nur, großer Gott, warum nur?

Aber nicht nur diese Gedanken machten ihm die Anwesenheit in der Synagoge schwer. Es waren auch die Gespräche vor und nach dem Gottesdienst, diese immer und immer gleichen Klagelieder über die Lage der Juden in Deutschland, und die vielen Reden über die einzig wahre und vernünftige Reaktion: die Flucht aus der Heimat.

Seit Menschengedenken war es in der Synagoge üblich gewesen, am Schabbat, nach der Vorlesung des Wochenabschnitts aus der Thora, das traditionelle Gebet für das Vaterland zu sprechen. Es war das einzige Gebet, das in deutscher Sprache aufgesagt wurde. Früher hatte es »Gebet für Kaiser und Vaterland« geheißen, dann nur noch »Gebet für das Vaterland«. Vor einiger Zeit aber hatten Rabbiner und Synagogenvorstand beschlossen, auf das gemeinsame Rezitieren des deutschsprachigen Gebets bis auf weiteres zu verzichten. Ein Einschnitt, der Moritz Neumann tief aufwühlte. Ja doch, er verstand die Gründe für die Entscheidung des Rabbiners, und er teilte sie auch. Aber dennoch, daß es so weit überhaupt hatte kommen können! Hatte kommen müssen! Das verstand er nicht.

Dabei hatte es sich Moritz Neumann schon seit einiger Zeit abgewöhnt, von Deutschland als seinem Vaterland zu sprechen. Da hatte es gar nicht der Nachbarin aus dem Nebenhaus bedurft, die ihm zum Tod von Rosa kondoliert und gefragt hatte: »Sie werden doch bald keine Verwendung für Ihre Bettwäsche und Ihr Service mehr haben, wenn Sie auswandern. Sie werden doch auch auswandern, oder? Vielleicht können Sie an mich denken. Ich war ja auch immer gut zu Ihnen.«

Was sie damit wohl meinte? Vielleicht, daß sie die Neumanns anfangs noch grüßte, als alle anderen sich bereits abgewandt hatten?

Oder daß ihr Mann, ein bescheidener Handwerker, mal den Abfluß im Hause Neumann gereinigt hatte und dafür großzügig entlohnt worden war?

Moritz Neumann saß in der Synagoge, während Rabbiner Dr. Schönberger den Thoraabschnitt der Woche vortrug. Der Synagogenvorstand berücksichtigte Moritz Neumann stets bei der Vergabe der *Alijot,* der feierlichen Aufrufe zur Thoralesung. Nicht nur, weil er ein Trauernder war, sondern auch als geschätzten Mäzen, der beträchtliche Summen für die Synagoge und für karitative Zweck gespendet hatte. Nun, da er auf seinem Platz saß und darauf wartete, zum Thora-Vorlesepult gerufen zu werden, schweiften seine Gedanken ab.

Er sah sich im erlesenen Kreis angesehener Breslauer Geschäftsleute, bei den Beratungen der Handelskammer und den festlichen Essen in gutbürgerlichen Lokalen. Sie hatten ihn geschätzt wegen seines vielfältigen Engagements für ihre gemeinsame Heimatstadt und, nur wenige Tage nach dem 30. Januar 1933, sogar beschlossen, ihn mit einer besonderen Auszeichnung zu würdigen. Dann aber war alles ganz anders gekommen.

Gerade hatte er damals das Geschäft abschließen wollen, als Reinhard Gauß zur Tür hereingekommen war, der Schuhhändler und Schriftführer im Vorstand der Handelskammer.

»Reinhard«, hatte Moritz Neumann gescherzt, »was machst du hier, pünktlich zum Ladenschluß? Brauchst du etwa den Schutz der Dunkelheit, um beim alten Neumann ein paar Hosen zu kaufen?«

Gauß hatte seinen Blick durch das Geschäft schweifen lassen, über den blank gebohnerten Holzfußboden und dann aufs Regal hinter Moritz Neumann geschaut. Er konnte dem Kollegen nicht ins Auge sehen, nicht mit der Botschaft, die sie ausgerechnet ihm zu überbringen aufgetragen hatten.

»Es ist so, Moritz«, begann er stockend, »daß unser Vorstand ... Also, du weißt doch, wir haben dich für die Handelsmedaille ausgesucht.«

Gauß machte eine Pause, suchte einen neuen Anfang.

»Die Verleihung und das Essen, wir hatten doch über den Termin geredet. Also, in der »Goldenen Gans« haben sie uns ein falsches Datum gegeben, und jetzt ist an diesem Abend der Saal schon belegt. Und deshalb hat der Vorstand gedacht … also wir haben das überlegt, und es wurde beschlossen, daß wir vielleicht besser erst einmal warten sollten.«

Moritz Neumann blickte den alten Freund und Kollegen fragend an. Er verstand das Problem nicht.

»Reinhard, das macht doch nichts. Dann findet die Ehrung eben eine Woche später statt, oder zwei Wochen. Ich freue mich, einerlei, wann es die Feier geben soll. Ich bin so oder so glücklich über eure Entscheidung, in diesem Jahr mich zu ehren. Da kann ich die Vorfreude auch noch ein bißchen länger genießen.«

Dem späten Besucher fiel es nach diesen Worten noch schwerer, seinen Auftrag loszuwerden.

»Moritz, du weißt doch, die Zeiten sind im Moment unruhig. Nein, nicht unruhig, es muß sich nur erst alles finden, alles einrenken. Dann werden alle auch wissen, auf wen Verlaß ist, auch wenn er vielleicht eine andere Religion hat. Und deshalb sollte man die Beruhigung vielleicht erst einmal abwarten, damit das niemand falsch versteht mit der Ehrung. Ich meine, es wäre ja auch in deinem eigenen Sinne, wenn keine falschen Untertöne … also, man muß erst einmal lernen, sich auf die neue Situation einzustellen.«

Jetzt, endlich, hatte Moritz Neumann verstanden. Jetzt war ihm klar, was Gauß auszusprechen sich nicht traute. Sein Gesicht war wie aus Stein gemeißelt, nur die nach oben gerichteten Spitzen des Schnurrbarts vibrierten leicht.

»Es ist nicht nur der Termin in der »Goldenen Gans«, nicht wahr? Ihr wollt die Ehrung aussetzen, stimmt's? So eine Art Fortsetzung des Judenboykotts mit anderen Mitteln. Richtig?«

Gauß hatte irritiert in Moritz Neumanns Gesicht geschaut, erleichtert, daß es raus war, und erschrocken darüber, mit welcher Klarheit der alte Freund und Kollege die Situation beschrieben hatte.

»Also, Moritz, was du redest. Boykott! Wie kannst du uns das nur zutrauen? Nein, es ist nur …« Wieder suchte er krampfhaft nach der geeigneten Formulierung: »Es hat nichts mit dir persönlich zu tun.

Um Himmelswillen, nein. Es ist nur, sagen wir, wie so eine Art Denkpause. Das kann ja dann später alles wieder anders werden. Und dann holen wir alles nach. Das ist doch sicher auch in deinem Sinn?«

Moritz Neumann hatte sich hoch aufgerichtet, die Füße eng beieinander, die Arme an die Oberschenkel gelegt. Militärisch korrekt, beinahe. Er deutete eine Verbeugung an, streckte den rechten Arm in Richtung Tür und sagte knapp: »Ich habe verstanden. Ich habe sehr gut verstanden. Bitte, entschuldige mich jetzt, ich muß mein Geschäft schließen, damit ich nicht wegen Übertretung der Ladenschlußzeiten belangt werde. Man weiß ja heutzutage nie. Und außerdem möchte ich jetzt gern nach Hause zu meiner Familie. Jetzt besonders.«

An jenem Tag verlor Moritz Neumann alle Illusionen. Er fühlte sich als Paria, dem jeder aus dem Weg ging. Der in den gleichgeschalteten Zeitungen der neuen Ordnung plötzlich als »Blutsauger«, als »Volksfeind« und als »schmieriger Betrüger« diffamiert wurde. Nicht er persönlich zwar, aber er im großen Topf mit allen jüdischen Kaufleuten. Großer Gott, welch ein Absturz!

Wenig später erreichte ihn der Brief der alten Kameraden aus dem Kriegerverein, die einmal im Jahr das Veteranentreffen organisierten. In knappen Worten ließen sie ihn wissen, daß er »aufgrund der Umstände« nicht mehr zu ihren Veranstaltungen eingeladen werden könne. Er möge bitte davon absehen, ohne Einladung zu den Treffen zu erscheinen. Im andern Fall müßten geeignete Maßnahmen ergriffen werden. Dafür werde er als Gedienter wohl Verständnis haben.

So tief erniedrigt sich Moritz Neumann fühlte – es kam noch drastischer. Man hatte ihn auf die nächstgelegene Polizeiwache bestellt und aufgefordert, alle Ehrenzeichen aus dem Krieg mitzubringen. Moritz Neumann fand sich pünktlich ein. Ein Beamter der Staatspolizei bat ihn um Vorlage seiner Orden und Medaillen und erklärte, er müsse sie einziehen. Immerhin bot er an, die »Maßnahme« zu quittieren. Moritz Neumann wurden die Knie weich. Vergeblich wies er darauf hin, daß die Ehrenzeichen ihm für Tapferkeit vor dem Feind feierlich verliehen worden seien.

Der Beamte sagte nur: »Juden ist es nicht mehr erlaubt, Orden des Deutschen Reichs zu besitzen oder gar zu tragen. Machen Sie keine Schwierigkeiten. Und am besten, Sie gehen jetzt nach Hause und nehmen alles, wie es ist. Sie können es doch nicht ändern. Sie nicht und ich auch nicht.«

* * *

In Paris hatte Hans mit Gerhards Hilfe die Papiere für den Eintritt in die Interbrigaden ausgefüllt. Es gab nur zwei auf spanisch und französisch abgefaßte Formulare, eines für die persönlichen Daten, das andere für spezielle Fähigkeiten wie bereits abgeleisteten Militärdienst in der Armee des Herkunftslandes.

»Wenn du bei deiner Einheit bist, machen sie ein Foto von dir und du bekommst einen ordentlichen Militärpaß. Mit Soldbuch. Bis dahin stellt dir unser Kommandant hier im Haus einen provisorischen Ausweis aus. Du fährst mit der Bahn nach Süden, zusammen mit anderen Genossen, die sich freiwillig gemeldet haben. Ihr werdet dann mit Lastwagen abgeholt und in die Nähe von Argelès gebracht, das ist ein Nest nahe der Grenze. Gleich jenseits des Schlagbaums haben wir ein Camp eingerichtet. Abfahrt ist übermorgen um fünf Uhr früh, am Gare d'Austerlitz. Ich werde auch da sein, da brauchst du nicht lange zu suchen ... Und jetzt mach dir noch zwei schöne Tage in Paris.«

Gute Idee. Nur, wie machte man sich zwei schöne Tage in dieser Stadt, wenn man hungrig war, das Geld knapp und man außerdem vor Tatendrang am liebsten sofort zum Bahnhof gestürmt wäre? Fürs »Ritz« reichte das Geld kaum. Andererseits, wenn man ohnehin nicht genug hatte, sollte man sich ruhig etwas gönnen. Wenn schon nicht das »Ritz«, dann wenigstens eine Kleinigkeit im berühmtem »Café de l'Opéra«.

Während er auf einem dieser neumodischen Korbstühlchen saß und dem Verkehr und den Passanten auf der Straße zuschaute, ließ Hans seinen Gedanken freien Lauf. Er dachte an Zuhause, an die Eltern und Geschwister, und ihm wurde wehmütig zumute. Mutter hatte bestimmt Sehnsucht nach ihm und verzehrte sich vor Sorge. Vater nicht weniger, auch wenn er es nicht würde zeigen wollen, der Herr Unteroffizier seiner Majestät des Kaisers. Ob er sie vielleicht von Paris aus anrufen sollte? Hans verwarf den Gedanken schnell wieder. Zu gefährlich für die Eltern. Und außerdem, wer sagte denn, ob sie als Juden überhaupt noch einen Fernsprecher besitzen durften. Was man so hörte aus dem Reich, waren ja die Nazis mit ihren Gesetzen gegen die Juden inzwischen völlig verrückt geworden.

Der Kellner holte Hans in die Wirklichkeit zurück: »Noch einen Wunsch, Monsieur?« Hans dankte und zahlte. In gedrückter Stimmung ließ er sich durch Paris und seine Sehenswürdigkeiten treiben. Und landete, Zufall oder nicht, ausgerechnet am Friedhof Père Lachaise. Hans, immerhin drauf und dran, in eine Schlacht in einem völlig fremden Land zu ziehen, eine Schlacht für Freiheit und Demokratie, hielt es für keine besonders gute Idee, am Vorabend seiner Verwandlung in einen Soldaten ausgerechnet auf einen Friedhof zu gehen. Selbst wenn dort Chopin und Rossini begraben waren, und die Kämpfer der Commune von 1871. Aber etwas zog ihn an. Er schritt durch die geöffnete schwere Eisentür auf das riesige Gräberfeld, das beinahe eine kleine Stadt für sich war.

Er blieb länger als drei Stunden. Verharrte vor Grabstellen unbekannter Verstorbener, las die Namen der Toten, betrachtete die ovalen Fotos, die auf manchen Grabsteinen in den Stein eingelassen waren. Er hing seinen Gedanken nach, ungeordnet, wie sie gerade kamen. Er dachte an Breslau, sein Zuhause, an die Schulzeit – und er dachte an Gregor Seiler. Und ein ungeheurer Zorn packte ihn, als er vor seinem geistigen Auge die Nazis durch die Straßen ziehen sah, wie sie vor jüdischen Geschäften breitbeinig den Kunden den Zutritt verwehrten, und wie sie seinen Bruder Günther im Schutz der Dunkelheit halbtot geschlagen hatten. Oh, Gott, warum läßt du das zu? Warum läßt du nicht irgendwelche Fluten über diese verdammten Schweine hereinbrechen und sie wegspülen, dort, wo sie hingehören, zu all dem anderen Unrat?

* * *

Es war noch fast Nacht, als Hans am Gare d'Austerlitz eintraf, doch in der Bahnhofshalle wuselten die Menschen durcheinander wie auf dem Markt am Samstagvormittag. Er lehnte sich an eines der Absperrgitter zu den Bahnsteigen, stellte seinen Koffer ab und griff in die Jackentasche, um die Packung mit den Zigaretten hervorzukramen. Hier in Paris hatten sie nur diese schwarzen mit dem gebrannten Tabak. Sie rochen etwas streng und schmeckten auch nicht gerade gut, aber es waren immerhin Zigaretten. Wer weiß, woran er sich noch würde gewöhnen müssen.

Hans sog den Rauch tief ein und entspannte sich. Er sah sich die Menschen an, die an ihm vorübergingen, manche eilig, andere geruhsam schlendernd. Wen würde er wohl im Zug in den Süden wiedersehen? Wer könnte, wie er, ein Freiwilliger der Interbrigaden sein? Wie sah überhaupt ein Interbrigadist aus? Konnte man ihn an der Nase erkennen, so wie die Nazis angeblich immer die Juden an ihren krummen Nasen und wulstigen Lippen erkannten?

»Salut, camarade. Schläfst du noch? Zeit zum Abmarsch.«

Hans schrak auf, blickte sich um und sah den lächelnden Gerhard vor sich.

»Gerhard, schön, dich zu sehen. Ich bin bereit.«

»Na, dann mal los. Da drüben warten schon die anderen. Sieben sind aus Deutschland, die übrigen von wer weiß woher. Komm mit, ich bringe dich zu ihnen.«

Während sie losgingen, sah Hans nach oben auf die Anzeigetafel über dem Bahnsteig. »SNCF«, stand dort, »Express Paris – Madrid«, mit Halt in Orléans, Montpellier, Narbonne, Perpignan. Jetzt also wurde es ernst. Gut so. Spanien, ich komme.

Sie saßen zu sechs im Abteil, eine bunt zusammengewürfelte Truppe. Sein Nebenmann war dunkelhaarig und ziemlich klein, nicht größer jedenfalls als Hans selbst. Er hatte sich garantiert seit vier, fünf Tagen nicht mehr rasiert, und sprach unüberhörbar Dialekt.

»Das hat mir gerade noch gefehlt«, dachte Hans, »ein Bayer.«

Laut sagte er: »Du kommst also aus Bayern. Wie heißt du denn?«

»Bayern? Gott, der gerechte, wie kommst du darauf?! Ich bin aus Österreich, a echter Weaner. So echt, wie du a echter Preiß bist.«

»Erstens«, entgegnete Hans, »liegt Breslau in Schlesien. Und außerdem lassen sie mich zuhause nicht mal Deutscher sein, dafür habe ich nämlich die falsche Religion.«

»Sag ich doch«, sagte der Wiener, »ich bin so echt, wie du ein echter Preiß bist. Ich hab nämlich auch die falsche Religion. Das behaupten zumindest die Pfeilkreuzler bei uns. Und außerdem bin ich nicht nur Wiener, ich heiße auch so.«

Er hielt Hans die Hand hin: »Max Wiener aus Wien.«

Hans ergriff die Hand: »Freut mich. Hans Neumann aus Breslau. Wenn du ein Jude aus Wien bist, dann stammen Deine Eltern aus Polen oder Russland.«

»Und bei dir«, sagte Wiener und grinste, »sind es die Großeltern.«

»Ungefähr so«, bestätigte Hans. Und beide lächelten.

Die übrigen vier im Abteil waren Kommunisten aus Deutschland. Zwei waren Brüder und kamen aus der Rhön, die beiden anderen waren Norddeutsche, der eine aus der Gegend um Schwerin, der andere aus Wismar. Als sie von Hans hörten, er sei Sozialdemokrat, reagierten sie spürbar verhalten. Deutlich genug jedenfalls, um Max Wiener interessiert in die Runde blicken zu lassen.

»Das ist typisch für euch Piefkes. Hauptsache, ihr habt eure politischen Gegnerschaften in der Familie. Anstatt euch auf eure Gemeinsamkeiten zu besinnen, schlagt ihr euch als Sozialdemokraten und Kommunisten gegenseitig die Nasen blutig. Und was habt ihr davon? Unseren Hitler habt ihr bekommen. Gratuliere!«

»Was wißt ihr in Wien schon davon, wie bei uns der politische Kampf aussieht?«

Es war der ehemalige Matrose Heinrich Jensen, genannt der »Lange Hein«, der wütend auf Max Wiener starrte, »wir jedenfalls hatten keinen in unseren Reihen, der auf die eigenen Leute schießen ließ wie euer Noske beim Spartakusaufstand.

»Ja, ist gut«, wehrte Max Wiener ab, »wer hat euch verraten? Sozialdemokraten! Ich kenn diesen Quatsch. Ihr seht ja, was ihr davon habt, daß ihr diesen Blödsinn nachplappert und auch noch glaubt. Warum seid ihr Deutschen immer nur so apodiktisch, schwarz oder weiß, gut oder böse? Schaut nach Frankreich und schaut nach Spanien, da gibt's Léon Blum mit seiner Volksfrontregierung und die Frente Popular. Und nur gemeinsam sind die stark.«

»Bist wohl auch'n Sozi, was?«, fragte der Lange Hein mit einem schiefen, etwas verunglückten Grinsen.

»Da kannst du ganz beruhigt sein«, gab Max zurück, »ich bin gar nichts. Einfach nur ein Mensch, der was gegen Faschisten hat. Das ist alles. Und jetzt mußt du entscheiden, ob das für dich über oder noch unter dem Sozi steht.«

* * *

In Perpignan wurden sie von zwei Lastwagen aufgenommen. Nach langer Fahrt, mehr als zehn Stunden, seit sie Paris verlassen hatten, erkannten sie im Licht der Scheinwerfer das Ortsschild »Argelès«. Hans wäre am liebsten aufgestanden, um die Glieder zu strecken. Aber der Lastwagen rumpelte so stark, daß er dabei mit Sicherheit hingefallen wäre. Daß sie die spanische Grenze passierten, wäre ihm fast nicht aufgefallen, so zügig und problemlos ging das vonstatten.

Ein paar Minuten später hörte er die Stimme des Beifahrers: »Voilà, wir haben es geschafft. Die Herren künftige Interbrigadisten werden freundlich gebeten, ihre Ärsche zu heben und sich nach draußen zu bemühen.« Dabei lachte er so dröhnend, daß kaum zu hören war, wie der Motor erstarb.

»Und springt bitte nicht von der Ladefläche, sondern klettert manierlich herunter. Neulich ist einer vor Begeisterung und Tatendrang gesprungen. Den durften wir dann gleich wieder aufladen und weiterbefördern – ins nächste Krankenhaus.«

Hans sah sich um. Sie standen auf einem Sandplatz, übersät mit Regenpfützen. Es war kalt und ziemlich duster. An vereinzelten Masten baumelten Lampen, in derem fahlen Schein sie die Umrisse einiger Holzbaracken erkannten. Als Hans sich umdrehte, sah er über dem Tor, durch das sie eben gekommen waren, eine Aufschrift in spanischer Sprache: Brigadas Internacionales.

* * *

Die nächsten Tage vergingen schnell. Sie waren angefüllt mit Unterweisungen, denn die Freiwilligen sollten möglichst schnell in der Lage sein, aktiv an den Kämpfen gegen die Francisten teilzunehmen. Sie lernten, falls sie es noch nicht beherrschten, mit Gewehren umzugehen. Sie lernten Handgranaten werfen und Mörser laden. Sie lernten das Handwerk des Krieges, von dem es heißt, daß es ein schmutziges sei – doch ohne dieses Handwerk war man den Angreifern hilflos ausgeliefert. Sie lernten, sich zu verteidigen. Sich und die Republik.

In einer regulären Armee nennt man diese Phase des Wehrdienstes Grundausbildung. Dazu gehören schreiende Feldwebel, Märsche durchs Gelände in voller Ausrüstung, Liegestütze mit und ohne Gewehr und allerlei Schikanen, um jungen Männern beizubringen, daß allein derjenige entscheidet, der den höheren Rang hat. Bei den Brigaden blieb für derlei Machtspielchen keine Zeit. Hier waren keine Schulabgänger und keine gerade dem Lehrlingsalter entwachsenen Grünschnäbel angetreten, sondern erwachsene Männer, die wußten, wofür sie standen.

Anfänglich hatten sie noch nicht einmal Uniformen, an deren Rangabzeichen sich die Hierarchie hätte ablesen lassen. Sie trugen Straßenanzüge, manch einer dazu einen Stahlhelm, was besonders kurios wirkte. Einige hatten halblange, bis zu den Oberschenkeln reichende Lederjacken an, auf dem Kopf die traditionelle Baskenmütze. Hans fühlte sich an den »Empfangschef« in der rue des petites écuries erinnert und entschied sich, eine solche Lederjacke bei nächster Gelegenheit auch für sich zu erstehen.

Sie absolvierten ihren militärischen Grundkurs zügig. Zusätzlich zu den Schießübungen, die wegen Munitionsknappheit nur in bescheidenem Ausmaß stattfanden, wurden sie je nach Kenntnisstand oder Neigung in den Gebrauch spezieller Gerätschaften eingeführt. So kam Hans Neumann zu seinem Panzerwagen, einem etwas überalterten sechsrädrigen Ungetüm, dem Panzerplatten und ein Schießturm mit einem Maschinengewehr aufgeschweißt worden waren. Die Besatzung bestand aus Fahrer, Beifahrer – in aller Regel ein erfahrener Kraftfahrzeugmonteur – sowie dem Schützen im Turm. Schwierigkeiten bereitete nur, für jedes der Gefährte drei Leute zu finden, die diesen Anforderungen genügten.

Hans Neumanns Aufgabe bestand darin, sich mit dem ungewohnten Fahrzeug so weit vertraut zu machen, daß er es über Steigungen und schmale, unbefestigte Wege chauffieren konnte, ohne in Erdlöchern zu versinken oder mit abgesoffenem Motor irgendwo auf der Strecke zu bleiben. Er war ein Autonarr und freundete sich schnell mit dem auf den ersten Blick recht unbeweglich wirkenden Panzerwagen an, den er behandelte wie ein Reiter sein Pferd. Mal redete er ihm gut zu, mal gab er ihm die Sporen. Dann preschte er mit dem stählernen Ungetüm über das Übungsgelände, daß einer der Ausbilder sich erschrocken hinter einen Baum warf und warnend ausrief: »Der ist nicht normal. Er fährt ja wie der Blitz.«

Noch bevor er wirklich in den Krieg gezogen war, hatte er damit seinen *nom de guerre*: Aus Hans Neumann wurde »Der Blitz«.

Man schrieb die zweite Hälfte des Januar 1937, es stürmte, es war feucht und kalt. Mit ihren klammen Fingern waren sie kaum in der Lage, die alten Gewehre zu bedienen. Als sie sich an einem der feuerrot leuchtenden Kanonenöfchen in der Baracke aufwärmten und eine Tasse jenes schwarzen Öls tranken, von dem jemand behauptet hatte, es sei Kaffee, stieß Julio die Tür auf. Julio war Ausbilder, von Beruf Minenarbeiter, ein drahtiger kleiner Mann und guter Kumpel.

»Alle Mann zum Chef, ihr bekommt eure Papiere.«

Es ging also los! Offensichtlich waren ihre Ausbilder der Meinung, man könne sie nun an die Front lassen, ohne daß die weitaus erfahreneren und sehr viel besser ausgestatteten Soldaten der *Falange* sie gleich zur Hölle schickten.

Der Chef oder *Jefe* im Camp war Federico de Almente, ein großer schlanker Mann, der, wenn nicht leicht überheblich doch äußerst reserviert wirkte. Hans hätte ihn sich viel besser in der Armee der Francisten vorstellen können, Sproß aus altem spanischem Geblüt, das seit Generationen Offiziere hervorgebracht hat.

Heute aber machte Capitan de Almente einen ungewöhnlich offenen, geradezu jovialen Eindruck. Er gab jedem von ihnen die Hand und bat sie, sich im Halbkreis um seinen primitiven Schreibtisch herum aufzustellen. Dann hielt er eine kurze, einigermaßen feierliche Rede.

Sie hätten sich ordentlich eingesetzt, sagte er, hätten sich als zuverlässige Männer erwiesen, die es ernst meinten mit ihrem selbstgewählten Auftrag. Dann sprach er von den hohen Gütern der Freiheit und der Demokratie, die nicht kampflos einigen machtbesessenen Militärs überlassen werden dürften, die sich mit der um ihre Pfründe bangenden katholischen Kirche verbündet hätten. Das spanische Volk, sagte er, habe sich in freier Wahl für eine Regierung der Volksfront entschieden. Hätte es von Priestern regiert werden wollen, dann hätte es Priester gewählt. Einen wolle das spanische Volk garantiert nicht an der Spitze: den Verräter Franco. Der habe jedoch anscheinend große Teile des Offizierscorps hinter sich. Er selbst sei zwar auch Offizier, aber ebenso Demokrat und Republikaner. Daß ein Riß durch das spanische Volk gehe und daß man sich nun im Bürgerkrieg befinde, den es um der Freiheit willen zu gewinnen gelte, sei allein Franco und seinen Anhängern zuzuschreiben.

Der *Jefe* griff nach dem Packen blauer Pässe, der vor ihm auf dem Schreibtisch lag.

»Dies, Männer, sind eure Wehrpässe. Das *Carnet Militar* macht euch zu aktiven Angehörigen der Brigadas Internacionales. Ihr mögt in den zurückliegenden Wochen das Gefühl gehabt haben, ich sei unnahbar und undankbar für eure Einsatzbereitschaft. Ihr sollt wissen, daß ich nur zurückhaltend gewesen bin, daß ich nicht von Abenteurern enttäuscht werden möchte, denen es an Seriosität fehlt. Euch aber kann ich nach diesen Wochen bescheinigen, daß ihr bewiesen habt, daß man sich auf euch als Kameraden verlassen kann. Die Spanische Republik dankt euch. Nehmt eure Ausweise und bewahrt sie gut auf. Und wenn ihr mir einen persönlichen Gefallen tun wollt: bringt sie mir nach unserem Sieg über die Feinde der Republik bitte zurück – unbeschadet ... Julio, den Rest übernimmst du. Danke, ihr könnt wegtreten.«

Der Rest, den Julio zu übernehmen hatte, war eine Einladung im Namen des Capitan in eines der kleinen Restaurants in der Nähe des Camps. Es gab köstlichen gegrillten Fisch, fangfrisch vom selben Morgen, dazu Wein, soviel man wollte, und Kaffee und Cognac. Hans hatte sich neben Max Wiener an einen Tisch gesetzt und war gerade dabei, nach der Rotweinflasche zu greifen, als der Lange Hein sich vor ihnen aufbaute. Hans suchte schnell nach einer passenden unfreundlichen Bemerkung, doch da hatte sich der Lange

Hein bereits auf einen freien Stuhl fallen lassen und ein leeres Glas vor sich hin gesetzt. Das hielt er jetzt an die Flasche, die Hans in der Hand hatte, nickte aufmunternd mit dem Kopf und rief: »Los, gieß ein, ich will mit euch anstoßen.«

Als Hans noch zögerte, fügte Hein hinzu: »Ich hab nachgedacht. Klingt vielleicht blöd. Aber der Wiener hier hat recht. Streiten können wir uns, wenn alles vorbei ist. Jetzt sind wir Kameraden ... und Genossen. Prost.«

Viel Schlaf bekam keiner von ihnen in dieser Nacht. Irgendwann am frühen Morgen, eindeutig viel zu früh, weckte sie Julio mit lautem Gebrüll.

»Raus, ihr faule Bande. Waschen, Frühstück fassen und dann packt ihr eure Klamotten und rauf auf den Lastwagen. Ihr fahrt in genau einer Stunde. Es geht zuerst nach Tarragona und von dort in Richtung Zaragoza. Euer Einsatzort ist irgendwo in der Gegend des Ebro.«

* * *

Sie waren dreizehn, die sieben, die zusammen aus Paris gekommen waren, und noch sechs andere Deutsche, die schon ein paar Tage länger im Lager gewesen waren. Dreizehn Freiwillige der Brigadas Internacionales, die sich, weil allesamt aus Deutschland, dem Thälmann-Bataillon anschließen sollten. Im Lastwagen saß Hans ein durchschnittlich wirkender Mann von Mitte Dreißig gegenüber. Hans überlegte, was er wohl im normalen Leben gewesen sein könnte. Postbote vielleicht, Finanzbeamter, Lehrer oder Handwerker? Jedenfalls war nichts in diesem ledrigen Gesicht, das irgend einen Rückschluß nahegelegt hätte.

Als der Blick seines Gegenübers auf Hans fiel, sagte der: »Ich heiße Hans. Und du?«

Er mußte schreien, denn der Motorenlärm war gewaltig.

»Adolf.«

Ein kurzes Nicken, sei es zur Bekräftigung des Namens, sei es als Zeichen für das Ende der Konversation, das war es. Adolf, dachte Hans, und wußte nicht, ob er grinsen sollte. Ausgerechnet Adolf.

Aber zugegeben, als er geboren wurde, um die Jahrhundertwende, war Adolf noch ein völlig unanstößiger Name gewesen. Trotzdem, er hätte sich doch inzwischen einen anderen Namen zulegen können. Hans mußte unwillkürlich an einen Witz denken, der zu seiner Zeit in Breslau kursierte: Kommt, im Jahr 1933, ein Mann zur städtischen Ordnungsbehörde, um seinen Namen ändern zu lassen. Fragt ihn der Beamte, wie er heiße. Sagt der Mann: »Adolf Schmutzfink«. Der Beamte kann sich nur mit Mühe eines Grinsens enthalten und erwidert mitfühlend: »Das kann ich verstehen, daß Sie sich diesen Namen ändern lassen wollen. Und wie wollen Sie nun heißen?« Antwortet der Mann: »Moritz Schmutzfink«.

Adolf also, Adolf, der Postbote. Wenigstens ein ehrenhafter Beruf. Ehrenhafter als Führer. Hans nahm sich vor, bei nächster Gelegenheit das Gespräch mit Adolf zu suchen. Er wollte zu gern wissen, mit wem er es da zu tun hatte.

Es dauerte lange, unbequeme Stunden, bis sie an den ersten Häusern von Barcelona vorbeirollten. Barcelona, Millionenstadt, Hauptstadt der unabhängigen Region Katalonien, deren Bewohner mit den Spaniern seit jeher im Streit lagen. Immer wieder hatten sich die Katalanen gegen die Bevormundung der Spanier aufgelehnt, immer wieder ihre Autonomie gesucht. Doch im monarchistischen Spanien waren sie niedergedrückt und unter ständiger Kontrolle des Militärs gehalten worden. Erst als der König abgedankt und sich davongemacht hatte, gewährte die »Zweite Republik« den Katalanen die Unabhängigkeit. Kein Wunder, daß sie zu den glühendsten Verteidigern der Republik zählten. Barcelona war obendrein eine der stärksten Bastionen der *Frente popular*.

Durch ein mächtiges Tor fuhr der Lastwagen in eine Kaserne der Regierungstruppen, der Fahrer ließ den Motor ein letztes Mal aufheulen.

»Pause, Kameraden. Ihr könnt euch eine halbe Stunde die Füße vertreten, Kaffee trinken oder pinkeln gehen. Das Casino ist da vorne rechts, gleich um die Ecke.«

Hans war neugierig. Als er sah, daß Adolf geradewegs in Richtung Casino lief, zupfte er Max Wiener am Ärmel, machte eine Bewegung mit dem Kopf, und sie gingen hinter Adolf her. Sie stellten sich hinter ihn, als er sich einen dampfenden Kaffee einschenken ließ, bedienten sich gleichfalls und suchten sich dann einen Platz an seinem Tisch. Hans begann ohne Umschweife das Gespräch.

»Und was hast du so gemacht in Deutschland? Postbote?«

Adolf musterte Hans, als wäre der nicht ganz bei Trost.

»Postbote? Was sollte ich denn bei der Post?«

»Tut mir leid, das hatte ich mir so ausgedacht. Also – was dann?«

Adolf schaute, als müsse er auf der Hut sein, dann senkte er seinen Blick in die Kaffeetasse und rührte ein paar Mal mit dem Löffel herum.

»Ich war Journalist.«

Max war elektrisiert: »Ist ja prima. Kamerad und Kollege zugleich. Ich freue mich. Ich heiße Max Wiener, das hier ist mein Freund Hans Neumann. Und du bist Adolf?«

»Ja, Adolf Hübner. Und wenn ihr jetzt einen Witz über meine Initialen macht, schlage ich euch die Zähne ein.«

Er sagte es brummig, aber dann schaute er sie an, grinste breit und zuckte entschuldigend mit den Schultern.

»Adolf Hübner – AH. Genau wie der Führer.«

Auch Max mußte grinsen: »Bist du wenigstens beschnitten?«

»Nein, wie kommst du denn darauf?«

»War nur so eine Idee«, entgegnete Max, »aber mit dem Vornamen und dann noch beschnitten, das wäre zu schön gewesen.«

Und dann erzählte Adolf Hübner, in Kurzfassung, seine Lebensgeschichte: Er stammte aus Berlin, hatte bei einer Zeitung in Essen gelernt und seine Freunde in den Kreisen der Linken gehabt. Als die Nazis an die Macht kamen, hatte er sich sein letztes Gehalt auszahlen lassen, seine Siebensachen gepackt und war schnurstracks mit der Bahn nach Marseille gefahren. Dort hatte er sich nach dem Anwerbebüro der *Légion étrangère*, der französischen Fremdenlegion, erkundigt, hatte unterschrieben und war wenige Tage später in einem algerischen Fort gelandet. Nach vier Jahren hatte er seinen ordentlichen Abschied genommen, war nach Frankreich zurückgekehrt und hatte sich umgehend bei den Brigadas Internacionales gemeldet. Er war mit Sicherheit einer der wenigen in diesem zusammengewürfelten Haufen, die das »Fach« von der Pieke auf gelernt hatten.

»Legionäre«, sagte Hans, »habe ich mir eigentlich immer ganz anders vorgestellt.«

»Wie denn?«, fragte Adolf zurück.

»Na ja,« erwiderte Hans, »jedenfalls nicht wie Postboten.«

Es schien ihnen, als seien sie schon zwei Ewigkeiten unterwegs gewesen, als sie sich endlich Taragona näherten und von dort aus noch ein gutes Stück ins Landesinnere fuhren. Ihre Rücken schmerzten. Das Hauptquartier war ein relativ kleines Militärlager, das früher einmal eine Kaserne der *Guardia civil* gewesen und dann aufgegeben worden war. Man hatte es notdürftig wieder instandgesetzt, für sanitäre Anlagen gesorgt und die Schlafräume mit Stockbetten ausgestattet.

Hans Neumann, Max Wiener und Adolf Hübner hatten gebeten, derselben Stube zugeteilt zu werden. Zu ihnen auf die Stube kamen der Lange Hein, Manfred, der andere Kommunist aus Wismar, und ein Kamerad, mit dem Hans bis dahin noch kein Wort gewechselt hatte, ein gewisser Klaus Lorrant aus Offenbach. Er war, wie sich herausstellte, ebenfalls beim Reichsbanner gewesen, ein stiller und ziemlich unauffälliger Mann, unaufdringlich und, wie sich bald zeigte, sehr verläßlich. Nur sein Dialekt! Eine Katastrophe, fand Max Wiener. Kaum zu verstehen. Wenn man sich vorstellte, daß noch mehr Leute so reden sollten. Quo vadis, christliches Abendland deutscher Nation …

Sie waren alle rechtschaffen müde, und der Rotwein, den sie zum Mittagessen bekamen, machte sie nicht munterer. Daß auch immer so viel Wein getrunken wurde! Noch im Camp von Argelès hatte es angefangen, immer stand beim Essen eine Karaffe auf dem Tisch. Bier kannten die offenbar überhaupt nicht. Julio hatte ihnen erklärt, das sei Zeichen von Lebensart und Zivilisation, und das würden sie, obwohl Deutsche, schon noch lernen. Außerdem hatte er sie gewarnt, den Rotwein mit dem Wasser zu mischen, von dem stets eine Karaffe auf dem Tisch stand: »Das ist bei uns nur Frauen erlaubt. Männer machen sowas nicht.« Aber wenn Julio nicht hinsah, kippten sie alle Wasser in ihre halbvollen Rotweingläser. Und Julio tat, als sähe er es nicht.

Müde hin oder her – die Order hatte gelautet, nach dem Essen in den sogenannten Schulungsraum zu kommen. Ein richtiger Saal war das, vollgestopft mit den unterschiedlichsten Holzstühlen und einem Rednerpult an der Stirnseite, direkt vor einer großen Leinwand, die von der Decke baumelte. Hans, Max und Adolf setzten sich diskret ins Mittelfeld. Insgesamt waren sie an die fünfzig, offenbar alles Neue, die unvertraut mit der Umgebung und ein wenig verloren in dem großen Raum wirkten. Die vereinzelten Gespräche erstarben sofort, als ein Mann hereinkam, zielsicher das Pult ansteuerte, seitlich davon stehenblieb, die Hände hinter dem Rücken verschränkte und mit lauter Stimme rief: »Willkommen, Genossen. Mein Name ist Albert Binder. Ich bin euer Kommissar.«

Politkommissar – das war eine feste Größe bei den Interbrigaden. Sie hatten sie von den Sowjets übernommen, vielleicht aus Überzeugung, vielleicht nur als symbolische Anerkennung für die militärische Hilfe, die aus Rußland kam, und ohne die der Kampf längst verloren gewesen wäre. Politkommissare waren fast immer unbeliebt – Lehrer und Aufpasser zugleich, und wer mochte schon Lehrer und Aufpasser. Außerdem neigten Politkommissare zur politischen Orthodoxie. Das machte es so schwierig, mit ihnen auch nur mal zum Spaß Gedankenspiele zu betreiben, die nicht streng auf Linie lagen.

Albert Binder war ein gutaussehender Mann. Er hatte eine gewisse Ähnlichkeit mit Alexander Granach, dem Filmschauspieler, der im Berlin der zwanziger Jahre mit seiner offenen weißen Limousine über den Kurfürstendamm chauffiert und von sämtlichen Frauen angehimmelt worden war.

»Falls ihr es schon mal mit Politkommissaren zu tun gehabt habt, dann werdet ihr möglicherweise keine besonders hohe Meinung von mir haben. Ich hoffe, das wird sich mit der Zeit ändern. Wenn nicht, laßt es mich wissen. Wenn doch, dann sagt es weiter.«

Anschließend erteilte er ihnen einen Grundkurs zur politischen Lage in Spanien. Franco, der selbsternannte *Generalissimo* und *Caudillo*, hatte in Burgos, nordöstlich von Madrid, eine Gegenregierung installiert, der sich Teile des Landes angeschlossen hatten. Er pfiff auf die demokratische Wahl vom Februar 1936, in der die Mehrheit des Volkes die Regierung der linken Koalition gewählt hatte. Franco konnte sich bei seiner Erhebung auf die *Falange* stützen, auf die Faschisten also, er hatte die Nationalisten an seiner Seite und die mächtige katholische Kirche. Und es kam ihm entgegen, daß die Linke wieder einmal in Richtungsstreitigkeiten verfallen war, in der die Kommunisten, die Sozialdemokraten oder die Anarcho-Syndikalisten ihre unterschiedlichen Interessen mit solcher Beharrlichkeit vertraten, daß die Bevölkerung ihrer müde wurde.

Seltsam, dachte Hans, was der Mann am Pult da sagte, klang alles ziemlich sachlich, neutral und überhaupt nicht durch die Brille des Kommunisten gefärbt. Aber Politkommissare waren doch wohl alle Kommunisten? Ein anderer wäre nie so weit gekommen. Von wegen politischer Zuverlässigkeit. Dann hörte er Albert Binder von Deutschland sprechen:

»Die Verbindungen dorthin hat die Falange schon seit Jahren gepflegt. Bereits 1934, also noch in den Zeiten der Zweiten Republik, hat José Antonio Primo de Rivera, der Sohn des alten Diktators, mit den italienischen Faschisten einen Geheimvertrag über die Lieferung von Waffen und Geld geschlossen, um einen Erfolg der Republikaner zu verhindern. Und Mussolini war es auch, der für die Falangisten in der Berliner Reichskanzlei den roten Teppich ausgerollt hat. Wir wissen aus sicherer Quelle, daß die Nazis seit geraumer Zeit Waffen ins Land schaffen, und das nicht erst, seit wir welche von den Francisten erbeuten konnten. Wir von der *Frente Popular* sind dagegen ausschließlich auf Lieferungen aus der Sowjetunion angewiesen, die wir im Hafen von Barcelona ins Land holen. Aber es reicht vorne und hinten nicht, und was kommt, ist oftmals auch nicht gerade auf dem neuesten Stand.«

Binder räusperte sich und machte eine Pause, als wollte er die Spannung erhöhen.

»Was aber weitaus gravierender ist, das sind die Auswirkungen des Abkommens zur sogenannten »Nichteinmischung«, das die britische Chamberlain-Regierung mit Frankreich geschlossen hat, und dem bedauerlicherweise auch die Sowjetunion beigetreten ist. Die Briten hoffen, daß durch dieses Abkommen eine Ausweitung des Krieges über die Grenzen des Landes hinaus verhindert werden kann. Daß die Menschen hier in Spanien abgeschlachtet werden, interessiert die große Weltmacht nicht weiter. Die Franzosen aber, von denen wir eigentlich mehr erwartet hätten, insbesondere seitens ihrer Volksfrontregierung, sind zur Zeit zu zerstritten, um sich dem Druck der Briten zu widersetzen. Dabei steht der französische Ministerpräsident Léon Blum auf unserer Seite und würde uns nur zu gerne unterstützen. Allerdings müßte er dann damit rechnen, daß seine bürgerlichen Koalitionspartner dem Volksfront-Experiment den Todesstoß versetzen. Und warum Stalin sich schließlich auf die ›Nichteinmischung‹ eingelassen hat, ist mir selbst schleierhaft. Einerseits verstößt er gegen das Abkommen, indem er uns trotzdem Militärberater und Material schickt, andererseits läßt er uns auf halber Strekke hängen, weil er seine Hilfe so zurückschraubt, daß sie zuviel ist zum Sterben, aber zu wenig zum Leben. Wir, die Republikanische Armee und die Internationalen Brigaden, wir haben ganz eindeutig die bessere Moral in diesem Krieg. Aber die anderen haben die besseren Waffen. Und sie bekommen Tag für Tag weitere, von den Nationalsozialisten in Deutschland und von Mussolinis Faschisten. Ich kann nur hoffen, daß auch in der Sowjetunion allmählich einige Genossen aufwachen.«

Das war ja nun eine ganz und gar unerwartete Situationsbeschreibung, zumindest aus dem Mund eines Politkommissars. Für einen Kommunisten beinahe schon konterrevolutionär. Was mochte dieser Binder für ein Mensch sein? Ob er es darauf anlegte, Schwierigkeiten zu bekommen? Oder wollte er seine Zuhörer nur auf die Probe stellen und ihre politische Verläßlichkeit prüfen?

Hans merkte plötzlich, daß er seine rechte Hand gehoben hatte. Er hatte eigentlich gar nichts sagen wollen, es war eher ein Reflex gewesen. Aber jetzt war es zu spät.

Albert Binder hatte das Zeichen bemerkt und fragte: »Ja, Kamerad, was ist?«

»Ich wollte dich nur fragen, Commissario, ob du Kommunist bist?«

Alle Augen wandten sich Hans zu.

Der Kommissar sah ihn einen Moment scharf an, seine Augen wurden schmal, dann fragte er zurück: »Bist du einer?«

Hans antwortete eine Spur zu laut: »Nein. Aber ich bin Antifaschist.«

Binder, etwas entspannter, erwiderte: »Ich auch«, und wandte sich dann wieder der Gruppe zu.

»Es kommt in dieser Situation nun also darauf an, die innenpolitischen Reformen fortzusetzen, die unter der Präsidentschaft von Manuel Azaña y Diaz in Gang gesetzt wurden. Wie das allerdings unter den Bedingungen eines Bürgerkriegs möglich sein soll, hat mir noch keiner erklären können. Und wenn wir nicht bald auch von anderer Seite unterstützt werden, also nicht allein von sowjetischer, dann wird es eng für die Republik – trotz eurer Entschlossenheit und Einsatzbereitschaft. Was ich damit sagen will, ist folgendes: Das hier wird kein Spaziergang. Wir sind dazu verdammt, zu siegen. Falls das mißlingt, geht dieses Land mit uns unter. Das Land, die Republik und die Demokratie. Sollte euch meine eher pessimistische Sichtweise allzu defaitistisch erscheinen, will ich euch abschließend noch eines auf den Weg mitgeben: Die Zeit der Illusionen ist vorüber. Der Kampf wird hart werden, er wird Blutopfer kosten. Aber sie werden nicht durchkommen – weil sie nicht durchkommen dürfen. *No pasaran*!«

* * *

Beim Abendessen saßen Hans, Max und Adolf wieder beisammen, und auch der Lange Hein hatte sich wieder dazugesellt. Max hatte sich während der zurückliegenden Stunden ein bißchen umgehört, um sich ein klareres Bild von ihrer Situation zu machen.

»Die Faschisten«, berichtete er, »stehen nicht allzu weit von hier, maximal hundert Kilometer nördlich. Unsere Leute liegen ihnen gegenüber. Ich verstehe ja, ehrlich gesagt, nichts von Kriegsführung.

Deshalb weiß ich auch nicht, was das bedeutet und wie das weitergeht. Die werden doch nicht bloß aufeinander schießen, bis sie keine Munition mehr haben.«

»Beschrei es nicht«, wehrte Hans ab, »Du hast doch gehört, wenn es um Waffen und Material geht, haben die anderen die größeren Reserven … Adolf, du kennst dich aus. Was macht man in einer solchen Lage, wie geht man damit um?«

Adolf schürzte die Lippen, nahm sich Zeit, bevor er antwortete.

»Unsere Einheiten bilden also eine Verteidigungslinie. Die anderen rücken vor, stoßen plötzlich auf Widerstand und graben sich ein. Das heißt, sie bilden eine Linie, die unter allen Umständen gehalten werden muß. Zumindest vorübergehend. Der Sinn der Sache ist nämlich, daß sie unterdessen von hinten Material heranschaffen können, während die vorne den Gegner beschäftigen und in Schach halten. Wenn genügend schwere Waffen rangekarrt sind, zieht sich die erste Linie zurück und die zweite, schwerere, fängt an zu schießen. Und wenn unsere dann nicht flink genug sind, gibt's ein Gemetzel.«

Hans wandte sich betroffen an die Runde: »Das heißt doch, es ist letztlich nur die Materialhoheit, die entscheidet. Dann wäre es ja nur eine Frage der Zeit, bis sie unsere Leute zusammenschießen und aufreiben. Was machen wir dann?«

»Wenn es das Gelände erlaubt, verhalten wir uns wie Einzelkämpfer«.

»Was heißt das: wie Einzelkämpfer?«

Sie hatten den schweigsamen Adolf dazu gebracht, wie ein Lehrer vor seiner Klasse zu dozieren. Alle blickten auf ihn, während er Teller und Gläser auf dem Tisch verteilte und anschließend begann, das Durcheinander auf dem Tisch zu erklären.

»Dort sind die Faschisten und hier stehen wir. Ihr seht die unterschiedlichen Kräfteverhältnisse, dort stehen viele Teller, hier nur ein paar Gläser. Wir wissen, daß noch mehr Teller im Anmarsch sind, die Gläser aber ohne wesentliche Verstärkung auskommen müssen. Deshalb schicken die Gläser jetzt ihre Spezialtruppe los, die Einzelkämpfer. Die umgehen im Schutz der Dunkelheit die feindlichen Linien, schleichen sich von hinten an …«

Er hieb mit einer Gabel auf die Tischplatte, daß die Umsitzenden erschrocken zurückwichen.

»... und machen das, was man bei der Legion ›Bereinigung der Lage‹ nennt.«

Hans hatte einen Kloß im Hals: »Wer sind eigentlich bei uns die Einzelkämpfer?«

Adolf schaute auf: »Das hab ich mich auch schon gefragt. Ihr seid alle ganz nette Kerle, viel zu nett, um verheizt zu werden. Aber du hast recht, wo sind hier die ausgebildeten Könner? Mit euch kann man sicher allerhand anstellen, nette Gespräche und viel Spaß haben. Aber Krieg führen ...?«

»Kamerad Hübner, mach dir nicht zu viele Gedanken, du könntest Deine Phantasie noch für andere Dinge gebrauchen.«

Alle blickten den Mann an, der sich eingemischt hatte. Es war Albert Binder, der Politkommissar. Er wirkte entspannt.

»Natürlich wissen wir, daß die meisten von euch, Adolf Hübner ausgenommen, keine erfahrenen Handwerker des Krieges sind. Wir kennen eure Personalpapiere, eure Schwächen und eure Stärken. Und natürlich denkt niemand daran, euch zu verheizen. Ihr werdet so eingesetzt, daß wir alle einen Nutzen davon haben und ihr nicht ganz schutzlos ins Feuer geschickt werdet. Diejenigen, die zur Zeit vorne liegen, sind bereits erprobte Kämpfer. Wir alle, die wir seit Monaten hier sind, haben ebenfalls Kampferfahrung. Was uns fehlt, ist die Unterstützung aus der zweiten und dritten Reihe. Das wird eure Aufgabe sein. Zunächst.«

Der Kreis um den Tisch war inzwischen größer geworden. Albert Binder hatte sich schon zum Gehen gewandt, hielt noch einmal inne und sagte dann: »Ach, Hans Neumann, würdest du bitte in einer Viertelstunde mal ins Büro des *Jefe* kommen?«

Es war eine höfliche Bitte, aber es handelte sich unüberhörbar um einen Befehl.

Keiner von ihnen hatte den *Jefe* bislang zu sehen bekommen. Sie wußten noch nicht einmal, wie er überhaupt hieß. Hans kannte zumindest den Bau, in dem sich das Büro des Kommandeurs befand. »Manuel Sana, Capitan« stand an der Tür in der ersten Etage. Hans klopfte. Albert Binder öffnete ihm die Tür und wandte sich an den Capitan hinter dem Schreibtisch.

»*Jefe*, darf ich vorstellen: Hans Neumann, der Blitz«.

Hans blieb, als sein Name fiel, abrupt auf halbem Weg zum Schreibtisch stehen, hielt die Oberschenkel aneinander gepreßt und versuchte das, was man in normalen Armeen »Haltung annehmen« nennt. Er führte die rechte, flache Hand an sein Barrett, um zu grüßen und verharrte in dieser Stellung. Capitan Sana streckte ihm die rechte Hand entgegen, Hans begriff, ging ein paar Schritte auf den Schreibtisch zu, ergriff die Hand und schüttelte sie.

Der Capitan bedeutete ihm mit einer Handbewegung, sich zu setzen. Neben ihm nahm Albert Binder Platz.

»Ich habe schon von dir gehört.« Manuel Sana sprach nahezu akzentfrei deutsch, mit einem leichten melodischen Ton in der Stimme, aber absolut perfekt.

»Du wirst dich fragen, wieso ich so gut deutsch spreche. Ganz einfach. Ich habe, nachdem ich meinen Militärdienst abgeleistet hatte, Germanistik und Literaturwissenschaften studiert. Anfangs noch in Madrid, später dann in Heidelberg ... Und noch etwas möchte ich zur Erklärung bestimmter Umstände hier bei uns gleich anfügen.«

Sein Deutsch klingt manchmal ein bißchen manieriert und zu glatt, dachte Hans.

»Wir sind ganz gewiß keine normale Armee. Das ist einerseits von Vorteil und andererseits von Nachteil. Wir sind eine Truppe von Freiwilligen aus aller Herren Länder. Leider sind viele unter uns keine ausgebildeten Soldaten. Das ist schlecht. Dafür ist unser durchschnittlicher Bildungsgrad garantiert höher als in jeder anderen Armee. Das ist gut. Und dann gibt es noch ein Unterscheidungsmerkmal, das uns allen gemein ist, nämlich unsere geistige Regsamkeit. Ich meine: eure geistige Regsamkeit. Ihr seid zu uns gekommen, um für die Freiheit zu kämpfen. Solche Leute mögen unbequem sein, weil sie Fragen stellen. Was natürlich nicht bedeuten soll«, er räusperte sich, »daß bei uns jeder machen könne, was er wolle. Auch unsere Armee kann nur funktionieren, wenn Befehle befolgt werden. Wir werden aber den Freundschaftsdienst, den ihr uns erweist, nicht dadurch vergelten, daß wir euch zu Kanonenfutter degradieren.«

Capitan Sana machte eine Pause, griff nach dem Zigarettenpäckchen auf der Schreibtischplatte, bot Hans eine an und hielt das Päckchen auch in Alfreds Richtung. Noch während Hans nach Streichhölzern suchte, gab der Chef ihm Feuer, zündete sich selbst eine Zigarette an und fuhr fort:

»Ich kann keinen meiner Männer zu etwas zwingen, das mir nicht angemessen erschiene. Und selbst darum bitten kann ich nur, wenn ich der Überzeugung bin, daß es vertretbar ist. Man hat uns berichtet, daß du ein außergewöhnlicher Fahrer bist und mit dem Panzerwagen umgehst wie ein Dompteur mit seinen Wildkatzen. Deshalb möchte ich dich fragen, ob du bereit bist, einen gepanzerten Versorgungswagen an die Front zu fahren. Wir möchten einen festen Kurierdienst zwischen uns und der vordersten Linie einrichten. Das soll die Versorgung und den Austausch der kämpfenden Kameraden verbessern. Eine leichte Aufgabe ist das nicht, und ungefährlich ist sie auch nicht. Deswegen werde ich nur Freiwillige einsetzen. Du mußt dich nicht gleich entscheiden, aber wenn du einverstanden bist, wird dir Sergeant Luis morgen früh alle weiteren Instruktionen geben. Entschuldige mich bitte.«

Der Capitan war aufgestanden, auch Hans hatte sich erhoben. Er blickte auf den Kommissar, der noch immer dasaß und lächelnd zu Hans herüber sah.

Hans legte unwillkürlich wieder die rechte Hand an die Stirn. Dann sagte er: »Ich bin einverstanden«, drehte sich um und ging zur Tür.

Hinter sich hörte er die Stimme des *Jefe*: »Danke, Hans«.

* * *

Sergeant Luis war um einiges kleiner als Hans. Auf dem Kopf trug er ein Schiffchen wie die Soldaten der Republikanischen Armee, das ihn allerdings auch nur unwesentlich größer aussehen ließ. Er sprach gebrochen deutsch und war aus der regulären Armee zu den Interbrigaden abgestellt worden, um im Thälmann-Bataillon mit seinen Erfahrungen auszuhelfen. Die, in der Tat, konnte ihm keiner streitig machen: Luis war Experte im Umgang mit allem, was einen Motor hatte und fahren konnte.

Nun stand er mit dem *Alemán* vor dem Gefährt, das dem Neuen anvertraut werden sollte.

Luis sah Hans ernst an: »Wir … äh … wenig Panzerwagen. Wichtig, gut fahren. Nix Nürburgring.«

Hans mußte lachen: »Ich sehe, mein Ruf eilt mir voraus«.

Aber diese Bemerkung überforderte die Deutschkenntnisse von Luis. Überhaupt merkten sie schnell, daß ihre Verständigungsmöglichkeiten zur Einweisung in die Besonderheiten des kleinen Tanks nicht ausreichten. Deshalb radebrechte Luis, er komme gleich wieder und Hans solle, um Himmels willen, in der Zwischenzeit nichts anrühren. Dann verschwand er.

Hans betrachtete das Fahrzeug näher. Es sah ungefähr so aus wie der Panzerwagen, auf dem er trainiert worden war: sechs Reifen, zur Hälfte von Stahlplatten verdeckt, rundum gepanzert, eine ziemlich lange Motor-Schnauze, wegklappbare Panzerungen vor der Windschutzscheibe und den Seitenfenstern, und oben der Geschützturm mit einer Halterung für das MG. Hans wollte eben die Fahrertür öffnen, um auf den Sitz zu klettern, als Luis mit einem zweiten Mann zurückkam. Er hatte ihn aus der Küche geholt, noch in seiner ehemals weißen Schürze, eine Zigarettenkippe im Mundwinkel.

»Ich bin Georg«, sagte er, »und werde schnell ein bißchen übersetzen. Dann muß ich zurück an die Töpfe, sonst gibt's heute Mittag Geschrei.«

Die Instruktion dauerte nicht lange, dann machten sie eine Probefahrt, bei der Hans sich als so sicher erwies, daß Luis einigermaßen beruhigt schien. Luis stellte eine Frage, die Georg übersetzte.

»Er will wissen, wer deine Mannschaft ist.«

»Was heißt: meine Mannschaft?«

»Na, mit wem du auf Tour gehst, dein Beifahrer und dein Schütze. Wenn du nicht warten willst, bis sie dir zwei Leute zuteilen, kannst du sie dir selbst auswählen.«

Hans war auf dem Weg zum Kompanie-Hauptquartier, als ihm der Kommissar begegnete.

»Alfred, mit wem bespreche ich die Zusammenstellung meiner Mannschaft für den ersten Einsatz?«

»Du kannst zu Bernd Kauffmann gehen, das ist der Unterleutnant. Er ist zuständig für Fragen der Organisation. Wen willst du denn dabei haben?«

»Ich hatte an Max Wiener als Beifahrer gedacht, und an Adolf Hübner im Turm.«

»Du solltest als Beifahrer besser einen erfahrenen Mechaniker finden. Und Adolf im Turm? Das ginge zwar, aber den brauchen wir für andere Aufgaben. Den wirst du nicht kriegen können.«

Immerhin bekam er Max Wiener. Der war auch sofort einverstanden. Nur als er hörte, wer am Maschinengewehr stehen sollte, zog er die Mundwinkel nach unten.

»Mann, Hans, du kannst doch wählen. Wieso dann ausgerechnet den Langen Hein?«

Hans versuchte zu erklären: »Ausgewählt habe ich ihn schon gar nicht. Ich hatte Adolf haben wollen. Das ging aber nicht. Den langen Hein haben sie uns wahrscheinlich gegeben, weil er bei der Marine war und dort schießen gelernt hat ... Laß nur, Max, er ist eigentlich ganz manierlich. Und es schadet nicht, einen mit von der Partie zu haben, der es gelernt hat.«

Am Abend brachen sie auf zu ihrer ersten Fahrt an die Front, ein kleiner Zweier-Konvoi in Richtung Norden. Luis hatte Hans noch einmal zu möglichst umsichtiger Fahrweise ermahnt und dann mit ausgestreckten Armen eine schwarze Lederjacke vor ihn gehalten.

»Für dich, *amigo*. Tankisten tragen Lederjacken. Komm ohne Schrammen zurück, am Auto natürlich. *Mucha suerte*. Viel Glück.«

Jetzt fuhren sie über die Landstraße, Hans hatte das Steuer fest in den Händen und griff nur gelegentlich mal an den langen Schalthebel, um einen anderen Gang einzulegen. Dabei mußte er Zwischengas geben, wobei der Motor jedes Mal gequält aufheulte. Max zündete zwei Zigaretten an und reichte eine herüber zu Hans. Es waren kurze Zigaretten der Marke »Escudo«, schwarz und stark. Jeder Raucher bekam sie kostenlos zugeteilt. Wer nicht rauchte, nahm sie trotzdem, um sie an andere Kameraden weiterzugeben.

Sie waren die ganze Zeit durch ländliches Gebiet gefahren, jetzt ging es bergan. Die kleinen Häuser der Bauern verschwanden in den runden Außenspiegeln, die Gegend wurde waldig.

»Was machen wir eigentlich«, fragte Max plötzlich, »wenn hier hinter den Bäumen die Faschisten liegen und auf uns schießen?«

»Dann geb ich Gas und hau ab«, antwortete Hans, ohne den Kopf zu bewegen.

Von hinten hörten sie den Langen Hein: »Und ich klettere nach oben und schieße zurück. So ist das nämlich, wenn Krieg herrscht, verstehste, Herr Hofrat?«

»Blöder Piefke«, gab Max zurück, verschränkte die Arme vor der Brust und starrte geradeaus.

Plötzlich streckte der Fahrer im Panzerwagen vor ihnen den Arm aus dem Fenster und gab durch Handzeichen zu verstehen, sie sollten die Geschwindigkeit drosseln.

»Schau mal, dort«, Max klang aufgeregt, »Zelte! Wir sind da.«

Sie sahen drei Interbrigadisten auf sich zukommen.

»Willkommen in der ersten Reihe. Seid ihr neu?«

Statt ihrer antwortete der Fahrer des ersten Wagens: »Ja, das sind Neue. Das hier ist Hans. Er wird die Strecke von jetzt an öfters fahren. Haltet euch an ihn.«

»Servus Hans«, sagte der andere, »i heiß Sepp«. Hans grüßte zurück und rief nach hinten:

»Max, komm mal her, hier gibt's noch einen Wiener.«

»Wieso Wiener«, fragte Sepp mit gespielter Empörung, »i bin a Bayer. A waschechter.«

»Oh, Gott«, stöhnte Max, »in Spanien bleibt einem auch nichts erspart, net amol die krumme bayerische Verwandtschaft.«

Sepp grinste nur: »Kommt mit, da hinten gibt's Kaffee. Abladen können wir später.«

Sie saßen vor einem großen Zelt, dem Dinner-Zelt, wie Sepp es nannte. Vor sich hatten sie Blechtassen mit dampfendem Kaffee. Sie zündeten sich Zigaretten an und sogen den Rauch genußvoll ein.

Sepp zwickte Hans in den Oberarm: »Schönes Leder. Hat Luis die besorgt?«

Hans nickte.

»Das macht er gern. Die Tankisten sind seine Jungs, um die kümmert er sich wie eine Mutter. Wenn du auf seinen Wagen aufpaßt, macht er alles für dich. Na, die Jacke soll dir jedenfalls Glück bringen.«

»Wie viele seid ihr denn hier draußen?«, fragte Hans.

»Ein paar hundert«, rechnete Sepp, »wir Thälmänner in diesem Abschnitt, dann dort drüben«, er machte eine Kopfbewegung nach links, »die Boys vom Lincoln-Bataillon und auf der andere Seite die Garibaldis.«

»Und wie sieht's aus mit dem Munitionsvorrat?«, fragte der andere Fahrer.

Sepp blies die Wangen auf und ließ die Atemluft zischend durch die gespitzten Lippen entweichen: »Knapp wie immer. Wenn die dort vorne ernst machen und näher kommen, wird's eng für uns.«

* * *

Gegen Ende April wurde »ernst gemacht«. Befürchtet hatten sie es im Stillen alle. Aber zu welcher Brutalität die Nazis fähig waren, das hatten sie sich dann doch nicht vorstellen können. Es war an einem Sonntag, am 26. April 1937, nachmittags. Flugzeuge der Deutschen Luftwaffe fielen über die Stadt Guernica her: Guernica, das Symbol des baskischen Widerstands gegen die Nationalisten. Drei Stunden lang, in immer wiederkehrenden Anflugwellen, klinkten sie ihre todbringende Bombenlast aus. Die Bilanz war grauenhaft: 1654 tote Zivilisten, das Zentrum der Stadt nahezu ausradiert. Zwei Tage später marschierten Francos Truppen in Guernica ein, ohne auf weiteren Widerstand zu stoßen. Woher hätte der auch kommen sollen?

Die Nachricht vom Luftangriff auf Guernica, diesem absoluten Novum der Kriegsgeschichte, verbreitete sich in Windeseile. Hans war gerade von der Front zurückgekommen und wollte sich eine Tasse Kaffee holen, als alle in den Schulungsraum gerufen wurden.

Brechend voll war der Saal. Vor der weißen Leinwand standen Capitan Sana und Albert Binder, der Kommissar.

Binder sprach, die Hände zu Fäusten geballt.

»Genossen, ihr habt es gehört, das Undenkbare ist geschehen. Deutsche Flugzeuge haben die baskische Stadt Guernica in Grund und Boden gebombt. Wir, die wir das andere Deutschland verkörpern, sind zutiefst beschämt. Wer bis jetzt noch geglaubt hat, Kriege könnten mit einem Rest an Fairneß geführt werden, der ist eines Besseren belehrt worden. Das Lehrgeld, den Blutzoll, hat die wehrlose Zivilbevölkerung zahlen müssen. Jetzt, Genossen, ist der bewaffnete Kampf in ein neues Stadium getreten. Jetzt wissen wir endgültig, mit wem wir es zu tun haben. Mit einer Bande gewissenloser Verbrecher.«

Der Kommissar trat einen Schritt zurück, nun sprach *Jefe* Sana.

»Kameraden, wir stehen unter Schock. Ich weiß, daß ihr euer Bestes gebt. Daß ihr notfalls auf Essen und auf Schlaf verzichtet, um uns, dem spanischen Volk, brüderlich zur Seite zu stehen. Ausgerechnet aus eurer Heimat, die euch verstoßen hat, ausgerechnet aus Deutschland ist dieses Grauen über uns gekommen. Ich kenne euer Land, ich habe, wie ihr wißt, einige Jahre dort gelebt. Ich liebe und verehre die deutsche Kultur, die Kunst, die Literatur. Umso mehr hasse ich die Barbaren, die dieses große Volk in einen moralischen Abfallhaufen zu verwandeln suchen. Mit sprichwörtlicher deutscher Gründlichkeit haben sie den Tod über Menschen gebracht, die zur Gegenwehr nicht in der Lage waren. Eine Stadt ohne Militär haben sie sich zum Ziel erkoren, eine wehrlose Stadt. Die ›Legion Condor‹ hat sich als Abschaum der Menschheit offenbart. Laßt uns alle Anstrengungen unternehmen, um sie zu stoppen. No pasaran!«

* * *

Am nächsten Tag war Hans wieder auf Tour. Als er seinen Panzerwagen in der kleinen Zeltstadt dicht hinter der Front zum Stehen brachte, schien das Lager wie ausgestorben. Ein paar Interbrigadisten liefen umher, schleppten Munitionskisten und hasteten scheinbar planlos durch das Camp. Hans hielt einen von ihnen an: »Was ist los? Wo sind die anderen?«

»Die sind alle ganz vorne. Wir rechnen mit einem Durchbruchsversuch der Francisten. Entweder in unserem Abschnitt oder bei den Amis oder den Italienern.«

Hans blickte sich um und rief Max und dem Langen Hein zu: »Die sind alle draußen. Es herrscht Alarm. Wir haben den Wagen voll mit Munition. Warum sollen wir die hier ausladen? Bringen wir sie doch gleich dorthin, wo sie gebraucht wird.«

Sie kletterten zurück in den Panzerwagen, Hans startete, wendete das Fahrzeug und gab Gas.

Er fuhr wie der Teufel. Max hatte Schwierigkeiten, nicht vom Beifahrersitz zu rutschen, und der Lange Hein verzichtete bei dieser Geschwindigkeit darauf, die Nase aus dem Turm zu stecken.

Er klammerte sich an den Haltegriff neben seinem Sitzplatz und ermunterte Hans: »So ist's recht, Blitz. Mach deinem Namen Ehre. Volle Kraft voraus.«

Als sie die vorgelagerten Linien erreichten, war noch kein Schuß gefallen. Aber es lag eine knisternde Spannung in der Luft, wie vor einem Gewitter. Hans brachte den Panzerwagen zum Stehen, Staub und Steine wirbelten auf. Einige der Umstehenden schauten erschrocken.

Hans stieg aus und hörte einen Kameraden sagen: »Gütiger Himmel, der Spinner ist wieder da. Wahrscheinlich hat er die Bremse nicht gefunden, daß er bis hierher durchgedonnert ist.«

Hans achtete nicht darauf: »Los, faßt mal mit an. Wir haben die Karre voller Munition. Die könnt ihr vielleicht bald gut gebrauchen.«

Ein Sergeant kam auf Hans zu.

»Wer hat dich denn hier hergeschickt? Hier kann's jeden Moment ein Feuerwerk geben.«

»Niemand«, gab Hans zurück, »wir haben uns nur gedacht, ihr freut euch über unser Mitbringsel.«

»Tun wir auch. Aber es ist nicht ungefährlich. Dazu ist euer Wagen viel zu wenig gesichert, mit nur einem Schützen an Bord. Wenn die euch angegriffen hätten, wär's aus gewesen mit euch. Besonders bei der Ladung. Das war ziemlich leichtsinnig. Aber trotzdem: danke.«

Dann hakte er noch einmal nach: »Sag mal, wie heißt du eigentlich?«

»Hans Neumann.«

»Der Blitz?!«

»Genau der«, bestätigte Hans.

»Na dann«, sagte der Sergeant, »dann ist ja alles klar«.

Als sie am Abend ins Camp zurückkehrten, hatte die Nachricht von der wilden Fahrt zur vordersten Linie schon die Runde gemacht. Sergeant Luis kam aufgeregt angerannt, um sich zu überzeugen, daß sie nichts abbekommen hatten, machte eine prüfende Runde um den Panzerwagen und musterte Hans:

»Alles in Ordnung, Blitz?«

Hans grinste: »Kinderspiel.«

Max, der dazugekommen war, tat, als wischte er sich den Schweiß literweise von der Stirn: »Kinderspiel, wiederholte er mit gespieler Empörung. Und wer denkt an mich?«

Sie hatten sich gerade zum Essen gesetzt und mit einem Schluck Rotwein zugeprostet, als ein Soldat an den Tisch trat.

»Hans Neumann? Du sollst mal zum *Jefe* kommen. Er sagt aber, du sollst dir Zeit lassen und erst noch was essen.«

Hans blickte seine Kameraden an, stopfte sich ein Stück Fleisch in den Mund, stand auf und lief kauend zur Tür.

Oben klopfte er an, wartete einen Moment und trat dann ein.

»Buenas noches, Capitan«.

Der *Jefe* sah auf: »Ah, Hans, du bist ja schon fast perfekt in Spanisch. Komm her, setz dich bitte«, und deutete auf einen der beiden Stühle vor dem Schreibtisch.

»Hör zu, wenn wir normale Verhältnisse hätten, müßte ich dir jetzt eine geharnischte Predigt halten. Mit deinem aberwitzigen Verhalten hast du dich und deine beiden Kameraden in Gefahr gebracht. Dir ist doch hoffentlich klar, daß du ohne Befehl zur vordersten Frontlinie gefahren bist?! Aber, Gott sei Dank«, und dabei richtete er seine Augen nach oben, »sind wir ja hier keine ganz normale Armee. Allerdings«, jetzt wurde der Ton wieder strenger, »auch nicht so anders, daß der Leichtsinn bei uns überhand nehmen könnte.

So, und nun zum Geschäft: Den Befehl würde ich dir nicht erteilen, weil du noch nicht lange genug bei uns bist und noch nicht erfahren genug, aber fragen kann ich dich, ob du nicht vielleicht vorübergehend umziehen willst in unser vorgeschobenes Frontlager. Die können nämlich einen wie dich gut gebrauchen, einen, der die Verbindung nach ganz vorne hält. Und zumindest«, der Chef räusperte sich, »der Ruf, den du dir inzwischen erworben hast, läßt die Frage zu.«

»Soll ich jetzt wieder darüber nachdenken?«, fragte Hans mit leichtem Lächeln.

»Wenn du willst«, antwortete der Capitan, »aber du kannst mir auch wieder gleich antworten, wie beim letzten Mal.«

»Capitan, die Antwort ist ›ja‹. Ich würde nur gern noch mit Max Wiener und dem Langen Hein sprechen. Wir sind inzwischen ein eingespieltes Trio.«

»In Ordnung. Ihr könntet dann morgen früh abmarschieren. Übrigens, Sergeant Luis habe ich schon gesagt, daß du dich freiwillig gemeldet hast.«

Die beiden anderen waren nicht gerade hellauf begeistert, aber sie stimmten zu. Max verdrehte wieder theatralisch die Augen.

»Nur Gott allein weiß, warum ich das alles mitmache. Wahrscheinlich bin ich einfach der geborene Held.«

Und Hein bat sich aus: »Dann laßt uns heute Abend wenigstens noch mal runtergehen in die Bodega und ordentlich was trinken. Wer weiß, wann wir wieder Gelegenheit dazu haben.«

Gemeinsam gingen sie auf ihre Stube, um sich saubere Hemden anzuziehen.

* * *

Das Zeltlager an der Front hatte sogar einen Namen. Sie nannten es *Villa en el Rio*, »Haus am Fluß«, weil der Ebro in Reichweite lag. Es war nicht gerade das, was der Name verhieß und was man sich unter gesteigertem Komfort vorstellte, aber es sollte ja auch kein ständiger Aufenthaltsort werden. Nur so lange, bis sich die Gegner die Zähne an dem unüberwindlichen Hindernis ausgebissen hätten. So versicherten sie einander jedenfalls, und die Selbstironie war dabei nicht zu überhören. Denn mittlerweile schwante ihnen allen, daß ihre Tage an diesem Ort gezählt waren. Nicht etwa, weil es ihnen an Kampfwillen gefehlt hätte. Aber wie sollte man den Truppen Francos auf Dauer standhalten können, wenn man nicht auch nur annähernd über vergleichbares Material verfügte?

Als sie gegen Mittag losfuhren, den Wagen wieder vollgestopft mit Verpflegung für die Männer der *Villa en el Rio*, mußten sie noch einen Passagier mitnehmen: Adolf Hübner. Er sollte, wie sie selbst, im Lager bleiben, um dort zusammen mit einer kleinen Gruppe besonders ausgebildeter Soldaten »Spezialaufträge« zu übernehmen. Viel hatte Adolf ja nie geredet, immer nur auf Fragen geantwortet, und auch dann meist nur recht knapp. Wenn sie etwas über seine Zeit in der französischen Legion wissen wollten, war er auch nicht gesprächiger gewesen. Aber offenbar hatte er eine Reihe einschlägiger Erfahrungen vorzuweisen, die man auch bei den Brigaden dankbar zu nutzen wußte.

Die Stimmung während der Fahrt war ernst. Der Schock von Guernica saß tief. Das Ausland, so hieß es, habe mit Abscheu reagiert und heftige diplomatische Noten versandt. Na großartig, da würden die Menschen in Guernica aber mächtig beruhigt sein. Inzwischen hatten die Deutschen erklärt, es habe sich bei dem drei Stunden währenden Dauerbombardement um ein Versehen gehandelt, die Folgen für die Zivilbevölkerung seien so nicht gewollt gewesen. Ach nein? Hätten noch mehr Frauen und Kinder erwischt werden sollen, um nicht nur das Zentrum, sondern die gesamte Stadt in einen gigantischen Friedhof zu verwandeln?

Die noch größere Frechheit aber hatten sich die spanischen Faschisten erlaubt. Sie behaupteten, es gebe Beweise, daß in Wirklichkeit die Luftstreitkräfte der Republik, unterstützt von den Brigadas Internacionales, das Bombardement verübt hätten. Dabei hatten doch die Deutschen durch ihre Erklärung, es habe sich um ein Versehen gehandelt, ihre Verantwortung schon zugegeben.

Vielleicht aber hatten die Toten von Guernica im Nachhinein doch noch einen traurigen Zweck erfüllt. Vielleicht würde die Welt wenigstens jetzt erkennen, mit wem sie es hier zu tun hatte. Die französische Volksfrontregierung, die im Augenblick in heftige innenpolitische Querelen verstrickt war, habe angedeutet, so hieß es, daß sie ihre bis dahin strikte Haltung der Nichteinmischung überdenken wolle.

»Sag mal, Adolf«, fragte Hans und wandte sich einen Augenblick nach hinten, »was passiert, wenn uns tatsächlich das Material ausgeht und wir einpacken müssen? War dann alles umsonst?«

Adolf antwortete wie immer ruhig und in sachlichem Ton: »Dann werden wir anerkennen müssen, daß sich unsere Mühen nicht gelohnt haben. Und die Geschichtsschreiber werden nachher zu berichten wissen, daß die Republik von ihren Verbündeten im Stich gelassen wurde, zuvorderst vom großen Genossen Stalin. Dann wird die Nachwelt erkennen, was die große Solidarität in Wirklichkeit wert ist, solange jedenfalls, wie sie in den Händen der Mächtigen ist. Einerlei auf welcher Seite.«

Max mischte sich ein und fragte erstaunt: »Das sagst gerade du? Ein Kommunist? Laß das bloß den großen Meister in der Sowjetunion nicht hören, und nicht seine kleinen Brüder hier bei uns. Du sprichst ja wie ein Renegat aus dem Bilderbuch.«

Adolf lachte trocken, aber es klang nicht lustig: »Renegat? Meinetwegen. Ich sage euch ehrlich, Jungs, ich habe für den Kommunismus nicht mehr viel übrig, wenn ich sehe, was denen die Solidarität in der Praxis bedeutet. Ich war mal ein Träumer, zugegeben, aber jetzt habe auch ich meine Lektion gelernt. Und ich kann euch nur sagen, daß mir unsere republikanischen Freunde hier echt leid tun.«

Den Rest der Strecke legten sie schweigend zurück, jeder in Gedanken an das, was Adolf so unverblümt von sich gegeben hatte. Sie erreichten das Lager ohne Zwischenfall, meldeten sich bei Leutnant Hermann Müller und bezogen ihr neues Quartier.

Müller hatte sie gleich gewarnt: »Die Ferienzeit ist vorbei, Leute. Seit heute wird wieder geschossen. Wir haben schon zwei Opfer zu beklagen. Seid also auf der Hut, wenn ihr nachher nach vorn fahrt.«

»Wann sollen wir denn los?« fragte Hans.

Leutnant Müller machte ein Zeichen, als lege er die Entscheidung in die Hände des Trios. Groß war der Spielraum allerdings nicht.

»Am besten gleich. Eßt schnell was, und dann ab mit euch. Die warten dort draußen nämlich auf ihre Verpflegung. Leerer Bauch schießt nicht gern.«

Sie beluden ihren Panzerwagen in aller Eile, aßen schnell eine lauwarme Suppe und starteten dann. Hans drosch den Wagen vorwärts.

»Festhalten, Kameraden, wir machen einen verschärften Testlauf. Heut haben wir es eilig.«

Er war ja auch zuvor nicht gerade behutsam mit dem Fahrzeug umgegangen, jetzt aber machte er den Praxistest auf Herz und Nieren. Ein paar Minuten war er mit Vollgas gefahren, als es einen lauten Knall gab.

Max rief: »Hans, übertreib es nicht. Du wirst uns noch den Motor um die Ohren jagen. Der Auspuff protestiert schon.«

»Der Auspuff?«, schrie von hinten der Lange Hein, »schön wär's. Das war nicht der Auspuff, Mann, hier wird geschossen.« Bei diesen Worten stülpte er sich den Helm über und kletterte die zwei, drei Treppensprossen zur Luke hoch.

»Bist du verrückt geworden?«, brüllte Max, »Du kannst doch jetzt nicht raus!«

Doch der Lange Hein hatte die Luke schon aufgestoßen, sich hinter das Maschinengewehr geduckt und feuerte, was das Zeug hielt.

»Gib mir noch zwei Gurte, schnell, ich brauch Nachschub«, schrie er, und weiter hielt er in die Richtung, aus der die Schüsse kamen, während der Panzerwagen in Schlangenlinien nach vorne stob, als könne er so den Kugeln ausweichen.

Hans starrte mit aller Konzentration geradeaus und schrie in Richtung Windschutzscheibe: »Runter mit dem Visier«.

Max zog an einem Haken, der neben der Fensterkurbel aus der Türverkleidung reichte. Eine Stahlplatte klappte dröhnend nach unten.

Oben hatte das Bellen des MG aufgehört. Aber sie nahmen es nicht wahr. Ihre ganze Aufmerksamkeit war auf den Weg gerichtet. Vor sich sahen sie ausgehobene Schützengräben und Haufen von Sandsäcken. Hans trat auf die Bremse.

»So, das wäre erst mal geschafft«. Er fuhr sich mit der Hand über die Stirn. »Machen wir uns raus und dann in Deckung.«

Noch während Max die Beifahrertür öffnete, um ins Freie zu springen, rief Hans nach hinten: »Komm runter, Hein. Du hast jetzt Pause!«

Hein gab keine Antwort.

»Hörst du nicht, du sollst rauskommen!«

Nichts rührte sich.

Von draußen ertönte die erschrockene Stimme von Max: »Der hängt im Turm und bewegt sich nicht.«

Hans sprang von seinem Sitz auf, kletterte nach hinten und sah von unten die leblose Gestalt des Langen Hein.

»Max, komm rein, hilf mir.«

Dann schob er sich an Heins Körper vorbei, um ihn vom Rand des Turms zu lösen und langsam nach unten gleiten zu lassen. Max faßte Hein an der Hüfte. Gemeinsam zogen sie ihn auf den Boden des Wagens. Der Helm fiel von Heins Kopf und purzelte zwischen ihre Füße.

Max besah sich vorsichtig den Kopf und tastete Heins Oberkörper ab. Er konnte keine Verletzung erkennen. Unterdessen hob Hans den Stahlhelm auf. Er hatte eine ordentliche, nach innen gehende Beule.

»Er hat eins gegen den Kopf gekriegt. Aber der Helm hat ihn wohl gerettet. Es ist nichts durchgegangen.«

Max schüttelte zweifelnd den Kopf, schaute skeptisch auf Hein und hob ihm nochmals vorsichtig den Kopf an, während Hans zurück auf seinen Platz kletterte, die Tür aufriß und geduckt auf den Schützengraben zustürmte. Dort ließ er sich fallen und purzelte einem Kameraden vor die Füßen.

»Wo habt ihr hier den Sanitäter?«

»Gibt hier keinen.«

»Und was macht ihr mit den Verletzten?«

»Wir hoffen, daß jemand wie du kommt und sie nach hinten bringt.«

»Tolle Organisation«, schimpfte Hans, und spuckte auf den Boden.

Dann zog er sich am Rand des Schützengrabens nach oben und spurtete geduckt zurück zum Wagen.

»Festhalten, wir laden nicht ab, wir fahren zurück.«

Sie sausten die Straße abwärts, der Panzerwagen schaukelte von einer Seite auf die andere. Max hatte Mühe, nicht gegen die Wand geschleudert zu werden und den leblosen Körper des Langen Hein unter Kontrolle zu halten. Jetzt passierten sie die Stelle, wo vorhin auf sie geschossen worden war. Es blieb ruhig. Hans raste mit unverminderter Geschwindigkeit weiter.

In den Lärm des brüllenden Motors mischte sich eine gequälte Stimme aus dem Hintergrund: »Hans, Menschenskind, fahr doch mal wie ein normaler Mensch. Wenn du dich weiter so gebärdest, haut's uns in der nächsten Kurve raus. Dann schaffen wir es nie mit heilen Knochen zurück.«

Max hatte noch nicht wieder Luft holen können, als es einen wilden Ruck gab, die Bremsen quietschten und der Motor wild aufheulte.

»Verdammt, du Wahnsinniger, du sollst vernünftig fahren! Von Vollbremsung war keine Rede. Hast du vergessen, daß wir hier einen Verletzten an Bord haben?«

»Nur die Ruhe, Mäxchen. Das war kein Spaß. Hier vorne liegen zwei im Straßengraben. Komm mal mit raus.«

Die beiden blutüberströmten Bündel am Rand des Weges waren eindeutig Interbrigadisten. Und ebenso sicher war, daß für einen von ihnen jede Hilfe zu spät kam.

»Der ist längst in einer anderen Welt«, murmelte Hans, während er dem Toten über das Gesicht strich, um ihm die Augen zu schließen. Der andere atmete röchelnd. Er zuckte, als Hans ihn an der Schulter berührte. Man mußte kein Arzt sein um zu erkennen, daß es nicht gut um ihn stand. Und daß er allenfalls noch eine Chance hatte, wenn er schnellstens Hilfe bekam.

Max biß sich nervös auf die Finger: »Die Fahrt wird er kaum überstehen. Himmel, Arsch und Zwirn, ich weiß auch nicht, was wir machen sollen.«

Hans gab ihm einen aufmunternden Klaps auf den Rücken.

»Wenn wir hier rumstehen und überlegen, wird's auch nicht besser. Los, pack an. Wir legen die beiden in den Wagen und versuchen es wenigstens. Du wirst es schon überstehen. Und der Kamerad hoffentlich auch. Also, auf geht's.«

Max verdrehte die Augen: »Alle beide? Auch den Toten?«

»Ja, verdammt, alle beide. Eine anständige Beerdigung würdest du doch auch haben wollen, oder?«

Sie erreichten ihr Lager ohne weiteren Zwischenfall und stoppten mit quietschenden Bremsen.

Hans riß die Tür auf und brüllte nach draußen: »Sanitäter! Sofort einen Sanitäter!«

In dem Moment schlug der Lange Hein die Augen auf.

Er hatte ein Riesenglück gehabt. Tatsächlich hatte sein Stahlhelm das Geschoß abgefangen. Der Sanitäter vermutete eine Gehirnerschütterung. Einen fürchterlichen Brummschädel hatte Hein auf jeden Fall.

»Was machen wir jetzt mit ihm?«, fragte Hans.

»Er kann natürlich zwei Tage hier liegen«, gab der Sani zur Antwort, »aber besser wär's schon, er käme zurück ins Camp und würde richtig untersucht. Unten haben wir Ärzte.«

Und nach einem kurzer Blick auf den röchelnden Verletzten im rückwärtigen Teil des Panzerwagens entschied der Sanitäter:

»Der hier muß auf jeden Fall sofort in ärztliche Hände. Sonst ist's zu spät.«

Hans sah Max fragend an. Der sagte: »Pack ma's«. Und so kletterten sie zurück in den Wagen und machten sich auf den Weg ins Camp.

* * *

Der Sanitäter hatte recht gehabt, es war eine Gehirnerschütterung. Bei dem anderen waren es schwere Schußverletzungen, die sofort operiert werden mußten. Für den Langen Hein ordnete der Arzt mehrere Tage Bettruhe an, obwohl Hein ihn auf einen Tag herunterzuhandeln versuchte. Und nur als Hans und Max bei Marx, Engels und Lenin schworen, ihn so schnell wie möglich wieder an Bord zu nehmen und nur vorübergehend einen Ersatzmann zu akzeptieren, willigte der Lange ein, im Hospital zu bleiben.

»Es geht mir nicht um mich«, sagte er zum Abschied, »ich denke nur an euch. Ohne mich seid ihr nämlich aufgeschmissen.«

Als sie die Krankenstation verlassen hatten, lief ihnen Sergeant Luis über den Weg. In seinem gebrochenen Deutsch erzählte er ihnen, daß die Rettungsaktion sich schon herumgesprochen habe, weil der Funkmelder aus den vorgelagerten Linien eine entsprechende Nachricht abgesetzt hatte. Er klopfte den beiden auf die Schultern, ließ einen Wortschwall vom Stapel, von dem Hans nur *complimente amigos* verstand, und kam mit ihnen.

Im Casino saß der Kommissar allein an einem Tisch. Als er sie hereinkommen sah, winkte er die drei zu sich.

»Setzt euch zu mir. Ich habe schon erfahren, was geschehen ist. Saubere Sache.«

Hans und Max nahmen Platz, Luis dagegen steuerte den Tresen an.

»Was ist los mit ihm?« wollte der Kommissar wissen, »Habt ihr Ärger miteinander?«

Bevor Hans und Max noch antworten konnten, war Luis zurück, stellte vor jeden ein Glas, in dem sich mindestens ein doppelter Brandy befand, und sagte: »Salud. Tapfere Jungs« und ging.

Der Kommissar war sichtlich erleichtert. Auch er hob sein Glas. »Das habt ihr euch verdient. Auf euer Wohl.«

Während Hans noch darüber nachdachte, bei welchem der Offiziere er sich wegen neuer Orders erkundigen sollte, kam Sergeant Luis zurück.

»Holla, ihr seid noch hier. Kauffmann wollen euch reden«.

»Na«, sagte Max, »dann gehen wir mal reden.«

Bernd Kauffmann wirkte nervös. »Hört zu, ihr zwei. Wir werden unser Camp in den nächsten Tagen aufgeben. Vorübergehend jedenfalls. Unsere neue Position liegt weiter nördlich, in Richtung Barcelona. Es scheint, die Faschisten wollen einen Keil zwischen uns treiben, um uns von den Waffenlieferungen aus dem Hafen dort abzuschneiden. Wir müssen zusehen, daß wir schnellstens die Jungs aus der vordersten Linie zurückholen. Der neue Standort liegt in Torredembarra, ziemlich nahe an der Küste. Ihr beide kennt den Weg nach vorne inzwischen wie im Schlaf. Ich möchte, daß ihr helft, die Männer und das Material rauszuholen. Wir stellen einen Konvoi aus Lastwagen zusammen und ihr fahrt als Begleitschutz mit. Am besten vorneweg.«

Hans zuckte die Schultern: »Alles klar. Wir sind dabei. Nur, unser Schütze liegt noch auf der Krankenstation. Wer soll ihn ersetzen?«

»Habt ihr einen Vorschlag?«

Hans und Max sahen sich an, dann sagte Max: »Wir könnten Klaus Lorrant mitnehmen.«

Hans wehrte mit gespieltem Entsetzen ab: »Den Offenbacher? Den mit dem schrecklichen Dialekt? Den versteht doch keiner, wenn er spricht.«

»Also gut«, sagte der Unterleutnant, »dann ist jetzt Lorrant euer Schütze.«

Noch am selben Tag trafen sie sich zur Einsatzbesprechung im Schulungsraum. Kauffmann ließ die Leinwand an der Stirnseite des Raums nach oben schnalzen. Eine große Landkarte von Spanien kam zum Vorschein. Der Unterleutnant griff sich, in Ermangelung eines geeigneteren Mittels, einen in der Ecke stehenden Besenstiel und begann zu erklären:

»Hier haben wir im Moment unsere vorgeschobene Linie. Hier«, er ließ den Besenstiel nach unten wandern, »liegt unser Camp, und hier«, wieder wanderte der Stock über die Karte, »liegt Valencia.«

Jetzt vollführte der Stiel einen schnellen Tanz über die iberische Halbinsel.

»Katalonien hier im Nordosten, das Baskenland weiter nördlich und westlich, und das Herz Spaniens von Madrid bis runter an die

Südküste sind unser Gebiet. Der übrige, leider nicht kleine Teil«, der Stiel huschte über weite Landstriche des Nordens und des Westens entlang der Grenze zu Portugal, »wird von den Faschisten kontrolliert. Jetzt fürchten wir, die Putschisten könnten versuchen, an diesen Stellen«, der Stiel umkreiste mehrere Gebiete, »durchzubrechen und damit die Versorgungslinien ins Hinterland und in Richtung Madrid empfindlich zu stören. Wir müssen alles versuchen, um das zu verhindern. Und«, schloß er seinen Lagebericht, »es muß schnell gehen, denn die französische Regierung hat gerade begonnen, uns Waffen zu schicken, und zwar über den Hafen von Barcelona. Umso wichtiger ist es, die Transportwege frei zu halten.«

Für den Konvoi zu den Frontlinien und den Rücktransport von Männern und Material wurden Freiwillige gesucht. Fünf Lastwagen hatten sie zur Verfügung, zwei Panzerwagen sollten für Geleitschutz sorgen, drei Fahrzeuge sollten als »Ausputzer« eine zusätzliche Begleitung übernehmen. Es war kein Problem, die Freiwilligen zu finden. Dann gab Kauffmann die Aufstellung bekannt.

»Die Spitze übernimmt die Gruppe Neumann, Wiener, Lorrant, ihr folgen die Lastwagen. Im ersten Lastwagen, direkt hinter dem ›Blitz‹, fährt Sergeant Luis mit. Die Springer in den anderen Wagen ...«

Kaufmann griff eine Liste und begann Namen von Fahrern, Beifahrern und MG-Schützen zu verlesen.

»Das Tempo gibt der erste Panzerwagen vor, aber«, und jetzt sah er Hans Neumann an, »er wird natürlich auf die Geschwindigkeit der Lastwagen hinter sich zu achten haben. Ihr startet noch heute Abend.«

Hans und Max gingen ins Casino, um noch einen Kaffee zu trinken. Sie waren zu angespannt, um etwas essen zu können.

»Wir haben uns nie darüber unterhalten«, sagte Max, während er sich eine Zigarette aus der zerknautschten Packung zog, sie mit zwei Fingern glattstrich und dann entzündete, »aber – was passiert eigentlich, wenn uns was passiert?«

Hans sah ihn fragend an.

»Na ja, ich meine, wenn, Gott behüte, einer von uns dort oben bleibt … ich meine, du weißt schon, wegen der Benachrichtigung. An wen man dann schreiben soll und so weiter.«

Hans versuchte, seine Stimme möglichst normal klingen zu lassen.

»Bei euch in Wien würde die Post ja wohl ankommen. Bei uns in Breslau weiß ich's nicht so genau. Vielleicht dürfen Juden in Deutschland inzwischen gar keine Post mehr kriegen. Ich hab schon lange nichts mehr gehört von zuhause.«

Dann machte er mit der Hand eine Bewegung, als wische er störende Gedanken beiseite.

»Lassen wir's gut sein. Es wird alles bestens funktionieren.«

Max drückte seine Zigarette in der Blechschale aus, die als Aschenbecher fungierte.

»Sag mal, Hans, wann warst du eigentlich das letzte Mal in der Synagoge?«

Hans sah ihn erstaunt an.

»Das war in Prag. Ist jetzt schon eine ganze Weile her. Warum fragst du?«

»Ich wollte nur sicher gehen, daß uns der liebe Gott da oben noch nicht vergessen hat.«

* * *

Zuerst waren sie mit zwei Lastwagen, begleitet von den beiden gepanzerten Fahrzeugen, nach vorn gefahren, um die Kameraden aus den Gräben abzuholen. Währenddessen war im hinteren Lager mit dem Aufladen begonnen worden. Das sollte zwar Zeit sparen, aber trotzdem hatte es Stunden gedauert, ehe wieder das Zeichen zum Abmarsch gegeben wurde. Jetzt waren sie auf dem Rückweg zum Lager. Die Spannung war deutlich gelockert, Klaus Lorrant hatte die Luke des Turms wieder geschlossen und schaukelte in der Hocke hin und her, während er sich von hinten mit den Händen krampfhaft an den vorderen Sitzlehnen festzuhalten versuchte.

»Sauber gelaafe«, stieß er hervor, und war dabei mit Anstrengung bemüht, seinen Körper im Lot zu halten, »bei uns in Offebach könnste glatt als Taxifahrer dorschgehe.«

Sie fuhren durch das große Tor ins Camp ein. Auf dem einstigen Appellplatz hatte sich fast die ganze Truppe versammelt. Man klatschte begeistert Beifall, umarmte die Besatzung der Wagen und begrüßte die Kameraden zurück im sicheren Hafen.

Max tätschelte Hans die linke Wange: »Wenn du so weitermachst, wird aus dir noch ein General.«

Hans lachte: »So lang kann kein Krieg auf dieser Welt dauern.«

Die Vorbereitungen für den »Umzug« nach Torredembarra liefen auf Hochtouren. Es war inzwischen sommerlich heiß geworden, und die Männer schwitzten um die Wette. Sergeant Luis war in seinem Element. Er war überall zugleich, inspizierte die Fahrzeuge, kontrollierte die Position der Ladung, gab Anweisungen und Ratschläge. Als die Kolonne sich endlich in Marsch setzte, vorneweg Unterleutnant Kauffmann und Sergeant Luis im Jeep, meinte Max, so ungefähr habe er sich den Auszug der Kinder Israels aus Ägypten vorgestellt.

»Glaub ich kaum«, zweifelte Hans, »da waren keine deutschen Juden dabei. Da kann das nicht so glatt gelaufen sein.«

* * *

Torredembarra war nicht gerade eine Weltstadt. Ein Städtchen allenfalls, aber der nahe Strand des Mittelmeers und der Blick auf den Horizont vermittelten ein Gefühl von Weite. Die Bevölkerung der Umgebung war sehr freundlich. Das war nicht selbstverständlich, auch nicht in einem Gebiet, das fest zur Republik stand. Denn die Anwesenheit der kämpfenden Truppe bedeutete auch Nachteile für die Zivilbevölkerung. Wo Soldaten standen, konnte auch geschossen werden. Zumindest war Militär ein potentielles Angriffsziel für den Gegner. Aber es konnte auch Schutz bedeuten. Mit den Abwehrgeschützen am Boden würden die Mord-Bomber der Nazis bestimmt nicht so leichtes Spiel haben wie in Guernica. Sie würden sich so teuer wie möglich verkaufen.

Es wurde eine ruhige Zeit in Torredembarra. Fast schon zu ruhig. Sie fühlten sich wie Etappenhasen mit einer leichten Neigung zur

Nachlässigkeit, zum Laisser-faire – obwohl sie jederzeit mit dem Vorrücken der Franco-Truppen rechnen mußten. Mitunter hatten sie sogar Zeit, zum Strand zu fahren und sich in den Sand zu legen, wo ihnen die Wellen des Mittelmeers sanft die Füße umspielten.

»Das lasse ich mir gefallen », sagte Max einmal, »weil es nämlich die richtige Unterrichtsstunde in Völkerkunde ist. So langsam verstehe ich, was das Wort *mañana* bedeutet.«

Nicht etwa, daß ihnen die mangelnde Hektik der zurückliegenden Wochen gefehlt hätte oder gar die alltägliche Gefahr auf ihren Touren zur Front. Aber in die Ruhe mischten sich Gedanken, die über ihren überschaubaren Mikrokosmos hinausgingen. Hans dachte wieder mehr an Zuhause, an seine Familie, die Eltern und die Geschwister. Seit er aus Prag weggegangen war, hatte er keine Nachrichten mehr erhalten. Er wußte nicht, daß seine Mutter Rosa gestorben war. Und erst sehr viel später sollte er erfahren, daß sein Vater im Frühjahr seiner Herzkrankheit erlegen war. Vielleicht hatte Moritz Neumann auch einfach nicht mehr weiterleben wollen und war, wie man so sagte, an gebrochenem Herzen gestorben. Aus Schmerz über den Tod seiner geliebten Frau und den Absturz seines geliebten Deutschland in die Barbarei.

Der Sommer ging, und auch der Herbst. Es wurde Winter. Eher am Rande erfuhren sie, wie sehr der Bürgerkrieg in Spanien inzwischen die Weltöffentlichkeit beschäftigte. Jetzt erst hörten sie von Pablo Picassos großem Gemälde für den republikanischen Pavillon der Pariser Weltausstellung, das das Verbrechen der »Legion Condor« gegen das baskische Guernica mit künstlerischen Mitteln anprangerte. Sie hörten, daß in ganz Frankreich Plakate von Joan Miró für die Unterstützung des republikanischen Spanien warben, daß Schriftsteller wie Sinclair Lewis aus den Vereinigten Staaten, George Orwell aus England oder Sean O'Casey aus Irland die Sache der Republik vertraten, daß Ernest Hemingway ins Land gekommen war, um als Journalist zu berichten, und daß André Malraux sein Buch *Espoir* verfilmt hatte, das dem Kampf und dem Sterben der Kämpfer für die Republik ein Denkmal setzte.

Und sie warteten ungeduldig auf einen Eventualfall, von dem sie trotz allem hofften, daß er nie eintreten würde. Inzwischen war Madrid von den Faschisten eingekesselt, Valencia zum provisorischen Regierungssitz der Republik erkoren worden und Barcelona eines der wenigen sicheren Zentren.

Da kam er endlich, der Marschbefehl. Ein Teil des Bataillons »Thälmann« sollte nach Osten vorrücken, in die Gegend um Tortosa. Tortosa lag am Meer, fast in der Mitte zwischen Valencia und Barcelona, und war durch eine gut befahrbare Straßenverbindung an das nördlich gelegene Zaragoza angebunden. Von dort trieben Einheiten der Faschisten offenbar jenen Sperr-Riegel voran, der vor einigen Monaten noch in der Gegend von Torredembarra erwartet worden war. Die »Thälmann-Brigadisten« sollten sich vereinen mit jenen des ebenfalls deutschen Bataillons »Edgar André« und den Franzosen vom Bataillon »Commune de Paris«, das nach seinem Kommandanten Jules Dumont auch »Dumont-Bataillon« genannt wurde.

Jetzt waren sie wieder zusammen, Hans, Max und der Lange Hein. Die zurückliegenden Wochen hatten ihnen ein wenig Erholung verschafft. Aber wenn sie glaubten, der Spanische Bürgerkrieg halte keine Überraschungen mehr für sie bereit, so irrten sie sich. Sie hatten allenfalls eine dezente Ouvertüre erlebt. Der wirkliche Krieg stand ihnen noch bevor.

Sie kamen mit dem Vorauskommando nach Tortosa und wurden von ihrem Kommandanten, einem französischen Lieutenant namens Xavier Burrès, zusammen mit der Besatzung eines weiteren Panzerwagens als Spähtrupp nach Norden beordert. Sie sollten von der Hauptstraße aus Spuren nationalistischer Truppen suchen und nur gelegentlich kurze Abstecher auf den Nebenstraßen nach West und Ost machen.

Verantwortlich für das Unternehmen war Sergeant Holger Barz, ein Schwabe aus der Gegend von Heilbronn. Sein Fahrer war ein erfahrener Chauffeur, den alle nur den »Marseillaiser« nannten, und im Turm stand ein junger blasser Kommunist aus Reims, Fernand Paster.

»Wir übernehmen die Führung«, hatte Barz zu Hans gesagt, »und ihr folgt. Euer Schütze sichert das Gelände nach hinten ab, dann wird alles gut gehen.«

Auf einer der kleinen, nur schlecht ausgebauten Nebenstraßen, mitten in einem Olivenhain, donnerten plötzlich zwei Jagdflugzeuge über sie hinweg.

»Waren das jetzt unsere«, erkundigte sich Max, »oder gehören die zu den anderen?«

In diesem Moment rief Hein nach unten: »Das waren zwei Freunde aus der Heimat.« Die »Legion Condor« war wieder unterwegs.

Die Piloten mußten die beiden Panzerfahrzeuge erspäht haben, denn nach wenigen Minuten kamen die Maschinen zurück, flogen diesmal tiefer und zwangen den ersten Wagen zu einem Deckungsmanöver, das um ein Haar im Straßengraben geendet hätte. Obendrein schlugen plötzlich auch noch Granaten in den Olivenhain ein. Hans zögerte keine Sekunde. Noch ehe sein Vordermann auch nur irgendeinen Befehl geben konnte, gab er Gas, zog am ersten Wagen vorbei und raste den Weg entlang, in die Richtung, in der er den Abschuß der Granaten vermutete.

»Wenn du was siehst«, brüllte Hans zum Langen Hein, »halt drauf! Immer voll drauf!«

Und zu Max gewandt: »Reich ihm noch ein paar Schnüre rauf, damit er genug Munition hat. Und gut festhalten.«

Der Panzerwagen schoß vorwärts und war nach kurzer Fahrt aus dem Zielkreis der unvermindert einschlagenden Granaten heraus. Holger Barz hatte hinterhergebrüllt, sie sollten, zum Teufel noch mal, zurückkommen. Aber natürlich hatte niemand was gehört. Barz hieß seinen Fahrer anhalten. Er war unentschlossen. Sollte er diesem Wahnsinnigen folgen, der Befehle so offenkundig mißachtete, oder sollte er nach hinten zurückweichen, um sich, seine Mannschaft und das Fahrzeug aus der unmittelbaren Gefahr zu bringen. Barz entschloß sich zum Rückzug. Sie rollten langsam an, und Barz öffnete nochmals seine Beifahrertür, um einen Blick zurück zu werfen. Vielleicht war der »Blitz« ja doch noch vernünftig geworden.

Da dröhnten über ihnen wieder Flieger heran, ganz nah schon und ziemlich tief. Kurz bevor sie auf gleicher Höhe waren, klinkten sie ihre todbringende Last aus. Mehrere Bomben sausten nach unten, schlugen links und rechts vom Feldweg ein, rissen Krater in den Boden und hoben Olivenbäume wie Federn in die Luft.

Barz zog den Kopf ein, schlug die gepanzerte Tür zu und rief dem Fahrer zu: »Deckung suchen.«

Zu mehr kam er nicht. Die letzte vom Himmel fallende Bombe erwischte den Wagen fast frontal. Die Besatzung hatte nicht die geringste Chance.

Hans war unterdessen an dem Olivenhain vorbeigerast, vor sich eine leichte Anhöhe, auf der in der Ferne die Granatwerfer zu erkennen waren.

Er rief nach hinten: »Ich fahre drauf zu und versuche, kurz davor abzudrehen. So schnell können die gar nicht auf die neue Entfernung einstellen. Wenn wir nah genug sind, soll Hein losballern.«

Hein ballerte, was das Zeug hielt. Der gelochte Lauf des Maschinengewehrs mußte heiß sein wie ein Hochofen. Doch Hein ließ den Finger nicht vom Abzug. Er schoß auch dann noch, als Hans längst abgedreht hatte und den Weg, den sie gekommen waren, wieder zurückraste. Sie mußten das Nest mit den Granatwerfern wohl ausgehoben haben, denn aus der Luft kamen keine »Liebesgaben« mehr in ihre Richtung. Jedenfalls nicht in diesem Augenblick.

Sie erreichten die Stelle, an der es das andere Fahrzeug zerfetzt hatte. Hans stoppte mit einem kraftvollen Tritt auf die Bremse. Er blickte Max an. Beide waren blaß. Hans schien zu überlegen, dann drückte er entschlossen den Handgriff seiner Fahrertür nach unten und schwang die Beine nach draußen.

Max faßte ihn am Arm: »He, Hans, hast du den Verstand verloren? Du willst doch jetzt nicht etwa raus? Den Kameraden kannst du nicht mehr helfen. Für die ist der Krieg vorbei.«

Hans machte eine heftige Bewegung, um seinen Arm frei zu bekommen.

»Laß gut sein, Maxe, ich brauche nicht lange.«

Er tippte auf sein Handgelenk, das von dem silbernen Kettchen mit der Erkennungsnummer umschlossen war.

»Etwas von ihnen müssen wir doch zurückbringen.«

Damit war Hans schon nach draußen gesprungen und hastete auf das brennende Wrack zu.

Wieder schlugen Granaten ein. Hans warf sich flach auf den Boden und bedeckte instinktiv den Kopf mit den Händen. Dann ging er in die Hocke, um loszurennen und sich in den Schatten des Panzerwagens zu werfen. Genau in diesem Augenblick detonierte neben ihm die nächste Granate. Hans spürte, wie die Erde sich hob, bekam eine Ladung Dreck ins Gesicht und fühlte eine feuchte Wärme im Nacken. Er stand auf, ihm war schwindlig. Dann fiel er wie ein gefällter Baum zu Boden und wurde ohnmächtig.

* * *

Er erwachte in einem weichen, weißen Bett, über sich eine nach unten gekehrte Flasche, die in der Luft zu schweben schien, jedoch bei genauerem Hinsehen an einer metallenen Angel hing. Aus der Flasche gluckerten Blasen in einen Schlauch, der in seinem linkem Arm steckte.

Eine weibliche Stimme rief: »Doktor, er ist wach«, und im nächsten Moment schob sich ein unrasiertes Gesicht mit Goldrandbrille in sein Blickfeld, das sich als Doktor Kisch vorstellte.

Hans fragte schwach: »Wo bin ich? Was ist passiert?«

»Im Lazarett – und in guten Händen. Wir haben dich wieder zusammengeflickt. Du wirst schon wieder.«

Max und Hein kamen am nächsten Morgen. Jetzt erfuhr Hans, was geschehen war: Splitter der Granate hatten ihn im Genick erwischt und ihm heftig blutende Wunden beigebracht. Auch am Rücken und am rechten Oberarm war er getroffen worden, dort allerdings abgeschwächt durch das Leder seiner Jacke.

Nachdem er das Bewußtsein verloren hatte, war Hein bei ihm geblieben und hatte versucht, die Wunden notdürftig zu verbinden, während sich Max auf den Weg machte, Hilfe zu holen. In der Nähe hatte er einen Bauern gefunden und ihn mit seinem Eselskarren zu Hans gelotst, und dann waren sie gemeinsam zum Camp aufgebrochen. Unterwegs waren sie zu einem Hof gelangt, dessen Besitzer den Krankentransport per Auto übernommen hatte, in einem Uraltmodell mit Holzvergaser. So hatten sie den verletzten Hans, der stark blutete und nur einmal zwischendurch wieder zu sich kam, ins Lazarett gebracht und in die Obhut von Doktor Kisch gegeben.

»Ja«, schloß Max seinen Kurzbericht, »und jetzt bist du hier und wirst ganz schnell wieder gesund.«

Hans hatte feuchte Augen bekommen: »Danke, Jungs. Ihr seid feine Kumpels. Sobald die mich hier wieder rauslassen, machen wir ein *Lechajim* auf euch. Und auf mich.«

»Und, bitteschön, auf mich«, hörte Hans eine Stimme sagen. Es war der Chirurg, der die beiden Besucher nach draußen schickte, um sich die vernähten Wunden anzusehen.

»In ein paar Tagen können wir die Fäden ziehen«, stellte er, offenkundig zufrieden, fest, »und dann kannst du dich in anderer Umgebung ein wenig ausruhen und wieder voll zu Kräften kommen.«

»Sagen Sie, Doktor«, fragte ihn Hans, »ich habe eine Zeitlang in Prag gelebt, kennen Sie sich da auch aus?«

»Allerdings«, antwortete der Arzt, »ich bin da geboren, habe dort studiert und praktiziert.«

»Dann sind Sie wohl am Ende noch verwandt mit Egon Erwin Kisch, dem ›Rasenden Reporter‹?«

»Das kann man wohl sagen. Ich bin sein Bruder.«

* * *

Die Front schob sich unaufhaltsam nach Süden. Im Sommer 1938 kämpften Republikaner und Internationale Brigaden bereits auf verlorenem Posten. Die Übermacht war gewaltig, vor allem dank der Luftwaffenunterstützung durch die Nazis und die Panzertruppen, die Mussolinis Faschisten nach Spanien entsandten. Noch immer wehrte sich Madrid mit allen erdenklichen Kräften gegen die Belagerung. Die Einheit, in der Hans Dienst tat, wurde unterdessen weiter in die Nähe Barcelonas verlegt.

Der nördlichste Hafen an der spanischen Mittelmeerküste füllte sich zusehends mit Flüchtlingen aus anderen Teilen des Landes. Sie suchten Schutz im autonomen Katalonien, das in treuer Verbundenheit zur Republik stand. Aber es war nicht zu übersehen, daß der Rückzug längst begonnen hatte.

Ein Politkommissar namens Schneider war ins Camp geschickt worden und versuchte angestrengt, die Truppe aufzumuntern. Hans wurde beinahe übel, als er ihn da vor den Mannschaften stehen sah, perfekt gekleidet, gebügelte Uniform und Krawatte unter dem Kragen. Ausgerechnet Schneider, dieses Großmaul. Sie waren sich in der Ebro-Gegend das erste Mal begegnet, als Hans mit seinem Panzerwagen mehrmals täglich die Tour zwischen dem rückwärtigen Lager und den Kameraden in den Schützengräben fuhr. Damals waren sie so aneinander geraten, daß sie beide diesen Streit kaum je vergessen würden.

Es war am Abend gewesen, und Hans war gerade todmüde ins Lager zurückgekehrt. Er hatte sich einen Kaffee holen und in aller Ruhe eine Zigarette rauchen wollen, um die stark beanspruchten Nerven ein wenig zu dämpfen. Doch auf halben Wege war er aufgefordert worden, zu einer Versammlung mitzukommen. Ein Politkommissar wolle zu ihnen sprechen.

Was sie dann geboten bekamen, war nicht mal das Übliche solcher politischer »Exerzitien«. Es war noch eine Spur mieser. Ein nur mäßig talentierter Redner, eben Politkommissar Schneider, hielt einen wenig begeisternden Vortrag über die bösen Feinde und die Pflichten eines Interbrigadisten, über Völkerfreundschaft und internationale Solidarität. Und, was am schlimmsten war, er fand einfach kein Ende. Verschiedentlich wurde verborgen gegähnt, einer der Kameraden hatte gar den Kopf auf seine Brust sinken lassen und war eingedämmert. Dann fing er vernehmlich an zu schnarchen, was zunächst Heiterkeit auslöste, sehr bald aber zu einer harschen Zurechtweisung durch Schneider führte.

Der Angesprochene, noch leicht verschlafen, brummelte eine Entschuldigung und war bemüht, sich aufrecht auf seinen Stuhl zu setzen und den Eindruck eines interessierten Zuhörers zu erwecken Doch Schneider ließ nicht ab von seinem Opfer.

»Wir kämpfen einen erbitterten Kampf gegen die Feinde der Freiheit. Wir bluten für unsere spanischen Genossen. Und dieser Mann schläft. Bist du nach Spanien gekommen, um dich hier auszuruhen?«

Das war des Schlechten zuviel. Hans Neumann stand von seinem Platz auf, sah sich kurz um und ergriff das Wort, mit einer Schärfe in der Stimme, die ein altes Kommißbrot mühelos hätte schneiden können.

»Es reicht, Genosse Politkommissar. Du sprichst hier vor Männern, die keine Lektionen im Kampf und im Bluten brauchen. Wir lassen uns die Kugeln aus den Gewehren der Faschisten tagtäglich um die Ohren pfeifen, während du wahrscheinlich Cognac trinkst und politische Strategien ausheckst, mit denen du uns auf die Nerven gehen kannst. Wir sind alle rechtschaffen müde, wir hatten einen langen Tag. Sei gnädig und laß uns in Ruhe. Und vor allem: pick dir nicht irgendein Opfer heraus, bei dem du den starken Mann spielen kannst.«

Schneider war weiß geworden vor Wut. Als Hans geendet hatte, wollte er zur Antwort ansetzen, aber er kam nicht dazu. Ein Sturm der Begeisterung war losgebrochen.

»Bravo, Blitz«, hatten sie gerufen, »endlich gibt's ihm mal einer.«

Auf der Woge der Begeisterung war Hans noch einmal aufgestanden, um kurz anzufügen: »Komm doch mit uns in die Schützengräben. Dort kannst du uns dann Vorträge über Politik halten.«

Schneider hatte keine Chance mehr gesehen, doch noch zu Wort zu kommen. Mit betont aufrechtem Gang, als hätte ihm jemand einen Besenstiel unter die Uniformjacke geschoben, verließ er den Raum. An der Tür drehte er sich noch einmal um, fixierte Hans Neumann und zischte: »Wir sehen uns wieder, und du wirst dafür bezahlen.«

Er hörte es wohl nicht mehr, daß ihm einer aus der Gruppe nachrief: »Wir fangen heute noch an zu sammeln.«

Und wieder war laut gelacht worden.

Schneider also, ausgerechnet Schneider. Diesmal erzählte er etwas von forciertem Bemühen der Regierung, mit Hilfe internationaler Kontakte die Nazis und die italienischen Faschisten auszubremsen. Wenn die Soldaten Francos diese Unterstützung verlören, weil England und Frankreich Druck gemacht hätten, dann sei es noch möglich, das Ruder herumzureißen. Und dann, so versuchte er sie anzufeuern, »werden wir mit Recht sagen können: No pasaran.«

Die Männer hörten ihm schweigend zu. Diesmal gab es keinen Sprechchor, der wie sonst immer in das *»No pasaran«* eingefallen und es wie in Trance skandiert hätte.

Nur Hans meldete sich: »Sag mal, Genosse Kommissar, auf die diplomatische Hilfe von England und Frankreich zu warten, ist eine Sache. Wenn uns die Russen mehr und besseres Material geliefert hätten, wären wir in diese Situation gar nicht erst geraten und nicht von Politikern abhängig geworden, die in Plüschsesseln sitzen und keine Ahnung haben, was hier eigentlich geschieht. Eure russischen Freunde haben der Republik Versprechungen gemacht – und uns hier mit runtergelassenen Hosen stehen lassen.«

Es wurde still im Saal, mucksmäuschenstill. Schneider, blaß im Gesicht, fixierte Hans.

»Wen haben wir denn hier?«, fragte er ironisch, »einen Besserwisser?!«

Dann schien er sich an das Gesicht unter der Baskenmütze zu erinnern. Seine Augen verengten sich, als er bösartig ausstieß: »Vielleicht sind ja Leute wie du schuld an unserer Lage. Leute, die andere aufhetzen, statt in den Kampf zu ziehen.«

Es gab vereinzelte Buh-Rufe. Doch sie brachten den Kommissar anscheinend erst recht in Rage.

»Wenn du ein Konterrevolutionär bist, wieso bist du dann eigentlich nach Spanien gekommen? So jemanden können wir nicht gebrauchen.«

Hans wurde heftig: »Was erlaubst du dir?! Ich habe hier gekämpft, ich habe hier mein Blut verloren. Leute wie du können doch bloß Sprüche klopfen. Wir brauchen keine Polit-Clowns, sondern erfahrene Offiziere.«

Am nächsten Morgen wurde Hans zum Bataillonskommandeur bestellt. Sie hatten einander bislang nur aus der Ferne gesehen.

»Hans Neumann«, sagte er etwas förmlich, »Du mußt ja gestern einen eindrucksvollen Auftritt gehabt haben.«

Hans schwieg.

»Jedenfalls verlangt Schneider, daß wir uns von dir verabschieden.«

Hans schwieg noch immer.

»Was denkst du darüber?«

»Ich bin nicht nach Spanien gekommen«, erwiderte Hans trotzig, »um mir von Politkommissaren kluge Sprüche anzuhören. Sondern um dem spanischen Volk zur Seite zu stehen.«

»Und weiter? Was soll das heißen?«

»Das soll heißen, daß ich mich einem militärischen Vorgesetzten unterstellt sehe, aber keinem politischen. Politisch habe ich keinen Vorgesetzten. Und schon gar keinen Aufpasser.«

»Hm«, brummte der Kommandeur, »das klingt vernünftig.« Dann senkte er die Stimme: »Paß auf, Hans Neumann. Was ich dir jetzt sage, ist noch nicht offiziell. Aber es ist die Wahrheit: Unsere Zeit in diesem Land ist vorbei. Der Krieg geht verloren. Die Faschisten haben es geschafft, wir werden in wenigen Wochen die Waffen strecken. Jetzt müssen wir zusehen, daß wir unsere Leute rechtzeitig aus dem Land bringen. Das Szenario ist bereits besprochen. Wir evakuieren entweder per Schiff von Barcelona aus oder auf dem Landweg über die Pyrenäen. Wir sind gerade dabei, Gruppen zusammenzustellen, die von uns nahestehenden Basken über die Berge nach Frankreich geschleust werden. Sag mir Bescheid, wenn du mitgehen willst.«

»Nach Frankreich geschleust werden?« wiederholte Hans fragend, »Wieso schleusen und wieso auf dem mühsamen Weg über die Pyrenäen. Wieso gehen wir nicht auf dem gleichen Weg, den wir gekommen sind?«

»Weil«, das Gesicht des Kommandeurs verfinsterte sich, »die französische Regierung mit uns ein übles Spiel treibt. Vielleicht haben sie uns schon aufgegeben, vielleicht fürchten sie unsere Anwesenheit auf ihrem Territorium – oder sie schlagen sich rechtzeitig auf die Seite des Siegers, jetzt, wo Léon Blum nicht mehr Premierminister ist. Ich weiß es selbst nicht. In der Vergangenheit haben sie uns nur halbherzig unterstützt, jetzt ist ihre Hilfe noch weniger geworden ... Na egal, bis es zum großen Zapfenstreich kommt und wir Abschied nehmen, bleibst du jedenfalls hier, und unter meinem Befehl. Da kann sich der Schneider auf den Kopf stellen.«

Hans stand auf, nahm Haltung an, grüßte militärisch und verließ den Raum. Draußen, im Freien, wäre er beinahe mit einem Soldaten zusammengeprallt.

»Mensch, Adolf«, rief er erfreut, »was machst du denn hier? Wo kommst du her? Alles in Ordnung?«

Adolf Hübner lachte: »Alles auf einmal? Schön, dich zu sehen, Hans. Ich habe gehört, dich hatte es zwischendrin ganz ordentlich erwischt. Alles wieder im Lot?«

Hans hakte ihn unter:

»Komm mit, Adolf. Ich wollte gerade zu Max, eine wichtige Sache besprechen. Da ist es gut, wenn auch du dabei bist.«

Zu dritt holten sie sich im Casino ihren obligaten Kaffee, setzten sich in eine hintere Ecke des Raumes, zündeten sich jeder eine Zigarette an, und dann erzählte Hans von der Unterhaltung mit dem Kommandeur.

Als er geendet hatte, wandte er sich Max zu: »Was meinst du, was soll ich tun?«

Max korrigierte ihn: »Was sollen wir tun. Wenn du gehst, komme ich nämlich mit.«

Hans sah ihn fragend an.

Max sagte lächelnd und betont wienerisch: »Woas schaust so?«

Dann, wieder ernst: »Soll ich vielleicht warten, bis sie mich schnappen, die Spanier oder die Franzosen, und an meine geliebten Österreicher ausliefern? Die sind ja inzwischen angeschlossen und gehören jetzt zum Reich. Was meinst, was die mit mir machen täten? ‚A Jud und a Antifaschist aus Spanien in einer Person?«

Er machte eine Bewegung mit dem Daumen, mit dem er über seinen Hals fuhr.

»Aus die Maus. Aus und vorbei. Da bleib ich schon lieber bei dir. War ja auch nie langweilig. Außerdem, vielleicht muß ich dich mal wieder retten.«

Hans mußte lachen: »Bist ein feiner Kerl, Max. *Eh, alors,* was machen wir also?«

Max schaute Adolf fragend an: »Was würdest du uns raten?«

Adolf tat, als dächte er angestrengt nach. Dann meinte er: »Ich schlage vor, ihr geht über die Pyrenäen, und ich komme mit. Nur, damit ihr Rückendeckung habt.«

Er stand auf, ging drei Gläser und eine Flasche roten Landwein holen.

Daraufhin stießen sie miteinander an.

»Auf eine bessere Zukunft!«

Es dauerte nicht mehr lange, und die praktischen Vorbereitungen zum Abzug der Internationalen Brigaden begannen. Das militärische Camp, in dem sie die letzten Wochen zugebracht hatten, wurde in ein Demobilisierungslager umgewandelt. Gedrückte Stimmung breitete sich aus, auch weil inzwischen offiziell bekannt geworden war, daß die französische Regierung die freie Ausreise aus Spanien verweigerte und alle Interbrigadisten beim Grenzübertritt sofort in Internierungslager stecken würde. Ausgerechnet Frankreich! Was war aus dem Land geworden, das einst als traditionelle Zuflucht Verfolgter und Geflüchteter galt?

Ende November 1938 erhielten sie Order, nach Barcelona zu fahren, um dort der Welt in einer letzten großen Demonstration vor Augen zu führen, daß die Brigadas Internacionales nicht freiwillig aus Spanien abzogen und nicht als geschlagene Truppen, sondern daß sie sich einzig dem politischen Druck beugten. In einem verzweifelten Versuch, dem ständig wachsenden Nachschub deutscher und italienischer Kampfeinheiten politisch auszuweichen, setzte die spanische Regierung auf die »Nationalisierung« des Bürgerkriegs. Wenn sie auf ihre internationalen Hilfskontingente verzichteten, so hofften die verzweifelten republikanischen Politiker, dann müßten – nach den Gesetzen der Fairneß – auch die deutschen Nazis und die italienischen Faschisten abziehen, und es bliebe beim Kampf der Regierungstruppen gegen die Rebellen Francos. Es hätte eine reelle Chance für die Republik sein können. Aber wer hatte denn schon jemals erlebt, daß es in einem Krieg fair zugeht …

Der Aufmarsch der Brigaden in Barcelona geriet zu einem bewegenden Ereignis. Vor allem deshalb, weil Dolores Ibarruri, die legendäre *La Pasionaria*, zu den Zehntausenden sprach, die sich in der Innenstadt versammelt hatten, Bürger der Millionenstadt und Brigadisten aus aller Welt gleichermaßen. Dolores, die Tochter eines Bergarbeiters, die einstige Fischverkäuferin, die Lichtgestalt der Kommunistischen Partei Spaniens, hielt eine feurige Rede, eine zu Herzen gehende Würdigung der Frauen und Männer, die aus aller Welt der Republik und ihrer demokratisch gewählten Regierung zu Hilfe geeilt waren.

»Sie gaben uns ihre Jugend und ihre Reife, ihr Wissen und ihre Erfahrungen, ihr Blut und ihr Leben, ihre Hoffnungen und ihre Wünsche – und sie verlangten nichts von uns.«

Dann sprach ein Minister der republikanischen Regierung aus dem fernen Madrid.

»Ihr sollt nicht glauben, daß wir euch leichten Herzens ziehen lassen. Wir haben im Kabinett wieder und wieder diskutiert, ob wir es uns überhaupt leisten können, auf euch zu verzichten. Ihr habt eure Namen eingeschrieben in das stolze Buch der spanischen Freiheit. Ihr seid gekommen, als wir euch riefen. Wir wissen, was wir euch verdanken. Und ihr sollt wissen, daß wir es euch niemals vergessen werden. Es lebe die Republik, und es lebe die Freiheit!«

Und dann begann eine Kapelle zu spielen, die Erkennungsmelodie jeder einzelnen Brigade. Als sie ihr Lied spielte, das »Spanienlied«, sangen alle Deutschen laut mit:

»Spaniens Himmel breitet seine Sterne
über unsre Schützengräben aus,
und der Morgen graut schon in der Ferne,
bald geht es zum neuen Kampf hinaus.
Die Heimat ist weit, doch wir sind bereit,
zu kämpfen und sterben für dich: Freiheit.«

Die Straßen waren so voller Menschen, daß Hans fürchtete erdrückt zu werden, als seine Einheit sich aus dem Zentrum zurückzog. Es war ein schwerer Gang, für die Brigaden, für die Republik und für alle freiheitsliebenden Spanier. Und doch breitete sich eine Art Hochgefühl bei den freiwilligen Kämpfern aus. Welch eine Begeisterung, welch eine Sympathie und Zuneigung! Sie wurden von wildfremden Menschen umarmt und geherzt, Menschen, die Tränen der Rührung in den Augen hatten, die lachten und weinten zugleich.

Männer und Frauen drückten ihnen Blumen in die Hand, eine Flasche Rotwein oder ein ordentliches Stück geräucherten Schinken.

»Ihr sollt wenigstens nicht hungern müssen, wenn ihr auf eure Reise geht. Wir hier werden sehr bald Hunger haben. Hunger nach Freiheit«, sagte ein zerknitterter älterer Mann mit Baskenmütze, der beim Sprechen einen kläglichen Rest an Stummelzähnen entblößte.

Im Camp wurden in aller Eile Trupps zusammengestellt, die sich ihren Weg nach Norden bahnen sollten, außer Landes. Es waren in der Gruppe von Hans und Max schließlich insgesamt 17 Interbrigadisten, die sich auf den Weg über die Berge machten. Hans hatte sich zuvor von seinem Kommandeur verabschiedet, hatte ordnungsgemäß einen Stempel in seinen Militärpaß bekommen und die schriftliche Bestätigung, daß er nach Erfüllung aller Pflichten aus der Truppe verabschiedet worden sei – ehrenhaft, natürlich. Der Kommandeur hatte ihm noch ein Handgeld ausgezahlt, mit dem er sich in Frankreich eine Zeitlang über Wasser würde halten können. Dann sagten sie einander Adios.

* * *

Als sie Barcelona verließen, war es Mitte Dezember. Die Befürchtungen der Menschen, die bei ihrem Abschied weinten, waren nicht unbegründet. Nur knapp einen Monat später, am 26. Januar 1939, fiel die Millionenstadt den Faschisten in die Hände. Zu diesem Zeitpunkt war die Gruppe der 17 bereits in der Nähe von Puigcerda, fast unmittelbar an der spanisch-französischen Grenze, südlich von Andorra. Sie hatten sich von Barcelona aus nach Norden vorgearbeitet, den nahezu 3000 Meter hohen Puigma in nordöstlicher Richtung umrundet und waren kurz vor der Grenze von einem baskischen Freund aufgelesen worden, der unablässig über die grüne Grenze pendelte, um flüchtende Interbrigadisten ins rettende Frankreich zu schleusen. Der Mann hieß Juan, war klein, schmal und deutlich älter als sie. Aber ungeachtet seines Alters war er doch wesentlich besser zu Fuß als jeder von ihnen, insbesondere auf steilem Gelände.

Es war ein mühsamer Anstieg und ein weiter Weg. Sie waren Soldaten einer geschlagenen Armee, Soldaten auf der Flucht. Was hatte ihnen die Zukunft zu bieten, welche Überraschungen hielten die kommenden Monate für sie parat? Eines, immerhin, war ihnen allen klar: In ein französisches Auffanglager würden sie sich nicht zwingen lassen. Sie würden sich irgendwie durchschlagen, wie und wo auch immer!

Während des Aufstiegs in Richtung Grenze wandte sich Max zu Hans und Adolf um, die hinter ihm liefen: »Soagt's amoal, wie geht's eigentlich weiter mit uns? Ich mein', wenn wir erst mal drüben sind.«

Hans zuckte mit den Schultern und schwieg. Adolf starrte auf seine Füße und murmelte: »Umschauen, sehen, was los ist, dann wird sich schon was finden.«

Sie trotteten weiter. Schweigend.

Nur einmal meldete sich ein Kamerad zu Wort, den sie vorher nie gesehen hatten, ein gewisser Rolf Weber, ein zierlicher Mann von gut vierzig Jahren, der beim Laufen immer aussah, als ob er die Zähne zusammenbisse. Er zog das linke Bein leicht nach, nicht sehr auffällig, aber doch so, daß Hans es bemerkte.

»Was ist los mit dir, hast du Schwierigkeiten beim Aufstieg? Bist du verletzt?«

Der Zierliche winkte ab: »Eine ältere Geschichte. Nicht aus diesem Krieg. Laß nur gut sein, es geht schon.«

Als sie die nächste Rast einlegten und die anderen sich schon müde auf die Steine am Boden fallen ließen, entfernte sich Hans kurz. Als er nach ein paar Minuten zurückkam, hielt er einen schmalen Ast in Händen, den er mit seinem Taschenmesser von kleinen Trieben befreite und dann dem Zierlichen reichte: »Hier nimm. Es gibt zwar elegantere Spazierstöcke, aber das wird dir helfen, unser Tempo zu halten.«

Weber schaute überrascht auf und blickte ihn dankbar an.

Vorneweg liefen Juan, der Bergführer, und Adolf. Die beiden hatten offenbar die beste Kondition. Aber auch Hans hielt überraschend gut mit. Max suchte mit ihm Schritt zu halten, keuchte aber vernehmlich und mußte sich immer wieder zurückfallen lassen, um wieder zu Luft zu kommen.

»Du kannst ruhig aufhören zu trainieren«, rief er Hans von hinten zu, »die Olympiade in Berlin ist seit zwei Jahren vorbei – und Krummnasen wie dich hätten's dort eh net zugelassen.«

Hans drehte sich um, ohne seinen Schritt zu verlangsamen.

»Schau genau, du Judenlümmel, damit du siehst, wie eine Krummnase läuft.«

Dann lachte er und marschierte weiter nach oben.

Adolf schüttelte nur den Kopf: »Ich muß schon sagen, ihr beiden habt eine sehr eigenwillige Art von Humor.«

Während der Rast setzte sich Hans neben den Zierlichen, streckte die Beine aus und dehnte sich ausgiebig. Dann zündete er sich eine Zigarette an und fragte den Nachbarn: »Was ist mit deinem Bein? Was ist passiert?«

Rolf Weber schien nicht darüber sprechen zu wollen. Aber als Hans nicht locker ließ, überwand er sich schließlich.

»Das waren die Nazis. Die haben mir das Bein gebrochen, als sie mich auf ihrem Folterstuhl hatten. Sie wollten die Namen meiner Genossen aus mir rauspressen. Aber ich hab keinen verraten. Dafür haben sie mir zum Andenken das Bein mit einem dicken Holzknüppel traktiert. Es ist verheilt, so gut es ging. Aber eben nicht gut genug.«

»Wo war das?«, fragte Hans, »in einem Gestapo-Keller?«

»Ach wo«, gab Weber zurück, »in Osthofen. Im Konzentrationslager Osthofen. Da brauchen sie keinen Keller. Das machen sie ganz offen in einer Holzbaracke. Oder sogar im Freien, am besten noch mitten auf dem Appellplatz, damit alle anderen es auch schön mitkriegen. Und wenn du vor Schmerzen brüllst, hört man es bis in die hinterste Ecke des Lagers. Das gehört zum Freizeitvergnügen der Wachmannschaft.«

»Wo liegt denn dieses Osthofen?«, wollte Hans wissen, »hab noch nie davon gehört.«

Es sei, erzählte Rolf Weber, eines der kleineren Nazi-Lager, irgendwo in den Weinbergen von Rheinhessen.

»Zur Weinlese durften wir bei den Winzern aushelfen. Das war denen ganz angenehm. Einmal hat ein Genosse sich heimlich ein paar Weintrauben in den Mund gesteckt. Da hat ihn der brave Weinbauer gleich bei der SS gemeldet. Und die haben ihn halbtot geschlagen. Eine schmutzige Hand wäscht die andere. Und das sind unsere lieben Landsleute. Freunde kannst du dir ja aussuchen, aber Familie nicht. Auch nicht das Volk, in das du hineingeboren wirst.«

Weber spuckte aus und griff nach einer der Zigaretten, die Hans ihm hingehalten hatte. Dann nahm er einen tiefen Zug, schloß die Augen und gab zu verstehen, daß die Unterhaltung für ihn beendet sei.

Das befürchtete Zusammentreffen mit der Grenzpolizei fand nicht statt. Daß sie bereits auf französischem Boden waren, hätte keiner von ihnen gemerkt, wenn Juan sie nicht darauf aufmerksam gemacht hätte.

»Wir sind schon drüben. Hier gibt's einen kleinen Berghof in der Nähe. Dort liefere ich euch ab. Alles weitere ist eure Sache.«

***

Auf dem Bauernhof bekamen sie eine warme Suppe, dazu ein Glas Rotwein. Der Wein machte sie müde, die Strapazen des anstrengenden Marsches taten ein übriges. Einige der Männer ließen einfach ihre Arme auf den wuchtigen Holztisch sinken, legten den Kopf darauf und schliefen ein. Andere streckten ihre Beine unter dem Tisch aus und ließen sich weit auf den unbequemen Holzstühlen nach vorne gleiten. Auch sie schlossen die Augen und dösten vor sich hin. Der Bauer ließ sie in Ruhe und ging nach draußen.

Als er nach mehr als einer Stunde zurückkam, saßen die noch immer ausgepumpten Interbrigadisten wieder aufrecht und berieten laut, wie es weitergehen solle. Während sie darüber debattierten, welche Region Frankreichs am sichersten sei und wie man möglichst unbeschadet dorthin gelangen könne, versuchte Hans halblaut, das Gespräch fortzusetzen, das er vor dem Grenzübertritt mit Rolf Weber begonnen hatte.

»Kannst du mir nicht noch etwas erzählen aus diesem Lager Osthofen?«

Weber wandte sich ruckartig zu Hans um. »Nein«.

So schnell aber gab Hans nicht auf.

»Wie soll die Welt denn erfahren, welche Verbrecher dort inzwischen am Ruder sind, wenn solche wie du nicht darüber reden? Und wie sollen die Menschen sich wehren, wenn sie nicht wissen, was geschieht?«

Weber blickte müde und traurig.

»Sie wissen es doch. Das ist ja das Schlimme. Bis zum kleinsten und dümmsten Winzer weiß jeder, was dort vor sich geht. Jeder, der am Lagerzaun vorbeigeht, hört die Schmerzensschreie der Gequälten. Jeder, der die Arbeitsmannschaften aus dem Lagertor ziehen sieht, und erst recht durch die kleinen Dörfer, weiß ganz genau, was los ist. Aber solange es ihnen etwas bringt, vergessen sie das Gerede von Nächstenliebe und Barmherzigkeit, das sie jeden Sonntag in der Kirche hören und das sie brav nachbeten. Aber wenn sie einem von denen ins Gesicht sehen, der unter ihren Augen und Ohren gelitten hat, dann tun sie ganz erschrocken und sagen, das hätten sie nicht gewußt.

Eines, mein lieber Freund, sollst du wissen, falls du jemals wieder nach Deutschland zurückkommst: Wer immer dir sagt, er habe es nicht gewußt, der lügt. Vergiß das nie.«

* * *

Hans, Max und Adolf brauchten drei Tage, dann waren sie in Paris. Es war ein trauriges Wiedersehen. Vor rund anderthalb Jahren waren sie von hier aufgebrochen, voller Zuversicht und in der Gewißheit, auf der richtigen Seite zu stehen und einfach siegen zu müssen.

Nun kehrten sie zurück als Geschlagene, geflüchtet wie Diebe in der Nacht. Sie hatten verloren. Aber nicht nur sie. Auch die Demokratie hatte verloren. Es war nur noch eine Frage von Tagen, höchstens Wochen, bis auch in Madrid, der letzten Stadt, die sich noch nach Kräften wehrte, die Verteidiger ihre Waffen strecken müßten. Dann würde Franco triumphieren, und mit ihm Hitler und Mussolini. Wie viele anständige Menschen hatten sterben müssen, weil sie hofften, genau dies verhindern zu können?

Sie saßen in einem Bistro in der Nähe des Panthéon, mitten in Paris, und hingen ihren düsteren Gedanken nach. Adolf, der einstige Journalist, breitete ihnen das Szenario zu erwartender Siegesparaden in Madrid, Berlin und Rom aus.

»Und dann wird unser größter Schicklgruber ins Mikrophon brüllen, daß die unbändige Kraft der arischen Rasse über den Bolschewismus gesiegt, daß der eiserne Wille zum Sieg sie zum Erfolg geführt habe, und Zehntausende werden ihm zujubeln. Und sie werden ihre Helden feiern, die über Guernica die Bomben ausgeklinkt haben. Und Deutschland wird stolz auf sie sein.«

Er machte eine kurze Pause: »Wie gut, daß sie uns rechtzeitig ausgebürgert haben.«

»Genau das ist es«, unterbrach Hans das Gedankenspiel Adolfs, »das ist unsere Lage. Wir sind geflüchtet aus Spanien, ausgebürgert aus unserer Heimat, sitzen exakt im Land dazwischen – und wissen nicht, wohin wir gehen und was wir machen sollen. Hat vielleicht jemand mehr zu bieten?«

Adolf bot: »Ich hab schon länger darüber nachgedacht, und je länger ich es tue, umso mehr scheint mir die Legion ein geeigneter Zufluchtsort zu sein.«

Max reagierte spürbar zurückhaltend: »Die Fremdenlegion? Da bist du doch hergekommen?«

»Ja und?«, fragte Adolf, »ich bin in allen Ehren entlassen worden, und ich habe meinen Abschied nur genommen, um mich nach Spanien zu den Brigaden zu melden. Jetzt ist der Krieg vorbei, und ich kehre wieder zurück. Die nehmen mich garantiert wieder, jede Wette.«

»Dich vielleicht«, überlegte Hans, »aber uns? Wir haben schließlich keine Erfahrung als Legionäre.«

»Ihr habt schließlich was vorzuweisen als Spanien-Kämpfer. Jedenfalls gäb's zu essen, ein Dach über dem Kopf, und wir wären versorgt.«

Sie diskutierten ernsthaft über das Für und Wider, wogen Vor- und Nachteile gegeneinander ab, überlegten und zögerten. Bis Adolf sich entschlossen mit den Handflächen auf die Oberschenkel schlug und mit etwas zu lauter Stimme sagte: »So, Jungs. Jetzt ist alles bedacht, jetzt gehen wir.«

Mit diesen Worten erhob er sich.

»Na, was ist? Kommt!«

Hans blieb sitzen.

»Nein, Adolf, ich glaube nicht, daß dein Vorschlag für mich das Richtige ist. Mach du, was du denkst. Ich überlege weiter.«

Adolf nickte kurz, wandte sich an Max und fragte: »Und du? Überlegst du auch weiter?«

»Ich glaube«, antwortete Max bedächtig, »ich sollte Hans beim Nachdenken behilflich sein.«

* * *

Sie gaben sich alle Mühe, in Paris Fuß zu fassen. Sie suchten sich Arbeit, um nicht die eiserne Reserve aufbrauchen zu müssen, die ihnen ihr Kommandant in Spanien mit auf den Weg gegeben hatte. Sie waren bereit, jede Arbeit anzunehmen. Aber wenn sie nach ihren Papieren gefragt wurden, verloren die Arbeitgeber schnell jegliches Interesse. Eine gültige Erlaubnis zum Aufenthalt in Frankreich konnte keiner von ihnen vorweisen, und ein abgelaufener deutscher Paß zählte so wenig wie ein Ausweis des nicht mehr existierenden Österreich, das seit dem »Anschluß« zur »Ostmark« des deutschen Reichs degradiert worden war.

Vorübergehend fanden sie eine Anstellung. Ein Kommunist, dem sie als Spanien-Kämpfer empfohlen worden waren, hatte einen kleinen Fuhrbetrieb, bei dem sie ein paar Tage lang arbeiteten. Dann aber wurde dem Chef die Situation zu mulmig.

»Tut mir leid, Kameraden«, sagte er ihnen am Abend, als sie müde in ihr schmutziges, aber wenigstens preisgünstiges Hotel zurück wollten, »ich kann euch nicht mehr behalten. Wenn eine Kontrolle kommt, bin ich dran. Und ihr auch. Ich hätte euch gern geholfen, aber ich denke, es ist besser so.«

An diesem Abend betranken sie sich. Aus Kummer. Dann, als sie ziemlich unsicher nach Hause wankten, faßte sich Max ein Herz.

»Hans, ich muß dir was sagen. Ich hab mir alles genau überlegt, wie es weitergehen soll und so. Und ich glaube, ich versuche, nach Amerika zu kommen. Ich hab einen Onkel dort, der ist schon vor ein paar Jahren von Wien aus rübergegangen. Der würde mich erst mal aufnehmen. Ist jedenfalls besser, als hier Trübsal zu blasen und keine Perspektive zu haben.«

Hans wiederholte versonnen und leicht benebelt: »... nach Amerika zu kommen. Amerika? Schon wieder eine neue Sprache? *Non, Monsieur,* Europa ist schließlich noch groß genug.«

»Viel ist aber nicht mehr übrig, wo wir in Europa noch hin können«, gab Max zu bedenken. Dann fing er an aufzuzählen, wobei er zur Bekräftigung die Finger ausstreckte: »Deutschland scheidet aus, Österreich scheidet aus, Spanien scheidet aus, Italien scheidet aus. Da bleibt ja kaum noch was.«

Hans dachte nach: »Es gibt noch Belgien und Holland und Dänemark. Und die haben alle keine Nazis und keine Faschisten in der Regierung.« Er lachte. Es war das Lachen eines Angetrunkenen.

»Vielleicht müssen wir erst dort hin, damit es denen wirklich dreckig geht.«

Max sah ihn prüfend an.

»Weißt du, wir könnten ja wenigstens zusammen nach Amsterdam gehen«, schlug er vor, »von dort versuche ich, eine Schiffspassage zu bekommen.«

»Also, sehen wir mal, was Amsterdam zu bieten hat, Max ...«

* * *

Sie waren noch ein paar Tage in Paris geblieben, weil Max, nachdem er seinem Onkel in die USA gekabelt hatte, noch verschiedene Formalitäten zu erledigen versuchte, vor allem bei der amerikanischen Botschaft in Paris. Jetzt saßen sie in einem verglasten Straßencafé in Amsterdam, schauten auf das geschäftige Treiben jenseits der großen Scheiben, hatten das Hotel »Krasnapolsk« vis-à-vis und aßen die ganzen Erdnüsse auf, die der Kellner in einem Schälchen auf ihren Tisch gestellt hatte.

»Von Nüssen allein«, sagte Max mit besorgtem Unterton, »wirst du auf Dauer nicht existieren können. Also, was ist?«

»Ich suche mir Arbeit, und dann sehe ich weiter«, erwiderte Hans im Bemühen, möglichst zuversichtlich zu klingen.

»Und was ist, wenn es so ausgeht wie in Paris? Wenn du nichts findest, was dir ein bißchen Sicherheit verspricht? Was dann?«

»Dann ... dann komme ich als blinder Passagier mit dir nach Amerika.«

Max war nicht zu Scherzen aufgelegt: »Laß den Quatsch und sag mir jetzt, was du dir überlegt hast.«

Hans hatte einen melancholischen Unterton in der Stimme: »Was, zum Teufel, soll ich dir sagen? Ich weiß es doch selbst nicht! Ich bin ein Flüchtling in einem fremden Land, habe kaum noch Geld, kenne keinen Menschen – wenn das günstige Voraussetzungen zum Überleben sind, dann werde ich eben überleben.«

Der Fatalismus kam natürlich nicht von ungefähr. Als Hans vor gut zwei Jahren Hals über Kopf nach Prag gereist war, da waren die Umstände trotz allem anders gewesen, da hatte er eine Anlaufstelle gehabt. Karel Goldstein hatte sich um ihn gekümmert und ihm auch finanziell einen bescheidenen Freiraum verschafft. Aber hier in Amsterdam? Er kannte keine Menschenseele, war ein nahezu mittelloser Emigrant, der in ein paar Tagen nicht einmal mehr das Geld hätte für eine warme Mahlzeit. Und die Hoffnung, daß die Barbaren in der Heimat davongejagt und er gefahrlos würde zurückkehren können, diese Aussicht war unrealistischer denn je.

Max unterbrach die Gedanken des Freundes: »Trink aus, wir gehen.«

Hans machte ein Gesicht, als sei er gerade aufgewacht: »Gehen? Wohin?«

»Wir gehen zur Jüdischen Gemeinde und bitten um Hilfe.«

»Zur Jüdischen Gemeinde? Willst du dort etwa anklopfen, wie bei uns in Breslau die Schnorrer aus Polen angeklopft und um Almosen gebettelt haben?«

»Cher ami«, gab Max mit entwaffnender Direktheit zurück, »wir sind Schnorrer. Also können wir auch schnorren gehen.«

Hans und Max hatten Glück im Unglück. Wären sie ein paar Monate früher gekommen, hätte man ihnen die Einreise nach Holland gar nicht erst gestattet. Denn noch am 5. Mai 1938 hatte der niederländische Justizminister Goseling alle Gerichte, alle Posten der Königlichen Gendarmerie und alle Polizeistationen der Großstädte per Rundverfügung angewiesen, daß Flüchtlinge ab sofort als in der niederländischen Gesellschaft unerwünschte Elemente betrachtet würden und ihnen folglich die Einreise verweigert werde. Und zwei Tage später hatte der Herr Minister einen Nachschlag für alle Flüchtlinge serviert, die bereits im Land waren: Alle Emigranten hätten sich zwecks Registrierung bei der Polizei zu melden.

Dann aber war es im Deutschen Reich zu den Pogromen vom 9. November gekommen, in deren Verlauf Hunderte von Synagogen in Brand gesteckt oder demoliert, Geschäfte jüdischer Kaufleute verwüstet und geplündert, Wohnungen jüdischer Familien gestürmt und zahlreiche Juden in Konzentrationslager deportiert wurden. Der Feuerschein der brennenden Gotteshäuser war bis nach Holland sichtbar – und führte zu einem Sinneswandel. Auf Druck der fortschrittlichen Parteien, der Gewerkschaften und der Kirchen wurde die Aufnahme von Flüchtlingen doch wieder gestattet.

Die Jüdische Gemeinde hatte auf den Zustrom der Emigranten schnell reagiert und ein spezielles Büro eingerichtet, das *Comité voor Bijzondere Joodse Belangen.* Es vermittelte Adressen für eine kostengünstige Bleibe und richtete koschere Küchen zur Verpflegung ein. Gute Kontakte zu den Behörden halfen, Aufenthaltsmöglichkeiten für die Hilfesuchenden zu schaffen. So kam Hans zu einer Beschäftigung in einer Bekleidungsfirma, die einem holländischen Juden gehörte.

Max bemühte sich inzwischen beim amerikanischen Konsulat um das Visum, das er bereits in der US-Botschaft in Paris beantragt hatte. Den skeptischen Beamten versicherte er immer wieder aufs neue, daß er dem amerikanischen Staat nicht auf der Tasche liegen und sein Onkel für seinen Unterhalt aufkommen werde. Er wurde freundlich angehört und nicht minder freundlich vertröstet. Immer und immer wieder.

Es war inzwischen Frühsommer, die sommerliche Wärme füllte die Straßencafés und vermittelte einen Hauch mediterranen Flairs. An Spanien dachten Hans und Max freilich mit Wehmut. Vor rund vier Wochen, Ende Mai 1939, war Madrid gefallen. Jetzt war ganz Spanien in den Händen Francos. Bereits zwei Monate zuvor war die deutsche Wehrmacht in Prag einmarschiert und hatte der Welt damit eindeutig zu verstehen gegeben, daß Deutschlands Hunger nach fremden Territorien durch die Sudeten-Lösung keineswegs gestillt war. Sollte Hans jemals mit dem Gedanken gespielt haben, wieder nach Prag zu gehen, um dort nahe der alten Heimat auf die Rückkehr zu warten – jetzt war es damit endgültig vorbei.

Hans fühlte sich plötzlich an die *Seder*-Abende erinnert, die sie zuhause immer im großen Familienkreis feierten. Ganz wie es seit vielen Hunderten von Jahren unter Juden auf der ganzen Welt Tradition war, wurde auch bei den Neumanns in Breslau der *Seder* am ersten Tag des *Pessach*-Fests begangen. Und gegen Ende des langen Abends sangen sie dann, wie stets, das Lied »Dajenu«, »Es ist genug.« Jetzt fiel Hans das Lied wieder ein. Er dachte an die Erfolge der Nazis. Er dachte an den deutschen Einmarsch im Sudetenland. Er sah Prag vor sich, sah im Geiste die deutsche Wehrmacht über den Wenzelsplatz paradieren – und summte »Dajenu«. Doch selbst jetzt hätte er sich nicht im Traum vorzustellen vermocht, was künftig noch in Deutschlands Namen geschehen würde.

* * *

Die Jüdische Gemeinde Amsterdam unterhielt in der Roonstraat Clubräume für die Emigranten. Dort traf man sich in familiärer Atmosphäre auf einen Kaffee oder ein Glas Tee, spielte eine Runde Billard, Rommé und Bridge oder »drosch Skat«, jenes Kartenspiel, über das die Nicht-Deutschen im Club nur verwundert den Kopf schüttelten, vor allem weil die Karten oft mit einer solchen Wucht auf den Tisch geknallt wurden, daß die Teegläser auf den Untertellern hüpften.

Hans war ein begeisterter Skat-Spieler und ließ kaum eine Gelegenheit aus, ein Spiel zu machen. In die Roonstraat kam er allerdings vor allem, um seinen Freund Max zu treffen, der mittlerweile in einem anderen Stadtteil untergekommen war.

Max wirkte zusehends deprimierter. Er hatte sich im Gegensatz zu Hans gar nicht erst um Arbeit bemüht, denn er rechnete jeden Tag mit seinem Visum. Erst am Morgen hatte er wieder in der Schlange vor dem amerikanischen Konsulat gestanden, die ihm unendlich lang vorkam. Als man ihn schließlich vorgelassen hatte, war er von einem freundlichen jungen Mann empfangen worden, der sich als Consul Cramer vorstellte, geduldig die Geschichte anhörte, die Max zum x-ten Male vorbetete, dann mit erkennbarem Bemühen die Aktenberge durchforstete, um schließlich bedauernd zu erklären, die Einwanderungsbehörde habe noch keine Antwort geschickt.

»Es sind so viele im Moment«, fügte er noch um Verständnis werbend hinzu, »da dauert alles sehr viel länger ... But it will be okay, I'm sure.«

Es war keineswegs okay. Auch die jüngsten Nachrichten waren nicht dazu angetan, hoffnungsvoll zu stimmen. Die Welt, so schien es, schaute gebannt, doch tatenlos auf Hitler-Deutschland. Dessen Schulterschluß mit dem faschistischen Italien war noch als voraussehbar und naheliegend hingenommen worden. Wo ein Hund hinpinkelt, gesellt sich schnell ein zweiter hinzu. Dann hatten die Nazis den Korridor zwischen dem »Reich« und der Stadt Danzig annektiert, mitten durch polnisches Gebiet. Die Schutzmächte Polens, Großbritannien und Frankreich, hatten lediglichdie Fäuste geballt, mit den Zähnen geknirscht – und sich wieder schlafen gelegt. Nun, vor einer Woche erst, hatten Hitler und Stalin einen Nichtangriffspakt geschlossen. Hitler und Stalin! Wenn man weiterdachte, konnte das nur eines bedeuten: Deutschland wollte den Krieg.

Die Kommunisten unter den Emigranten konnten einem wirklich leid tun. So orientierungslos waren sie noch nie gewesen. Ihr großer Steuermann hatte völlig überraschend den Kurs gewechselt, so abrupt, daß sein Schiff im heftigen Wendemanöver wie weiland die *Titanic* gegen einen mächtigen Eisberg hätte knallen müssen. Molotow, der sowjetische Außenminister, und sein Nazi-Kollege Ribbentrop hatten sich die Hände geschüttelt, und Stalin hatte aus der zweiten Reihe gegrinst.

»Schade nur«, sagte Hans, als er sich am Abend mit Max im Club traf, »daß dieser miese Politkommissar Schneider jetzt nicht hier ist. Ich hätte zu gern erlebt, wie der sich jetzt gewunden hätte. Aber wahrscheinlich würde der Dreckskerl auch noch eine Erklärung für den Verrat seines Befehlsgebers finden. Es gibt Leute, die sind einfach zu dummdreist, um sich schämen zu können.«

Max trommelte nervös mit den Fingerspitzen auf die Armlehnen. Sein Blick war trübsinnig. Und gelacht, dieses herzhafte, glucksende Lachen von früher, hatte er schon lange nicht mehr.

»Max«, sagte Hans, »ich kenne dich kaum wieder. Komm endlich raus aus deinem Schneckenhaus. Du brauchst Ablenkung. Ich hab mit meinem Chef gesprochen. Du kannst für ein paar Wochen bei uns im Textillager arbeiten. Dann wären wir auch wieder mehr zusammen.«

Max wehrte schwach ab, den Blick in weite Ferne gerichtet. Er sagte kein Wort.

»Wahrscheinlich denkst du jetzt wieder an Wien. Kann ich verstehen, ich muß auch oft an Breslau denken, an meine Familie und alles drum herum. Ich habe seit Ewigkeiten keine Nachrichten mehr erhalten. Aber erst einmal müssen wir uns ums Überwintern kümmern, dann wird sich alles regeln. Und dann bekommst du irgendwann auch dein Visum nach Amerika.«

Max schien aus seinen Gedanken aufzuschrecken: »Irgendwann? Ja, wahrscheinlich, wenn es zu spät ist.«

* * *

Der große Schock kam einen Tag später, am 1. September. Wie ein Lauffeuer verbreitete sich die Nachricht: Die Deutschen hatten Polen angegriffen. Ohne vorherige Kriegserklärung war die Wehrmacht in Polen einmarschiert, hatte die Luftwaffe sämtliche polnischen Flugzeuge am Boden zerstört und alle Eisenbahnlinien unbenutzbar gebombt. Jetzt war er da, der Krieg. Oder würden die anderen Nationen abermals den Schwanz einziehen und sich wieder aufs Fell legen, gefährlich grummelnd, aber zahnlos?

Sie brauchten sich das nicht lange zu fragen. Schon zwei Tage nach dem massiven Völkerrechtsbruch durch die deutsche Wehrmacht kam die ungeduldig erwartete Reaktion des Auslands: Großbritannien und Frankreich erklärten dem Deutschen Reich den Krieg. 21 Jahre nach Ende des ersten großen Weltkriegs hatten jetzt wieder die Militärs das Sagen. Und jetzt würden die beiden starken Bündnispartner England und Frankreich den Nazis zeigen, wo's lang ging. Der »Gröfaz« würde bald ausgespielt haben.

Die Skeptiker unter den Emigranten sahen die Lage freilich weniger optimistisch. Würde die Achse Berlin-Rom nun auch die Italiener zum Mitmarschieren veranlassen? Würden sie, wie in Spanien geübt, wieder Seit' an Seit' Tod und Verderben über ein fremdes Land bringen? War also der Einsatz in Spanien tatsächlich nur die Generalprobe gewesen – wie viele Guernicas würden jetzt folgen? Und wie, vor allem, würde sich die Sowjetunion verhalten?

Zumindest auf diese Frage erhielten sie bald eine Antwort. Allerdings eine, die sie niemals für möglich gehalten hätten. Während nämlich die Nazi-Wehrmacht in Polen unaufhaltsam vorwärts rollte, eine Stadt nach der anderen unter ihre Kontrolle brachte und das polnische Militär kaum so schnell zurückweichen konnte wie die Nazis nach vorne drängten, setzten urplötzlich auch die Sowjets zum Schlag an. Am 17. September fielen sie von Osten her in Polen ein. Jetzt war das Land hoffnungslos in die Zange genommen, Gegenwehr kaum möglich. Am 26. September nahm die Wehrmacht die polnische Hauptstadt Warschau, tags darauf kapitulierte Polen. Hitler war auf dem Höhepunkt seiner Macht.

* * *

Als die Nazis Max Liebermann, den berühmten jüdischen Maler, aus seinem Ehrenamt als Präsident der Preußischen Akademie der Künste jagten, hatte der mit dem Satz reagiert: »Man kann gar nicht so viel essen, wie man kotzen möchte.« Nie wurde Liebermann häufiger zitiert als in diesen Wochen. Sie hätten alle kotzen mögen, die Emigranten aus Deutschland, wenn ihnen nicht schon längst der Appetit vergangen wäre. Dabei waren die Holländer wirklich ausnehmend freundlich und hilfsbereit. Während sie die Deutschen im allgemeinen von Tag zu Tag mehr zu hassen schienen, zeigten sie den deutschen Emigranten, ob politischen oder »rassischen«, ihre Sympathie. Und dabei waren sie ungewöhnlich gut informiert über ihr Nachbarland.

In holländischen Zeitungen konnte man lesen, daß die Nazis »Umerziehungslager« in Dachau und Börgermoor, in Buchenwald und Oranienburg eingerichtet hatten. Man las Berichte über unvorstellbare Pein, die die neuen Arier dort ihren Landsleuten antaten, Kommunisten zumeist und anderen Regimegegnern. Und man las von den Gesetzen der »Neuen Ordnung«, die die Deutschen jüdischen Glaubens von Woche zu Woche tiefer demütigten und entrechteten.

»Und dieses Land«, sagte Hans zu Max bei einem abendlichen Bummel über den Rembrandtplein, wo sie eine Tüte frische Crevetten mit Mayonnaise erstanden, »dieses Land sollen wir mit unserer Sehnsucht auch noch aufwerten? Die sind es nicht wert, daß wir an sie denken – außer, höchstens, in Albträumen.«

»Ich verzehre mich nicht in Sehnsucht nach Österreich«, gab Max zurück, »ich mache mir Sorgen wegen meiner Familie und meinen Freunden. Das ist es, was mir Angst macht. Dafür hasse ich die Nazis aus dem tiefsten Grund meines Herzens. Weil sie es sich, verdammt noch mal, herausnehmen, andere Menschen für nichtswürdig zu erklären, ihnen alle Rechte abzusprechen, sie quälen und sogar umbringen.«

An jenem Abend machten sie erstmals seit langer Zeit wieder Pläne. Max dachte, anders als die Monate zuvor, nicht mehr nur an Amerika als Zufluchtsort.

»Wir könnten«, spann Hans seine Gedanken, »nach Frankreich zurückgehen und uns dort als Freiwillige melden. Überleg mal, die haben Deutschland gerade den Krieg erklärt. Da können sie uns gut gebrauchen.«

Max war skeptisch: »Eben, sie haben Deutschland den Krieg erklärt. Da werden sie gerade uns nehmen! Wir könnten doch auch eine Fünfte Kolonne sein.«

»Spinnst du,« gab Hans zurück, »wir sind doch Emigranten.«

»Das weißt du, und ich weiß es. Aber die Franzosen wissen es nicht. Und ob sie es uns glauben, steht noch auf einem anderen Blatt.«

* * *

Der Winter verging und das Frühjahr ließ die Tulpen sprießen. Auf den Grachten fuhren die Lastkähne, und vor der Stadt drehten sich die Windmühlen. Es hätte ein malerisches Bild sein können, wie Reisende es lieben. Aber für die Wunschwelt der Globetrotter hatten Hans und Max keinen Blick. Es schien, als habe Max sein Visum für Amerika abgeschrieben. Er hatte seine Vorsprachen beim Konsulat eingestellt, ergab sich anscheinend in sein Schicksal und verfiel wieder in seine melancholische Stimmung.

Als Hans abermals den Vorschlag machte, nach Frankreich zurückzukehren, war der Widerstand bereits merklich geschwächt.

»Wenn du meinst, können wir es versuchen. Das amerikanische Konsulat kenne ich inzwischen in- und auswendig, probieren wir es also mal mit dem französischen.«

Urplötzlich aber wurden ihnen alle Entscheidungen aus der Hand genommen. Am 10. Mai meldete das Radio: »Am heutigen Tag haben starke Verbände der deutschen Armee die Grenzen Belgiens, Luxemburgs und der Niederlande überschritten und befinden sich auf dem Vormarsch ins Landesinnere. Die Bevölkerung aller drei Staaten ist zur Verteidigung ihrer Länder aufgerufen.«

Ausgerechnet in dieser Situation fand Max zu seiner früheren Selbstironie zurück. Als Hans aufgeregt ins Textillager gerannt kam, um dem Freund von der Meldung zu erzählen, reagierte Max seltsam gelassen.

»Merkst du was, Hans, die kommen überall hin, wo du schon warst. Die kleben ja geradezu an dir.«

»Was soll das, Max, die Sache ist bitterernst.«

Doch Max lächelte nur: »Erst bist du nach Prag geflohen, kurz darauf sind sie in Prag einmarschiert. Dann gingst du nach Spanien, und sie schickten dir ihre ›Legion Condor‹ hinterher. Jetzt bist du in Holland, und prompt kommen sie hierher. Du solltest dir vielleicht deine Zufluchtsorte künftig unter veränderten Kriterien aussuchen. Das wäre möglicherweise besser für alle.«

»Max, wie kannst du jetzt nur deine makabren Witze machen, in dieser Situation? Ich sage dir, uns brennt die Jacke. Es ist höchste Zeit, daß wir uns davonmachen.«

Jetzt wirkte das Lächeln von Max wie eingefroren: »Gute Idee, Hans. Und wohin?«

Wohin, das vermochte auch Hans nicht zu sagen. Er wußte nur eines: Sie mußten untertauchen, so schnell wie möglich. Wenn die Deutschen erst Amsterdam eingenommen hatten und, wie man es aus Prag gehört hatte, mit ihren »Rassefeststellungen« begannen, war die Lage für sie als Juden doppelt prekär. Hans Neumann stand auf der »Schwarzen Liste« der Nazis. Wenn sie seiner habhaft wurden, war ihm die Deportation ins KZ gewiß, wenn sie ihn nicht schon vorher erledigten.

Hans zog den Freund am Arm: »Los, schnapp dir deine Sachen, wir gehen ins Büro der holländischen Arbeiterpartei. Die werden schon einen Rat für uns haben.«

Das Büro war hoffnungslos überfüllt. Aufgeregte Stimmen, nervös hin und her laufende Menschen, viele, die Hans vom Sehen her kannte, Emigranten wie Max und er.

Ein Mann sprach Hans an: »He, ihr zwei. Seid ihr aus Deutschland?«

Hans nickte.

»Politische?«

»Politische und rassische.«

Nach einer Pause fügte Hans entschlossen hinzu: »Und Spanienkämpfer.«

»Hm,« der Mann rieb nachdenklich sein Kinn, »dann seid ihr besonders in Gefahr ... Kommt mal mit nach hinten.«

Er zog sie in einen Raum, in dem ein anderer Mann hinter einem Schreibtisch auf und ab ging, dabei einen Telefonhörer ans Ohr hielt und mit der freien Hand wild gestikulierte.

Als er aufgelegt hatte, sagte ihr Begleiter: »Willem, ich habe hier zwei Politisch-Rassische. Und Spanienkämpfer. Wo können wir die unterbringen?«

Willem sah sie prüfend an: »Spanienkämpfer? Bring sie erst einmal zu Frederic. Da sind sie fürs erste in Sicherheit. Das weitere werden wir schon organisieren.«

Frederic hieß korrekt und mit ganzem Namen »Chez Frederic« und war eine kleine Nachtbar an der Bloomengracht mit angeschlossenem Bordell. Geführt wurde sie von einer stattlichen und resoluten Frau namens Marijke, die alle Sprachen dieser Welt zu verstehen schien und um den Hals eine Goldkette mit einem pflaumengroßen Davidstern trug.

»Marijke«, wurde sie von dem Mann, der Max und Hans hergebracht hatte, angesprochen, »ich hab zwei Kunden für dich. Aber keine gewöhnlichen.«

»Wann«, fragte Marijke mit einer überraschend hohen, fast piepsigen Stimme zurück, »hast du jemals erlebt, daß in meinem Haus gewöhnliche Kundschaft verkehrte?«

Der Angesprochene grinste breit: »Sie kommen nicht deshalb. Es sind Spanienkämpfer. Jüdische Spanienkämpfer. Wir müssen sie verstecken, falls die Nazis kommen.«

Marijke musterte Hans und Max unverhohlen und nicht ohne Mißtrauen. Dann erkundigte sie sich mit piepsender Stimme: »Und wer garantiert uns, daß ihre Geschichte stimmt?«

Wie auf Kommando griffen Hans und Max in die Innentaschen ihrer Jacken und zogen gleichzeitig ihre Soldbücher mit dem dunkelblauen kartonierten Einband hervor. Wortlos reichten sie der Frau ihre Ausweise. Marijke griff zu, blätterte in den Dokumenten, besah sich die Einträge und verglich die Fotos mit den Originalen mit einer Routine, als wäre sie von der Grenzpolizei. Dann reichte sie die Pässe zurück.

»Sehen ganz ordentlich aus. Aber Dokumente kann man auch fälschen. Davon verstehe ich etwas. Und außerdem, wer sagt mir eigentlich, daß ihr wirklich jüdisch seid?«

Hans und Max blickten einander an, dann wandte sich Hans wieder Marijke zu.

»Wer würde denn in diesen Zeiten schon freiwillig behaupten, Jude zu sein? So meschugge ist doch niemand.«

Marijke war keineswegs beeindruckt, und überzeugt erst recht nicht.

»Habt ihr vielleicht eine Ahnung, wie viele brave Holländer inzwischen in den Diensten der Gestapo stehen? Wer sagt mir denn, daß die mich nicht schon längst auf ihrer Liste stehen haben? Und daß sie mir jetzt zwei *agents provocateurs* herschicken, um mich auszuheben? Glaubt mir, ich kenne die Menschen. Ein Ganove muß nicht immer auch so aussehen.«

Wieder schaute Hans zu Max, dann überzog ein breites Grinsen sein Gesicht. Er wandte sich wieder Marijke zu und sah sie entwaffnend und provozierend zugleich an.

»Es gibt einen Beweis, einen ganz eindeutigen. Und wenn du darauf bestehst …«

Bei diesen Worten begann er langsam, seine Hose aufzuknöpfen. Dann ließ er seine Hand in der Hose verschwinden, hielt kurz inne und fragte freundlich: »Soll ich …?«

Marijke erwiderte sein Grinsen: »Du brauchst nicht zu glauben, daß mich das erschreckt. Ich habe diese Dinger schon zu Hunderten gesehen … Und übrigens auch in der Hand gehabt.«

Nach einer kleinen Pause entschied sie: »Du kannst ihn mir später zeigen … In Ordnung. Wie lange wollt ihr bleiben?«

* * *

Sie blieben nicht lange. Nur fünf Tage nach Beginn der deutschen Generaloffensive gegen die Benelux-Staaten und nachdem deutsche Bomber die Hafenstadt Rotterdam mit einem Bombenteppich überzogen hatten, kapitulierten die Niederlande. Fast zur gleichen

Zeit brachen deutsche Panzer unter der Führung des Generals Guderian bei Sedan durch und besetzten französisches Territorium. Nun also auch Frankreich.

Sie saßen in Marijkes Privaträumen beim Frühstück. Der Tisch bog sich unter Rühreiern mit Speck, Marmelade, Käse und herrlich duftendem Kaffee. Appetit aber hatte keiner von ihnen. Max knabberte an einem knusprigen Hörnchen herum, Hans schlürfte gedankenverloren seinen Kaffee. Kein Wort fiel.

Marijke versuchte, die beiden aufzumuntern: »Laßt die Köpfe nicht so hängen! An Frankreich werden sich die Deutschen ihre faulen Zähne ausbeißen. Frankreich ist nicht Polen, Dänemark oder Holland. Da haben sie es mit einer richtigen Armee zu tun, und außerdem sind da ja auch noch die Engländer. Das wird das Ende von Hitlers Großmachttraum. Verlaßt euch drauf.«

Sie erhielt keine Antwort. »He, ich hab euch nicht bei mir aufgenommen, damit ihr hier Trübsal blast. Benehmt euch gefälligst wie Männer.«

Max blickte von seinem Teller auf.

»Wie benehmen sich Männer denn deiner Meinung nach? Ich meine, außer wenn sie als Kunden zu dir kommen?«

»Ach, ihr Armen. Ich weiß es, ehrlich gesagt, auch nicht.«

Jetzt schlug Hans mit der flachen Hand auf den Tisch.

»Wir werden nicht warten, bis uns die Gestapo einfängt. Wir gehen zurück nach Frankreich, oder, Max?«

»Nach Frankreich?«, wiederholte Max ungläubig, »nach Frankreich? Spinnst du? Da können wir auch hier bleiben und abwarten, bis sie uns holen kommen. Das wäre zumindest weniger anstrengend.«

»Es ist mir ganz ernst damit«, beharrte Hans, »wir schlagen uns nach Frankreich durch und werden dort den sichersten Unterschlupf finden, den es in diesen Zeiten nur geben kann.«

»Und wer, bitteschön, soll uns diese Sicherheit geben? Doch nicht etwa die französische Armee?«

»Nein«, gab Hans zurück, »nicht die französische Armee. Aber die Legion.«

Max warf den Kopf in den Nacken und richtete die Augen zur Decke.

»Gott, der Gerechte, jetzt ist er endgültig meschugge geworden. Die Legion! Hast du in deinem Leben noch nicht Abwechslung genug gehabt? Was, zum Teufel, willst du in der Legion?«

»Nicht ich«, sagte Hans in aller Ruhe und sehr betont, »nicht ich. Wir! Wir werden uns als Freiwillige melden, und die Legion wird uns aus der Gefahrenzone rausholen.«

Max lachte. Es war ganz und gar kein fröhliches Lachen.

»Sie werden uns aus einer Gefahrenzone rausholen und in die nächste Gefahrenzone stecken. Bis uns irgendeine Scheißkugel erwischt und Schluß macht.«

»Immer noch besser, als sich kampflos zu ergeben.«

»Weißt du was?«, sagte Max, »wir spielen Lotterie: Du gehst und ich bleibe. Und wer von uns beiden am Leben bleibt, der hat den Hauptpreis gewonnen.«

Zwei Tage später verließen sie Amsterdam, um sich nach Frankreich durchzuschlagen.

* * *

Sie konnten von Glück reden, denn sie erreichten Paris vor dem 14. Juni 1940, also noch bevor die Deutschen in die Stadt einzogen. Hans steuerte zielsicher ein Polizeirevier an, erkundigte sich bei dem diensthabenden Beamten nach dem Weg zur Anwerbestelle der *Légion étrangère*, und so fanden sie ihr Ziel schnell und ohne große Umwege. Die Plakate an den Fenstern im Erdgeschoß waren weithin zu sehen. Sie zeigten das Portrait eines Soldaten mit weißer Schirmmütze, dem legendären *képi blanc*, darunter einen Werbeslogan, der Abenteuer in fernen Ländern verhieß.

Hans hatte schon die Hand nach der Türklinke ausgestreckt, als Max ihn noch einmal zurückhielt.

»Ferne Länder ist ja in Ordnung. Im Moment kann kein Land fern genug sein. Aber Abenteuer? Davon hatten wir doch eigentlich schon genug.«

Der Legionär hinter dem Schreibtisch wirkte nicht sonderlich überrascht von ihrem Ansinnen. Er hörte sich geduldig ihre Geschichte an und schien nur mäßig interessiert – bis sie vom Krieg in Spanien zu erzählen begannen.

»Ihr wart bei den Brigaden?«

Wieder griffen Hans und Max nach ihren blauen Soldbüchern.

»Dann werdet ihr ja in guter Gesellschaft sein«, sagte der Legionär, nachdem er einen kurzen Blick in die Militärpässe geworfen hatte. »Allmählich haben wir die Hälfte eurer Mannschaft in unserer Truppe. *Eh, bien.* Wenn es euch also ernst ist, dann füllt diese Formulare aus und unterschreibt ... Ach ja, für wie lange wollt ihr euch eigentlich verpflichten?«

Hans fragte zurück, was denn so üblich sei.

»Normal wären fünf Jahre«, sagte der Legionär, »aber jetzt gibt's neuerdings eine Variante. Ihr könnt als EVDGs bei uns eintreten. Das heißt *Engagé volontaire pour la dureé de la guerre,* also Freiwillige für die Dauer des Krieges. Das bedeutet, wenn der Krieg zuende ist, seid ihr automatisch wieder Zivilisten. Also, wo wollt ihr euer Kreuzchen machen?« Und damit schob er ihnen ein paar Blätter über den Schreibtisch und reichte ihnen einen Federhalter.

Hans begann das Formular auszufüllen, während Max noch zögerte.

»Sollen wir wirklich? Wer weiß, worauf wir uns da einlassen.«

Hans blickte gar nicht auf. Während er weiterschrieb, meinte er nur: »Was uns hier blüht, in Paris, in Amsterdam oder bei dir daheim in Wien, das wird kaum angenehmer sein. Ich denke, wir entscheiden uns für EVDG.«

Also unterschrieb auch Max.

Der Legionär nahm die Formulare entgegen, las sie durch, murmelte »*Bon*« und streckte die Hand aus: »*Bienvenus dans la famille!* Ihr habt euch soeben auf unbestimmte Zeit verpflichtet.«

Max schluckte hörbar.

»Euer Dienst beginnt mit der Meldung in der Kaserne in Aubagne. Dort ist unser Hauptquartier, ungefähr 45 Kilometer von Marseille.«

»Wann sollen wir dort sein und wie kommen wir hin?«

»Ihr nehmt den nächsten Zug nach Süden – und fertig. Habt ihr genug Geld für die Fahrt?«

»Für das letzte Stück wird's noch reichen«, meinte Hans.

»*D'accord.* Ach so, eure *Boche*-Pässe sind ja gar nicht mehr gültig ... Ich schreibe euch eine Bestätigung aus, falls ihr unterwegs in eine Kontrolle geraten solltet.«

Dann fügte er hinzu: »Ich hoffe für uns alle, daß es höchstens eine französische Kontrolle sein wird.«

Er reichte ihnen ein Formular, das er zuvor noch unterschrieben und abgestempelt hatte, und sagte, ohne aufzustehen: *»Bon voyage, camerades. Et bonne chance.«*

* * *

Glück hatten sie durchaus, und dies gleich doppelt. Denn obzwar sie während der Zugfahrt tatsächlich in eine Kontrolle der Polizei gerieten, hatten sie keine Probleme mit ihren Papieren. Der Passierschein, den ihnen der Sergeant ausgestellt hatte, tat seine Wirkung. Fast hatten sie den Eindruck, als schaute der kontrollierende Polizist sie voller Respekt an, als er ihnen ihre Papiere zurückreichte, mit der flachen Hand am dunkelblauen *képi* salutierte und ihnen eine gute Reise wünschte. Konnte aber auch sein, daß sie sich den respektvollen Blick nur eingebildet hatten und es in Wirklichkeit eher Mitgefühl war. So oder so, es mußten jedenfalls glückliche Umstände gewesen sein, die den Zeitpunkt ihrer Verpflichtung bei der Legion begleitet hatten. Aber das erfuhren sie erst nach ihrer Ankunft im Hauptquartier in Aubagne.

Sie meldeten sich beim Wachhabenden, wurden in ein benachbartes Büro geschickt und von einem breitschultrigen Sergeanten mit einem mächtigen rotblonden Vollbart begrüßt.

Als er ihre erstaunten Blicke bemerkte, grinste er.

»Man merkt, daß ihr Neue seid. Ja, bei uns in der Legion darf man einen Vollbart tragen. Aber nur als Sergeant. So, und nun – wie heißt ihr?«

Sie nannten ihre Namen und wollten noch zu weiteren Erklärungen ansetzen, als ihnen der Rauschebart mit einer Handbewegung das Wort abschnitt.

»Ich weiß schon Bescheid. Hab einen Anruf aus Paris bekommen. Eigentlich bin ich erstaunt, daß ihr tatsächlich gekommen seid. Unterschrieben hat ja schon mancher. Aber bei weitem nicht jeder ist dann auch geblieben. Oder überhaupt gekommen. Na, egal, ihr seid da und das ist gut. Also, ihr werdet jetzt noch ein bißchen Papierkram erledigen und dann bekommt ihr eure Bude gezeigt. Morgen früh kleiden wir euch ein, und dann sehen wir weiter.«

Mit diesen Worten stand er auf, ging zur Tür und rief mit einem mächtigen Organ in den Flur: »Jean-Pierre, Kundschaft.«

Dann ließ er sich wieder auf seinen Stuhl hinter dem Schreibtisch fallen, wandte sich seinen Papieren zu und murmelte, ohne aufzuschauen: »Ihr werdet gleich abgeholt. Salut.«

Tatsächlich erschien Sekunden später ein Legionär, der an seinen Rangabzeichen als Corporal zu erkennen war. Er sah Hans und Max kurz an, machte eine Kopfbewegung, die wohl bedeutete, sie sollten ihm folgen.

»Ich bin Corporal Kurtz. Wenn die Franzosen das aussprechen, klingt das immer wie ›Gürz‹, und das gefällt mir nicht. Deswegen darf mich jeder Jean-Pierre nennen. Ihr auch.«

Mit diesen Worten drehte er sich wieder um, ging weiter und fragte im Gehen: »Und wer seid ihr?«

Sie sagten ihre Namen und daß sie aus Deutschland seien.

»Daß Sie nicht aus China kommen, hab ich schon gemerkt.«

Wieder wandte er sich um: »Seid ihr die beiden aus Spanien, von denen gesprochen wurde?«

Am liebsten hätte Hans erwidert: »Nein, aus China«, aber er schwieg.

Stattdessen sagte Max: »Wir waren Interbrigadisten … Und jetzt sind wir wohl Legionäre.«

»Das werden wir erst noch sehen,« brummte Kurtz, und damit war die Unterhaltung beendet.

Der Corporal brachte die beiden Neuen auf ihre Stube, einen Raum mit sechs einfachen Metallbetten und gleich viel Spinden. Eine weitere Möblierung gab es nicht, auch kein Waschbecken.

Kurtz erklärte knapp: »Eure Stubennachbarn seht ihr nachher beim Essen. Die Kantine ist im Hauptgebäude, Erdgeschoß. Gegessen wird um sieben.«

Dann ging er grußlos. Bevor er die Tür hinter sich zuzog, steckte er doch noch einmal den Kopf herein: »Ach, damit ihr mich nicht für unhöflich haltet: Angenehmen Aufenthalt, die Herren Legionäre.« Und damit schloß er die Tür endgültig.

Max brummte nur: »Blödmann«.

Sie ließen sich auf ihre Betten fallen und wippten auf den quietschenden Metallfedern.

»Ist doch ganz komfortabel«, sagte Hans, »wir haben jedenfalls schon ganz anderes erlebt, nicht wahr, Max?«

Nur wenig später betraten sie, leicht zögernd, den großen Eßsaal. Es kam ihnen so vor, als starrten zweihundert Augenpaare in ihre Richtung. Ein eigenartiges Gefühl, von so vielen Männern fixiert und taxiert zu werden. Hans faßte seinen Freund am Arm, flüsterte ihm zu: »Komm mit« und stapfte zielsicher zu dem Tresen in ihrer Nähe, an dem das Essen ausgegeben wurde. Sie reihten sich ein, ließen sich eine Schöpfkelle voll undefinierbarer Pampe auf ihre Teller klatschen und hielten Ausschau nach freien Plätzen.

Jetzt, da sie einen Tisch im hinteren Teil des Saales ansteuerten, kam Corporal Kurtz auf sie zu.

»Ah, die Herren Neuen. Wie ich sehe, gewöhnt ihr euch gerade ein. Mir nach, ich zeige euch, wo eure Stubennachbarn sitzen.«

Hans und Max nickten zu beiden Seiten des langgezogenen Tisches, nannten ihre Namen und woher sie kamen.

Zwei Arme streckten sich ihnen entgegen. Einer der Soldaten sagte: »Ich bin Willi aus Krefeld, und das hier ist Felipe aus Cordoba. Willkommen zuhause.«

Sie setzten sich, bekamen von Willi zwei Wassergläser mit einer leicht rötlichen Flüssigkeit gereicht, die sich als ziemlich billiger Tafel-Rosé erwies, und hörten ihn sagen: »Zum Wohl, Kameraden. Uns ging es vor drei Wochen so wie euch. Da ist man froh, wenn einer sich ein bißchen kümmert.«

Sie hoben ihre Gläser: »*Santé*«. Und Max murmelte: »Danke«.

* * *

Willi hatte ihnen prophezeit, sie würden bei der Ausgabe der Uniformen ein Stückchen echtes Legionärs-Theater erleben, und dabei hatte er sich lächelnd die Hände gerieben. Nun standen sie in einem kleinen Vorraum, in dem es erbärmlich nach Mottenkugeln stank, und warteten darauf, daß der Corporal hinter dem Klapptresen, der abschätzig ihre Körpermaße begutachtet hatte, wieder aus der Tiefe des rückwärtigen Raumes auftauchte. Als er kam, hatte er die Arme voller Kleidungsstücke. Er mußte zweimal gehen, bis er alles beisammen hatte: angefangen von den Unterhosen, Unterhemden und Strümpfen über Hosen, Hemden, Uniformjacke und obenauf, wie eine Krone, das weiße *képi* der Legion.

Das Theater, von dem Willi gesprochen hatte, war tatsächlich eine Aufführung der ganz besonderen Art. Der Herr der Mottenkugeln, wie ihn Max im Stillen getauft hatte, hob zu einem publikumsreifen Vortrag an.

»Als Angehörige der Legion seid auch ihr nun die Elite unter den Soldaten. Unsere Farben sind grün und rot, so wie sie von den Schweizer Garden getragen wurden, die einst den französischen Königen dienten. Unser Hoheitsabzeichen ist die Granate, aus deren vertieftem Inneren sieben Flammen emporzüngeln, die beiden äußeren nach unten gerichtet.«

Es klang, als hätte Monsieur Kleiderkammer seinen Vortrag auswendig gelernt.

»Und nun«, er machte ein Gesicht, als überliefe ihn ein Schauer der Rührung, während er mit beiden Händen die Kopfbedeckung überreichte, »kommen wir zur Krone des Legionärs. Das *képi blanc* ist seit dem 19. Juli 1939 offizieller Teil unserer Uniform. Es wurde erstmals in Afrika getragen und hat einen speziellen Nackenschutz gegen die Sonne. Tragt es in Ehren.«

Wenn sie geglaubt hatten, das Aufnahmeritual damit überstanden zu haben, sahen sie sich getäuscht. Man bedeutete ihnen, die Zivilkleidung gegen die Uniform zu tauschen und dann in den Raum VII im Erdgeschoß des Hauptgebäudes zu kommen. Dort trafen sie gut dreißig andere Neu-Legionäre. Kurz nach ihnen betrat ein Offizier das Zimmer, stellte sich vor ihnen auf, die Hände hinter dem Rükken verschränkt, und begann die offizielle Begrüßung.

»Bis gestern wart ihr Männer. Ab heute seid ihr Legionäre. Ihr seid freiwillig gekommen, Frankreich ehrenhaft und in Treue zu dienen. Nach unserem Ehrenkodex ist jeder Legionär eines anderen Legionärs Waffenbruder. Absolut bedeutungslos ist dabei seine Nationalität, seine Rasse oder sein Glaube. Dies werdet ihr durch unerschütterliche und standhafte Solidarität unter Beweis stellen, wie sie unter Mitgliedern ein und derselben Familie selbstverständlich ist. Unsere Stärken sind Respekt vor den Traditionen der Legion, Ehrerbietung gegenüber Vorgesetzten, Disziplin und Kameradschaft. Unsere Tugenden sind Mut, Treue und Zuverlässigkeit. Ein Auftrag, den euch ein Vorgesetztenr erteilt, ist euch heilig. Ihr werdet ihn ausführen, koste es was es wolle. Im Kampf werdet ihr eure Gefühle ausschalten, ihr werdet kein Vergnügen empfinden und keinen Haß. Ihr werdet einen besiegten Feind stets respektieren, ihr werdet keinen verwundeten und keinen getöteten Kameraden jemals zurücklassen – und ihr werdet unter absolut keinen Umständen eure Waffen in die Hände des Feindes fallen lassen. Ihr seid Legionäre, und ihr seid stolz darauf. Und ihr werdet euch stets so verhalten, daß auch die Legion stolz auf euch sein kann.

Und jetzt noch ein Wort zur Lage: Die deutsche Wehrmacht«, und bei diesen Worten schien er sie besonders eindringlich zu mustern, »ist an vielen Fronten auf dem Vormarsch. Ob sie ihre Stellungen am Rande des Schwarzwalds, die sie seit einigen Monaten hält, verlassen wird, das weiß der Himmel. Doch sie soll ruhig kommen. Wir sind auf alles vorbereitet. Bei uns werden die Deutschen sich blutige Nasen holen. Der Legion ist bei der Verteidigung unseres Landes eine entscheidende Rolle zugewiesen worden, eine Rolle, auf die wir stolz sind. Unsere Einheiten stehen an entscheidenden Positionen der Maginot-Linie im Elsaß und in Lothringen. Vielleicht werdet auch ihr den Marschbefehl dorthin erhalten, wenn eure Ausbildung hier beendet ist. Sollte dies geschehen, dann werdet ihr der Legion alle Ehre machen. Getreu unserem Motto, das der Schwur aller Legionäre ist: Ehre und Treue. So, das wär's für jetzt. Legionäre, weggetreten.«

Was der Offizier, der so schön schnarren konnte, verschwieg, war eine Order, die kürzlich an alle Einheiten der Legion ergangen war: Kein Deutscher, der sich während der zurückliegenden fünf Jahre verpflichtet hatte, würde an der Maginot-Linie eingesetzt werden. Das Vertrauen der Armeeführung in die deutschen Legionäre war nicht groß genug, um dieses Risiko einzugehen. Mochte das Gros der Legionäre auch aus politischen Gründen gekommen sein und den Nazis noch so feindselig gesinnt sein, sie waren doch Deutsche. Das allein genügte. Eine Ausnahme wurde nur für solche Legionäre deutscher Herkunft gemacht, die sich mindestens bereits zum zweitenmal verpflichtet, also länger als fünf Jahre gedient hatten.

Als sie gemeinsam wegtraten, um sich von einem Légionaire première classe die wichtigsten Einrichtungen der Kaserne zeigen zu lassen, flüsterte Max: »Das war aber ziemlich dick aufgetragen, findest du nicht? Ich weiß noch nicht so genau, ab wann ich dich dafür hassen werde, daß du mich hierher geschleppt hast. Aber ich habe das dumpfe Gefühl, die Zeit wird kommen.«

»Vorsicht«, flüsterte Hans zurück, »wir sind jetzt eine Familie. Und du hast gehört, unsere Stärke ist Disziplin und Kameradschaft. Und du wirst Deine Gefühle ausschalten, kein Vergnügen empfinden und keinen Haß … Merk dir das gefälligst.«

Zum zweiten Mal hatten sie Glück gehabt: Wären sie nur ein paar Tage später im Anwerbebüro gewesen, dann hätte ihnen möglicherweise derselbe Sergeant, der von ihren »*Boche*-Pässen« gesprochen hatte, mit Bedauern mitgeteilt, daß es in der Legion keinen Platz mehr gab. Er hätte dies vielleicht so allegemein ausgedrückt und nicht etwa gesagt, daß es in der Legion keinen Platz für Juden aus Deutschland mehr gebe. Wie wäre das auch mit dem Selbstverständnis einer Truppe zu vereinbaren gewesen, die weder auf die Nationalität noch auf die Religion eines Kandidaten zu schauen vorgab?

Tatsächlich aber hatte es für eine kurze Zeit eine Direktive der obersten Truppenführung gegeben, keine Juden aus Deutschland mehr anzunehmen. Zu diesem Zeitpunkt hatte die Legion bereits zu mehr als der Hälfte aus Deutschen bestanden, solchen, die nach dem Kriegsende von 1918 eine neue militärische »Mutter« gesucht hatten und solchen, die nach 1933 gekommen waren. So unterschiedlich die Motive auch waren, die Legion gewährte allen von ihnen Unterschlupf und Schutz – bis zum Kriegsbeginn 1940.

Der Führung der Legion fiel die Ausgrenzung von Juden nicht sonderlich schwer, denn in der französischen Armee, und damit auch in der Legion, war der Antisemitismus weit verbreitet. Genaugenommen hatte sich nicht besonders viel geändert seit den neunziger Jahren des zurückliegenden Jahrhunderts, als die Dreyfus-Affaire um den jüdischen Hauptmann, der angeblich für Deutschland spioniert hatte, die Öffentlichkeit erschütterte. Den Offizieren der Legion galten Juden grundsätzlich als Intellektuelle und als Rote – unfähig, körperliche Leistungen zu erbringen, und überhaupt fürs Kriegshandwerk gänzlich ungeeignet.

Ehemalige Interbrigadisten waren nicht viel besser angesehen. Zwar wurden sie aufgenommen, weil die Legion Männer brauchte, aber sonderlich willkommen waren sie nicht. Sie galten als undiszipliniert und durch den Bürgerkrieg politisiert. Dennoch stellten die nach Frankreich geflüchteten Juden und die einstigen Spanienkämpfer um die Jahreswende 1939/40 das stärkste Kontingent der Kriegsfreiwilligen in der Legion. Wenn Max früher gewußt hätte, was die Legion von ihnen als Interbrigadisten und als Juden hielt, er hätte die Legion gebeten, ihn mal gern zu haben – und hätte für seine persönliche Zukunft jede andere Entscheidung getroffen.

Doch für den Augenblick hatten Hans und Max von Hitlers entfesseltem Weltenbrand und dem Einmarsch in Frankreich profitiert. Denn vor diesem Hintergrund wurde die antisemitische Weisung der Legionsführung schnell wieder ausgesetzt. Jetzt brauchte die *Grande Nation* Männer an den Waffen, egal welcher Herkunft. Jetzt also durften auch Hans und Max Legionäre werden.

»Euch beiden braucht man ja wohl nicht zu erklären, wie man mit Waffen umgeht«, stellte Corporal Kurtz fest und verlegte sich deshalb in der sogenannten Eingewöhnungsphase in die Familie überwiegend auf die Theorie. Dazu gehörte anscheinend primär das Erlernen der Befehlskommandos. Auch solcher, die unter derart unmenschlichem Brüllen ausgestoßen wurden, daß sie nicht im Entferntesten mehr zwischenmenschlicher Kommunikation dienten.

Dazu gehörte ebenso die genaue Detailkenntnis aller Rangabzeichen und Orden – schließlich mußten sie wissen, welcher womöglich sehr bedeutende Vorgesetzte sie soeben anschnauzte. Und natürlich gehörte dazu das formvollendete Grüßen durch angenommene Haltung bei gleichzeitigem Anlegen der flachen Hand an das *képi blanc*, wobei die Innenfläche der Hand dem Gegenüber zugewandt sein mußte.

»Das nennt man Grüßen«, hatte einer der Ausbilder mit Genugtuung konstatiert, »und nicht so schlappe zwei Finger ans Barett wie in Spanien.«

Am liebsten hätte Hans zurückgegeben, daß sie in Spanien gekämpft und deshalb fürs Grüßen keine Zeit gehabt hatten. Aber die Vernunft hieß ihn schweigen.

Vielleicht hätte er sich derlei Zeichen von »Insubordination« sogar leisten können, denn Hans hatte einen Vorteil, der ihn aus der Masse der Legionäre heraushob, und das war seine Fähigkeit, schwereres militärisches Gefährt zu steuern. Nachdem bekannt geworden war, daß er in Spanien einen Panzerwagen gefahren hatte, wurde er auch mit den Fahrzeugen der Legion vertrautgemacht. Und es gelang ihm, Max als so erfahrenen Mechaniker anzupreisen, daß sie nun hoffen durften, als Team zusammenbleiben zu können. Etwas, das Hans unbedingt durchsetzen wollte, damit Max nicht wieder in seine trüben Gedanken verfiel.

Sie hatten die ersten Wochen in Aubagne hinter sich und waren schon nicht mehr ganz so grün, als ihnen für die nächsten Tage der Abmarsch zum ersten Einsatz angekündigt wurde. Das war ihnen nur recht, denn sie hatten sich nicht in die Legion gemeldet, um Ausbildungsspielchen mitzumachen. Sie fragten sich nur, wo man sie einsetzen würde. Frankreich hatte kapituliert und die Nazis waren in Paris einmarschiert. Mit Pauken, Trompeten und Schellenbaum waren sie über die Champs Elysées marschiert, vorbei an Hitler, der vor Stolz zu platzen schien – aber leider nicht geplatzt war. Die *Grande Nation* lag geschlagen am Boden, demoralisiert, das Militär kurz vor der fast vollständigen Auflösung, die geflüchtete Regierung hatte in Vichy, südlich der neuen Demarkationslinie, den neuen Regierungssitz ausgerufen.

Am Morgen wurde zum Aufbruch geblasen. Lastwagen standen bereit, die frischgebackenen Legionäre aufzunehmen. Wohin?

»Da wo es schön warm ist«, hatte Corporal Kurtz gegrinst.

Das konnte nur eines bedeuten: Sie wurden in das Mutterland der Legion verlegt, nach Afrika.

»Bei unserem Massel, Hans«, sagte Max, »wette ich, daß die Nazis uns nachkommen, egal wie weit weg wir sind.«

»Weg von wo?«

»Siehst du«, entgegnete Max, »das ist genau das geopolitische Problem Nummer eins in diesen Zeiten. Es ist wie mit dem Hasen und dem Igel: Diese verdammte Nazi-Bande ist entweder schon da oder kommt wenig später, aber leider nie zu spät.«

Die Lastwagen brachten sie tatsächlich in den Hafen von Marseille, wo sie an Bord eines Schiffes der französischen Kriegsmarine gingen. Das Schiff hatte Buchstaben und Zahlen aufgemalt auf seinem stählernen Bauch. Das wirkte so nüchtern, so phantasielos, daß Max sich spontan entschloß, ihm einen Namen zu geben.

»Wir nennen es *Esperanza*, die Hoffnung. Irgendwann müssen wir schließlich auch mal eine Glückssträhne bekommen. Und warum nicht ein bißchen nachhelfen?«

Die *Esperanza* war ein ziemlich alter Kahn, dessen Maschinen stampften und schnarchten und röchelten. Trotzdem brauchte sie nicht sehr lange, um ihre menschliche Ladung von Marseille in fast direkter Nord-Süd-Linie zum Hafen von Annaba zu bringen, auf algerisches Gebiet also, fast genau in der Mitte zwischen Algier und Tunis.

Sie hatten das Schiff verlassen und standen in Grüppchen auf dem Kai, gespannt, wie es nun weiterging.

»Legionäre«, rief der Offizier, der sie aus Marseille begleitet hatte, »vortreten.«

Als sie in drei Reihen vor ihm standen, wies er auf einen Sergeanten mit Jeep: »Dies ist Sergeant Domreux. Er ist gekommen, euch in Empfang zu nehmen. Ich unterstelle euch hiermit bis auf weiteres seiner Befehlsgewalt. Er wird euch jetzt zu euren Schlafräumen führen, in unserem Fort Bellevue. Das wird ein mittlerer Spaziergang. Wir sehen uns dort.«

Mit diesen Worten wandte er sich dem Sergeant zu, beide grinsten. Dann stieg der Offizier in den Jeep, gab dem Fahrer ein paar kurze Anweisungen und fuhr davon.

Sergeant Domreux schaute abschätzig auf die Gruppe. Unvermittelt bellte er mit heiserer Stimme: »Haltung angenommen!« und schritt die Reihen ab, die sich vor ihm aufgebaut hatten.

»Wenn er nicht so brüllen würde«, murmelte Max vor sich hin, »wäre er auch nicht heiser. Warum müssen die nur immer so schreien?«

Es war sicher nicht von Nachteil für Max, daß Domreux seine Bemerkung nicht gehört hatte.

Der Unteroffizier baute sich vor den Männern auf, breitbeinig und die Arme hinter dem Rücken verschränkt, wie es bei Vorgesetzten Sitte schien. Er blickte nur bedingt zufrieden auf das Bild, das sich ihm darbot.

»Mir scheint, man hat euch nicht beigebracht, wie das Gesetz Nummer eins der Legion lautet. He, du«, er tippte dem vor ihm stehenden Soldaten auf die Brust, »antworte!«

Der Legionär stand stramm und stieß hervor: »Ehre und Treue, mon Sergeant.«

»Nicht schlecht, aber nicht ganz korrekt. Unser Gesetz hier lautet: Disziplin. Und was das bedeutet, das werde ich euch beibringen, verlaßt euch drauf. Aber ihr habt Glück, denn ich bin ein guter Lehrer. Wir werden also ein paar Extra-Lektionen einlegen, und danach werdet sogar ihr zu gebrauchen sein.«

Er machte eine Pause, musterte die Männer eingehend, einen nach dem anderen. Es schien endlos zu dauern.

Dann, unvermittelt, kam das Kommando: »Die Tornister auf! Zweier-Reihe … Na, wird's bald?! Und … Abmarsch!«

Eine Wanderung unter normalen Bedingungen wäre kein Problem gewesen, auch nicht über die Entfernung von immerhin 18 Kilometern, die der Offizier euphemistisch als »mittleren Spaziergang«

bezeichnet hatte. Aber im gestreckten Marschtempo, zudem bepackt und dann noch durch den feinen Wüstensand, das erforderte doch Kraft. Sergeant Domreux wußte das offenbar, denn immer wieder blieb er stehen, ließ die Gruppe stramm an sich vorüberziehen und begutachtete mit Kennerblick die Beinarbeit der Marschierenden, denen es zunehmend schwerer fiel, sich über die Sandpiste zu kämpfen. Der Sergeant setzte sich fast spielerisch, als schlenderte er an einem Sonntagnachmittag über die Canebière von Marseille, wieder an die Spitze der Gruppe und gab von neuem das Tempo vor.

Max hatte das dringende Bedürfnis stehenzubleiben, um mit einer tiefen Rumpfbeuge seinem Rücken kurz Entspannung zu verschaffen.

»Einen mittleren Spaziergang nennt der das? Wir haben jetzt schon 18 Kilometer hinter uns. Das spüre ich an meinem Rücken.«

»Mecker hier nicht rum«, flüsterte Hans zurück, »wir haben noch nicht mal ein Drittel geschafft. Das sagt mir *mein* Rücken. Außerdem bist du jetzt Legionär. Der steckt so einen Marsch locker weg.«

»Blödsinn«, zischte Max, »ich und Legionär. Wenn das meine Mamme wüßte. Schön erschrecken würde sie. Und dann würde sie mit Recht fragen: ›Wer braucht das? Soldaten und Krieg spielen! Sollen die anderen ihren Spaß haben. Für einen jüdischen Jungen ist das kein Beruf.‹«

Als sie in der Ferne das Fort aus den Dünen aufragen sahen, empfanden sie riesige Erleichterung. Hans wandte sich zu Max, der neben ihm schnaufend über den Sand stapfte, und sagte mit ausgedörrter Zunge und salztrockenen Lippen: »Herzlich willkommen in ›Bellevue‹, dem beliebten Ausflugslokal der Legion, malerisch gelegen im milden Klima der nordafrikanischen Mittelmeerküste. Hätten die Herrschaften vielleicht Lust auf eine eisgekühlte Berliner Weiße mit Schuß?«

Bevor Max noch antworten konnte, stand Domreux neben ihnen, die Arme in die Hüften gestemmt.

»Wer hat euch erlaubt zu sprechen? Beim nächsten Mal kostet das zehn Runden extra um das Fort. Im Laufschritt. Merkt euch das!«

***

Das Fort hieß keineswegs »Bellevue«, sondern korrekt »Fortresse Colonel Pierre Arondelle«. Die Namensgebung hatte lediglich ein Scherz des Offiziers sein sollen. Aber da der Name nun schon einmal geboren war, behielten sie ihn auch bei. Es hätte auch gut geklungen, falls jemand sie gefragt hätte, wo sie wohnten. Allerdings fragte sie niemand. Bei »Bellevue« blieb es trotzdem.

Sie waren erst wenige Tage im Fort, als die Ereignisse sich zu überschlagen begannen. Am 14. Juni waren die Deutschen in Paris einmarschiert. Vier Tage später hatte, von London aus, General Charles de Gaulle eine Radioansprache gehalten, in der er der Regierung des Maréchal Pétain das Recht absprach, im Namen aller Franzosen zu handeln, zugleich seine Exilregierung des Freien Frankreich ausrief und alle französischen Soldaten aufforderte, sich seinem Kommando zu unterstellen.

In »Bellevue« brodelte die Gerüchteküche. Allem voran ging es um die entscheidende Frage, wem nun die *Légion étrangère* unterstellt sei, dem greisen Staatschef, der mit den Nazis ein Waffenstillstandsabkommen unterzeichnet, oder dem ins Exil geflüchteten General, der im Schulterschluß mit England zum Widerstand aufgerufen hatte. Die Offiziere hielten sich bedeckt, klare Beschreibungen einer Situation, die sich tagtäglich ändern konnte, waren nicht zu erhalten. Und was zu hören war, mußte noch längst nicht stimmen.

Sergeant Domreux erwies sich als nicht so unangenehm, wie es zunächst den Anschein gehabt hatte. Er spielte gern den bärbeißigen Vorgesetzten, war aber fair und alles andere als ein Leuteschinder. Daß er sie trotzdem nahezu jeden Tag vollbepackt durch die Wüste marschieren ließ, gehörte wohl einfach zum Programm. Es erwies sich zudem als durchaus vernünftig, weil sie sich auf diese Weise schnell an die Hitze und die erbarmungslos vom Himmel knallende Sonne gewöhnten. Nachdem erst die schlimmsten Hautverbrennungen überstanden waren, lernten sie bald, mit der allgegenwärtigen Naturgewalt umzugehen.

Domreux stammte aus Deutschland und hatte bis zu seinem Eintritt in die Legion einen anderen Namen getragen, den sie niemals erfuhren. Er hatte sich bei seiner Verpflichtung für das Angebot entschieden, eine neue Identität anzunehmen, und inzwischen auch die französische Staatsangehörigkeit erhalten. Sie hörten lediglich, daß er während des Weltkriegs, der mittlerweile der »Erste Weltkrieg« genannt werden mußte, in der Armee des deutschen Kaisers gegen die Franzosen gekämpft hatte. Später hatte er sich im Anwerbebüro der Legion gemeldet, war angenommen und nach Nordafrika geschickt worden. Inzwischen war er einer der altgedienten Veteranen, die sich aus ganzer Überzeugung dem Motto unterworfen hatten – *Legio Nostra Patria*, »Die Legion ist unser Vaterland«.

Der deutschstämmige Franzose Domreux war kein Einzelfall. Die Legion bestand zu mehr als der Hälfte aus Deutschen, im Unteroffiziers-Corps waren es sogar noch mehr. Die Folge war, daß mehr Deutsch gesprochen wurde als jede andere Sprache und man bloß im Umgang mit den Offizieren auf Französisch auswich. Allerdings waren gerade in letzter Zeit größere Kontingente von Tschechen und Polen hinzugekommen, auch zahlreiche Spanier und eine respektable Anzahl ehemaliger Interbrigadisten aus dem spanischen Bürgerkrieg.

Mochte der Sergeant auch unerbittlich sein mit seinen Wüstenmärschen, so ließ er sie doch wenigstens am frühen Morgen ausrükken und kaum länger als drei bis vier Stunden in den Dünen exerzieren. Die Mittagshitze mit ihrer qualvollen Glut mutete er ihnen nicht zu, und die Nachmittage durften sie nutzen, um sich von den Strapazen zu erholen. Damit ging es ihnen besser als den Kameraden von der zweiten Hundertschaft, deren Feldwebel ebenfalls ein Deutscher war, ein gewisser Thomas Reith, geboren in einem Dorf an der hessischen Bergstraße. Reith war das, was man ohne falsche Zurückhaltung ein »Dreckschwein« nannte.

Es mochten zwei Wochen vergangen sein, als der Kommandant des Forts, Lieutnant- Colonel Marc Allain, die gesamte Truppe im Innenhof der Anlage antreten ließ, die Mannschaften, die Unteroffiziere und sogar die Offiziere. Das konnte nur etwas außergewöhnlich Wichtiges bedeuten. Der Colonel war ernst und sehr förmlich.

»Offiziere der Legion, Sergeanten, Legionäre, ich habe Ihnen eine Mitteilung zu machen. Sie wissen, daß Frankreich kapituliert hat und zur Hälfte von der deutschen Wehrmacht besetzt ist. Sie haben möglicherweise auch davon gehört, daß General de Gaulle, der frühere Vize-Verteidigungsminister, mit dem Segen der Briten eine Exilregierung in London gebildet hat, die sich Regierung des Freien Frankreich nennt. Diese sogenannte Regierung hat aber nach meiner Ansicht keine Legitimation. Trotzdem gibt es Einheiten der Armee, ja sogar der Legion, die zu de Gaulle übergelaufen sind. Ich halte das für Verrat. Es kann keine Frage sein, daß die Besatzung dieses Forts weiterhin getreu dem geleisteten Eid zu unserem Staatspräsidenten Maréchal Pétain steht. Abweichler werde ich nicht dulden. Auf Verrat steht die Todesstrafe. Wir werden den Befehlen des Generalstabs auch weiterhin in Treue und Ehre Folge leisten. Und wir werden, wenn es vom Staatspräsidenten so angeordnet wird, demobilisieren, so schwer uns dies auch fällt. Bis dahin sind wir disziplinierte Angehörige der *Légion étrangère* und werden unsere Pflicht tun. Politik ist nicht Sache der Legion.

Der Waffenstillstands-Vertrag mit den Deutschen sieht vor, daß eine spezielle Kommission die Einhaltung aller getroffenen Vereinbarungen zu überwachen hat. Diese Kommission besteht aus Deutschen, die mit allen Rechten ausgestattet sind. Man hat mich informiert, daß sie auch außerhalb unseres Mutterlands ihrer Kontrollfunktion nachgehen werden. Das heißt, daß auch hier in Nordafrika mit ihrem Erscheinen zu rechnen ist. Es wird unsere Aufgabe sein, den Zusagen unserer Regierung zu entsprechen und alle Auflagen zu erfüllen, die Menschen und Material betreffen.

Wir alle haben gelernt und unseren Eid darauf geschworen, unsere Waffen niemals aus der Hand zu geben. Nun, es scheint Situationen zu geben, in denen die alten Werte eine neue Bedeutung erhalten. Ich mache Sie alle darauf aufmerksam, daß wir den Auflagen des Waffenstillstands zu entsprechen haben. Aber bis zum Widerruf bin ich der Kommandant dieses Forts und dieser Einheit. Und nur ich gebe hier Befehle. Dies haben alle für den Fall zu bedenken, daß die Kommission hier auftaucht. Ich habe Ihnen im Augenblick keine weiteren Mitteilungen zu machen. Weggetreten.«

Die Worte des Kommandanten hatten Hans Neumann erwischt wie ein Schneesturm in der Wüste. Natürlich hatten sie Gerüchte über eine neue Streitmacht gehört, die sich unter dem Namen *Forces Francaises Libres* an der Seite des General de Gaulle gebildet hatte, und natürlich hatten sie erwartet, der Armee des Freien Frankreich anzugehören und gegen die Wehrmacht der Nazis zu marschieren. Daß sie sich nun unversehens auf der falschen Seite wiederfanden, war ein Schock.

»Ich hab's dir prophezeit«, sagte Max, »einmal kommt der Tag, an dem ich dich dafür hasse, daß du mich in die Legion geschleppt hast. Ich fürchte, es ist soweit. Aber so habe ich es mir doch nicht vorgestellt.«

»Abwarten, Max,« Hans versuchte, eine Spur Optimismus in seine Stimme zu legen, »die Dinge entwickeln sich so schnell in diesen Monaten, wer wollte da sicher sein, was morgen ist. Und außerdem, was stellst du dir vor? Sollen wir vielleicht desertieren? Selbst wenn wir durchkämen – wo könnten wir schon hin?«

Erich Gottgetreu, ein Stubennachbar, der kurz vor dem »Münchner Abkommen« Hitlers mit den Briten und den Franzosen über Prag geflüchtet war und sich dann bei der Legion verpflichtet hatte, stimmte zu:

»Als Juden stehen wir wenigstens unter dem Schutz der Legion. Niemand wird uns ausliefern. Das ist immer noch besser, als irgendwo in Europa auf den Einmarsch der Wehrmacht zu warten und von der Gestapo eingefangen zu werden. Dann nämlich wäre uns das KZ sicher. Und wenn das so weitergeht, steht Hitler bald in jedem europäischen Land. Dann schon lieber Wüstensand, Gluthitze und den alten Pétain.«

* * *

Der alte Maréchal, der den von der Wehrmacht unbesetzten Teil des Landes von der Bäderstadt Vichy aus weiterregierte, war nicht mehr als ein Staatschef von Hitlers Gnaden, eine Marionette, deren Fäden in Berlin gezupft wurden. Er hatte jedes Zugeständnis machen müssen, das ihm die Sieger diktierten, allen voran die Demobilisierung der gesamten französischen Streitkräfte. Nicht mehr als hunderttausend Mann wollten die Nazis von ihnen übrig lassen – Rache für die »Schmach von Versailles«, den Deutschland nach dem Ersten Weltkrieg aufgezwungenen Friedensvertrag. Mehr noch: Pétain, einstmals gefeierter Held des französischen Militärs, mußte kleinlaut akzeptieren, daß deutsche Kontrolleure kreuz und quer durch das Land jenseits der Demarkationslinie fuhren, um sich von der völligen Auflösung der französischen Armee zu überzeugen, eingeschlossen die Truppenteile der Legion in Nordafrika.

Es mag auch dieses Diktat der Sieger aus dem Norden gewesen sein, das unter den Befehlshabern der Legion einen sehr eigenen Widerstand erwachsen ließ. Nicht nur bei den Truppenteilen, die sich dem Freien Frankreich de Gaulles angeschlossen hatten. Auch die Kommandeure der Legion, die loyal zu Pétain standen, ertrugen es nicht, von den selbstzufriedenen und überheblichen deutschen Schulmeistern wie kleine Buben geschurigelt zu werden. Deshalb handelten sie in einer Art eigenmächtig, die ganz und gar nicht zu den Prinzipien der Legionärs-Disziplin paßte.

Es begann an einem Morgen im späten August 1940. Sergeant Domreux hatte seine Hundertschaft wie jeden Tag zum Wüstentraining antreten lassen. Das bereitete ihnen zwar mittlerweile nicht mehr ganz so viel Mühe wie in den ersten Wochen, hing ihnen allmählich aber ziemlich zum Hals heraus.

»Wir haben einen Auftrag zu erfüllen, Männer. Euer Marschgepäck bleibt heute zurück. Wir nehmen Ladung auf – und dann geht's ab nach Süden.«

Hans bekam eines der gepanzerten Wüstenfahrzeuge zugeteilt, Max als Beifahrer und drei Kameraden als Besatzung. Was, in aller Welt, sollte wohl in einem Fort mitten in der Wüste geladen werden? Es gab doch gar nichts, was von einem Ort zum anderen zu transportieren sich gelohnt hätte. Außer, vielleicht, Legionären. Sie staunten nicht schlecht, als ihnen die Ladung gewiesen wurde: Der Panzerwagen mußte so bis zum Rand mit Waffen und Munition vollgestopft werden, daß dazwischen keine Wüstenratte mehr Platz gefunden hätte. Das war es also, was der Lieutenant-Colonel gemeint hatte, als er sie an ihren Eid erinnerte und daran, daß ein Legionär seine Waffe niemals aus der Hand gebe. Sie würden die Waffen verschwinden lassen, um die deutschen Kontrolleure um den

Erfolg ihrer bevorstehenden Inspektion zu bringen. Nicht übel, Herr Oberst, auf diese Idee muß man erst mal kommen. Zwölf Fahrzeuge, eines so voll beladen wie das andere, wurden in Marsch gesetzt, und keiner der Fahrer wußte, was ihr Ziel war.

Die strikte Geheimhaltung kam nicht von ungefähr. Unter den deutsch-stämmigen Legionären, jenen, die noch vor der Machtergreifung der Nazis und damit nicht aus politischen, sondern aus persönlichen Gründen in die Legion eingetreten waren, begann sich Sympathie für die neuen Machthaber in Deutschland auszubreiten. Das bereitete dem französischen Generalstab schon seit längerer Zeit Sorgen, wuchs sich aber zu einem ernsten Problem aus, als die Wehrmacht in Frankreich einfiel. Wie sehr konnte man auf die Loyalität der Deutschen in der Uniform der Legion zählen? Würde sich eine Fünfte Kolonne in den eigenen Reihen bilden? Schon hatten die ersten Deutschen um vorzeitigen Abschied nachgesucht, eine Bitte, der die Armeeführung gegen alle sonstigen Gewohnheiten sogar entsprach. Wie aber würden sich die Verbliebenen verhalten – auch gegenüber ihren deutschen Landsmännern, die aus Gründen politischer oder rassischer Verfolgung Zuflucht in der Legion gesucht hatten?

Die Führung der Legion entschied sich, auf Nummer Sicher zu gehen. Wirkliches Vertrauen genossen nur Veteranen vom Schlag des Sergeanten Domreux. Deshalb erhielt er von Lieutenant-Colonel Flan auch die Befehlsgewalt über den Trupp, der Richtung Süden in Marsch gesetzt wurde, von daher die strikte Geheimhaltung gegenüber den einfachen Legionären.

Nur soviel ließ Domreux wissen: »Wir machen einen kleinen Ausflug. Aber ihr habt Glück, heute braucht ihr nicht zu marschieren.«

Sie fuhren ins Landesinnere, eine Kolonne auf dem Weg nach Irgendwo. Die Stimmung war verhalten und angespannt. Dennoch waren sie alle froh, einen Auftrag erfüllen zu können. In jedem Falle fand man es angenehmer, als im Fort auszuharren und nicht zu wissen, was der nächste Tag bringen würde.

Es wurde eine beschwerliche Fahrt, besonders nachdem sie die ausgebaute Straße verlassen hatten und über bloßen Wüstensand fahren mußten. Mehrmals legten sie unfreiwillige Pausen ein, um Fahrzeuge, die sich im Sand festgefahren hatten, wieder flott zu bekommen. Allerdings waren sie auf derlei Zwischenfälle vorbereitet. Zur Standardausrüstung eines jeden Panzerwagens gehörten lange, schmale Bleche mit ausgestanzten Löchern, die unter die Reifen geschoben werden konnten, wenn die Räder durchdrehten. Dann mußte mit Gefühl Gas gegeben werden, und mit etwas Glück war das tückische Hindernis bald überwunden.

Sie hatten an die drei Stunden Weg zurückgelegt – das Gelände war inzwischen merklich steiniger geworden –, als vor ihnen kleine Erhebungen aufragten, die sich beim Näherkommen als Felsformationen erwiesen. Der Sergeant im ersten Wagen ließ das Tempo drosseln und wies den Weg durch den Felsen hindurch. Er schien nicht zum ersten Mal an diesem Ort zu sein, der aussah, als seien in einen gigantischen Sandkasten zufällig ein paar Felsstücke vom Himmel hineingefallen.

An einem Punkt des Sandkastens waren mehrere Felsstücke so aufeinander getürmt, daß sie eine Art Tunnel bildeten, mit einem großen Einstieg an der einen und einem nur schmalen Ausgang an der anderen Seite. Vor diesem Naturwunder inmitten der endlosen Wüste aus Sand, Geröll und Steinbrocken hieß Sergeant Domreux die Fahrzeuge anhalten und die Männer absitzen.

»Bis hierher war's eine Spazierfahrt. Jetzt kommt die Arbeit. Ihr werdet die Ladung von den Wagen holen und ins Innere der Höhle bringen. Ist das klar?«

»Und wenn wir fertig sind«, wollte einer aus der Gruppe wissen, »was passiert dann?«

Domreux rieb sich die Hände: »Dann seid ihr fertig und dürft wieder heim ins Bettchen … Und falls euch das wie ein blödes Spiel vorkommen sollte, laßt euch gesagt sein, daß unser Colonel sich schon etwas dabei gedacht hat.«

Das hatte er wohl in der Tat. Und nicht nur er. In mehreren Camps der Legion in Marokko und Algerien gab es eine sorgfältig geplante und konzertierte Aktion, um vor dem Eintreffen der deutschen Waffenstillstands-Kontrolleure den größten Teil von Waffen und Munition in Sicherheit zu bringen und damit dem Zugriff der

Deutschen zu entziehen. Ob die Pétain-Regierung in diese Aktion eingeweiht war, wußte keiner. Wahrscheinlich nicht, denn das hätte, wenn es bekannt geworden wäre, größte diplomatische Verwicklungen nach sich gezogen. Umso mehr, und trotz der enormen Anstrengungen, empfanden die Männer eine klammheimliche Freude, den Nazis eins auswischen zu können.

Lieutenant-Colonel Flans Stab hatte alle Eventualitäten bedacht. Dazu gehörte vor allem eine sorgfältige Auswahl der an dem Versteckspiel beteiligten Soldaten. Es wurden nur solche Legionäre eingesetzt, die erst vor kurzem zu den Einheiten gestoßen waren, also mit Land und Leuten noch nicht vertraut waren, vor allem aber solche aus Ländern, die sich mit Deutschland im Kriegszustand befanden, oder die als Emigranten aus Deutschland geflüchtet waren.

Noch zweimal fuhren sie zu den Felsen, ehe ihre Aufgabe erledigt war. Nun konnten die Kontrolleure kommen; sie würden nur Handfeuerwaffen und Karabiner mit aufgesetztem Bajonett vorfinden – die traditionelle Bewaffnung der Legion.

»Das glaubt doch kein Mensch«, zweifelte Max und tippte sich zur Bekräftigung mit dem Finger an die Stirn, »daß es in einem Fort der Legion am Rande der Wüste nicht mehr Waffen geben soll als die paar Gewehre und Pistolen. Was würden wir denn tun, wenn ein paar wild gewordene Beduinen auf uns losgingen? So blöd san die Preißen auch wieder net.«

Hans winkte nur ab: »Etwas glauben oder ahnen, ist eine Sache. Etwas beweisen zu können, ist eine andere. Davon lebt immerhin die gesamte Justiz.«

Max hatte einen letzten Einwand: »Justiz ist Recht. Aber das hat in Deutschland aufgehört zu existieren.«

Alle Aufmerksamkeit im Fort galt in diesen Tagen den Nachrichten von jenseits des Mittelmeers. Als die Truppe abermals in den Innenhof gerufen wurde, glaubten sie deshalb auch, daß jetzt die entscheidende Phase beginnen würde. Schließlich waren sie alle ausgebildete und zumeist auch kampferfahrene Soldaten, in die Legion eingetreten, um im Kampf gegen die deutsche Wehrmacht ihren Mann zu stehen. Nicht um tagein, tagaus durch die Wüste zu marschieren und mit deutschen und italienischen Waffenkontrolleuren Versteck zu spielen. Doch sie wurden nicht nur in dieser Erwartung getäuscht.

Als sie sich im Innenhof des Forts versammelten, sah Hans unter den angetretenen Legionären nur Juden aus Deutschland und Österreich, aus Polen und der Tschechoslowakei. Die anderen einstigen Spanienkämpfer waren nicht dabei, nicht die rein politischen Flüchtlinge aus dem Reich und auch nicht jene Veteranen, die sich schon vor der Machtergreifung der Nazis in die Legion verpflichtet hatten.

Max suchte seine Spannung hinter einer flapsigen Bemerkung zu verbergen: »Woas is? Alles nur die unsrigen? Mach ma an Gottesdienst? I hob gor net gwußt, daß unser Colonel beschnitten is.«

Das war er auch nicht. Und was er mitzuteilen hatte, war alles andere als spaßig.

»Der Generalstab hat beschlossen, im Zuge der Demobilisierung auch die in Afrika stationierten Einheiten der Legion zu reduzieren. Deutschen Angehörigen der Legion wird, unabhängig von der Dauer ihrer Verpflichtung, die Möglichkeit eingeräumt, nach Deutschland zurückzukehren. Legionären, die sich aus Gründen rassischer Verfolgung für die Dauer des Krieges verpflichtet haben, kann eine Rückkehr nicht freigestellt werden. Sie werden daher in Absprache mit der Kontroll-Kommission in ein Camp in Marokko überstellt, das der Verwaltung der Legion untersteht. Dort werden die bei unserer Ausbildung erworbenen körperlichen Fähigkeiten praktisch umgesetzt werden können. Eure ehrenhafte Entlassung aus der *Légion étrangère* wird in den nächsten Tagen vorbereitet. Ab dann geltet ihr als Halb-Legionäre.«

Flan machte eine Pause, als müsse er sehr genau überlegen, was er ihnen noch sagen sollte. Dann, plötzlich auffallend ruhiger als in seinem üblichen Kasernenhof-Ton, fuhr er fort: »Ich möchte noch eine persönliche Bemerkung machen, auch wenn sie mir vielleicht nicht zusteht. Wir sind alle Soldaten und haben einen Eid darauf geschworen, bis zuletzt für Frankreich zu kämpfen. Für einen Franzosen sollte das eine Selbstverständlichkeit sein. Ihr aber seid Freiwillige, die aus anderen Ländern gekommen sind, unserer Legion zu dienen. Deshalb schuldet euch die Nation eigentlich Anerkennung.

Stattdessen werdet ihr jetzt demobilisiert. Ich verhehle nicht, daß mir das mißfällt. Und es mißfällt mir noch mehr, euch jetzt in spezielle Camps überführen zu müssen. Aber ein Legionär fragt nicht. Er gehorcht. Auch als Lieutenant-Colonel. Ihr sollt aber wissen, daß ich es lieber gesehen hätte, mit euch gegen die Deutschen zu kämpfen, anstatt die Hände in den Schoß zu legen und meine Männer ziehen zu lassen. Ihr habt Frankreich in Treue gedient. Daß es nun so gekommen ist, das ist nicht eure Schuld.« Leise fügte er hinzu: »Und auch nicht meine.«

Dann machte Flan abermals eine kurze Pause, straffte sich und schnarrte in vertrautem Ton: »Legionäre, weggetreten!«

Es war wie eine kalte Dusche.

»Hast du das gehört?«, fragte Max beinahe atemlos, »ehrenhafte Entlassung und Halb-Legionäre? In Treue gedient? Mann, das ist doch der blanke Hohn, das ist Zynismus. Was haben die mit uns vor, die verdammten Schweine?«

Hans legte ihm eilig die Hand auf den Mund. »Paß auf, was du sagst. Und sag es vor allem leise. Sonst schmeißen sie dich zum Ende deiner Karriere als Voll-Legionär noch ins *tombeau*. Das überstehst du nicht.«

Schon wegen geringerer Vergehen als Beleidigung der Armeeführung konnte man im *tombeau* landen. Diese übelste aller Strafmaßnahmen der Legion war eine aus dem Sand ausgehobene Grube von der Größe eines Grabes, also lang wie ein Mann und knapp einen Meter tief. Dort mußten sich Legionäre, die wegen mangelnder Disziplin, Beleidigung eines Vorgesetzten oder Gewalttätigkeiten bestraft wurden, hineinlegen. Dann wurde eine Zeltplane so dicht über ihnen straff gezogen und an den vier Ecken mit Pflöcke am Boden befestigt, daß jede Bewegung unmöglich war. Wer hier die Hitze des Tages und die Kälte der Wüstennächte überstehen wollte, brauchte schon eine ziemlich starke Konstitution. Nicht selten starben Legionäre im *tombeau* an Kreislaufversagen.

Doch Max hatte nichts zu befürchten, seine Bemerkung war gar nicht gehört worden. Die Aufregung unter den Legionären war so groß, daß sie nach einem ersten Moment des Schreckens wild durcheinander redeten. Sie hatten sich vieles vorstellen können, aber das dann doch nicht. Sie hatten also die Wahl zwischen Teufel und Beelzebub, zwischen Deutschland, wo ihnen das Konzentrationslager sicher war, und Sklavenarbeit in einem Lager in Französisch-Afrika. Was für eine grandiose Alternative!

Trotz alledem empfanden sie alle die französische Option als das kleinere Übel. Sie hatten schon von den »Erziehungskompanien« der Legion gehört, in denen straffällig gewordene Legionäre ihre Vergehen »abbüßen« durften, von den Camps mitten im Wüstensand, Zeltlagern der Verfemten. Alles immer noch besser, als der Gestapo und der SS in die Hände zu fallen – als einstige Interbrigadisten, entlassene Fremdenlegionäre aus einer feindlichen Armee und obendrein als Juden.

Es war eine Rechnung von bestechender Logik, die Maréchal Pétain zusammen mit dem für seinen Antisemitismus bekannten französischen Generalstab aufgemacht hatte. Die vielen jüdischen Freiwilligen, die sich seit 1933 und erst recht seit dem deutschen Einmarsch in Polen in die Legion verpflichtet hatten, waren ihnen zu keiner Zeit wirklich willkommen. Man akzeptierte sie aus bloßem Kalkül, als militärische Manövriermasse, die auf das Schlachtfeld geworfen werden konnte, um das Blut französischer Soldaten zu sparen. Nun ergab sich die ideale Möglichkeit, sich ihrer zu entledigen, ohne sich dem Vorwurf auszusetzen, man habe sie in den sicheren Tod geschickt. In ein deutsches KZ würde eine französische Regierung sie nicht deportieren lassen. In einem eigenen Arbeitslager waren sie viel besser aufgehoben. Und für die Nation produktiver.

Es paßte zum Zynismus der Vichy-Franzosen, daß die heimatlosen Flüchtlinge aus Deutschland in aller Form und, wie Lieutenant-Colonel Flan zu betonen nicht müde wurde, mit allen Ehren aus der Legion entlassen wurden. Sie erhielten ihr abgestempeltes und von ihrem Kommandeur abgezeichnetes *Certificat de Bonne Conduite*, das Zeugnis für gute Führung, und wurden mit dem wertlosen Papier in der Brusttasche in die Wüste geschickt – in ein Zeltlager, das für die nächsten zwei Jahre ihr Zuhause sein sollte.

* * *

Trotz aller Widrigkeiten und Entbehrungen, die auf ihn warteten, hätte Hans nicht mit seinen beiden Geschwistern Günther und Lotte tauschen wollen, die als einzige in Breslau geblieben waren, nachdem Annemie nach ihrer Heirat mit Martin Blut eine der letzten Möglichkeiten gefunden hatte, das Land ihrer Geburt zu verlassen. Sie hatten ein Visum für Shanghai ergattert, einen der ganz wenigen Zufluchtsorte auf der Welt, die es in diesen Monaten für Juden aus Deutschland noch gab.

1939, während Hans in Amsterdam Pläne für die Zukunft schmiedete, waren sie von Hamburg aus in See gestochen und hatten Kurs auf Fernost genommen. Mit dem letzten Transport, den die Nazis für auswanderungswillige Juden überhaupt noch zuließen.

Lotte und Günther wohnten noch immer in der Höfchenstraße, in der Wohnung ihrer Eltern, die für sie beide viel zu groß war. Sie gingen nur noch selten aus und zogen sich mehr und mehr zurück. Das Geschäft hatten sie aufgegeben, nachdem es während des reichsweiten Pogroms vom 9. November 1938 demoliert und ausgeplündert worden war.

Diese fürchterliche Nacht war ein einziger Schrecken gewesen. Grölend waren die Massen durch die Straßen gezogen, hatten Schaufensterscheiben eingeworfen, hatten jüdische Männer, alte und gebrechliche zumeist, aus ihren Wohnungen gezerrt, die Treppe hinuntergestoßen und in den Schmutz der Straße geworfen. Sie hatten gesungen »Wenn das Judenblut vom Messer rinnt ...« und dabei hämisch gelacht. Und dann hatten sie das Undenkbare getan, sie hatten die Synagogen angezündet.

Lotte, resolut, hatte mit einem Nudelholz in der Hand im Wohnzimmer gestanden, während Günther, ängstlich und fahrig, Tische und Stühle ins Entree schob, um die Eingangstür zu verbarrikadieren.

»Laß sie bloß kommen, diese Verbrecher«, hatte Lotte ihrem Bruder und sich selbst Mut zu machen versucht, »sie sollen sehen, was ihnen passiert, wenn sie sich an einer wehrlosen Frau vergreifen«. Und dabei hatte sie die Hand um das Nudelholz gekrampft, daß die Knöchel auf dem Handrücken weiß hervortraten. Doch in dieser Nacht drangen die Schlägerbanden der SA nicht so weit vor.

Erst am nächsten Tag, als ihr Cousin Albert Hadda Sturm läutete, erfuhren Lotte und Günther, welch dramatische Ereignisse sich in den Stunden zuvor abgespielt hatten. Albert gab sich alle Mühe, ruhig zu wirken, doch der Schrecken stand ihm ins Gesicht geschrieben.

»Kinder«, sagte er, während er die beiden vor sich her ins Wohnzimmer schob, »setzt euch erst mal hin. Es ist etwas Furchtbares passiert. Onkel Hermann ist tot.«

Günther war blaß geworden und starrte ihn mit offenem Mund an. Lotte wollte die Neuigkeit nicht glauben.

»Onkel Hermann? Hermann Löwi? Um Gottes willen, Albert, erzähl.«

Und Albert Hadda gab wieder, was ihm Nachbarn des Onkels berichtet hatten.

»Von Onkel Hermanns Wohnung kann man doch auf die Storch-Synagoge sehen. Es muß gegen zehn Uhr abends gewesen sein, als dort die Scheiben klirrten. Sie haben zuerst alle Fenster der Synagoge eingeworfen, dann sind sie eingedrungen und haben alle *Siddurim* auf einen Haufen geworfen und oben drauf unsere heiligen Thorarollen. Und dann haben sie alles angezündet, die ganze Synagoge. Dabei riefen sie etwas von ›Judentempel‹ und ›ihr werdet für alles bezahlen‹, kreischten vor Begeisterung und sonnten sich im Ruhm ihrer großen Tat.«

»Und was ist mit Onkel Hermann?« fragte Lotte so zögernd, als wolle sie die Antwort lieber gar nicht hören.

»Hermann«, antwortete Albert mit dumpfer Stimme, »muß wohl von seiner Wohnung aus alles mitangesehen haben ... Und dann hat er sich aus dem Fenster auf die Straße gestürzt. Die Nachbarn sagen, er war sofort tot.«

Lotte schluchzte. Günther blickte den Cousin ungläubig an, ließ den Kopf sinken und murmelte: »Das ist das Ende. Die Kulturnation Deutschland hat aufgehört zu existieren.«

Dann breitete sich Stille aus im Wohnzimmer.

Nach einer längeren Pause ergriff Albert wieder das Wort: »Da ist noch etwas, das ihr wissen solltet.«

Mit Tränen in den Augen schauten sie ihn an.

»Onkel Hermann hatte sich vorher noch das EK I an die Brust geheftet ... Ich sage euch, Kinder, diese Deutschen sind unser nicht wert.«

Es war der Tag »danach« in Breslau, der 10. November 1938. Erst als es dämmrig wurde, hatten Lotte und Günther gewagt, die Wohnung zu verlassen und auf die Straße zu gehen. Schon von weitem sahen sie den Menschenauflauf vor der Synagoge. Günther blieb stehen und hielt seine Schwester am Ärmel fest.

»Warte, Lotte. Da sind zu viele Leute. Wir wissen nicht, was passiert, wenn uns jemand erkennt. Laß uns besser umkehren.«

Lotte schüttelte den Kopf: »Jetzt sind wir schon mal da, nun schauen wir auch, was wirklich passiert ist.«

Die Menge vor der Synagoge stand stumm. Vor der ehemaligen Synagoge. Denn das, was bis gestern das stolze Gebetshaus »Zum weißen Storch« gewesen war, ein Symbol des traditionellen Judentums in einer der größten und bedeutendsten Jüdischen Gemeinden des Reiches, war jetzt nur noch ein Haufen rauchender Trümmer. Ein Berg aus gebrochenen Steinen, zugedeckt von verkohlten und noch immer glühenden Balken.

Lotte hatte ihre Hände auf Günthers Arm gelegt und die Fingernägel so tief in den Stoff des Mantels vergraben, daß Günther sie auf seiner Haut spürte. Sie biß sich auf die Lippen, um nicht aufzuschreien. Günther stand starr vor Schreck, unfähig, ein einziges Wort zu sagen. Halb bewußt registrierte er eine Stimme, die ihm im Vorübergehen ins Ohr flüsterte: »Es tut mir so leid, Herr Neumann. Es ist so schrecklich. Das haben wir nicht gewollt.«

Als Günther sich umdrehte, in die Richtung, aus der die Stimme geflüstert hatte, sah er nur noch eine Gestalt von hinten, die sich eilig entfernte.

»Ja, das ist das Ende«, sagte er leise zu seiner Schwester, »das deutsche Judentum löst sich in Rauch auf.«

Günther wußte nicht, wie recht er damit behalten sollte.

* * *

Hans hätte nachher nicht sagen können, wie lange sie durch die Wüste gefahren waren. Plötzlich jedenfalls hatten die Lastwagen gestoppt, von vorne war das Kommando »Absitzen!« gekommen, und alle waren sie mit schweißnassen Gesichtern, auf denen sich Sand und Dreck zu einer juckenden Kruste vermischt hatte, von den Ladeflächen geklettert. Max schüttelte die tauben Beine, hob den Arm zum Gruß und rief halblaut: *Ave, Maréchal, morituri te salutant.*«

Im nächsten Moment stand ein Sergeant vor ihm, die Beine breit in den Wüstensand und die Arme in die Hüften gestemmt. Es war Reith, Thomas Reith von der zweiten Hundertschaft. Ausgerechnet dieses Stinktier. Kein Internierungslager auf dem großen afrikanischen Kontinent hätte so schlimm sein können, daß es durch Reiths Anwesenheit nicht noch ärger geworden wäre.

»Wiener, was hast du da gesagt?«

Max nahm Haltung an und wiederholte seine Worte: »Ave, Maréchal, morituri te salutant.«

»Und was soll das heißen?« fragte Reith laut, aber eine Spur unsicher.

»Melde gehorsamst, Sergeant«, gab Max in nicht geringerer Lautstärke zurück, »der Wille des großen Maréchal ist unser Befehl.«

Reith blickte sich um und versuchte in den Gesichtern der anderen zu lesen. Dann brüllte er Max mit Kommandostimme an: »Willst du mich verarschen, Wiener?«

Max brüllte zurück: »Melde gehorsamst, daß nein.«

Wieder schaute Reith in die Runde. Erst als er niemanden feixen sah, schien er beruhigt.

»Das würde dir auch schlecht bekommen. Es gibt nämlich auch hier, am Arsch der Welt, Platz für ein *tombeau*. Merkt euch das. Und jetzt, Zelte abladen und aufbauen!«

* * *

Hierarchie, so scheint es, gehört zu den wichtigsten Grundfesten jeder militärischen Institution. Dieses eherne Gesetz war in der *Légion étrangère* noch stärker verankert als in jeder anderen Armee der Welt. Wenn sie früher beim Training ein Camp in der Wüste aufschlugen, gab es da die Mannschaftszelte, dann die für die Sergeanten und schließlich die für die Offiziere. Nun, da sie offiziell und gezwungenermaßen aus der Legion verabschiedet waren, doch als »Halb-Legionäre« nach wie vor deren Weisungen und Disziplinierung unterlagen, war das nicht anders. Nur, daß nun, da keine Offiziere im improvisierten Camp waren, die Sergeanten an der Spitze der Rangfolge standen, was dem Sergeanten Thomas Reith erkennbar Genugtuung verschaffte. Wie ein Pfau stolzierte er durch den Sand, maulte hier und murrte da, gab Befehle und begleitete sie mit Androhung von Strafmaßnahmen, die er herausbrüllte, als müßte seine Stimme im hintersten Winkel eines imaginären Kasernenhofs gehört werden.

Es war ein kleines Camp, das sie in diesem gottverlassenen Winkel der Sahara errichteten. Die paar armseligen Zelte waren schnell aufgeschlagen, auch das Küchenzelt und das für die Latrine. Mehr war im Moment nicht zu tun, denn zwar hatten sie Spitzhacken und Spaten im Gepäck, aber wozu sollten die eigentlich gut sein? Vielleicht um den Wüstensand von einem Haufen auf den anderen zu schaufeln?

Bald schon traf eine Gruppe französischer Zivilisten ein, Ingenieure aus dem Mutterland. Eisenbahningenieure. Was zum Teufel, wollten Eisenbahningenieure in der tiefsten marokkanischen Sahara?

»Die werden noch auf die blöde Idee kommen, wir sollen ihnen eine Eisenbahn quer durch die Wüste bauen. Wir paar Männlein, mit Spitzhacken und Spaten«, flüsterte Max, während sich die Zivilisten mit den Sergeanten unterhielten, »langsam glaube ich wirklich, daß die bei der Legion einen Sonnenstich haben.«

Hans wehrte ab: »Ach, was! Sieh dich doch mal um. Siehst du hier irgendwo vielleicht Schienen? Oder kennst du Eisenbahnen, die auf Sand fahren?«

Sie ahnten ja nicht, was an einem grünen Tisch in Paris ausgeklügelt worden war. Der Bau einer Eisenbahn durch die Wüste erschien dem Generalstab tatsächlich als ideales Beschäftigungsfeld für zwangsweise demobilisierte Legionäre jüdischer Herkunft oder mit kommunistischer Vergangenheit.

Dabei war das Vorhaben einer Transsahara-Eisenbahn nicht neu. Immer wieder hatte Frankreich das Projekt aus den Schubladen hervorgezogen, wieder und wieder geplant und durchgerechnet, nur um es alsbald wieder in der Versenkung verschwinden zu lassen. Alle Überlegungen waren an der Erkenntnis gescheitert, daß es nicht genügend Arbeitskräfte gab. Wer war schon bereit, freiwillig die Entsagungen des Lebens in der Wüste auf sich zu nehmen, die glühende Sonne am Tag, die Kälte der Nacht, die heißen Sandstürme und den ständigen Mangel an Wasser?

Von daher mußte es der Vichy-Regierung wie ein Geschenk des Himmels vorkommen, als sie plötzlich über Tausende von Arbeitern verfügte, Halb-Legionäre, die der Befehlsgewalt der Legion unterstanden, körperlich ausgebeutet werden konnten bis zum Umfallen und pro Tag nur ein paar Sous kosteten.

Sie waren also auserkoren, die Verbindung zwischen den Mittelmeerhäfen und Nigeria zu komplettieren, um Frankreichs angegriffenes Prestige wieder aufzupolieren, wenigstens in den Kolonien. Bisher existierte nur eine Schmalspurbahn von Oran nach Colomb-Béchar. Eine andere Verbindung führte von Dakar in Französisch-Westafrika einige hundert Meilen weit nach Koulikoro im französischen Sudan. Zwischen Colomb-Béchar und Koulikoro klaffte eine Lücke von mehr als tausend Meilen Wüste.

Der Plan, den Pétain persönlich genehmigt und abgezeichnet hatte, sah die Verknüpfung von Bou Arfa in Marokko mit Colomb-Béchar in Algerien vor, von dort nach Kenadsa, wo es bedeutende Kohleminen gab, weiter nach Béni-Abbès, dann durch die Wüste nach Adrar bis nach Tassit im Sudan. Dort sollte sich die Bahn in zwei Stränge spalten, nach Niamey in Französisch-Niger und nach Segou im Französisch-Sudan, mit einer Querverbindung zwischen Segou und Koulikoro.

Natürlich war ein derart anspruchsvolles Projekt nicht ohne Zustimmung der Siegermacht Deutschland zu verwirklichen. Aber das Reich hatte gute Gründe, sich dem Plan der Vichy-Regierung gegenüber aufgeschlossen zu zeigen. Wenn die Züge erst einmal rollten, konnte man senegalesische Truppen durch die von Frankreich kontrollierten Gebiete transportieren, was immer noch günstiger und logistisch einfacher war als auf der nicht ungefährlichen Route durch den Atlantik und das Mittelmeer. Ebenso konnten Truppen aus dem besetzten Frankreich über Algerien per Bahn nach Dakar gebracht werden, das in Erwartung eines alliierten Angriffs zur Festung ausgebaut werden sollte.

So hatte man – auf einer Landkarte der Region und von einem Sessel aus, natürlich – zwei strategische Punkte im marokkanisch-algerischen Grenzgebiet ausgesucht, die mit dem notwendigen Material ausgestattet werden und aufeinanderzu arbeiten sollten. Eine Verlegung der Schienen in nur einer Richtung wäre einfacher gewesen, denn dann hätte keine Gefahr bestanden, daß die beiden Gruppen aufgrund fehlerhafter Berechnungen die Schienen aneinander vorbei legten. Andererseits mußte für zwei kleine Gruppen weniger Personal für die Bewachung und Kontrolle abgeordnet werden als für eine große. Bei kleinen Gruppen war zudem die Fluchtgefahr geringer.

Die beiden »Niederlassungen« wurden bei Bou Arfa und dem östlich davon gelegenen Colomb Béchar eingerichtet, mit dem Lastwagen etwa eine halbe Tagesreise voneinander entfernt. Das Lager bei Colomb-Béchar hatte den Vorteil, in der Nähe des Dorfes zu liegen, einer Oase mit Lehmhütten, ein paar Steinhäusern und einer Stadtmauer. Und mit einer kleinen Kaserne der Legion. Aber was hieß schon Vorteil? Wer in dieses Eisenbahnlager verbannt war, der brauchte kein Dorf und keine Stadt in seiner Nähe. Der Ort war die Endstation schlechthin.

Wenn es trotzdem noch eine Steigerung geben konnte, oder genauer: einen Abstieg, dann hieß er Bou Arfa, ein Nichts in der Wüste, hingespuckt auf den heißen Sand, ein verlorener Haufen von etwa 20 ausgebleichten Zelten. Das Ende aller Hoffnung. Hier überdauerte selbst die Lieblingsbeschäftigung der meisten Legionäre nicht lang, das Nachdenken über Desertion und Flucht.

* * *

Es stellte sich bald heraus, daß Sergeant Reith zwar ein ziemlicher Dummkopf war, doch seine Disziplinierungsmöglichkeiten waren hier im Lager um einiges größer als gegenüber regulären Soldaten im aktiven Dienst der Legion. Aktiv war ihr Dienst jetzt auch, aktiver hätte er kaum sein können. Nur hatten sie ihre militärischen Ränge eingebüßt, waren Sträflinge, Zwangsarbeiter, Sklaven der großen Nation mit den weltbewegenden Idealen von Freiheit, Gleichheit und Brüderlichkeit. Ein Hohn, ein Treppenwitz der Geschichte, wenn man daran dachte, daß sie als Freiwillige gekommen waren, um gegen Okkupation und Unterdrückung zu kämpfen.

In dieser Situation verzichtete Reith auf die üblichen »Beschäftigungstherapien« wie Wüstenmärsche und Lockerungsübungen von der Art, die Feldwebel ihren Rekruten gern verordneten. An Beschäftigung war kein Mangel. Sie hatten genug damit zu tun, ihre Existenz im Wüstensand zu organisieren. Die Verpflegung mußte sichergestellt und eine notdürftige Küche eingerichtet werden, auch ein kleines Waschzelt, denn die Kleidung war ausgesprochen dürftig, innerhalb kürzester Zeit durchgeschwitzt und mußte tagtäglich gereinigt werden. Wenigstens wurde mit Wasser nicht gegeizt. Es stand in einem großen Tankwagen bereit, der ausgetauscht wurde, noch ehe sein Inhalt ganz zur Neige ging.

Das Prinzip war ebenso einfach wie bestechend: Alle paar Tage kam ein Tankwagen gefahren, gesteuert von einem aktiven Legionär, dem die Unterhaltung mit den »freiwilligen Internierten« strikt untersagt war. Er stellte den neuen Wagen ab und fuhr mit dem alten davon. So war garantiert, daß keiner von ihnen erfuhr, wo sie eigentlich ihr Lager aufgeschlagen hatten, wie weit von irgendeiner Oase entfernt, womöglich nicht weit von einer größeren Stadt. Jeder Gedanke an Flucht erledigte sich damit von selbst. Das Risiko, verdurstend durch die Wüste zu irren, war größer als die Wahrscheinlichkeit, durch Zufall auf eine bewohnte Ansiedlung zu stoßen.

Bald nach ihrer Ankunft tauchte am Horizont ein Konvoi auf, eine kleine Lastwagen-Kolonne, die Material herankarrte: dicke Holzbohlen, schwer wie Eisen, und Schienenteile.

»Ich faß es nicht«, jammerte Max in halb gespielter, halb echter Verzweiflung und richtete die Blicke beschwörend zum Himmel, »der kleine Wiener mit den zarten Händen soll den Franzosen ihre Eisenbahn in die Wüste schrauben. Die können doch nicht normal sein.«

»Stell dir einfach vor«, entgegnete Hans, »das hier wäre ein Pfadfinderlager im Wienerwald, und nächste Woche dürften wir wieder heim in unsere weichen Betten.«

»Weiche Betten. Und dann noch der Wienerwald! Siehst du vielleicht auch nur die Umrisse eines einzigen Baumes?«

»Da wird eben schon vor uns ein Trupp hier gewesen sein, der erst mal die Bäume gefällt hat. Sieh es doch mal von der Seite: Die Waldarbeit und das Holzfällen jedenfalls haben wir uns damit gespart.«

Sie führten das Leben von Eremiten – abgesehen davon, daß sie arbeiten mußten wie die Pferde. Was sie aber am meisten vermißten, das waren Informationen über das Geschehen jenseits der Wüste. Wo standen die Nazis? Hatten sie schon die halbe Welt überrannt? Waren sie auf die Britischen Inseln übergesetzt und hatten die Engländer geschlagen? Wie war die Lage zuhause, gab es überhaupt noch Juden in Deutschland oder waren sie schon alle deportiert und umgebracht worden? Und vor allem, was war mit ihren Familien?

Hin und wieder, wenn er einen besonders guten Tag hatte, spielte sich Sergeant Reith als Schulmeister auf, ließ seine Leute – er nannte sie gern »seine Leute« – einen Halbkreis im Wüstensand bilden und sich auf den Boden setzen, schritt wichtigtuerisch vor ihnen auf und ab, die Arme hinter dem Rücken verschränkt, und verkündete das Neueste aus der Welt, wobei er ein Gesicht machte, das keinen Zweifel an seiner herausragenden Bedeutung ließ.

So erfuhren sie wenigstens, daß der Krieg sich auf Rumänien und Griechenland ausgeweitet hatte, daß ein paar Monate zuvor Leon Trotzki in Mexiko ermordet worden war, daß auch Pétain die Juden als Sündenböcke entdeckt und mit ihrer staatlich organisierten Diskriminierung begonnen hatte, und daß man General de Gaulle in Paris in Abwesenheit zum Tode verurteilt hatte. Insbesondere dies kostete Reith genüßlich aus.

»Ihr seht, wie weitsichtig unser Lieutenant-Colonel war, als er uns erklärte, daß de Gaulle ein Verräter ist. Wer sich mit ihm verbündet, auch in Gedanken, ist ebenfalls ein Verräter. Ein Staatsfeind. Ist das klar?«

Nach dieser sehr eigenwilligen politischen Unterweisung resümierte Max: »Seit ich Reith kenne, weiß ich, daß ›debil‹ offenbar ein Dienstgrad in der Legion ist. Und zwar ein ziemlich hoher.«

»Ich weiß auch etwas«, entgegnete Hans, »nämlich, daß wir hier irgendwann raus müssen, und zwar bevor uns die Wüstenratten aufgefressen haben. Wieso haben wir eigentlich die ganze Zeit noch nicht an Flucht gedacht, Max? Sind wir schon zu apathisch, um unser Schicksal in die eigenen Hände zu nehmen?«

Max rieb sich müde die Stirn.

»Gott, der Gerechte. Jetzt hat dir die Sonne auch noch das Gehirn aufgeweicht. Flucht! Du spinnst doch! Wohin willst du denn von hier fliehen? Schau dich doch um. Wüste, nichts als Wüste. Rechts Wüste, links Wüste, vorne und hinten. Da spricht der von Flucht! Du würdest so schnell verdursten, daß du nicht mal ›piep‹ sagen könntest. Und wenn sie dich erwischen, dann gnade dir Gott! Tu mir einen Gefallen und rede nicht einen solchen Stuß. Flucht!«

Er spuckte das bißchen Speichel aus, das er in seinem ziemlich trockenen Mund erübrigen konnte.

Hans schaute gedankenverloren in die Ferne und murmelte nur: »Warte ab. Ich hab schon Pferde vor der Apotheke kotzen sehen.«

Reith offenbarte bald seine hervorstechendste Eigenschaft: eine ausgeprägte Lust, seine Untergebenen zu drangsalieren. Er beleidigte sie und quälte sie. Nicht durch körperliche Züchtigung, denn dies war eine heikle Sache unter Legionären, selbst unter demobilisierten. Aber Reith quälte sie mit der Schwerstarbeit, die er ihnen genüßlich aufbürdete.

Wenn sie sich, erschöpft und ausgepumpt, in den Sand fallen ließen, war Reith wie von Zauberhand zur Stelle, machte sie lächerlich, schrie sie an oder drohte mit einer ganzen Palette wilder Strafen, von denen der Wasser-Entzug eine seiner liebsten war.

Sein besonderes Augenmerk galt von Anfang an Max Wiener. Als der einmal seine Arbeit angeblich zu langsam verrichtete, brummte ihm Reith mit dem ihm eigenen Einfallsreichtum eine neue Aufgabe auf. »Sonderschicht« nannte er das. Sie bestand darin, mit Schmirgelpapier und einem alten Lappen einen gerade verlegten Schienenstrang so blank zu putzen, daß man sich darin spiegeln konnte.

Ehe er das nicht geschafft habe, verkündete Reith mit gespieltem Bedauern, aus dem die Gehässigkeit nur so troff, würde Max' Wasserration zur Bewässerung des Wüstenbodens verwendet.

Max schmirgelte und polierte noch, als es längst dunkel geworden war. Während die anderen in ihren Zelten lagen, schlich Hans sich zu seinem Freund, um ihm zu helfen. Es schien, als habe Reith nur auf diese Gelegenheit gewartet. Schon stand er vor den beiden im Sand knienden Männern, verkündete mit einer Stimme, die nach Weihnachtsglöckchen und barmherzigen Schwestern klang, daß er nun leider gezwungen sei, die »Sonderschicht« auch auf Hans Neumann auszudehnen, und daß sie beide, um einen klaren Kopf zu bekommen, erst einmal zwei Tage auf Wasser verzichten würden.

Bei aller Macht, über die Reith im Lager verfügte, konnte er doch seine Aufmerksamkeit nicht ungeteilt auf die jeweiligen Opfer konzentrieren. Kaum war er abgelenkt, kriegten Max und Hans von irgendeinem der Kameraden ein paar Schlucke Wasser zu trinken. So überstanden sie die Tortur schließlich doch. Zumal sie Selbstbeherrschung und mittlerweile auch Erfahrung genug hatten, um sich danach nicht gleich literweise das Wasser durch die ausgedorrten Kehlen laufen zu lassen. Das hätte ihnen garantiert eine handfeste Magen-Darm-Affäre eingetragen. So versagten sie es sich, ihrer Gier nach Wasser nachzugeben, und arbeiteten sich Schluck für Schluck in das normale Dasein eines durchschnittlichen Internierungshäftlings zurück.

»Rate, woran ich denke«, sagte Max, den Blick auf einen Fixpunkt in weiter Ferne gerichtet.

Hans, der damit beschäftigt war, seine ausgetrockneten und aufgesprungenen Lippen vorsichtig mit Wasser zu betupfen, hatte keine Lust auf Rätselraten.

»Keine Ahnung. Wahrscheinlich an Weihnachten, Schnee, Glühwein und deutsche Gemütlichkeit.«

»Du hättest falscher raten können, aber tatsächlich habe ich an *Jom Kippur* denken müssen, an das *Neila*-Gebet und wie sehr ich immer ungeduldig auf den ersten Schluck Wasser nach dem langen Fastentag gewartet habe. Es war anscheinend nicht schlecht für uns, daß wir Jahr für Jahr so eine Trainingseinheit zu absolvieren hatten. Wenn ich jemals wieder zu Jom Kippur in die Synagoge gehe, werde ich bestimmt an Reith denken. Und dann werde ich mir sagen: Was ist schon ein Tag ohne Essen und Trinken. In der Sahara haben wir das mit links gemacht.«

»Weißt du, Max, in den Jahren, die wir beide jetzt zusammen Krieg spielen, haben wir eigentlich alles abgelegt, was mit unseren Traditionen zu tun hat. Wie lange haben wir unsere Feiertage nicht mehr registriert, geschweige denn, sie in irgendeiner Form begangen? Und dabei haben die Nazis uns doch vor allem deshalb zu Untermenschen erklärt, weil wir Juden sind. Und was ist uns von unserem Judentum geblieben, hier draußen in der Einöde? Nicht viel mehr als das Stückchen fehlender Vorhaut. Ein bißchen wenig. Findest du nicht?«

Max wiegte den Kopf: »Wir Juden haben eigentlich immer dann unser Prinzip Hoffnung gelebt, wenn es uns an den Kragen ging. Moses hat unsere Vorväter immerhin vierzig Jahre durch die Wüste geschleppt, ehe das Ziel erreicht war. Verglichen damit, sind unsere paar Monate doch ein Klacks.«

»Moses blieb aber auch gar nichts anderes übrig. Mit dieser Familie hat er sich nicht in die Städte trauen können, so wie die aussahen.«

»Dann stimmt die Geschichte ja wieder«, erwiderte Max lachend, »schau dich doch an! So wie du aussiehst, hätte er dich auch in der Wüste zurücklassen müssen.«

»Also gut, dann gehen wir uns jetzt waschen, damit wir gerüstet sind, falls uns überraschend irgendwer befreien und in eine Stadt mitnehmen sollte.«

* * *

Sie waren jetzt schon seit Monaten in dem, wie Max es sarkastisch nannte, Bautrupp der französischen Staatsbahn engagiert, nur hatte das Personalbüro im fernen Paris seine eigenen Vorstellungen von einer angemessenen Entlohnung. Ganze vier Centimes Lohn pro Tag bekamen sie. Vier Centimes, das war selbst in der Wüste, wo die Möglichkeit zum Verprassen des Solds ziemlich eingeschränkt war, ausgesprochen wenig. Ein Liter schlimmsten Rotwein-Fusels, ein unter Legionären außerordentlich geschätztes Gourmet-Ereignis, kostete mindestens zehn Tageslöhne.

Einmal, als beim Essen das Gespräch auf den Schinder-Lohn kam, grinste Reith, der Widerling, zog eine Münze aus der Tasche und hielt sie demonstrativ zwischen Daumen und Zeigefinger in die Höhe.

»Seht her, ihr verkommenen Kreaturen, dies ist er, der Mammon, euer Gott. Das ist es doch, was ihr Juden immer anbetet. Aber, merkt ihr was, eure Gebete helfen euch einen Dreck. Und warum ist das so? Weil ihr selbst Dreck seid.«

Dann legte er mit betont süßem Unterton in der Stimme nach: »Aber, ich bitte Sie, meine Herren, Sie können jederzeit kündigen. Vielleicht möchten Sie gern nach Deutschland zurückgebracht werden? Da gibt es für solche wie Sie auch schöne Beschäftigungen. Da würden Sie bald merken, daß Sie hier in der Sommerfrische waren. Also,« und jetzt verengten sich seine Augen bösartig, »Maul halten und zupacken. Und eines verspreche ich euch: Ich mache sogar aus euch Drecksjuden noch halbwegs brauchbare Arbeiter, obwohl ihr ja eigentlich nur gelernt habt, andere zu betrügen und hinterrücks zu überfallen. Aber bei mir leistet ihr zum erstenmal in eurem Leben etwas mit eurer Hände Arbeit. Und wenn ich euch dabei die Knochen brechen muß, ihr bolschewistischen Krummnasen.«

Jetzt war Reith zu weit gegangen, zu weit jedenfalls für Hans Neumann.

»Du verdammtes Nazischwein, hau ab aus der Legion und geh zur SS. Dort können sie Lumpen wie dich bestens gebrauchen. So mies kann kein französischer Kollaborateur sein, daß er mit dir dieselbe

Luft atmen wollte. Aber wahrscheinlich bist du sogar für die Nazibande zu dreckig. Und nicht einmal uns stinkenden Juden kann man es zumuten, in deiner Nähe zu existieren. Der Tag, an dem du zur Welt gebracht wurdest, war eine Niederlage für die Menschheit.«

Schlagartig war es still geworden. Nicht das geringste Geräusch war zu hören. Reith war erstarrt. Er hielt seine Arme stramm nach unten, die Hände zu Fäusten geballt. Langsam, beinahe bedächtig ging er auf Hans zu, den Blick starr geradeaus. Max schob sich vor Hans, die Arme ausgestreckt, als wollte er den Sergeanten aufhalten. Er blickte Reith mit dem Ausdruck tiefer Verzweiflung ins Gesicht und rief bittend: »Er wollte Sie nicht beleidigen, Sergeant. Nein, das hat er nicht gewollt. Auf keinen Fall. Er hat es nicht so gemeint. Es muß die Hitze sein.«

Reith schien die beschwichtigenden Worte gar nicht wahrzunehmen. Mit einer kurzen Armbewegung, als verscheuchte er ein lästiges Insekt, stieß er Max zur Seite. Nun stand er direkt vor Hans. Sie blickten einander wortlos an. Hans hatte sich unwillkürlich gestrafft, es sah beinahe aus, als hätte er Haltung angenommen. Reiths Kiefer mahlte. Urplötzlich schoß seine Faust nach vorne. Wie einen Dampfhammer rammte er sie in Hans' Mund. Es knackte, als ginge eine Tasse zu Bruch. Hans schlug die Hände vors Gesicht, Blut rann zwischen den Fingern hindurch. Er spuckte aus, und mehrere Zähne landeten im Sand. Genau diesen Augenblick hatte Reith abgewartet. Abermals donnerte seine Faust in Hans' Gesicht. Wieder brachen Zähne aus dem Kiefer.

Schlägereien unter Legionären waren nichts Besonderes, sie gehörten zum traditionellen Zeitvertreib in den Forts. Doch Gewaltausbrüche unter Gleichrangigen waren eine Sache; von einem Vorgesetzten blutig geschlagen zu werden, eine andere. Und miterleben zu müssen, wie Reith einem Kameraden die Zähne ausschlug, das war noch einmal etwas anderes. Besonders, da der Geschlagene sich nicht wehren konnte, ohne wegen Angriffs auf einen Vorgesetzten in der nur denkbar schlimmsten Weise bestraft zu werden. Das war zwar nicht gerecht, aber wer hatte jemals behauptet, in der Legion gehe es gerecht zu?

Reith hatte Männer schon reihenweise ins *tombeau* geschickt und damit dem Tod ausgeliefert. Er hatte die kargen Essensrationen gestrichen und manchmal sogar die Trinkwasser-Zuteilung. Er war ein Sadist, ein Leuteschinder und ein gefühlloser Kretin. Aber bisher hatte er stets seinen Untergebenen befohlen, die Internierten zu quälen. Nie hatte er selbst Hand angelegt. Jetzt aber war er zu weit gegangen.

In die eben noch regungslose Gruppe kam Bewegung. Arme griffen nach Reith, umklammerten seinen Oberkörper und hielten ihn fest. Eine Stimme rief: »Hans, mach ihn fertig! Zahl dem Schwein heim, was er uns angetan hat!«

Als Hans zögerte, rief ein anderer: »Los, hau ihn um. Mach es für uns – und für die Kameraden, die er auf dem Gewissen hat.«

Doch Hans, dem das Blut aus dem Mund lief und am Kinn schon gerann, Hans winkte nur ab, wankte benommen zu einem der Waschtröge und begann, den Mund auszuspülen.

Unterdessen hatten die anderen Reith wieder losgelassen, noch immer empört zwar und zum Widerstand gegen den allmächtigen Sergeanten bereit, doch merklich unsicher, weil Hans die einzigartige Gelegenheit zur Revanche hatte verstreichen lassen. Waren sie womöglich doch zu weit gegangen? Würden sie nun die Folgen zu spüren bekommen? Reith, mit seinem anscheinend angeborenen Gespür für das Verhältnis von Schwäche und Macht, hatte sich schnell gefaßt. Instinktiv wußte er, daß er nur durch deutlichen Stärkebeweis seine Autorität wiedergewinnen konnte.

Er brüllte in die Runde: »Ihr habt einen Vorgesetzten angegriffen. Das bringt euch alle ins *tombeau*! Für mindestens zwei Wochen. Ich mach euch so fertig, daß keiner mehr auf den Beinen stehen kann! Wenn ihr es überhaupt noch schafft, aus dem *tombeau* rauszuklettern, ihr verfluchten Bastarde!«

Ein paar Sekunden war es ruhig, dann hörten sie Max Wiener sagen: »Das glaube ich nicht, Sergeant Reith. Hier haben dreißig Mann gesehen, wie Sie auf einen wehrlosen und arglosen Schutzbefohlenen eingedroschen haben. Einen, der Ihnen nur geantwortet hat, nachdem Sie ihn angesprochen hatten. Wenn Sie nicht mit Gewalt zurückgehalten worden wären, hätten Sie ihn mit Ihren Fäusten erschlagen. Das werden wir alle beeiden. Und ebenso, daß Sie sich gegenüber einem ehrenhaft entlassenen Legionär zu einer rassistischen und diskriminierenden Beleidigung haben hinreißen lassen. Das kostet Sie Ihre Streifen. Weil es in der Legion keine Unterschiede der Herkunft geben darf. Wenigstens offiziell und auf dem Papier. Und von diesem Märchen lebt die Legion. Uns kann nicht viel mehr passieren. Wir sind bereits interniert. Und ein schlimmeres Straflager als dieses hier werden Sie kaum noch für uns finden.«

Reith war nicht klug, aber so dumm war er auch wieder nicht, daß er nicht gespürt hätte, wie es um ihn stand. Zum Ehrenkodex, den ihnen die Legion eingebläut hatte, gehörte es, daß untereinander weder nationale noch ethnische Merkmale zur Beschimpfung benutzt werden durften. Jüdische Legionäre wurden zwar zur Zwangsarbeit gezwungen, wenn sie sich nicht in die Hand der Deutschen ausliefern lassen wollten, aber Beleidigungen wegen ihrer Religion brauchten sie sich nicht gefallen zu lassen. Ein Unteroffizier, der gegen diese Vorgabe verstieß, konnte sich seiner Degradierung sicher sein.

Die Gunst des Augenblicks nutzend, legte Max nach: »Erlauben Sie, Sergeant, daß wir noch etwas klarmachen. Wir sind alle bereit, jeden Meineid zu schwören, wenn wir Sie damit erledigen können. Sie sind ab sofort von unserem Wohlwollen abhängig, wenn Sie nicht zum gemeinen Legionär degradiert werden wollen. Und Sie wissen sehr gut, daß Ihnen das blüht, wenn dreißig Männer gegen Sie aussagen, selbst wenn es nur Juden und Internierte sind. Wir sind immerhin in allen Ehren aus der Legion entlassen worden. So etwas zählt für Militärrichter, das wissen Sie, nicht wahr? So, Sergeant, das wär's. Wenn Sie also jetzt die Güte besitzen wollten, Ihren dicken Arsch von hier wegzubewegen. Wir möchten nämlich wieder saubere Luft atmen.«

Reith wechselte während der faustdicken Provokation die Farbe schneller als ein Chamäleon. Erst wurde er blaß, dann schoß ihm die Zornesröte ins Gesicht, verdunkelte sich beinahe ins Violette.

Doch kurz vor der unausweichlichen Explosion fügte Max noch hinzu: »Denken Sie von jetzt an immer daran, Sergeant, wir sind Juden. Und Juden sind doch verschlagen, bösartig und von dunklen Trieben beherrscht. Wir sind jederzeit bereit, es Ihnen zu beweisen.«

Reith hatte den Mund zu einem seiner bekannten Schreianfälle aufgerissen, doch er überlegte es sich noch einmal, klappte den Kiefer wieder zu, drehte sich wortlos um und stapfte davon.

Er sah aus, als hätte er die Hosen voll, so ungelenk lief er auf sein Zelt zu. Als er an Hans vorbei kam, der noch immer mit seinem blutenden Mund beschäftigt war, würdigte er ihn keines Blickes. Hans spuckte ihm eine Ladung Blut hinterher. Unter normalen Umständen hätte ihm das eine saftige Strafe eingebracht.

Immerhin, das Problem Reith war bis auf weiteres abgehakt. Der Sergeant war merklich bemüht, keinen Vorfall zu provozieren, der das angekündigte Kräftemessen heraufbeschworen hätte. So herrschte zwar eine spürbare Feindseligkeit auf beiden Seiten, die Phase der ständigen Erniedrigungen seitens des Feldwebels aber war vorerst vorbei.

Die Männer hatten sich in ihrer mehr oder weniger erzwungenen Existenz im Internierungscamp eingerichtet, so gut es ging. Durch Verhandlungen mit Reith hatten sie erreicht, daß sie wenigstens in der größten Mittagshitze eine längere Pause einlegen durften, was die Situation etwas erträglicher machte. Mittlerweile war auch die anfänglich sorgsam beachtete Distanz zu der Versorgungseinheit aufgeweicht, die in regelmäßigen Abständen mit Lebensmitteln, Wasser und immer neuem Arbeitsmaterial ins Camp kam. Man redete längst miteinander, trank auch mal ein Glas Tee miteinander, rauchte eine Zigarette, und der Sergeant fiel bei all dem durch eine ungewohnte, jedoch höchst willkommene Zurückhaltung auf.

»Was ist nur mit dem Reith passiert«, wunderte sich einer der Lastwagenfahrer, »der ist doch einer von den ganz Harten? Wieso taucht der nicht auf, wenn wir hier miteinander sitzen, und scheißt uns zusammen?«

»Er hat«, erklärte Max lächelnd, »einen Kursus über Umgangsformen belegt.«

Auf diese Weise erfuhren sie auch mehr vom Leben draußen, vom Nordafrika-Feldzug der Nazis weiter westlich und von dem inneren Konflikt, der die Legion zu spalten drohte.

Die 13. Demi-Brigade unter Lieutenant-Colonel Magrin-Vernerey, genannt Monclar, war nämlich sofort nach de Gaulles Aufruf zur Fortsetzung des bewaffneten Kampfes auf die Seite des Freien Frankreich übergewechselt und hatte sich in Norwegen respektabel und mit Erfolg geschlagen. Während alle in Nordafrika stationierten Einheiten der Legion nach wie vor zu Pétain standen, auch nachdem er offiziell seine Kollaboration mit den Nazis verkündet hatte, waren die Legionäre der »13.« nach ihrem Einsatz in Skandinavien zusammen mit den Briten gegen die Italiener in Eritrea gezogen und hatten wenig später im Sudan mehr als fünfzehntausend italienische Gefangene gemacht.

Im Camp der Internierten waren seither Spekulationen über den künftigen Weg der Legion das zentrale Gesprächsthema.

Max, der sich seit seinem spektakulären Auftritt gegenüber Reith den Respekt der Kameraden erworben hatte, malte immer wieder Szenarien aus, wie es gelingen könnte, auch ihr zweites Infanterieregiment der Legion auf die Seite des Freien Frankreich zu bekommen, damit sie wieder in Ehren aufgenommen würden und endlich gegen die Nazis kämpfen könnten.

Sie saßen mit gekreuzten Beinen im Sand, rund um ein kleines Feuer, über dem das Teewasser köchelte. Plötzlich sagte Hans gedankenverloren: »Ich möchte zu gern wissen, Max, was aus Adolf geworden ist. Ob er wohl auch in einem solchen verdammten Wüstenloch steckt und von der Freiheit träumt? Oder ob er es inzwischen zum Offizier gebracht hat?«

»Wie soll er denn Offizier geworden sein? Als Ausländer!«

Hans ließ sich, während er seine Hände hinter dem Kopf verschränkt hielt, langsam nach hinten in den Sand fallen und blickte nachdenklich in den sternenübersäten Himmel.

»Wenn seine frühere Zeit in der Legion mitgerechnet wird, ist er jetzt mehr als fünf Jahre dabei. Das reicht für die französische Staatsbürgerschaft. Und dann könnte er auch ein Offiziers-Patent bekommen.«

»Theoretisch«, zweifelte Max, »aber nicht in Wirklichkeit. Die nehmen doch keinen Spanienkämpfer als Offizier. Und Adolf würde es auch gar nicht wollen, solange die Legion zu Pétain steht. Dazu ist er politisch viel zu anständig.«

Hans drehte sich auf die Seite, um Max sehen zu können.

»Und wenn er vielleicht in der 13. Demi-Brigade gelandet ist?«

»Dann hätten wir wenigstens einen Freund in einer sauberen Einheit der Legion.«

* * *

Die Wochen und die Monate vergingen unter der sengenden Sonne Marokkos. Längst hatten sie sich an den Wechsel zwischen der Hitze des Tages und der Kälte der Nacht gewöhnt, waren Wüstenbewohner geworden, weiße zwar, aber mit jener von der Sonne, dem Wind und dem Sand gegerbten, lederartigen Haut, die Hans beim ersten Zusammentreffen mit Adolf aufgefallen war. Wären sie schlagartig in die Zivilisation zurückversetzt worden, sie hätten ziemlich furchterregend gewirkt. Vor allem Hans. Sein Nacken war übersät von Narben – Andenken an die Granatenexplosion in Spanien, die ihn um ein Haar das Leben gekostet hätte. Und sein Gesicht sah aus wie das einer alten Hexe, hager und faltig mit dem zahnlosen Mund. Reith, dem Dreckskerl, würde er das noch heimzahlen. Irgendwie und irgendwann.

Sergeant Reith hatte seine alte Selbstsicherheit zwar längst wiedergewonnen, doch er war vorsichtiger geworden. Nicht mehr ganz so widerlich wie in der Zeit vor dem Zwischenfall, aber immer noch übel genug, um die Truppe ihren Haß nicht vergessen zu lassen. Er trieb die Männer an wie die berüchtigten Sklaventreiber auf den Galeeren. Nur die Peitsche fehlte.

Um die schweren Bohlen zu transportieren, auf die später die Schienenstränge montiert wurden, brauchten sie herkulische Kräfte. Aber sie waren nur normale Sterbliche. So zehrten sie von ihren letzten körperlichen Reserven, und es war kein Wunder, daß die Ausfälle durch Krankheit sich häuften. Wo hätte auch die erforderliche Widerstandskraft herkommen sollen, bei der kargen Verpflegung?

Hans, Max und die meisten ihrer Kameraden waren dazu übergegangen, sich während der Mittagspause, wenn die Sonne unbarmherzig vom Himmel brannte, in ihre Zelte zurückzuziehen. Dort stank es zwar erbärmlich nach Schweiß, aber die Zelte boten den einzigen Schatten weit und breit. Und Schatten war nach Wasser das zweithöchste Gut in dieser Lage.

Begehrt war auch ein Feldbett, eine dieser zusammenklappbaren Liegen mit einer über mehrere gekreuzte Holzbeine gespannten Stoffbahn. Nicht gerade ein Luxusmöbel, aber immer noch besser als auf dem bloßen Boden liegen zu müssen, auf Sand und Steinen, die sich einem schmerzhaft ins Fleisch drückten. Doch Feldbetten waren so rar wie Wasserrationen. Hans und Max teilten sich deshalb eine Liege, die sie abwechselnd benutzten, während der jeweils andere sich mit der ebenen Erde begnügte.

Diesmal war es Hans, der mit der Unwirtlichkeit des Wüstenbodens vorliebnehmen mußte. Er war, erschöpft von stundenlanger Arbeit, trotz aller Unbequemlichkeit sofort eingeschlafen. Plötzlich fühlte er sehr sanft eine Hand über seine Wange streichen und hörte, noch im Halbschlaf, die leise Stimme von Max.

»Hans, komm zu dir. Aber, bitte, sei ganz vorsichtig. Und beweg dich um Gottes willen nicht. Komm, mein Junge, wach auf.«

Hans schlug die Augen auf. Er fühlte Arme, die nach seiner Schulter griffen, ihn festhielten und energisch gegen den Sandboden drückten. Wieder die Stimme von Max: »Ganz ruhig, *mon vieux*, bleib wie du bist. Nur nicht rühren.«

Hans öffnete den Mund: »Was, zum Teufel …«

Doch Max hielt ihm den Mund zu, um ihn zum Schweigen zu bringen.

»Nicht reden und nicht bewegen. Auf deiner Brust sitzt ein Skorpion, ein gelber. Der darf jetzt bloß keine Angst kriegen. Wir müssen nur warten, daß er von dir runterkriecht.«

Es schien unendlich lange zu dauern, bis das Tier mit der tödlichen Dosis in der Schwanzspitze sich bequemte, gemächlich in Richtung Bauch zu krabbeln und sich dann in den warmen Sand fallen zu lassen. Das war der Moment. Die Arme rissen Hans zur Seite, ein Fuß mit einem ausgetretenen Schnürschuh stellte sich schützend zwischen Hans und den Skorpion, und dann kam einer von draußen gerannt mit einer Schaufel in den Händen.

Sie hoben den gelben Skorpion darauf und trugen ihn aus dem Zelt.

»Wir halten ihn übers Feuer«, sagte einer, »das macht ihn fertig.«

Das Feuer in der Mitte zwischen den Zelten glomm noch. Sie kochten dort immer Wasser, um ihren Tee zu bereiten, den besten Durstlöscher in dieser Gluthitze. Nun hielten sie die Schaufel in das glühende Holz und warteten, daß sich das Eisen erhitzte. Es dauerte nicht lange. Noch bevor er verbrannte, jagte sich der Skorpion die giftige Schwanzspitze in den eigenen Körper.

Hans war im Zelt geblieben, hatte sich auf ein Feldbett gehockt und den Kopf zwischen den Armen. Ihm war flau im Magen. Max legte ihm den Arm auf die Schulter.

»Es ist vorbei, Hans. Er hat sich selbst gepiekst.«

Unvermittelt griff Hans nach dem Kopf des Freundes, hielt ihn zwischen seinen Händen fest und drückte ihm einen Kuß auf die Stirn.

»Danke, mein Guter. Das hätte ziemlich böse ausgehen können.«

»Ist schon in Ordnung. Ich muß nun mal auf dich aufpassen, damit es mir nicht zu einsam wird. Und nicht zu langweilig. Hier«, er zauberte ein Glas hinter seinem Rücken hervor, »ich hab dir einen Schluck Rotwein organisiert. Cognac wäre besser, aber der ist aus.«

Dankbar trank Hans das Glas in einem Zug leer. Er schüttelte sich, dann lächelte er wieder.

»Bist ein wirklicher Kumpel. Das war eben auf dein Wohl.«

* * *

Hans konnte sich nicht vorstellen, daß irgendwo auf der Welt, zu irgendeiner Zeit jemals eine Eisenbahnlinie unter auch nur annähernd primitiven Bedingungen entstanden war wie hier in der Unwirtlichkeit der Wüste. Wie war es nur möglich, daß die Nation, die einst zur Revolution und zum Sturm auf die Bastille fähig gewesen war und die Ideale von Freiheit und Menschlichkeit unter die Völker gebracht hatte, sich selbst erniedrigte, indem sie Sklaven hielt?

War es das, was die Franzosen als Kolonialmacht gelernt hatten? Daß man die Verdammten ausbeutete, die Rechtlosen ihrer Würde beraubte und sie ausquetschte wie reife Früchte, um sie danach achtlos wegzuwerfen?

Hans hätte vor Zorn und Empörung über sieben Beete gespuckt, wenn er die Plakate gesehen hätte, die in diesen Tagen in allen größeren Städten Marokkos die französischen Verwaltungsgebäude zierten. »Die Transsahara-Eisenbahn«, hieß es da in dicken Lettern, »ist Ausdruck der Größe Frankreichs zwischen dem abendländischen Teil Afrikas und dem Mittelmeer. Doch die Dritte Republik hat 50 Jahre lang nur endlose Debatten über die Verwirklichung des zukunftsweisenden Projekts geführt, ohne zu einem Ergebnis zu kommen. Eine beherzte Entscheidung des Kabinetts von Staatspräsident Maréchal Pétain hat genügt, die Arbeiten mit sofortiger Wirkung in Gang zu setzen. Gezeichnet Colon, Vize-Konsul.«

Zur gleichen Zeit, datierend vom 15. Mai 1942, kabelte der amerikanische Generalkonsul in Casablanca, Earle H. Russel, an das US-Außenministerium:

> Im Moment sind die Arbeiten an der Transsahara-Eisenbahn nur bis einige Meilen südlich von Kenadsa vorangekommen. Dagegen ist ein gewisser Fortschritt in Richtung Taghit an der Route nach Béni-Abbès festzustellen. Die verantwortlichen Ingenieure schätzen, daß – falls die derzeitige Arbeitsgeschwindigkeit gehalten und die notwendige Versorgung mit Nachschub und Ausrüstung gesichert werden kann – der Streckenbau in vier Jahren den Niger erreichen könnte; den Ort Sfaia, 90 Kilometer südlich von Colomb-Béchar, sogar noch vor Ende des nächsten Jahres. Diese Einschätzung wird allerdings von neutralen und an dem Projekt nicht beteiligten Fachleuten angezweifelt.
>
> Paris soll, so ist hier zu hören, mit dem Fortschritt der Arbeiten nicht zufrieden sein. Dies liegt in erster Linie an der nur geringen Zahl verfügbarer Maschinen, die zudem in der extremen Hitze in hohem Maße reparaturanfällig sind. Hunderte von Männern, alles internierte einstige Freiwillige von Militär und Legion, sind im Einsatz, um unter primitivsten Bedingungen den Mangel an

Maschinen auszugleichen. Ihre Aufgabe ist es vor allem, die Bahndämme aus klein gemahlenen Felsbrocken aufzuschütten. Als Arbeitsgerät stehen ihnen dabei nicht mehr als Spitzhacken, Schaufeln und Eimer zur Verfügung. Dennoch werden auf diese Weise bis zu zehn Kilometer pro Monat geschafft. Stünden den Bautrupps Presslufthämmer und Transporter zur Verfügung, wäre die Arbeitsleistung um ein Vielfaches größer.

Nach unseren Feststellungen sind mehr als fünfzehnhundert der Zwangsarbeiter einstige Freiwillige der französischen Streitkräfte, die nach dem Juni 1940 demobilisiert wurden. In Befolgung der Waffenstillstandsvereinbarung erlaubten ihnen die französischen Behörden nicht die Ausreise, sondern internierten sie in Konzentrationslagern, die zynisch als ›Wohnlager‹ bezeichnet werden. Die deutsche Waffenstillstandskommission, die in Nordafrika über die Einhaltung der Auflagen wacht, bestand darauf, daß der größte Teil der Internierten speziell im Eisenbahnbau eingesetzt wird. Die Mehrzahl der Gefangenen sind spanische Republikaner, jüdische Freiwillige der französischen Fremdenlegion, Polen, Tschechen und Russen, die seit 1939 als Flüchtlinge in Frankreich lebten. Daneben gibt es eine kleine Gruppe von Belgiern und Briten, einige von ihnen ehemalige hochrangige Offiziere in den Armeen ihrer Herkunftsländer, andere Ärzte, Wissenschaftler oder Universitätsprofessoren, die 1939 dem Ruf Frankreichs folgten, sich dem Kampf gegen die deutschen Invasoren zur Verfügung zu stellen. Diese Männer werden ohne Rücksicht auf ihre Verfassung und ihren Gesundheitszustand zu Sklavenarbeit gepreßt, die bei den herrschenden Temperaturen nur schwer zu ertragen ist. Die verbleibenden circa zweitausend Arbeiter sind Eingeborene, von denen ein Drittel angeworben wurde, der Rest demobilisierte Freiwillige, die von der Algerischen Regierung zum Einsatz für Frankreich abgetreten wurden. Es herrscht in Nordafrika zornige Entrüstung über die Art und Weise, in der Frankreich diese Männer behandelt. Selbst französische Offiziere höherer Ränge haben ihren Abscheu zum Ausdruck gebracht und dabei offen ausgesprochen, daß die schlechte Behandlung der einstigen Freiwilligen eine nicht zu rechtfertigende Unterwürfigkeit vor den Deutschen sei, und daß Frankreich durch dieses Verhalten seine Ehre verloren habe. Frankreich werde so nie mehr auf Freiwillige zählen können, wenn es jemals wieder welche brauchen sollte.

Die französische Regierung, der diese Stimmung nicht verborgen geblieben ist, hat eine Reihe von Zeitungsartikeln, vor allem in Frankreich, erscheinen lassen, in denen die ausgezeichnete Behandlung der Arbeiter geschildert wird. Sie werden als enthusiastische Freiwillige bezeichnet, die bestens untergebracht und hervorragend verpflegt würden. Ihre Arbeitsmoral sei so hoch, daß sie darum bäten, Überstunden leisten zu dürfen. Tatsächlich jedoch muß festgestellt werden, daß die Männer zerlumpt herumlaufen, abgemagert und verbraucht sind, einige halb verhungert und von der schweren Arbeit völlig entkräftet. Für die meisten von ihnen gibt es nicht einmal Schuhe, sondern nur selbst fabrizierte Sandalen aus Palmzweigen. Sehr verbreitet an den ausgemergelten Körpern sind wunde Stellen durch aufgeplatzte Hautblasen als Folge der Sonneneinwirkung und Verletzungen durch die Arbeit mit den Steinbrocken.

Unsere Vertrauensleute berichten von Männern, die zu kraftlos waren, um weiterarbeiten zu können, und dafür vom Wachpersonal brutal bestraft wurden. Manche wurden für die Dauer von 48 Stunden ohne einen Tropfen Wasser eingesperrt, andere mußten sich Erdlöcher graben, in denen sie tagelang und nackt ausharren mußten, schutzlos der Sonne des Tages und der Kälte der Nacht ausgeliefert. Es ist uns zugetragen worden, daß auf diese Weise ein ehemaliger Vize-Admiral der spanisch-republikanischen Marine zum Krüppel gemartert worden sei.

Die Nachrichten, die der amerikanische Generalkonsul in die USA absetzte, waren freilich nur ein schwaches Abbild der Wirklichkeit im Arbeitslager. Lediglich zweimal hatten Hans und die anderen im Camp Maschinen zu sehen bekommen. Sie waren auf großen Lastwagen durch die Wüste transportiert worden, um die Planierung der Strecke vorzubereiten. Doch nach wenigen Tagen wurden sie wieder abgezogen, weil die Motoren in der Gluthitze ihren Dienst versagt hatten.

Danach ging die Arbeit für die Gefangenen weiter wie zuvor: kräftezehrende Plackerei, körperliche Qual, stundenlanges Schleppen von Blecheimern voller Steine. Manchmal gab es nicht genug Eimer, dann kauften sie herumziehenden Beduinen Schaffelle ab und nähten sie zu Tragetaschen zusammen, um sie mit den schweren Brocken zu füllen.

Die Steinquader wurden zu Bahndämmen aufgetürmt, mit primitivsten Mitteln gestampft und schließlich mit schweren Holzbohlen zugedeckt. Darauf wurden dann die stählernen Schienenstränge verschraubt, diese glänzenden Monstren, die zu bewegen von Tag zu Tag schwerer fiel. Und als ob dies alles der Plage noch nicht genug gewesen wäre, gab es da noch immer den Leuteschinder Reith.

Einmal, wohl in einem Anfall von Melancholie, hatte er versucht, den Kameraden herauszukehren, als sie in der Kühle der heraufziehenden Dämmerung um ihr kleines Lagerfeuer saßen und heißen Pfefferminztee schlürften. Dieses Zaubergebräu nannten die Einheimischen seiner braunen Farbe wegen »Marokkanischen Whisky« und tranken es bei jeder sich nur bietenden Gelegenheit. Tatsächlich schien es nach der kraftraubenden Arbeit wenigstens einen Teil der Lebensgeister wieder zurückzubringen, jedenfalls stillte es den Durst.

Reith freilich machte sich nicht viel aus Tee. Er hielt eine Rotweinflasche in der Armbeuge, als wiege er einen Säugling, und sah aus, als brauchte er dringend eine Schulter, an die er sich anlehnen konnte. Ohne Zweifel war er ziemlich angetrunken.

Irgendwann im Zuge der Unterhaltung, sprach einer aus der Runde das Wort »Heimat« aus. Noch ehe Hans hatte einwerfen können »Heimat? Die haben wir schon längst nicht mehr«, reagierte Reith wie auf Kommando. Er spulte einen endlosen Monolog herunter, zunächst von der Legion als der wahren Heimat, dann von den verlorenen Söhnen im Eisenbahnlager, die trotz allem des Schutzes ihrer Mutter nicht verlustig gingen, und schließlich von Zuhause, einer großen Schwester und guten Freunden, die heute an allen unterschiedlichen Fronten stünden. Am Ende führte er die

Weinflasche an seine Lippen und leerte sie, ohne abzusetzen, in einem einzigen, gewaltigen Zug.

Schweratmend rülpste er kräftig und lallte: »Ich will euch mal was sagen. Ihr seid zwar nicht viel wert, ziemliches Pack sogar, aber ihr wart immerhin auch mal Legionäre. Selbst wenn ihr Juden seid, wart ihr doch Legionäre. Und ein Legionär ist der wertvollste Mensch auf der Welt. Weil er, auch wenn er Gesindel war, durch die Mutter aller Armeen zum Menschen erzogen wurde.«

Passenderweise rülpste er an dieser Stelle wieder.

»Vielleicht, wenn ihr euch bewährt habt, werdet ihr erneut in die Legion aufgenommen. Dann sind wir wieder richtige Kameraden. Prost.«

Nochmals hob er die Flasche an den Mund, merkte, daß sie leer war, und warf sie wütend hinter sich in den Sand.

Keiner in der Runde hatte ein Wort gesagt. Sie sahen einander an, verdrehten die Augen oder starrten ergeben in den inzwischen dunklen Sternenhimmel über ihren Köpfen.

Einer flüsterte leise: »Er säuft – und ich muß gleich kotzen«.

Dann ließ Reith sich aus seinem Schneidersitz einfach nach hinten kippen, streckte die Beine aus und begann zu schnarchen.

Max Wiener verzog das Gesicht: »Was hat er gesagt? Die Legion macht aus Gesindel noch Menschen? Seit ich diesen Kretin kenne, weiß ich, andersherum wird ein Schuh draus. Zwei Gründe gibt es, weshalb ich mich danach sehne, daß der Krieg bald vorbei und Deutschland im Eimer ist, zusammen mit allen Kollaborateuren. Der eine ist Reith.«

»Und der andere?«, fragte einer aus der Runde.

»Der andere ist Hitler. Nur so, der Vollständigkeit halber.«

* * *

Im Spätsommer 1942 wurde Hans ernstlich krank. Seit Tagen hatte er sich schwach gefühlt, in der kühlen Nacht plötzliche Schweißausbrüche bekommen und noch mehr Decken gebraucht als ohnehin üblich. Dann kamen die Magenschmerzen, die sich zu schweren Krämpfen auswuchsen, und schließlich der Durchfall.

Reith ließ ihn Chinin-Tabletten gegen das Fieber schlucken, doch Hans' Zustand verschlechterte sich zusehends. Obwohl er kaum noch aß, verbrachte er mehr Zeit im Latrinenzelt als irgendwo anders.

»Lassen Sie sich etwas einfallen, Sergeant«, sagte Max, »ich bitte Sie. Es geht ihm verdammt schlecht. Ich bitte Sie wirklich.«

»Nenn mir einen triftigen Grund, warum ich dieses arbeitsscheue Element ins Krankenhaus bringen lassen sollte. Der will sich doch dort nur auf die faule Haut legen, während wir hier unsere Pflicht tun. Ich wüßte wirklich nicht, warum ich diesem Jammerlappen nachgeben sollte.«

»Weil«, antwortete Max ohne zu überlegen, »die alte Sache zwischen uns von meiner Seite damit vergessen wäre. Ich werde nie mehr darüber sprechen. Nur noch Ihr ausgeprägtes Verantwortungsbewußtsein gegenüber Ihren Untergebenen bezeugen.«

Reith überlegte einen Moment, schürzte nachdenklich die Lippen, als wäge er das Angebot sehr sorgsam ab, und verkündete: »Na schön, *d'accord*. Mit dem nächsten Transporter kann er fahren. Ich bin ja schließlich kein Unmensch.«

Am nächsten Tag wurde Hans von dem Wasser-Lastwagen ins Basislager mitgenommen, in jenes Camp, das noch keiner von ihnen gesehen hatte und das sie sich immer ausmalten, als wäre es ein Palast so groß und glänzend wie der des Harun al Raschid.

Max' Vorschlag, als Begleiter mitzufahren, wurde von Reith abgelehnt. Immerhin bat er die beiden Legionäre im Führerhaus des Transporters, ihm bei ihrer nächsten Tour über den Zustand des Patienten zu berichten.

Das Basislager, etwa zwei Fahrtstunden entfernt, war alles andere als ein Palast. Aber es hatte ein Krankenzelt, und dort wurde Hans von einem Sanitäter in Empfang genommen, der ihn kurz begutachtete und dann wissend mit dem Kopf nickte.

»Du hast eine Dysenterie, mein Freund. Da scheißt du dir die Seele aus dem Leib. Ich bin ziemlich sicher, aber ich hole besser doch den *Docteur*.«

Die Diagnose war richtig. Auch der Stabsarzt, ein Capitaine mit einem schwarzen Menjou-Schnurrbärtchen, ordnete die Symptome sofort als Dysenterie amebienne ein, als Amöbenruhr:

»Ich denke, mein Lieber, Sie bleiben erst einmal bei uns, bis wir Sie wieder auf die Beine gekriegt haben. Und wenn ich Sie mir so recht anschaue«, und dabei ließ er seine Hände tastend über den Körper des Patienten gleiten, »würde Ihnen das auch ohne akute Erkrankung ganz gut tun. Sie sind ganz schön ausgezehrt.«

Zum Sanitäter gewandt sagte er: »Der Mann bleibt bis auf weiteres bei uns. Und, Jean-Marie, achten Sie darauf, daß er bald wieder zu Kräften kommt. Sonst stirbt er uns noch unter den Händen weg.«

Hans war viel zu mitgenommen, als daß er die Worte des Arztes in ihrer ganzen Bedeutung erfaßt hätte. Außerdem bedurfte sein Französisch dringend der Auffrischung, denn im Camp hatten sie alle nur deutsch miteinander gesprochen.

Jean-Marie war Corporal, und er war ein feiner Kerl. Als es Hans wieder besser ging, unterhielt er sich gern und ausgiebig mit dem Sanitäter. So erfuhr er, wie es tatsächlich in der Welt aussah, nicht nur durch die häppchenweise ausgestreuten Berichte der Lastwagenfahrer von der Transportkompanie.

Er hörte vom Krieg auf dem Balkan und im Orient, vom Kampf der Briten gegen die Deutschen in Ägypten und Libyen, vor allem aber von den Einheiten der Legion, die ins Lager des Freien Frankreich von General de Gaulle überwechselten. Das interessierte Hans natürlich am brennendsten.

»Wo steht ihr denn eigentlich, Jean-Marie?«

Der Corporal strich sich mit der flachen Hand übers Kinn.

»Wir stehen zum Maréchal. Noch. Ich habe aber das Gefühl, daß sich bald etwas tut. Was ich so höre, nimmt die Sympathie für de Gaulle zu, obwohl er bei unseren höheren Offizieren nach wie vor als Verräter gilt. Und schließlich ist er dafür auch zum Tode verurteilt worden.«

»Wie kann jemand«, fragte Hans, »als Verräter gelten, wenn er kein anderes Ziel hat, als sein Land von der Besatzung durch eine feindliche Macht zu befreien? Ich verstehe das nicht. Anstatt stolz zu sein, daß wenigstens einer da ist, der Frankreichs Freiheit verteidigt, schämt ihr euch für ihn und winselt vor den Nazis wie der Hund um die Wurst. Was ist nur aus Frankreich geworden?«

Der Corporal legte seine beiden Arme auf Hans' Schultern, um ihn leicht in die Kissen zu drücken.

»Reg dich nicht auf, *mon ami*, dafür bist du noch nicht kräftig genug. Und außerdem, mich brauchst du nicht zu überzeugen. Ich warte nur darauf, daß wir offiziell zum Freien Frankreich überlaufen. Versteh doch, Du bist EVDG, ein Freiwilliger für die Dauer des Krieges. Das heißt, du hast politische Ideale und Ziele. Wir, die Legionäre, die wir unabhängig von einem bestimmten Krieg eingetreten sind, wir haben auch Ideale. Und die verlangen von uns bedingungslose Treue zur Nation und absolute Unterordnung unter unsere Militärführung.«

Hans richtete sich auf: »Ein Legionär fragt nicht, ein Legionär gehorcht. Ist es das, was du meinst? Das war einmal, Jean-Marie. Die Nazis haben einen Weltenbrand entfacht. Das ist kein bloßer Krieg um Territorien und Ressourcen, nicht mehr der Imperialismus der Kolonialzeit. Das ist ein Glaubenskrieg. Die Herrenmenschen sind angetreten, sich die Welt untertan zu machen. Ihre diffuse Rassenlehre macht doch alles zu Untermenschen, was nicht blond und blauäugig ist. Und ausgerechnet euer Frankreich biedert sich dem Erbfeind an wie eine billige Hure. Daß ihr von den Angreifern überrannt wurdet, hätte gereicht. Aber ihnen auch noch um den Hals zu fallen und laut ›Danke‹ zu rufen, das ist zuviel.«

»Ich sage dir doch, wo ich stehe. Aber noch ist der Konflikt zwischen politischer Überzeugung und Einhaltung unseres Ehrenkodex nicht gelöst. Ich wiederhole, es ist etwas in Bewegung, da wird sich was tun. Zuhause hat sich eine Résistance formiert, die den deutschen Besatzern das Leben schwer machen und eine innere Front eröffnen will. Mit britischer Hilfe. Unsere Regierung wird bald wakkeln. Daß jemand wie du wieder gesund gepflegt wird, ist ein Symbol. Nicht nur, damit du wieder mit uns kämpfst und vielleicht dein Blut vergießt. Sondern weil die Führung sich neuorientiert. Ich habe das Gefühl, es ist bald soweit.«

Das Gefühl trügte nicht, nur mit dem »bald« haperte es. Es dauerte noch einige Monate, bis die Macht des greisen Maréchal auch in der Legion gebrochen war und das Freie Frankreich als einzige legitime Vertretung der Franzosen akzeptiert wurde. Bis dahin hatte das Regime Pétain vieles übernommen, was der große Bruder Deutschland verlangt hatte: Es gab Sondergesetze gegen die Juden, Deportationen und sogar, seit Ende Mai, die Verordnung, den gelben Stern zu tragen. Es gab die berüchtigte Radioansprache von Pierre Laval, der noch im Juni erklärte: »Ich hoffe auf einen Sieg Deutschlands«.

Wie um diese Hoffnung zu bestätigen, hatte die deutsche Wehrmacht die innerfranzösische Demarkationslinie überschritten, hielt also nunmehr das ganze Land besetzt. Pétains Politik der Kollaboration, der bedingungslosen Unterwerfung unter die Wünsche des Feindes, hatte versagt. Und dann kam der 27. November 1942, der Tag, an dem die französische Marine nahezu ihre gesamte Flotte im Militärhafen von Toulon in die Luft jagte, um die Schiffe nicht in die Hände der Deutschen überführen zu müssen.

Es war, als hätte man den großen Knall der Selbstzerstörung noch an den gegenüberliegenden Küsten des Mittelmeers gehört. Die Befreiung mußte zum Greifen nahe sein.

* * *

Im Deutschen Reich waren unterdessen alle Juden, die zu lange gewartet hatten und nun an jeder Ausreise gehindert wurden, ganz offiziell und durch eine Reihe einschlägiger Verordnungen zu Parias abgestempelt worden. Wie Rinder einer großen Herde hatte man sie für jedermann kenntlich gemacht, hatte sie gezwungen, sich einen handtellergroßen gelben Stern mit der schwarzen Aufschrift »Jude« an ihre Jacken und Mäntel zu heften. Man hatte ihnen verboten, ohne polizeiliche Erlaubnis die Grenzen ihrer jeweiligen Stadt zu verlassen, man hatte ihnen alle Wertsachen abgenommen, längst auch die letzten Geschäfte arisiert, die bis dahin noch in jüdischem Besitz geblieben waren. Die Phantasie der Nazi-Bürokraten war schier unerschöpflich. Manche der staatlich verordneten Juden-Erlasse waren einfach nur noch skurril, wie jener etwa, der Juden verbot, Blinden-Binden zu tragen.

Längst war das große Textilgeschäft »Moritz Neumann Erben« in andere Hände übergegangen. Der Preis, den Lotte und Günther dafür bekommen hatten, war so lächerlich gering, daß er nicht einmal ausreichte, die zusätzliche Pflichtabgabe für den Verkauf zu bestreiten. Jetzt lebten sie von dem bißchen Ersparten, das Lotte als Notgroschen auf die Seite gelegt hatte. Und selbst damit verstießen sie gegen den Erlaß, der Juden den Besitz von Schmuck und Erspartem untersagte.

Lotte und Günther lebten weitgehend isoliert. Kontakt hatten sie nur noch zu Frau Sorg aus dem Dachgeschoß, einer älteren Frau, deren Mann zum Rußlandfeldzug eingezogen und deren einziger Sohn im Jahr zuvor bei Rommels Afrika-Feldzug gefallen war.

»Eritrea?«, hatte Frau Sorg gefragt, als sie Lotte weinend die schriftliche Nachricht des Oberkommandos der Wehrmacht zeigte, »Eritrea? Wo liegt das überhaupt?«

Lotte hatte einen Atlas aus dem Regal gezogen und Frau Sorg gezeigt, wo Eritrea lag.

»So weit weg«, hatte die Frau nur gestaunt, »was in aller Welt hat er denn dort nur gewollt?«

»Ja«, hatte Lotte leise und bitter wiederholt, »was in aller Welt hat er dort nur gewollt?!«

Frau Sorg war eine einfache Frau, aber eine gute Seele. Sie sorgte für die beiden Neumann-Geschwister, kaufte gelegentlich für sie ein, vor allem Lebensmittel, die an Juden nicht mehr verkauft werden durften – Fleisch also, Eier, Milch und Mehl. Und sie schien sich keine Gedanken darüber zu machen, daß sie, wenn man sie ertappte oder denunzierte, größte Unannehmlichkeiten erwarteten. Lotte steckte ihr dafür immer etwas mehr Geld zu, als der Einkauf gekostet hatte. Insgeheim bewunderte sie die Courage der kleinen Frau.

»Wir sind Ihnen so dankbar«, sagte sie ihr einmal, als sie bei einer Tasse Kaffee in der Küche saßen, »aber das ist nicht ganz ungefährlich. Sie wissen, daß Sie etwas tun, was verboten ist.«

»Lassen Sie mal gut sein«, beruhigte sie Frau Sorg, »Ihr Vater und Sie waren immer gut zu mir. Sie haben mich behandelt, als wäre ich eine große Kundin, und Sie haben mir gute Preise gemacht und mich auch schon mal anschreiben lassen. Sie haben mir gezeigt, daß diese ganze böse Judenhetze erlogen ist.«

»Aber«, wandte Lotte ein, »Sie könnten sich in größte Schwierigkeiten bringen.«

Frau Sorg winkte ab: »Was wollen die mir noch wegnehmen! Meinen Sohn haben sie mir schon genommen. Und ob ich meinen Karl jemals wieder sehe? Wer weiß das schon.«

Gerade hatte Frau Sorg die Wohnungstür der Neumanns hinter sich zugezogen und war die Stufen nach oben gegangen, in ihre bescheidene Dachwohnung, da schellte es wieder. Günther, der sich seit Monaten mehr und mehr in sich zurückgezogen hatte, kaum mehr Bücher las und sich auch nur noch selten mit der Schwester unterhielt, sah kurz auf, blickte die Schwester an. Die Furcht stand ihm ins Gesicht geschrieben.

»Keine Bange«, beruhigte Lotte schnell, »das wird Frau Sorg sein. Wahrscheinlich hat sie etwas vergessen.«

Im Türrahmen stand nicht Frau Sorg. Es war Herr Neudert, Friedrich Neudert, der zwei Häuser weiter wohnte und der vom Amt war. Von welchem Amt genau, das wußte Lotte nicht. Vom Amt eben.

Friedrich Neudert hatte den Hut abgenommen und drehte den Filzrand unbeholfen in den Händen. Als Lotte ihn fragend anblickte, machte er einen entschlossenen Schritt in das Innere der Wohnung, schob Lotte sanft zurück, räusperte sich und sagte leise: »Ich hätte Sie gern mal gesprochen, Fräulein Neumann. Vielleicht gehen wir besser rein.«

Im Wohnzimmer nahm Neudert auf dem Stuhl Platz, den Lotte ihm mit einer Handbewegung angeboten hatte, strich sich nervös über das schüttere graue Haar, blickte von Lotte zu Günther und wieder zurück.

»Ich wollte Sie mal kurz sprechen wegen der Umsiedlungsaktion für Juden. Ja, und deshalb bin ich hier. Um Ihnen zu helfen, sozusagen.«

»Umsiedlungsaktion? Was denn für eine Umsiedlungsaktion?« Lotte runzelte die Stirn.

Neudert schien sich plötzlich noch unwohler zu fühlen.

»Haben Sie denn die amtliche Nachricht noch nicht bekommen? Es ist doch alles schon in die Wege geleitet.«

Als Lotte mit Nachdruck verneinte, begannen sich Schweißperlen auf Neuderts Stirn zu bilden, er tat, als wischte er eine imaginäre Haarsträhne aus dem Gesicht, dann drehte er wieder den Hut zwischen den Händen.

»Sie werden es dann wohl morgen mitgeteilt bekommen. Ich bin anscheinend ein bißchen früh gekommen. Na ja, nichts für ungut. Ich habe ja auch nichts gesagt.«

Als er Anstalten machte sich zu erheben, hieß Lotte ihn mit leichtem Druck auf die Schulter sich wieder zu setzen.

»Bitte, Herr Neudert, darf ich erfahren, worum es eigentlich geht? Wenn wir es ohnehin mitgeteilt bekommen, können Sie es uns auch gleich sagen. Deshalb sind Sie doch gekommen, oder?«

Neudert blickte unsicher auf seine Hände, die unablässig den Hut drehten, und stammelte ohne aufzusehen: »Alle Juden aus dem Reich werden jetzt in den Osten umgesiedelt. Da wird es spezielle Judenstädte geben, in denen Sie unter sich sind. Und ich habe mir halt gedacht, wenn Sie sowieso umziehen, dann können Sie ja Ihren Hausstand gar nicht mitnehmen. Also, jedenfalls nicht alles. Wo das doch so schöne Möbel sind, die noch von Ihren lieben Eltern stammen. Und da haben wir halt gedacht, also meine Frau und ich, wir haben gedacht, daß wir … also, wenn Sie sich ja sowieso von den Sachen trennen müssen, und bevor irgendwer anderes das alles kriegt … Bei uns wissen Sie wenigstens, daß es in anständige Hände kommt. Und außerdem wissen Sie ja gar nicht, wie groß überhaupt die Wohnung sein wird, die Sie in Auschwitz bekommen werden. Die Gardinen werden bestimmt nicht passen, und wir hätten schon Verwendung dafür.«

Lotte fühlte sich wie vor den Kopf bestoßen.

»Wieso müssen wir denn umziehen? Und dann nach Osten? Wo liegt denn überhaupt dieses Auschwitz? Herr Neudert, Sie sind doch bei der Behörde. Sagen Sie es mir. Bitte.«

Neudert war aufgestanden.

»Ich glaube, Frau Neumann, ich habe Ihnen schon mehr gesagt als gut ist. Ich glaube, ich gehe besser. Und verraten Sie mich nicht. Sagen Sie bitte niemandem, daß wir miteinander gesprochen haben. Das wäre nicht gut für uns beide. Sie wissen ja, das kann in diesen Zeiten sehr schnell gehen. Auf Wiedersehen, also. Und wenn Sie noch mal an die Sache mit den Gardinen denken wollen ...«

Eilig ging er aus dem Wohnzimmer durch den Flur, schaute sich im Hausflur um und zog eilig die Tür hinter sich ins Schloß.

* * *

Hans war inzwischen ins Zeltlager zurückgebracht worden, von den Kameraden mit Freude und von Max mit sichtlicher Rührung begrüßt. Begierig ließen sie sich von ihm berichten, machten schon Pläne für die Zeit »danach« und waren plötzlich wieder voller Hoffnung und Zuversicht.

Die Realität holte sie schnell ein. Und sie hatte einen Namen: Thomas Reith. Er hatte wohl gemerkt, daß sich die Stimmung in »seiner« Truppe veränderte. Aber noch hatte er hier das Sagen. Also organisierte Reith das, was er einen Appell nannte, ließ die zerlumpten Gestalten vor sich antreten und hielt eine Rede.

»Damit ihr es wißt, ich werde keine Disziplinlosigkeit zulassen. Sollte einer unter euch sein, dem meine Maßnahmen nicht ausreichen, um Ordnung in die Truppe zu bringen, dann kann er es gerne mal mit Ain-el-Ourak versuchen. Ich werde niemanden daran hindern. Die warten dort nur auf Typen wie euch.«

Die Drohung saß. Ain-el-Ourak, das wußten alle, war wirklich die Hölle. Es war nur ein paar Kilometer von ihrem Wüstenloch entfernt, aber es mußte Welten schlimmer sein, auch wenn sie manchmal eine Steigerung ihres Elends nicht für möglich hielten. Ain-el-Ourak war das Straflager für die Zwangsarbeiter im Eisenbahnbau, ein Ort der *tombeaus* für die Unglücklichen, die als Befehlsverweigerer galten oder ihr Arbeitspensum nicht geschafft hatten.

Ein Goumier, ein marokkanischer Soldat im Dienst der Franzosen, wurde neben dem Grab postiert, einen Berg Steine neben sich. Seine Aufgabe bestand darin, immer, wenn ein Gefangener auch nur den Kopf hob, mit Steinen auf ihn zu werfen. So mußten sie dort liegen, nicht nur ein, zwei Tage, sondern in der Regel zwei Wochen, verdammt zur Unbeweglichkeit, gefoltert von der sengenden Hitze des Tages und der Kälte der Nacht, von Insekten und dem Sand, der durch die geschlossenen Augenlider drang, in Nase, Mund und Ohren. Viele hielten die Tortur nicht durch oder wurden von den Marokkanern zu Tode gesteinigt. In der Sprache der Verdammten hieß Ain el Ourak nicht ohne Grund das Camp der zertrümmerten Schädel.

Doch dann geschah etwas, worauf keiner von ihnen zu hoffen gewagt hatte. Nur wenige Tage nach der Sprengung der Flotte in Toulon fuhr ein Jeep im Camp vor. Es stiegen zwei Offiziere aus, einer in der Uniform des Freien Frankreich, der andere ein Capitaine der Legion. Sie sprachen kurz mit Reith, hießen dann die zerlumpten Gestalten antreten, die sich sichtlich Mühe gaben, einer disziplinierten Truppe zu ähneln, dann wandte sich der Offizier mit dem Lothringer Kreuz auf dem britischen Uniformhemd an die Männer.

»Meine Herren, mein Name ist Henri Dollisy. Ich grüße Sie als Lieutenant der Armee des Freien Frankreich von General Charles de Gaulle. Ich entschuldige mich bei Ihnen für alles, was Ihnen auf Weisung einer Regierung angetan wurde, die keine Legitimation hatte, die sich in schändlicher Weise mit dem Feind verbündet und unser Land ins Unglück gestürzt hat. Ich kann Ihnen mitteilen, daß der böse Zauber gebrochen ist. Ab sofort sind Sie wieder freie Menschen. Sie können gehen, wohin Sie wollen.«

Der Offizier machte eine Pause, um seine Worte wirken zu lassen und den einsetzenden Jubel abzuwarten. Es war mehr als Jubel, es war ein Freudentaumel. Sie lagen einander in den Armen, warfen ihre Mützen in die Luft. Wie kleine Kinder hüpften sie durch den Wüstensand, lachten und weinten zugleich, klopften sich auf die Schultern, und einer lief sogar auf den Capitaine zu, um ihm rechts und links zwei Küsse auf die Wangen zu drücken. Der ließ es geschehen, grinste ein wenig verlegen und bemühte sich, gleich wieder staatstragend dreinzuschauen.

Als die erste Begeisterung abgeebbt war, fuhr der Offizier fort: »Sie sehen hier«, und dabei tippte er auf das kleine rautenförmige Abzeichen an seiner Brust, das auf blauem Untergrund das rote lothringische Doppelkreuz zeigte, »das Zeichen des Freien Frankreich. Frei sind jetzt auch Sie. Wir werden Sie so schnell wie möglich nach Meknès bringen lassen, wo Sie sich ausruhen und stärken können. Nur können wir Sie leider nicht in Ihre Heimat zurückbringen. Denn dort regieren nach wie vor die Nazis. In meine Heimat können wir Sie ebenso wenig bringen, weil auch die noch von den Besatzern beherrscht wird. Sollten Sie aber, nach allem, was Ihnen in den letzten beiden Jahren widerfahren ist, von uns Franzosen die Nase noch nicht ganz voll haben, so biete ich Ihnen an, den Kampf gegen Nazi-Deutschland gemeinsam mit uns fortzusetzen. Wer möchte, wird ab sofort mit allen Ehren wieder in die Legion aufgenommen und erhält seinen Sold nachgezahlt. Sie wären zwar offiziell Legionäre, aber Sie würden der regulären Armee unter General de Gaulle angehören, als Soldaten des Freien Frankreich – und Sie wären uns hoch willkommen Wir sehen uns in Meknès wieder. Dort werde ich Sie fragen, welchen Weg Sie gehen wollen. So oder so, ich danke Ihnen für alles, was Sie während der schweren Zeit an diesem Ort hingenommen und geleistet haben.

Übrigens, in etwa einer Stunde wird ein Lastwagen hier ankommen, der Ihnen Fleisch und Wein für ein Festmahl bringt. Der Fahrer wird in diesem Camp übernachten. Wer möchte, kann schon morgen von hier verschwinden. Alles Gute und *bonne chance.*«

In dieser Nacht betranken sie sich mit Rotwein. Das war nicht sonderlich schwer, denn sie waren keinen Alkohol mehr gewöhnt und hatten körperlich auch nichts zuzusetzen, um den ungewohnten Genuß zu verarbeiten. Trunken von Alkohol und vor Freude feierten sie im Kreis um ein großes Feuer und jubelten ausgelassen.

»Weißt du schon, wie du dich entscheiden wirst?«, fragte Max den Freund.

»Eines weiß ich bestimmt, Max, die Legion ist für mich passé.«

»In dem Punkt wären wir uns also einig. Aber wie geht's weiter?«

»Frag mich morgen«, erwiderte Hans und nahm einen kräftigen Schluck Wein.

* * *

Am nächsten Tag hatten sie alle ordentliche Brummschädel. Aber da sie ihre erzwungene Beschäftigung bei der französischen Staatsbahn ein für allemal eingestellt hatten, konnten sie nun in Ruhe das Nichtstun genießen. Und vor Freude über das Wunder, das gestern so plötzlich über sie gekommen war, vergaßen sie bald auch ihre Kopfschmerzen

Als der Fahrer des Lastwagens sich anschickte loszufahren und fragte, wer mitkommen wolle, gingen alle Arme nach oben. Keiner wollte auch nur eine Sekunde länger als unbedingt notwendig an diesem unwirtlichen Ort bleiben. Dem Fahrer war das recht.

»Dann klettert mal hoch und macht es euch bequem. Ich will los.«

Sergeant Reith war irritiert: »Moment. Das geht so nicht. Ihr könnt doch nicht alle auf einmal verschwinden. Dann ist das Lager ja verlassen.

Max ritt offenbar wieder der Teufel, nur daß es diesmal eindeutig ungefährlicher war.

»Bitte den Herrn Sergeanten, reden zu dürfen.«

»Ja, Wiener, was gibt's?«

»Bitte den Herrn Sergeanten aufmerksam machen zu dürfen, daß das Lager nicht verlassen sein wird. Denn einer wird zurückbleiben.«

»So?« fragte Reith und zog die Augenbrauen zusammen, »und darf ich vielleicht auch erfahren, wer der Glückliche ist?«

Max prustete vor Vergnügen: »Na, Sie doch, Sergeant. Sie haben nämlich die Verantwortung für das Camp. Uns hat man ja, wie Sie gestern hören konnten, entlassen. Selbst wenn wir wollten, wir dürften gar nicht mehr bleiben.«

Unterdessen waren alle anderen auf den Lastwagen geklettert, der Fahrer ließ den Motor aufheulen und fuhr an. Einige winkten Reith, der plötzlich ganz hilflos im Sand zu stehen schien, noch fröhlich zu, andere warfen Kußhändchen.

Max versuchte Haltung anzunehmen, was bei dem schaukelnden Lastwagen nicht einfach war.

»Salut, Sergeant. Ein guter Legionär hält aus bis zur letzten Patrone. Machen Sie's schlecht. Und auf Nimmerwiedersehen.«

Während sie auf der blanken Ladefläche hin und her geschaukelt wurden und den warmen Fahrtwind um ihren Kopf streichen fühlten, sprach keiner mehr ein Wort. Jeder für sich, hingen sie ihren Gedanken nach.

Max ergriff als erster wieder das Wort: »Was denkst du, Hans? Was wird jetzt aus uns werden?«

Hans atmete tief ein und ließ die Luft wieder entweichen. Dann fragte er: »Würdest du es noch einmal mit der Legion versuchen?«

Max schüttelte den Kopf.

»Siehst du, ich eigentlich auch nicht. Kannst du nach Hause, in dein schönes Wien?«

Wieder verneinte Max mit einem Kopfschütteln.

»Siehst du, ich auch nicht. Und wir beide wissen doch im Moment noch nicht einmal, wo die Nazis denn überall eingefallen sind, und welche Länder noch auf ihrer Liste stehen. Merkst du was, Max? Wir sind heute nicht klüger, als wir das in Amsterdam waren. Also müssen erst mal die Nazis weg, dann können wir auch wieder Pläne schmieden.«

»Heißt das etwa, daß du beim Freien Frankreich mitmachen willst?«

»Hast du eine bessere Idee, Max?«

Die Hitze, die lange Nacht des ausgelassenen Feierns, die körperliche Erschöpfung durch die langen Monate der Internierung, all das ließ ihnen sehr bald die Augen zufallen. So dösten sie vor sich hin, nur ab und an schreckten sie vom Schaukeln des Wagens kurz auf, um sofort wieder den Kopf sinken zu lassen.

In Meknès zeigte sich, daß Lieutenant Dollisy fest damit gerechnet hatte, die meisten aus der Gruppe in der Armee des General de Gaulle wiederzusehen.

»Ihr werdet hier nur kurz bleiben, während man euch einkleidet und versorgt. Und dann sehen wir weiter, wo ihr eingesetzt werdet. Bis dahin habt ihr noch ein paar Tage, um ein bißchen zu entspannen und zu faulenzen – falls ihr noch wißt, wie man das macht. Ach ja, und für den Fall, daß ihr in der Stadt etwas zu erledigen habt … Die Regierung schuldet euch noch einigen Lohn für zwei Jahre im Eisenbahnbau. Fürs erste bin ich befugt, jedem von euch 100 Francs auszuzahlen. Damit ihr ausprobieren könnt, wie die Freiheit schmeckt.«

Noch am selben Abend gingen Hans, Max und ein paar Kameraden auf Erkundungstour in die Stadt, frisch gewaschen, rasiert und in den ersten sauberen Uniformen seit zwei Jahren. Sie hatten sich vorgenommen, ganz geruhsam durch die Straßen zu schlendern, so als hätten sie einen freien Tag nach einer Woche üblichen Wachdienstes. Aber aus der Ruhe wurde nicht viel. Sie waren aufgeregt wie kleine Kinder vor der Bescherung am Weihnachtsabend, konnten die vielen Eindrücke kaum fassen, die auf sie einstürzten, das Gefühl, sich als freie Menschen in einer der großen Städte Nordafrikas zu bewegen, ohne daß jemand sie mit Befehlen traktierte.

Als ihnen eine Gruppe von vier Legionären begegnete, ritt Hans plötzlich der Teufel. Er stellte sich den vieren in den Weg und fragte sie mit einem Ausdruck schüchtern wirkender Bescheidenheit: »Entschuldigung, die Herren, wir suchen hier ein Anwerbebüro der Legion? Sie wissen doch bestimmt, wohin wir uns wenden müssen.«

Einer aus der Gruppe, ein untersetzter Vollbärtiger, sah Hans ungläubig an.

»Was wollt ihr denn in der Legion? Da werden Männer gebraucht.«

Er drehte sich beifallheischend zu seinen Kumpanen um, die erwartungsgemäß in dröhnendes Gelächter ausbrachen.

»Na ja«, gab Hans zurück, »wir haben uns gedacht, es könnte der Legion nichts schaden, wenn sie auch mal ein paar anständige Männer in ihren Reihen hätte. Deshalb wollten wir mal nachfragen.«

Dem Vollbärtigen war das Lachen vergangen.

»Was soll das heißen ›anständige Männer‹? Soll das eine Beleidigung sein?«

»Um Himmels willen, nein«, beeilte sich Hans zu versichern, »es ist nur so, daß die meisten in der Legion selbst eine Beleidigung sind – und zwar für die gesamte Menschheit.«

»Habt ihr das gehört, Leute?«, der Vollbart drehte sich empört zu seinen Leuten um, »dieser Pisser erlaubt sich, unsere Mutter in den Dreck zu ziehen.«

Jetzt war es Hans, der sich aufplusterte, soweit dies bei einem geschundenen und ausgemergelten Körper wie seinem überhaupt möglich war.

»Vorsicht, Freunde, die Pisser sind Soldaten des Freien Frankreich und stehen unter dem Befehl von General de Gaulle. Und was eure Mutter angeht, die kennen wir sehr gut. Allerdings haben wir sie als Hure kennengelernt. Ach ja, wie sagt man auf französisch noch zu den Kindern einer Hure …?«

Das war des Guten nun allerdings zuviel. Die vier Legionäre nahmen ihre weißen *képis* ab, legten sie sorgsam zur Seite und gingen in Kampfhaltung.

Doch dabei blieb es auch, denn Max trat vor, hob beschwichtigend die Arme und sagte kühl: »Laßt es gut sein, Männer. Unser Kamerad hat sich nur einen Spaß erlaubt. Er ist, zugegeben, ein bißchen in die Hose gegangen. Aber ihr sollt wissen, daß ihr es hier mit ehemaligen Legionären zu tun habt. Und wenn ihr genau zählt, seht ihr, daß wir mehr als doppelt so viele sind wie ihr. Außerdem wissen wir so gut wie ihr, was Legionären blüht, wenn sie Ausgang haben und in eine Schlägerei geraten. Also habt ihr so oder so die schlechteren Karten.«

Die Belehrung tat ihre Wirkung, die beiden Gruppen verharrten noch einen Moment in drohender Haltung, dann griffen sich die vier ihre *képis* und setzten mit haßerfüllten Gesichtern ihren Weg fort, wortlos, aber ohne Handgemenge.

Als sie um die nächste Ecke bogen, stemmte Max die Arme in die Hüften und blies Hans an: »Spinnst du eigentlich? Was sollte denn dieser Quatsch? Du hast wohl in den vergangenen zwei Jahren noch nicht genug Fäuste zu spüren bekommen, du Blödian.«

»Hast ja recht«, gab Hans etwas kleinlaut zu, »aber wem außer Legionären soll ich denn erzählen, was für ein Haufen Mist dieser Laden ist. Es mußte einfach sein. Das hat mir schon viel zu lange auf der Seele gelegen. Und außerdem«, er blickte Max entschuldigend an, »habe ich dabei an Reith gedacht. Also entschuldigt! Laßt uns was essen gehen.«

Marokkanische Spezialitäten fanden sie reichlich. An jeder Straßenecke gab es Stände, Buden oder kleine Restaurants. Überall roch es verführerisch nach den Gewürzen des Orients. Einmal mehr wurde ihnen bewußt, was sie während ihrer Zeit in der Wüste alles hatten entbehren müssen. In einem kleinen Hinterhof fanden sie schließlich ein Lokal, das ihnen besonders verlockend erschien. Es hieß »Couscous« und bot auf der kleinen, ziemlich verdreckten Speisekarte zahlreiche Variationen der immer wieder gleichen Nationalspeise Marokkos. Couscous mit Lamm, Couscous mit Geflügel oder Couscous mit Fleischbällchen.

Sie bestellten von allem etwas, dazu ein paar Flaschen *Rouge* und, als Vorspeise, einen *Salada matbucha*, eine rote Soße aus Paprika, Tomaten und von einer Schärfe, die ihnen nach den ersten Bissen vom Hals bis hinunter in den Magen brannte. Dann bekamen sie mehrere große Tabletts mit wahren Bergen von Couscous darauf, nur Besteck gab es keins.

»Wenn ich das so sehe, bin ich gar nicht sicher, ob wir wirklich in die Zivilisation zurückgekehrt sind«, beschwerte sich einer aus der Gruppe, »hier geht's ja zu wie bei uns im Lager.«

Walter Czerniak, ein kleiner Tscheche aus Brünn, hob schnell den Arm, um den Wirt herbeizurufen.

»Es fehlen Messer und Gabel, und Löffel wären vielleicht auch nicht schlecht. Aber Beeilung bitte, wir sind ziemlich hungrig.«

Der Patron lächelte freundlich, ohne sich von der Stelle zu rühren

»Hunger«, wiederholte Czerniak, »verstehen Sie, wir wollen essen, aber wir wissen nicht, womit.«

»Vous permettez, Messieurs«, sagte der Patron verbindlich, öffnete dabei den Mund zu einem breiten Lächeln und entblößte ein Gebiß aus abwechselnd schlechten und nicht mehr vorhandenen Zähnen. Dann setzte er sich zu ihnen, griff in den Couscous-Berg und schaufelte sich eine Handvoll heraus. Die fette Masse rollte er zwischen beiden Händen zu einer Kugel, sah sie kurz prüfend an und bot sie dann seinem Nachbarn zum essen an.

Als der dankend und ein bißchen erschrocken ablehnte, stopfte sich der Marokkaner die Kugel in den Mund, nickte lächelnd und verkündete: »So ißt man Couscous bei uns. *Vous comprenez?*«

Max nickte, schaute seine Kameraden an und sagte: »Mit bloßen Händen? Das schaffen wir auch, wir haben schließlich lange genug üben dürfen. Da seht ihr wieder mal, wozu so ein Internierungslager gut ist. Man erlernt die Gepflogenheiten des Landes und weiß es noch nicht einmal.«

Es war ein großartiges Essen, besser, als es im »Ritz« hätte sein können. Jedenfalls hatten sie alle seit Jahren nicht mehr so vorzüglich gespeist. Und seit Jahren waren sie nicht mehr so satt geworden. Müde und zufrieden machten sie sich auf den Rückweg zur Kaserne.

»Weißt du«, sagte Hans und gab seinem Freund Max einen Klaps auf den Hinterkopf, »wenn ich es recht überlege, ist das ein schöner Auftakt für unser gemeinsames nächstes Kapitel. Jetzt kann alles nur besser werden.«

»Ja, ich weiß«, bestätigte Max, »weil das ein perfektes Essen für einen Mann wie dich war.«

»Wieso für einen Mann wie mich?«.

»Na, weil du Couscous nicht zu kauen brauchst. Ich glaube, du kommst langsam in die Jahre, *mon vieux*.«

* * *

Offiziell stand Meknès, wie Casablanca und Fez, unter der Verwaltung des Pétain-Regimes, das noch immer alle des Verrats bezichtigte, die auf Seiten de Gaulles für die militärische Befreiung ihres Landes kämpften. Genaugenommen, hätten die Zivilbehörden wie auch die Gendarmerie gegen die Soldaten des Freien Frankreich vorgehen müssen. Doch sie schienen eine Politik des friedlichen Nebeneinanders vorzuziehen, sie sahen die de Gaulle-Leute – und unternahmen nichts. Und die Legionäre, die in Meknès stationiert waren, betrachteten sich als exterritoriale Einheit, die sich an jeden Kriegsherd auf der Welt schicken ließ, nur nicht in innerfranzösische Konflikte einmischte.

So groß die Feindschaft zwischen dem alten Maréchal und seinem einstigen General auch war, Pétain hatte schließlich doch erkennen müssen, daß die Karte der Kollaboration, auf die er so lange gesetzt hatte, die falsche war – vielleicht gestand er sich sogar insgeheim selber ein, daß de Gaulle nichts anderes im Sinne hatte als das Wohl seines Landes. Jedenfalls suchte er, nachdem ihn seine bisherigen Bündnispartner aus dem fernen Berlin so schmählich als kleinen Bauern in ihrem Schachspiel behandelt hatten, inzwischen die Nähe der Alliierten.

Immerhin hatte er zeitweise Erfolg mit seiner Schaukelpolitik. Auch weil Churchill, der britische Premier, ohne dessen Hilfe de Gaulle ein unbekannter Emigrant in London geblieben wäre, einen Rest an Mißtrauen gegen den französischen General mit seiner freien Exil-Armee bewahrt hatte. Und die Amerikaner, denen Hitler 1941 den Krieg erklärt hatte, waren noch nie sonderlich treffsicher in der Einschätzung politischer Entwicklungen jenseits des großen Teichs gewesen. So tendierte Roosevelt noch immer zu einer Verbindung mit Pétain, den er für die Alliierten ins Boot zu ziehen hoffte, während er de Gaulle für einen Phantasten ohne Einfluß hielt, dem nicht zu trauen war.

* * *

Lieutenant Dollisy hatte sie in den Mannschaftssaal der Kaserne von Meknès rufen lassen, in denselben Raum, wo ihnen vor gut zweieinhalb Jahren ihre Entlassungspapiere aus der Legion ausgehändigt worden waren, das *Certificat de bonne conduite*, das Hans seither sorgsam zusammengefaltet bei sich getragen und wie einen Schatz gehütet hatte.

»Wer weiß, wozu ich diesen Schrieb noch mal gebrauchen kann. Und wenn es nur aus Daffke ist, um ihnen irgendwann zu zeigen, daß sie selbst mir damals eine gute Führung attestiert haben.«

Sie durften sich Kaffee holen, an die Tische setzen und rauchen. Doch trotz der lockeren Atmosphäre war die Spannung mit Händen zu greifen.

Dollisy räusperte sich vernehmlich und lächelte etwas schief. Dann begann er umständlich: »Also, Männer, es ist nämlich so … ihr habt euch ja nun als Freiwillige für die Dauer des Krieges gemeldet, um mit uns an der Seite des Freien Frankreich zu kämpfen. Deshalb werden wir euch nachher vereidigen und euch eure Rangabzeichen aushändigen, damit eure Uniformen komplett sind. Und damit ihr wißt, welcher Einheit ihr angehören werdet ... Weil es nämlich so ist, daß ihr ja eigentlich und genaugenommen keine Franzosen seid. Also, was ich damit sagen will ...«, er räusperte sich wieder, blickte verlegen auf seine Handflächen und rieb sich dann das unrasierte Kinn, »der Stab hat entschieden, daß die passende Einheit für euch eigentlich doch die Legion wäre.«

Dollisy machte eine Pause, um seine Worte wirken zu lassen. Es dauerte ein paar Sekunden, bis die Nachricht verdaut war.

Und dann platzten sie heraus, alle durcheinander: »Was hat er gesagt? Die Legion? Das kann er nicht gemeint haben. Der hat sie doch nicht alle! Die Legion! Nie und nimmer! Niemals kriegen die uns da wieder rein!«

Eine Stimme brüllte: »Eine Frechheit ist das!«, eine andere rief: »Skandal!«

Wie auf ein unsichtbares Kommando begannen sie, mit ihren Blechtassen auf die Tische zu schlagen, erst wild durcheinander, dann rhythmischer werdend. Ein Aufstand der Entrüstung, ein Protest der zutiefst Enttäuschten.

Dollisy hatte die Reaktion vorhergesehen. Er wartete ein paar Augenblicke, bis der erste Dampf abgelassen war, dann ließ er seine Arme beschwichtigend auf und nieder gehen.

»Es ist nicht so, wie ihr denkt.«

Ärgerliches und gespieltes Lachen scholl ihm entgegen.

»Nein, wirklich, laßt mich doch erklären. Ich weiß sehr wohl, welche Erfahrungen und Empfindungen ihr mit der Legion verbindet. Ich war es doch selbst, der euch aus dem Schreckenslager in der Wüste herausgeholt hat. Aber die Sache verhält sich anders.«

Dollisy hatte zur Stimme des Vorgesetzten zurückgefunden, der es nicht gewohnt ist, auf Widerspruch zu stoßen.

»Wenn ich sage, daß ihr wieder in die Legion eingegliedert werden sollt, ist es nicht so, wie es zunächst klingt. Ihr wißt, daß es in der gesamten Legion von Anfang an eine Einheit gab, die sich zum Widerstand gegen die Besatzer entschlossen hatte, nämlich die 13. Halbbrigade. Seit die *Boches* in unser Frankreich einmarschiert sind, steht die 13. DBLE an der Seite de Gaulles. Sie ist die Truppe der Unbeugsamen und Mutigen. Sie ist anders als die übrige Legion. Und deshalb sollt ihr alle nun Soldaten und Kämpfer der 13. DBLE werden. Wenn ihr wollt ...«

Wieder machte Dollisy eine Pause, wissend, daß er den aufgebrachten Männern Gelegenheit geben mußte, zu überlegen und sich auszutauschen. Nach einigen Minuten hob er abermals den Arm.

»Ihr wißt jetzt, woran ihr seid. Also frage ich euch nun, wie ihr euch entschieden habt. Ich respektiere jeden, der »nein« sagt. Wer sich für uns entscheidet, der ist willkommen. Ich lasse euch für eine Stunde allein, damit ihr das untereinander besprechen könnt. Dann werde ich nach eurer Entscheidung fragen. Denkt bitte daran: Wir brauchen euch als Soldaten des Freien Frankreich. Ihr würdet zwar als Legionäre geführt, aber ihr wäret Männer der FFL, der *Forces Francaises Libres*. Ihr unterstündet dem Oberkommando des Freien Frankreich und von General de Gaulle.«

Dollisy legte die flache Hand zum militärischen Gruß an die Schläfe, dann wandte er sich um und ging nach draußen.

Hans hatte vor lauter Anspannung vergessen, an seiner Maispapier-Zigarette zu ziehen. Sie steckte erkaltet zwischen seinen Fingern.

Max fand als erster die Sprache wieder: »Jetzt bin ich mal gespannt, wie du mir das erklären willst.«

»Was erklären?«

»Na, daß du mich ein übers andere Mal in eine solche Situation manövrierst. Ich kann nicht einmal mehr richtig schimpfen, so platt bin ich. Das ist doch wirklich das Allerletzte, was uns hier als Überraschungsgeschenk präsentiert wird. Ausgerechnet die Legion! Dieser miese Verein! Ich komme mir vor wie ein Fußball. Von jedem kriegen wir einen Tritt, werden durch die Luft geschossen, und wo wir landen, das ist der pure Zufall.«

Hans grinste: »Aber nur, wenn man Fußball spielt wie bei euch in Wien. Ein guter Fußballer weiß dagegen sehr wohl, wohin der Ball fliegt. Ich hab schon lange nicht mehr Fußball gespielt. Jetzt würde ich ganz gern mal wieder. Vorausgesetzt, die Nazis sind die Bälle.«

»Moment mal, soll das etwa heißen ...?«

»Warum nicht? Die Dreizehnte, das ist doch schließlich was. Max, stell dir vor, wir landen jetzt genau dort, wovon wir im Lager immer geträumt haben. Die einzige wirklich gaullistische Einheit in diesem Haufen!«

»Hör auf, Hans. Hast du vergessen, was uns die Legion angetan hat? Hast du vergessen, was wir uns geschworen haben? Nie mehr die Legion. Und hast du Reith vergessen, das Vorzeige-Dreckschwein der Legion?«

»Mäxchen, mein guter Freund, und wie ich an Reith denke. Stell dir vor, wir begegnen ihm mal wieder. Wir mit den Abzeichen der 13. DBLE – und er der Lager-Heini aus dem Wüstenloch. Das allein wäre es mir schon wert. Und deshalb, Max, bin ich mit dabei. Aber nur mit dir zusammen. *D'accord*?«

Max hob abwehrend die Hände: »Wer hat denn ›ja‹ gesagt?«

»Na, du. Ich kenne dich inzwischen gut genug. Los«, er hob seine Kaffeetasse, »laß uns anstoßen. Die 13. soll stolz darauf sein, daß sie uns bekommt. *Le chajim*.«

Nachdem die Stunde Bedenkzeit abgelaufen und Dollisy zurückgekommen war, erklärten fast alle, daß sie mit von der Partie seien. Dollisy war unübersehbar gerührt, hatte seine Gefühle allerdings schnell wieder im Griff.

»Ihr habt jetzt noch einmal drei Tage zur freien Verfügung. Dann werdet ihr in Marsch gesetzt. Euer Ziel ist ein paar tausend Kilometer von hier entfernt. Es heißt Tripolis. In Libyen. Dort sind vor ein paar Wochen die Briten einmarschiert und haben die *Boches* in die Knie gezwungen. Jetzt wollen sie, daß wir den Rest für sie ausputzen.«

* * *

Hans, Max und die anderen wurden dem Kommando eines Capitaine Paul Danois zugeteilt. Sie erhielten amerikanische Uniformen und für den Kopf »Schiffchen«, wie die amerikanischen Soldaten sie trugen. Über der linken Brusttasche war das Lothringer Doppelkreuz angesteckt, das de Gaulle als Symbol des Widerstands gewählt hatte, über der rechten das Wappen des Freien Frankreich. So unterstanden sie nun dem Oberbefehl des alliierten Befehlshabers auf dem europäischen Kriegsschauplatz, General Dwight D. Eisenhower.

Es vergingen Tage ungeduldigen Wartens in Meknès. Dann kam der Befehl zum Aufbruch. Eine Kompanie wurde zusammengestellt, Lastwagen, Panzerfahrzeuge und Jeeps beladen und Verpflegung gebunkert. Schließlich das Kommando zum Abmarsch: Eine lange Fahrt durch die Sahara nahm ihren Anfang.

Der Sergeant in Hans' Jeep hieß Claude Keller und war Elsässer aus der Gegend von Colmar. Sie unterhielten sich auf Deutsch, obwohl es nicht immer ganz einfach war, das Kauderwelsch zu verstehen, das Keller offenbar für Deutsch hielt.

»Was bist du denn nun eigentlich«, fragte Hans ihn, nachdem sie eine Weile gefahren waren und sich mit einem kurzen Abriß ihrer jeweiligen Familiengeschichte vorgestellt hatten, »Deutscher oder Franzose?«

»Das Elsaß war immer hin und her gerissen. Mein Vater fühlt sich als Franzose. Sein Bruder, mein Onkel, hält sich für einen Deutschen. Nach dem Einmarsch hat er sich sofort auf die Seite der Schwaben geschlagen.«

Der Schwaben? Was denn die Schwaben damit zu tun hätten, wollte Hans wissen. So erfuhr er, daß für die Elsässer alle Deutschen Schwaben seien.

»Dann bin ich also auch ein Schwabe?«, fragte Hans.

Claude lachte: »Ja, ein Schwabe. Aber einer von den anständigen.«

Claude Keller war bereits französischer Soldat gewesen, als der *Drôle de guerre* begann und die feindlichen Armeen entlang der Grenze zwischen dem Elsaß und dem gegenüberliegenden Schwarzwald ihre Stellungen bezogen. Allerdings war er anderswo in Frankreich im Einsatz. So konnte er, als die Deutschen einmarschierten und in Windeseile nach Paris vorstießen, noch über den Kanal nach England entkommen. Dort hatte er von de Gaulles Truppe des Freien Frankreich gehört und sich sofort gemeldet.

»Jedenfalls ist es mir damit besser ergangen als vielen anderen aus dem Elsaß«, erzählte Keller weiter, »denn die sind als Deutsche wider Willen in die Wehrmacht gepreßt worden. Jetzt müssen sie für ein Land kämpfen, das nicht ihres ist, und für einen Führer, den sie hassen. Aber für die Alliierten gelten sie als deutsche Soldaten. Und von den Franzosen werden sie als widerliche Verräter angesehen. Das war schon immer das Schicksal der Elsässer. Du als Jude müßtest das eigentlich verstehen.«

Hans war nachdenklich geworden: »Aber du hattest wenigstens die Wahl zwischen Deutschland und Frankreich. Unsereins ist gleich zum Dreck gestempelt worden. Die Deutschen hätten mich am liebsten gleich erledigt, und für die Vichy-Franzosen habe ich allenfalls als Arbeitstier etwas getaugt. Auspressen und wegwerfen.«

Keller klopfte ihm auf die Schulter: »Immerhin, *mon ami,* sie haben uns nicht klein gekriegt. Schade, daß wir jetzt keinen ordentlichen *eau de vie* zur Hand haben, einen Quetsch oder Mirabelle, sonst könnten wir auf unser Wohl anstoßen.«

Als sie nach beinahe zwei Wochen ihr Ziel erreichten, ein paar Kilometer nur von Tripolis entfernt, sah es kaum anders aus als die ganze Strecke über: Wüste vorne und Wüste hinten, Sand, so weit das Auge blickte. An dieser unwirtlichen Stelle, so lautete der Befehl von Capitaine Danois, sollten sie ihr Camp errichten.

Max wirkte einigermaßen verstört: »Was, um alles in der Welt, soll denn das nun wieder? Hier gibt's ja noch nicht mal Eisenbahnschienen, die wir zusammenbauen könnten. Soll das unser neues Zuhause sein?«

Sergeant Keller hatte zugehört und beruhigte ihn: »Halb so schlimm. Wir sind hier nicht aus der Welt. Im Gegenteil, ganz in der Nähe liegen die Amerikaner. Damit ist jedenfalls unsere Versorgung gesichert. Und ich kann euch versprechen, die Amis kriegen bessere Sachen als wir. Da haben wir sogar noch Glück gehabt.«

Was der strategische Sinn eines Camps an dieser Stelle der Sahara sein sollte, vermochte sich keiner der Männer zu erklären.

Claude Keller sprach nur in Andeutungen: »Es wird in absehbarer Zeit etwas passieren. Und deshalb sind wir hier richtig positioniert. Wir stehen gewissermaßen in den Startlöchern. Wir müssen nur noch den Startschuß abwarten.«

Doch die Wochen und Monate in der Wüste verstrichen, ohne daß der sehnlich erwartete »Startschuß« fiel. Sie hatten vermutet, daß ihre Einheit dem Afrikakorps der deutschen Wehrmacht – oder wenigstens den Resten, die sich nicht hatten zurückziehen können – den endgültigen Todesstoß versetzen sollte. Aber ihre Hilfe war genaugenommen gar nicht mehr erforderlich. Die Briten hatten mit ungeheurem Einsatz von Mann und Material den »Wüstenfuchs« Rommel in die Knie gezwungen und Hitlers Afrika-Abenteuer ein für allemal beendet.

Als Hans abkommandiert wurde, im Zentrum von Tripolis Patrouille zu fahren, war ihm doch etwas mulmig. Sie hatten von versprengten Deutschen gehört, die noch nicht in britische oder amerikanische Gefangenschaft geraten waren und sich noch immer verborgen hielten. Doch diese Gerüchte waren nicht mehr als die üblichen Parolen, die zum Militär zu gehören schienen wie Uniformen und Panzer.

Stattdessen wurde der Abstecher in die libysche Großstadt ein Erlebnis erster Klasse. In der Stadt pulsierte das Leben, Araber in gestreiften *Djellabas*, die wie Nachthemden aussahen, in den Straßencafés britische und amerikanische Soldaten, die lachten und lärmten – ein Vorgeschmack des Friedens, der Hans wehmütig stimmte, wenn er daran dachte, wie es in Deutschland wohl aussehen mochte.

* * *

Es herrschte nicht gerade ausgesuchte Wohnlichkeit im Camp, aber doch ein eindeutig erträglicherer Zustand als im Internierungslager der Pétain-Legion. Nur das ewige Warten zerrte an den Nerven.

»Ich hab schon gewußt, warum ich nie aus freien Stücken Soldat geworden bin«, sagte Max eines Abends, als sie zusammen saßen und Karten spielten, »die meiste Zeit seines Lebens wartet der Soldat vergebens. Wenn ich nur wüßte, worauf wir eigentlich warten, wär's vielleicht erträglicher. Aber so? Du siehst doch einfach kein Ziel vor dir. Am Ende machen sie die Deutschen ohne uns fertig, und wir kommen zu spät.«

Hans winkte ab: »Dann hättest du immerhin den Krieg überlebt. Und wenn du Glück hast, bleiben vielleicht noch die Österreicher übrig. Die werden sich bestimmt freuen, wenn du wieder heimkommst. Du bist dran. Spiel aus.«

Max wurde ernst: »Ich weiß nicht, was ich mache, wenn alles vorbei ist. Aber nach Wien zurück? Zu dieser Bande mieser Strolche? Wie ich die kenne, werden sie am Ende noch behaupten, von den Preußen überfallen worden zu sein. Dann wird ganz Österreich sich zum ersten Opfer der Nazis erklären, wird die Befreiung feiern und insgeheim zufrieden sein, daß der Einmarsch der Deutschen wenigstens ein Gutes hatte, daß nämlich die Juden verschwunden sind. Nein, ich glaube nicht, daß Wien mich so schnell wiedersieht.«

Es war wohl der Wurm in dieser Kartenrunde, denn Max hatte das Blatt noch in der Hand, als Sergeant Keller hinzutrat.

»Hört mal zu, Leute. Wir haben gerade erfahren, daß morgen irgendwelche ganz hohen Tiere hier vorbeikommen wollen, mindestens im Generalsrang. Von unseren und von den Amerikanern. Der Capitaine hat gerade Anweisung gegeben, alles auf Hochglanz zu polieren …«

Dann blickte er sich um, sah auf die Zeltstadt, die Wäscheleinen und den nicht enden wollenden Sand, und fügte an: »Na ja, nicht gerade Glanz. Aber wenigstens Ordnung. Damit die nicht vor Schreck umfallen. Also, weiter spielen könnt ihr, wenn die wieder weg sind. Jetzt wird saubergemacht. Und daß mir auch eure Gewehre in Ordnung sind. Weiß der Kuckuck, was die sich alles ansehen wollen.«

Der Alarm kam am Nachmittag. Die Staubwolken am Horizont waren nicht zu übersehen. Danois ließ sein Bataillon antreten, feldmarschmäßig gekleidet und ausgerüstet, Tornister auf dem Rücken Klappspaten am Gürtel, Gewehr geschultert.

Die Fahrzeugkolonne stoppte haarscharf vor den angetretenen Soldaten. Capitaine Danois gab seinen Lieutenants und Sergeanten Zeichen. Nacheinander brüllten sie ein anhaltendes »Aaachtung«, dann wurde Haltung angenommen – und aus dem ersten Jeep stieg ein Mann von achtunggebietender Größe, dessen goldbetreßtes *képi* ihn noch größer machte, als er ohnehin schon war.

Max stieß Hans in die Seite. »Ich werd verrückt«, flüsterte er, »weißt du, wer das ist? Das ist de Gaulle! Ich glaub es nicht.«

Aus dem Jeep sprang lässig ein zweiter Mann, kleiner als de Gaulle, mit schütterem Haar und der Uniform eines amerikanischen Generals.

Jetzt war es Hans, der seinen Freund in die Seite stieß und flüsterte: »Wenn du jetzt verrückt wirst, lohnt es sich wenigstens. Weißt du, wer das ist?«

»Der kommt mir zwar bekannt vor, aber …«

Zu mehr kam er nicht. Capitaine Danois hatte sich zackig vor den beiden Generälen aufgebaut, die rechte Hand an die Schläfe gerissen und formvollendet gemeldet, daß sein Bataillon vollzählig angetreten sei.

Der Amerikaner tippte sich lässig an die Stirn. Dann streckte er Danois die Hand entgegen. Der Capitaine ergriff sie zögernd, und dann stand er wieder so stramm im Sand wie ein Pfahl in Uniform.

De Gaulle sprach kurz mit Danois, der daraufhin auf dem Absatz kehrtmachte, den Brustkorb aufblies und das Kommando »Präsentiert das Gewehr!« ausstieß.

Wie ein Mann rissen sie sich die Gewehre von den Schultern, hielten sie zwei Sekunden in der Luft und drückten sie auf die rechte Seite ihrer Brust. Keinen Moment zu früh, denn schon begannen de Gaulle und der Amerikaner die Front abzulaufen: de Gaulle ernst und streng, der Amerikaner, wie es schien, recht gut gelaunt, entspannt und mit freundlichem Kopfnicken zu den Männern.

Plötzlich blieb der Amerikaner stehen. Die goldenen Generalssterne auf den reich dekorierten Schulterklappen glänzten in der Sonne. Die Männer wagten kaum zu atmen. Dann sahen sie den Amerikaner in die Hocke gehen und nach dem Stiefel eines Soldaten greifen. Was, zum Teufel, hatte das zu bedeuten? Selbst de Gaulle war erkennbar irritiert und bemühte sich unauffällig zu erkennen, was dort unten vor sich ging:

Der Schnürsenkel am Stiefel eines Soldaten hatte sich gelöst und hing vom Unterschenkel in den Sand. Der General griff nach den beiden Enden, zog sie fest und knotete sie wieder zu einer Schleife zusammen. Dann stand er auf, schüttelte sich die Hosenbeine aus, gab dem Soldaten einen freundschaftlichen Klaps an den Oberarm und schritt weiter die Formation ab.

Nachdem dieses Ritual abgeschlossen war, stellten sich die beiden Besucher, hinter sich eine Traube von Offizieren der unterschiedlichsten Ränge, vor den Soldaten auf.

Capitaine Danois stand in respektvollem Abstand, wartete sichtlich gespannt auf ein Zeichen und rief dann: »Soldaten der Armee des Freien Frankreich. Wir haben die außergewöhnliche Ehre, unseren hochgeschätzten General Charles de Gaulle unter uns zu wissen, den Mann, der uns zum Sieg über die Deutschen und zum Ende der schmählichen Kollaboration unserer stolzen Nation mit dem Feind führen wird. Und ...«, er schluckte und machte eine kurze Pause, »wir sind hoch geehrt durch die Anwesenheit des Oberbefehlshabers aller alliierten Streitkräfte in Europa und Nordafrika, US-General Dwight D. Eisenhower.«

Ein Sturm der Begeisterung brach los, Pfeifen, Klatschen, Bravorufe. Noch immer stand de Gaulle starr, nur der Mund deutete ein leichtes Lächeln an. Als aber Eisenhower den Männern zuwinkte, salutierte und die Hände mit nach oben ausgestreckten Armen schüttelte wie ein Boxer nach dem Sieg, kam Bewegung auch in den französischen General. Er legte die flache Hand an sein *képi*, winkte den Soldaten zu und breitete beide Arme aus. Die Truppe verstummte.

»Soldaten des Freien Frankreich«, begann de Gaulle, »wir danken euch. Wir sind gekommen, um euch zu zeigen, wie sehr wir es zu schätzen wissen, daß ihr allen Fährnissen zum Trotz zur Befreiung eures Landes und eurer Nation von den Feinden steht. Wir werden die Eindringlinge zurückwerfen, wir werden sie bis ins Herz ihrer Heimat verfolgen und dem Krieg ein Ende machen. Wir wissen, daß ihr bereit seid, daß ihr zu kämpfen versteht und auf den Tag wartet, wo ihr eure Liebe zu Frankreich beweisen könnt. Wir versprechen euch, der Tag ist nicht mehr fern. *Vive la libération. Vive la république. Vive la France libre.*«

Wieder brandete Jubel auf. Er legte sich schnell, als General Eisenhower vortrat.

»Männer. Ich sehe, ihr seid eine starke Truppe. Ich sehe, ihr brennt darauf, es den Krauts zu zeigen. Ich weiß, daß ihr schon viel zu lange darauf wartet, es ihnen heimzahlen zu können. Macht euch fertig und packt euren Kram. Es geht bald los. Und dann Gnade ihnen Gott! Ich weiß, ihr werdet euren Job gut machen. Wir sehen uns wieder – nach dem Sieg. *Soldiers, so long.*« Damit salutierte er lokker, nickte ihnen zu und wandte sich zum Gehen.

»General, Sir?«, eine Stimme aus dem Hintergrund brach durch die Stille.

Eisenhower hielt an: »Yes?«

»Sir«, rief ein junger Soldat, der noch immer in strammer Haltung verharrte, »Sir, wir warten schon viel zu lang. Mit jedem Tag bringen die Nazis Tausende von Menschen um, Soldaten und Zivilisten. Sir, wenn Sie erlauben, es ist hohe Zeit, sie zu stoppen.«

Eisenhower kam näher. »Wie heißt du, mein Junge?«

»Alain Rosenberg, Sir.«

»Wieso sprichst du so gut Englisch?«

»Ich habe in Paris Englisch studiert. Dann kamen die Deutschen. Ich bin in den unbesetzten Teil Frankreichs geflüchtet, aber meine Eltern haben es nicht mehr geschafft.«

»Wo sind Deine Eltern jetzt?«

»Ich weiß es nicht. Sie wurden deportiert. Ich fürchte, das war das Ende.«

Eisenhower sah ihn schweigend an. Dann sagte er: »Du wirst sie rächen, ich verspreche es dir.«

Daraufhin ging er endgültig zurück zu seinem Jeep, und der Konvoi fuhr in der Richtung davon, aus der er gekommen war.

* * *

Capitaine Danois hatte sie im Wüstencamp zusammengerufen, um ihnen die neuste Order bekanntzugeben. Morgen sollten sie ihr provisorisches Lager räumen und Richtung Westen aufbrechen, nach Tunis.

»Mal eben nach Osten, dann mal wieder kurz nach Westen«, spottete Max ergeben, »das ist wahre Militär-Strategie. Hauptsache, die halten uns in Bewegung. Ich möchte zu gern wissen, ob die eigentlich einen Plan haben. Ich fühle mich wie ein Bauer auf dem Schachbrett. Nur bin ich mir nicht ganz sicher, ob derjenige, der uns bewegt, jemals in seinem Leben Schach gespielt hat.«

Also Tunis. Auch dort waren die Briten vor ein paar Wochen schon einmarschiert und hatten in nur einer Woche mehr als 150.000 deutsche und italienische Gefangene gemacht.

»Was auch immer unsere Oberen mit uns vorhaben«, sagte Hans, als sich ihr Konvoi der tunesischen Hauptstadt näherte, »ich hoffe nur, daß sie uns nicht auserkoren haben, die Kriegsgefangenen zu bewachen.«

»Warum nicht?«, erkundigte sich Max. »Wäre doch mal ganz schön, den Herrenmenschen zu zeigen, wer jetzt Herr im Hause ist. Ja, wenn ich es mir genau überlege, ein recht aparter Gedanke. Meinst du nicht?«

»Das kann überhaupt nicht sein.« Hans schüttelte heftig den Kopf: »Die 13. DBLE gilt als eine ganz besondere Einheit. Wir sind de Gaulles Lieblingskinder. Das werden sie mit uns nicht machen. Dafür sind wir zu schade.«

Tatsächlich hatte man mit ihnen anderes vor. Der Capitaine war sichtlich zufrieden, als er vor die Truppe trat und die neue Order verkündete: »Im vorigen Jahr sind amerikanische Fallschirmjäger im Rücken der Deutschen auf Sizilien gelandet. Jetzt werden alle verfügbaren alliierten Einheiten zusammengezogen, um den italienischen Stiefel von unten her aufzurollen. Wir haben Befehl erhalten, uns in Tunis zur weiteren Verwendung bereitzuhalten. Ich habe das starke Gefühl, Männer, daß es dann endlich zur Sache geht. Also, macht euch bereit, das letzte Stückchen Wüste schaffen wir auch noch.«

* * *

Tunis war ein einziges Heerlager. Tausende und Abertausende von Uniformen prägten das Bild der Stadt, deren Straßen von Panzern, Mannschaftswagen und jedem nur denkbaren Militärgefährt überzuquellen schienen.

Sie schlugen ihr Lager außerhalb der Stadt auf, im Wüstensand, der ihnen schon fast zur zweiten Heimat geworden war. In Sichtweite waren die Zelte der Briten und der Amerikaner, Zelte, soweit das Auge reichte. Und wieder lautete die Order, abzuwarten.

Immerhin bekamen sie jetzt regelmäßig Zeitungen zu Gesicht, die nicht älter als ein, zwei Tage waren. So konnten sie sich endlich informieren über die Kämpfe an den zahlreichen Fronten Europas. Sie erfuhren von den gewaltigen Anstrengungen der Sowjets, dem Scheitern der deutschen Sommer-Offensive in Rußland. Sie erfuhren vom Partisanen-Kampf auf dem Balkan, wo ein General namens Tito die Deutschen das Fürchten lehrte. Sie lasen von den Eroberungen der Alliierten auf den griechischen Inseln, vom Vormarsch in Süd- und Mittelitalien. Und sie sahen die Fotos von Bomben zerstörter Großstädte im Reich, vom Ruhrgebiet, von Frankfurt am Main und Hamburg.

Nur eine Frage konnte ihnen niemand beantworten: Wann würde der Widerstand der Deutschen endlich gebrochen sein?

Es hätten wundervolle Tage an der nordafrikanischen Mittelmeerküste sein können, Tage der Ruhe und Entspannung, der Erholung und des süßen Nichtstuns. Die Sonne war bei weitem erträglicher als in den Weiten der Wüste, wo sie umbarmherzig vom Himmel gebrannt und es kaum ein Fitzelchen Schatten gegeben hatte. Hier, in der Nähe der Großstadt und beinahe in Sichtweite des Meeres, spürten sie stets den milden, frischen Wind, der den Geruch von Salzwasser zu ihnen herübertrug, der erfrischte und selbst die Wärme des Hochsommers angenehm machte.

Außerdem war die Versorgungslage nahezu perfekt. Na ja, das Essen stammte zumeist aus Dosen. Aber welch ein Unterschied zu dem, was sie – vor wenigen Wochen noch – im Sklavenlager hatten! Corned Beef, so nannten es die Amerikaner und fluchten, daß sie tagein, tagaus dasselbe Futter bekamen. Ach, die Amerikaner.

Die hatten ja keine Ahnung, wie gut Corned Beef schmeckte, dazu Bohnen aus der Dose und Cracker, natürlich ebenfalls aus der Dose. Es gab Whisky und Gin, der wie Wacholderschnaps roch, erstklassigen Bohnenkaffee aus Pulver, das nur aufgebrüht zu werden brauchte, und eine eigentümliche braune Limonade, die etwas zu süß schmeckte und in seltsam kleinen Flaschen verteilt wurde. Die Amerikaner nannten sie *Coke* und schlürften die klebrige Brühe fast den ganzen Tag.

Es erwies sich als ausgesprochen hilfreich, daß Max sich leidlich auf Englisch verständigen konnte. Hans sprach zwar Deutsch, Französisch und ein paar Brocken Spanisch, und Jiddisch verstand er zumindest. Aber Englisch? Keine zwei Worte. Deshalb wurde Max ausgeschickt, sich bei den Alliierten als Kontaktmann zu versuchen. Und er entwickelte bald ein ausgesprochenes Talent, Dinge zu organisieren.

»Schau mal her«, strahlte er eines Nachmittags, als er von seinem »Spaziergang« in die benachbarten Zeltstädte zurückkam, »was ich mitgebracht habe.«

Er tat schrecklich geheimnisvoll, griff bedächtig in die Brusttasche seines Khakihemds und förderte eine gebogene Tabakspfeife hervor, zwischen deren Kopf und Mundstück ein verblaßter Silberring saß.

»Na, was sagst du jetzt?«

»Na, was sage ich jetzt?« äffte Hans ihn nach, nicht sonderlich beeindruckt, »einstänkern wirst du uns. Auch eine *Mezzije*.«

»Du bist ein Ignorant.« Max tat vergrätzt. »Das ist eine echte Peterson aus Irland. Ich habe sie bei einem britischen Corporal eingetauscht. Und zwei Päckchen Tabak noch dazu. Richtigen, guten englischen Tabak.«

»Was hat dich diese außergewöhnliche Seltenheit gekostet? Fünf Flaschen Wein?«.

»Ach, was. Ich hab sie beinahe für nichts bekommen. Der Kumpel war ganz scharf auf mein weißes Legionärs-*képi*. Na schön, soll er glücklich werden damit.«

Hans schaute ihn entgeistert an: »Bist du verrückt geworden? Dein *képi blanc*? Und was willst du, bitteschön, tragen, wenn wir nächsten Monat nach Frankreich übersetzen und an der Siegesparade teilnehmen?«

Max lächelte entwaffnend: »Kein Problem, dann nehme ich deins.«

***

Hans war als ständiger Fahrer Lieutenant Maurice Gurman zugeteilt worden, einem gebürtigen Polen und naturalisierten Franzosen. Gurman war Capitaine Danois' Verbindungsoffizier zu den amerikanischen und britischen Nachbarn, nicht zuletzt deshalb, weil er als einer der wenigen Franzosen auch Englisch sprach. Gurman war von den Amerikanern zu einem Verhör deutscher Kriegsgefangener eingeladen worden.

Die Interviewer, Offiziere einer Spezialeinheit für psychologische Kriegsführung, waren allesamt Emigranten aus Deutschland. Eigens aus den USA eingeflogen, folgten sie bei der Auswahl der zu Verhörenden Kriterien, die nur sie allein kannten. Für die englischen und französischen Verbindungsoffiziere, die als Beobachter zugelassen waren, wurden die Verhöre zwar übersetzt, doch Gurman schien es vernünftig, einen Corporal an seiner Seite zu haben, der den auf Deutsch geführten Gesprächen unmittelbar folgen konnte. So kam Hans Neumann zum ersten Mal seit seiner Flucht vor sieben Jahren wieder in Kontakt mit Deutschen von der anderen Seite.

Nie hätte er geglaubt, daß feindliche Soldaten sich so entspannt miteinander unterhalten konnten. Es war ja gerade so, als begegneten sie sich zufällig in einem Eisenbahnabteil! Die Amerikaner boten den Deutschen Zigaretten und Kaffee an, lehnten sich bequem zurück und plauderten beinahe familiär daher. So täuschend erweckten sie den Eindruck einer ungezwungenen Unterhaltung, daß ein deutscher Obergefreiter eifrig in sein Uniformhemd griff und Fotos von seiner Frau und seinen Kindern reihum gehen ließ.

»Sie müssen aber ein geübter Fotograf sein«, quittierte einer der Amerikaner anerkennend die Bilder.

»Jawohl, Herr Offizier, das Fotografieren ist mein Steckenpferd. Ich benutze eine sehr gute ›Voigtländer‹.«

»Das sieht man sofort«, bestätigte der Amerikaner, »schade nur, daß Sie jetzt nicht zuhause bei Ihrer Frau und Ihren Kindern sein können, jetzt, da der Krieg für Sie zuende ist.«

Dem Obergefreiten wurden die Augen feucht, und der Amerikaner legte noch eins nach: »Glauben Sie mir, auch ich wäre gern wieder bei meiner Familie. Aber das wird erst möglich sein, wenn an allen Fronten die Waffen schweigen. Und wer weiß, wann das sein wird. Solange ihre deutschen Kameraden weiter so tapfer kämpfen ... Sind Sie eigentlich Parteimitglied?«

»Nein, Herr Offizier«.

»Aber Sie haben mit allem Einsatz gekämpft – für ihr Land und seinen Führer?«

»Was hätte ich denn tun sollen, Herr Offizier? Ich hatte doch meine Befehle.«

Das war es. Warum, um alles in der Welt, mußten sich Soldaten stets hinter ihren Befehlen und ihren Vorgesetzten verstecken, dachte Hans bei sich. Schalteten Befehle denn jedes Denkvermögen und jede Urteilsfähigkeit aus? Waren Befehlsempfänger so von jeder eigenen Bewegungsfreiheit abgeschnitten, daß sie zu bloßen Maschinen degradiert wurden? Nein, daß sie sich zu bloßen Maschinen degradieren ließen?

Später an diesem Nachmittag wurde ein Hauptmann Munder hereingerufen, ein Sportlehrer aus Augsburg. Bei ihm verfing die lockere Methode der *Army*-Psychologen nicht. Seine Antworten klangen wie aus dem Handbuch der Militärführung und endeten immer mit dem Verweis, daß er schließlich nur den Befehlen seiner Vorgesetzten gefolgt sei.

Der Amerikaner wirkte allmählich entnervt.

»Haben Sie denn jemals etwas getan, ohne daß es Ihnen ausdrücklich befohlen wurde?«

»Ich verstehe nicht, was Sie meinen«, erwiderte der Hauptmann sichtlich irritiert,

»Na, wenn Sie mal aufs Klo müssen, tun Sie das nur auf Befehl?«

Der Hauptmann zog die Mundwinkel leicht nach unten und machte ein Gesicht, als seien derlei Fragen eindeutig unter seinem Niveau.

»Ich weiß nicht, was Sie mit solchen Provokationen bezwecken In Ihrer Armee wird es doch kaum anders sein als in unserer. Armeen sind nun einmal auf dem Prinzip des Befehlens und des Gehorchens aufgebaut. Anders lassen sich Kriege wohl kaum führen.«

»Da haben Sie vermutlich nicht Unrecht«, gab der Amerikaner zu, »wenn jeder täte, was ihm lieber wäre, brauchten wir wahrscheinlich keine Kriege zu führen. Nur, wissen Sie, ich bin als Soldat auf meine Nation vereidigt worden. Sie aber wurden auf Ihren Führer vereidigt. Macht Sie der Unterschied nicht nachdenklich?«

Hauptmann Munder straffte sich, dann antwortete er mit einem knappen »Nein«, erhob sich und schnarrte: »Ich bitte um die Erlaubnis, zu meiner Truppe zurückkehren zu dürfen.«

»Setzen Sie sich. Ich habe unser Gespräch noch nicht beendet. Und machen Sie sich endlich klar, daß Sie hier nicht mehr der Herrenmensch sind. Nicht Sie haben jetzt das Sagen, sondern wir.«

Munder blieb stehen.

»Ich erwarte eine Behandlung strikt nach der Genfer Konvention. Außer meinem Namen, meinem Dienstgrad und meiner Soldbuchnummer brauche ich keine Angaben zu machen. Das wissen Sie.«

Der Amerikaner zog die Augenbrauen hoch.

»Schau an, Sie sind einer von den ganz Korrekten, was? Waren Sie denn gegenüber Ihren Gefangenen auch so korrekt? Vielleicht in Rußland?«

»Ich war nie in Rußland. Und wenn ich Entscheidungen fälle, dann entsprechend meinen Befehlen.«

Der Amerikaner merkte, daß er bei diesem Gefangenen nicht weiterkam. Er machte eine müde Handbewegung, zum Zeichen, daß Munder gehen könne, besann sich aber noch einmal und fragte: »Was wäre, wenn ich Ihnen die Erlaubnis wegzutreten nicht erteilte?«

Daraufhin zuckte der Hauptmann nur wortlos die Schultern.

»Und wenn ich Ihnen den Befehl gäbe, jetzt einen Kopfstand zu machen?«

Munder ließ nicht erkennen, daß er die Frage für einfältig hielt. Er blickte geradeaus und antwortete: »Ich bin ihr Gefangener. Sie können mir jeden Befehl erteilen.«

»Auch idiotische Befehle?«

»Jeden Befehl.«

»Und Sie werden sie alle ausführen?«

»Nicht, wenn Sie gegen meine Offiziersehre verstoßen.«

»Wäre ein Kopfstand gegen Ihre Offiziersehre?«

»Jawohl«.

»Und der Befehl, in einem fremden Land einzumarschieren? War der auch gegen Ihre Offiziersehre?«

Hauptmann Munder zögerte einen Moment. Dann sagte er: »Wir befinden uns im Krieg. Da sind Einmärsche auf fremdes Territorium nicht außergewöhnlich.«

»Nur, weil man es Ihnen befohlen hat?«

»Jawohl, weil man es mir befohlen hat.«

»Danke«, sagte der Amerikaner, »Sie können jetzt gehen.«

Auf Englisch fügte er hinzu: »Und haben Sie bitte die Güte, mich von Ihrer Gegenwart zu befreien. Sie wird mir langsam unerträglich.«

Das letzte Verhör an diesem Nachmittag fand mit einem Feldwebel Hermann statt, einem Mann mittleren Alters, dessen kurz geschnittene Haare von einem Scheitel messerscharf geteilt wurden. Ihn befragte der Amerikaner über sein Zuhause in Düsseldorf, ließ sich aus der Schulzeit berichten und wollte dann wissen: »Hatten Sie eigentlich auch jüdische Mitschüler?«

»Jawohl, Herr Hauptmann.«

»Waren die irgendwie anders als die anderen?«

»Eigentlich nicht, Herr Hauptmann«.

»Haben Sie die Artikel und Karikaturen im *Stürmer* gesehen?

»Manchmal schon.«

»Und? Paßte das zu Ihren eigenen Erfahrungen mit den jüdischen Mitschülern?«

Jetzt mußte Feldwebel Hermann lächeln: »Nein, Herr Hauptmann. Gar nicht.«

»Also«, bohrte der Amerikaner nach, »was haben Sie sich also gedacht, wenn sie das lasen?«

Hermann blickte unsicher: »Ich weiß nicht, was Sie meinen?«

»Na ja, Sie haben auf der einen Seite Ihre jüdischen Mitschüler gehabt, die ziemlich normal waren. Und auf der anderen Seite haben Sie von den blutsaugenden, geschlechtsmonströsen und wuchernden Geldjuden gelesen. War das nicht ein Widerspruch?«

Der Feldwebel dachte einen Augenblick nach: »Nein, Herr Hauptmann, das war kein Widerspruch. Da ging es doch um die polnischen Juden. Meine Mitschüler waren aber Deutsche.«

»Ach so«, nickte der Amerikaner zum Zeichen scheinbaren Verstehens, »es geht also nur um die polnischen Juden, wenn Goebbels behauptet, die Juden seien euer Unglück?«

»Das weiß ich nicht, Herr Hauptmann.«

»Was meinen Sie damit, daß Sie es nicht wissen? Haben Sie darüber nie nachgedacht?«

»Nein, Herr Hauptmann, ich glaube nicht.«

»Auch nicht, als Ihre jüdischen Mitschüler und Nachbarn plötzlich nicht mehr da waren? Oder als Sie nicht mehr in Ihrem jüdischen Textilhaus einkaufen konnten und Ihr jüdischer Hausarzt Sie nicht mehr behandeln durfte?«

»Unser Hausarzt war kein Jude.«

»Also, nicht der Hausarzt. Was ist denn eigentlich aus Ihren jüdischen Mitschülern geworden?«

»Das weiß ich auch nicht.«

»Wenn ich Ihnen jetzt sagte, daß man Ihre jüdischen Schulkameraden umgebracht hat, nur deshalb, weil sie Juden waren. Was würden Sie dann sagen?«

»Das würde ich nicht glauben, Herr Hauptmann. Das wäre Propaganda.«

»Und wenn ich Ihnen sagte, daß man die polnischen Juden umgebracht hat, würden Sie mir das glauben?«

»Ich weiß nicht, Herr Hauptmann.«

»Sie müssen es nicht wissen, Sie sollen mir nur sagen, ob Sie mir glauben würden.«

Na ja ... also, irgendwie sind die Polen ja anders als wir. Und dann erst die polnischen Juden. Die sahen ja schon so komisch aus ...«

»Reicht das, um sie umzubringen?«

»Das kommt darauf an.«

»Worauf kommt das an?«

»Also, was sie halt getan haben. Sie müssen sich ja etwas zuschulden kommen lassen, bevor man sie bestraft.«

»Und wenn sie nichts anderes verbrochen haben als nur Juden zu sein?«

»Dann hätten sie auch nichts zu befürchten. In unserem Land herrscht Gerechtigkeit. Wir haben Gesetze. Bei uns geht es ja nicht zu wie hier in Afrika bei den Eingeborenen.«

»Ja, ich weiß«, flüsterte der Amerikaner, »Recht und Ordnung und Gesetz. Und das alles zusammen macht die Konzentrationslager möglich. Aber das betrifft ja nur die polnischen Juden. Nur die polnischen ...«

Später, auf der Rückfahrt ins Camp der Franzosen, fragte Gurman, wie Hans sich gefühlt habe als stiller Beobachter der Gespräche.

»Ich muß das erst verkraften«, gab Hans zur Antwort. »Diese übermenschliche Selbstbeherrschung der amerikanischen Offiziere. Verdammt nochmal, die waren doch Emigranten wie ich. Geflüchtet aus Deutschland, wahrscheinlich auch noch Juden wie wir. Und dann sitzen die seelenruhig, lassen sich einen solchen Stuß erzählen und gehen nicht ein einziges Mal in die Luft.«

»Was hätten Sie denn an deren Stelle getan?«

»Ich hätte die in den Hintern getreten, daß es nur so gekracht hätte. Wenigstens das.«

»Meinen Sie, das hätte was gebracht?«

Hans sah Gurman an und grinste: »Mir schon.«

Endlich, im April 1944, kam der Befehl, auf den sie alle so sehnlich gewartet hatten. In Bizerte, einer Küstenstadt in der Nähe von Tunis, sollte ihre Truppe an Bord amerikanischer Kriegsschiffe gehen.

Der Zielhafen sei noch geheim, behauptete Danois verschwörerisch. Nur eins dürfe er ihnen sagen: er liege in Italien. Der Aufmarsch im Hafen von Bizerte war überwältigend. Endlose Reihen von Schlachtschiffen und Landungsbooten, Tausende von Panzern, gepanzerten Mannschaftswagen und Jeeps, Lastwagen, Bulldozern, sogar Traktoren. Vor allem aber eine unübersehbare Menge Soldaten, Amerikaner zumeist und Franzosen.

Hans schob sich die Baskenmütze aus der Stirn und schirmte die Augen mit der flachen Hand gegen die grelle Sonne ab.

»Irgendwo da hinten muß Italien sein. Wie wollen die uns alle da nur rüberbringen? Das dauert doch mindestens ein Jahr, bis die letzten drüben angekommen sind.«

Max war bester Laune: »Weißt du nicht mehr, wie wir damals mit Moses durchs Schilfmeer gezogen sind? Dagegen ist das hier noch eine kleine Übung.«

* * *

In Breslau waren Lotte und Günther Neumann schließlich doch noch abgeholt worden. Seit Monaten hatten sie die Wohnung nicht mehr verlassen, hatten lediglich noch Kontakt zu Frau Sorg, die sie mit den notwendigsten Dingen des Lebens versorgte. Sie hatten die Namensschilder vom Briefkasten und der Türklingel abgeschraubt und zündeten nach Einbruch der Dunkelheit statt des elektrischen Lichts nur noch Kerzen an – die schweren Brokatvorhänge im Wohnzimmer waren ohnehin schon den ganzen Tag zugezogen.

Den Nachbarn hatte Frau Sorg beiläufig erzählt, die Geschwister Neumann seien vorübergehend nach Niederschlesien verzogen, wollten aber ihre Wohnung noch behalten. Deshalb schaue sie dort nach dem Rechten und lüfte ab und an, falls die Neumanns wieder zurückkämen.

»Zurück«, hatte eine Nachbarsfrau gefragt, »zurück hierher, nach Breslau? Das glauben sie doch selbst nicht.« Und dann hatte sie die Stimme gesenkt, als verrate sie Frau Sorg ein besonders gehütetes Geheimnis: »Die meisten Juden sind doch schon weg. Ich weiß das von meiner Cousine Herta in Tormersdorf. Da haben sie nämlich ganz viele von denen hingebracht. Und ich habe selbst gesehen, wie sie am Odertorbahnhof in Züge gesetzt wurden. Wohin, weiß ich nicht. Aber ich kann Ihnen sagen, der ganze Bahnhof war voll von Juden. Ich hab gar nicht gewußt, daß es überhaupt noch so viele gab. Aber die gelben Sterne an den Mänteln, die hab ich ganz genau gesehen. Mit meinen eigenen Augen. Wenn ich es Ihnen sage.«

Wie Lotte und Günther schließlich doch noch entdeckt wurden, konnte nachher niemand mehr sagen. Längst gingen sie nur noch nachts auf die Toilette – nicht auf ihre eigene, das hätte das Mißtrauen der Nachbarn geweckt. Stattdessen schlichen sie durchs Treppenhaus nach oben in die Dachwohnung von Frau Sorg. Längst unterhielten sie sich nurmehr flüsternd miteinander und hielten, wenn sie das Radio angeschaltet hatten, die Ohren direkt an die Stoffbespannung des Apparats, damit sie ja kein Geräusch verriet.

Doch dann, eines Morgens, hämmerte es an die Tür: »Geheime Staatspolizei. Öffnen Sie. Wir wissen, daß Sie zuhause sind.« Die beiden Geschwister rührten sich nicht von der Stelle, ja, sie wagten es nicht einmal zu atmen. Doch die Männer vor der Tür blieben hartnäckig.

»Öffnen Sie sofort! Das ist ein Befehl. Sonst zwingen Sie uns, die Tür aufzubrechen.«

Im nächsten Moment klirrte Glas – die Scheibe der Eingangstür. Sekunden später standen die Männer in den langen Ledermänteln vor ihnen.

»Na also«, grinste einer von ihnen, »wer sagt's denn. Da haben wir ja die Maulwürfe in ihrem Bau.« Dann herrschte er sie an: »Mitkommen, jetzt ist der Spaß vorbei. Sie brauchen nur das Nötigste einzupacken. Hierher zurück kommen Sie sowieso nicht mehr.«

Im Dachgeschoß stand Frau Sorg hinter der Wohnungstür und lauschte. Als die Schritte im Treppenhaus verklangen, lief sie zu ihrem Mansardenfenster und schaute hinter der Gardine ängstlich nach unten. Sie konnte gerade noch sehen, wie Lotte und Günther in ein Auto geschoben wurden. Dann fuhr der Wagen los.

* * *

Von Tunis war es nur ein Katzensprung nach Sizilien. Dort waren die ersten amerikanischen Truppen bereits im Sommer 1943 gelandet, hatten sich mit der Achten Britischen Armee über die Insel vorgearbeitet und waren im August auf das italienische Festland vorgestoßen. Nordwestlich von Neapel jedoch stieß der bilderbuchmäßige Vormarsch der Alliierten auf heftigen Widerstand der Wehrmacht. Nun wurde Nachschub gebraucht, und in Nordafrika konnten die Truppen abgezogen werden, nachdem dort keine Kampfhandlungen mehr zu gewärtigen waren.

»Wir werden«, verkündete Capitaine Danois, »in Neapel an Land gehen und entlang der Westküste in Richtung Rom marschieren. Wir gehören offiziell dem französischen Expeditionskorps unter General Alphonse-Pierre Juin an. So wie es aussieht, müßten sich die Kämpfe eigentlich in Grenzen halten, denn die Italiener haben Mussolini zum Teufel gejagt. Nach allem, was man so hört, werden die alliierten Einheiten fast überall in Italien als Befreier begrüßt. Allerdings ist Mittelitalien noch weitgehend in der Hand der Wehrmacht. Da müssen wir uns auf einiges gefaßt machen.«

Die Stimmung unter den Legionären der »Dreizehnten« war ausgelassen und erregt zugleich. Keine Frage, daß es jetzt ernst würde. Aber das war ja genau das, was sie seit langem herbeigesehnt hatten. Endlich waren sie mit von der Partie. Sie saßen an Deck ihres Schiffes, hielten die Nasen in den lauen Wind und versuchten die aufkommende Spannung durch Witzeleien zu lockern.

»Hätte ich auch nicht gedacht«, meinte Hans, »daß wir nochmal nach Italien kommen. Geh zur Legion und lerne die Welt kennen. Marokko, die Sahara, Tripolis, Tunis und jetzt sogar das Land, in dem die Zitronen blühen. Besser hätten wir es doch gar nicht treffen können.«

Max brummte: »Hoffentlich haben wir dabei nicht mit Zitronen gehandelt.«

»Was paßt dir denn jetzt schon wieder nicht?«

»Es paßt mir nicht, daß dort geschossen wird. Wer braucht das eigentlich? Krieg! Das sind *Gojim-Naches*. Haben sie uns nicht schon genug drangsaliert? Sollen sie doch alle zum Teufel gehen und uns in Ruhe lassen.«

Hans lachte: »Na, wir wollen doch eben mithelfen, sie zum Teufel zu jagen.«

Max winkte ab: »Ich will nur noch meine Ruhe haben. In Tunis hatte ich mich gerade an das angenehme Leben gewöhnt. Jetzt müßte nur noch damit Schluß sein, daß mich immer irgendwer herumkommandiert und mir sagt, was ich zu tun oder zu lassen habe, und dann wäre ich zufrieden. Dann … dann würde ich vielleicht sogar heiraten und eine richtige Familie haben.«

Hans schürzte demonstrativ die Lippen zum Kußmund: »Heiraten? Und schon hättest du wieder jemanden, der dich herumkommandiert. Ich seh dich schon, wie du mit der Küchenschürze am Herd stehst. Was gibt's denn heute abend Gutes zu essen, Schatz?«

Im Hafen von Neapel wurden die Truppen formiert. Franzosen wie Amerikaner bekamen ihre Fahrzeuge zugewiesen, die aus den schier unerschöpflichen Schiffsbäuchen an Land quollen. Lieutenant Gurman hatte sich wieder Hans als Fahrer gesichert, und der hatte darum gebeten, daß auch Max mit im Wagen fahre.

»Wieso Wiener?«

»Weil er das MG bedienen kann und ein ausgesprochen erfahrener Mechaniker ist. Falls mal etwas mit dem Jeep sein sollte.«

»Haben Sie vielleicht auch noch Wünsche für den vierten Mann? Eventuell einen Spezialisten, der für Benzin und Reifendruck zuständig wäre?«

»Nein, *mon lieutenant*, das wird kaum nötig sein. Eventuell könnten Sie selbst so freundlich sein und mir dabei zur Hand gehen.«

»Irgendwann, Corporal Hans Neumann, werden Sie mit Ihrem losen Mundwerk mal an den Falschen geraten. Nehmen Sie sich lieber in acht.«

»Ganz wie Sie wünschen, *mon lieutenant*. Und wer soll also der vierte Mann sein?«

»Ist mir egal. Suchen Sie jemanden aus. Aber ein Sergeant müßte es schon sein.«

So kam Anton Leib dazu, ein Bayer, der sich in der Legion seinen Vornamen in »Alain« hatte ändern lassen. Allerdings half ihm das nicht viel. In der Truppe nannten sie ihn nur den Leibl-Anton. Das hatte ihn fürchterlich geärgert, doch er hatte es schlucken müssen. Nach der Befreiung aus dem Zwangsarbeitslager und dem Wiedereintritt in die Legion war er zum Sergeanten befördert worden. Nun also hätte er Befehlsgewalt gehabt, sich gegenüber Unbotmäßigkeiten seiner Untergebenen durchzusetzen. Aber da war es schon zu spät. Jeder kannte ihn als Leibl-Anton, und dabei blieb es.

Hans hatte noch eins draufgesetzt, indem er stramm stand, militärisch grüßte und dabei rief: »Jawoll, Herr Sergeant Leibl-Anton.«

Und auch dabei sollte es bleiben.

* * *

In Italien herrschte Krieg. Ein mieser, ein erbitterter und todbringender Krieg. Das war etwas anderes als selbst der mühsamste und kraftraubendste Wüstenmarsch und erst recht etwas anderes als die geruhsame Zeit an der Küste Nordafrikas. Sie waren in Neapel an Land gegangen, in der blauäugigen Erwartung, zügig nach Norden vormarschieren zu können – begrüßt von freundlich winkenden Menschen, die sie als Befreier willkommen hießen.

In der amerikanischen Militärzeitung *The Stars and Stripes* hatten sie Fotos gesehen, auf denen lachende Italiener die Straßen säumten, während die amerikanischen Panzer durch enge Gassen rollten. Aber das war nur die eine Seite der Wirklichkeit. Die andere waren starke Divisionen der Wehrmacht, die den alliierten Expeditionstruppen heftige Kämpfe lieferten.

In Neapel, immerhin, war davon nichts zu spüren. Die Stadt war ein einziges Durcheinander. Soldaten der verschiedensten Nationen zogen in endlosen Kolonnen durch die Gassen, immer auf der Suche nach ein und demselben: Frauen. Die besten Karten hatten natürlich die Amerikaner. Keiner konnte mit ihnen konkurrieren, nicht die Briten und die Neuseeländer, nicht die Franzosen und schon gar nicht die Polen der Anders-Armee, die selbst froh sein mußten, daß sie am amerikanischen Tropf hingen und versorgt wurden. Zwar wurden auch die »kleinen« Alliierten von italienischen

Vermittlern angesprochen: »*You want fuck? You have Dollars? I have prima fuck for you*«. Doch wenn sich herausstellte, daß sie keine Amerikaner waren, schwand das Interesse an weiteren Verhandlungen blitzartig.

Hans gab sich nach ein paar erfolglosen Versuchen zur Kontaktaufnahme geschlagen: »Auch gut. Gehen wir halt was trinken.«

Max hingegen, seit jeher ausgesprochen selbstbewußt, was seine Wirkung auf das andere Geschlecht anging, suchte nach Erklärungen.

»An uns kann es nicht liegen. Wahrscheinlich sind das alles verkappte Mussolini-Anhänger. Vielleicht sollten wir es mal auf deutsch probieren.«

»Das«, erwiderte Hans, »würde ich mir verkneifen. Siehst du nicht überall an den Hauswänden die Parole ›*Fuori i tedeschi*‹, Deutsche raus?«

Er hatte recht: die Sympathie vieler Italiener für die Deutschen nahm in demselben Maße ab, wie die Wehrmacht sich gegen die Alliierten zur Wehr setzte – und damit die Voraussetzung für anhaltendes Bombardement schuf.

Südlich von ihnen, in der Küstengegend um Malori und Salerno, waren deutsche Stellungen errichtet worden, um den Ansturm von der See her aufzuhalten. Obwohl die Seestreitkräfte der Amerikaner und der Briten in unablässigem Dauerfeuer versuchten, die Küste mit Granaten sturmreif zu schießen, verliefen die Landeoperationen der Alliierten überaus verlustreich.

Sie waren jetzt seit einigen Tagen unterwegs, immer in Küstennähe und stets in nördlicher Richtung. Max hörte sich, wenn sie Rast machten, immer unter den Amerikanern in der Nähe um und kam regelmäßig mit einem Bündel an Nachrichten und Gerüchten zurück, bei denen der Unterschied zwischen Dichtung und Wahrheit kaum auszumachen war.

Dauerthema war im Moment der Sturm auf eine deutsche Stellung nicht weit von ihnen. Dort hatte sich die Wehrmacht in einem Kloster verschanzt, das auf einem Berg am Rande des Dorfes Cassino lag, eine strategisch bedeutsame Position, weil von ihr aus die gesamte Umgebung unter Feuer genommen werden konnte. Die Angreifer hatten bereits hohe Verluste hinnehmen müssen – doch bisher war es ihnen nicht gelungen, die deutsche Stellung einzunehmen.

»Ich hoffe nur«, maulte Max, »daß von unseren Oberen keiner auf die Idee kommt, auch uns noch zur Verstärkung der Engländer dorthin zu beordern. Mir reicht's schon, daß hier überall noch italienische Faschisten lauern. Wenn so einer hinterm Busch hockt, kann man ja zur Not noch draufhalten. Aber einen Berg einnehmen zu sollen, von dem aus auf alles geschossen wird, was sich bewegt, das wär doch ein bisserl arg.«

Der Leibl-Anton lachte verächtlich: »So san's die Österreicher. Schmuck herausgeputzt für die Paraden, immer fesch. Aber wenn's ernst wird, habt ihr die Hosen voll.«

Man konnte förmlich sehen, wie Max das Blut in den Kopf schoß.

»Ein Depp bist du. Ein richtiger Idiot. Und jetzt spielst du dich noch auf, als wärst du ein Super-Jecke. Laß du dir doch den Kopf wegschießen. Ich brauch meinen noch.«

Lieutenant Gurman hatte den Streit nicht verstehen können, weil das Gespräch auf deutsch geführt worden war. Aber er spürte wohl, daß die Atmosphäre geladen war. Deshalb drehte er sich um und rief freundlich: »Darf ich die Herren Soldaten bitten, mit ihren Kräften schonend umzugehen? Sie werden sie noch brauchen. Und jetzt möchte ich, daß Ruhe herrscht. Ach ja, das ist übrigens ein Befehl.«

Hans hatte ihm den Streit zwischen den beiden Kameraden übersetzt und nicht versäumt darauf hinzuweisen, daß die Beziehung der Österreicher zu ihren bayerischen Nachbarn etwa so innig sei wie die eines Bretonen zu einem Marseiller.

Gurman nickte. »So unrecht hat der Leibl-Anton aber gar nicht.«

Hans wollte protestieren und Max verteidigen, doch der Lieutenant winkte ab.

»Ich meine nicht, daß unsere Leute die Hosen voll haben, wenn's ernst wird, sondern die Amerikaner. Wir in der Legion sind es gewohnt zu kämpfen. Auch in aussichtslosen Situationen. Das ist unsere Trumpfkarte. Aber die Amerikaner bomben einfach alles zu Klump. Die werfen tausende Tonnen Bomben ab, dann schicken sie ihre Tanks, und erst wenn sich keine Maus mehr rührt, setzen sie ihre Bodentruppen ein. Ich wette, erst wenn in diesem Cassino und oben in dem alten Kloster kein Stein mehr auf dem anderen steht, kommt der Befehl zum Angriff. Und ich würde mich sehr wundern, wenn es amerikanische Soldaten wären, die dann marschieren müßten. Wahrscheinlich werden sie uns oder den Engländern diese ehrenvolle Aufgabe überlassen. Aber ich würde ihnen schon zeigen, daß wir mehr als Pappkameraden sind.«

Hans kratzte sich mit der einen Hand am Kopf, während die andere den Jeep steuerte. Er überlegte noch, ob er Gurman daran erinnern sollte, daß diese bedeutende und hoch dekorierte Legion kaum hier in Italien wäre, wenn die Amerikaner nicht in den Krieg eingetreten wären. Und daß die Juden unter den Legionären, wenn die Amerikaner nicht gewesen wären, wahrscheinlich noch immer für die französischen Staatsbahnen Frondienste verrichten und Dreck fressen müßten, falls sie denn überhaupt noch am Leben wären. Und daß ein Offizier der Legion ohne die Amerikaner allenfalls von einer Fahrt im Jeep träumen könnte, während er auf einem Maulesel durch die Wüste schaukelte. Und daß die Franzosen, wenn man sie nur ließe, mindestens genausoviele Bomben abwerfen würden, nur daß sie dabei noch weniger Skrupel hätten als die Amerikaner. Und daß zumindest er, Hans Neumann, den Amerikanern bis in alle Ewigkeit dankbar sein würde für ihren Eintritt in den Krieg.

Er wollte gerade den Mund aufmachen, um doch noch seine Antwort loszuwerden – da gab es rechts von ihnen einen dumpfen Knall. Erde und Steinbrocken wurden durch die Luft geschleudert und prasselten auf den Jeep herab. Granatfeuer!

Hans brüllte »Festhalten!«, trat das Gaspedal bis zum Anschlag durch und riß das Lenkrad nach links. Das war eindeutig ein Fehler. Für dieses Manöver war der Jeep nicht geschaffen. Er rumpelte durch den Straßengraben, schoß ein paar Meter auf ein Feld und krachte mit aller Gewalt gegen einen Baum. Hans spürte einen stechenden Schmerz in der linken Schulter und im Nacken. Er versuchte den Kopf zu drehen, um nach seinen Kameraden zu sehen, stöhnte aber vor Schmerz nur auf und sank hinter dem Steuer in sich zusammen.

Sie hatten noch Glück gehabt. Den Mannschaftswagen aber, der wenige Meter hinter ihnen auf der Straße gefahren war, hatte ein Volltreffer mitten auf die Ladefläche erwischt. Nur Fahrer und Beifahrer überlebten, allerdings mit ernsten Blessuren.

Es dauerte nicht lange, bis Sanitäter zur Stelle waren, aber die mußten sich zuerst um die beiden Schwerverletzten aus dem Mannschaftswagen kümmern.

Unterdessen waren Lieutenant Gurman, Max Wiener und der Leibl-Anton aus ihrem Jeep geklettert, hatten festgestellt, daß keiner von ihnen merklich in Mitleidenschaft gezogen war, und hatten Hans vorsichtig aus dem Fahrzeug geborgen. Als die Sanitäter kamen, lag er auf dem Feld und blinzelte benommen in den sonnigen Himmel.

* * *

Hans hatte sich die Schulter ausgerenkt und den Hals verstaucht. Keine gravierende Affaire, aber lästig. Er durfte zwar bald wieder zu seiner Truppe zurückkehren, mußte aber bis auf weiteres eine schrecklich störende Schiene tragen, die ihm ein amerikanischer Feldarzt namens Lemberger ans Genick angepaßt und mit Bandagen dick umwickelt hatte.

An Autofahren war vorerst nicht zu denken, schon gar nicht an irgendeine aktive Teilnahme an etwaigen Kampfhandlungen. Es lief darauf hinaus, daß Hans zwar mit von der Partie war, jedoch verurteilt zum Nichtstun. Er fuhr die nächsten Tage als Passagier auf einem Mannschaftswagen mit, gewöhnte sich an den Spott der Kameraden über seine »Gastrolle« und hoffte, bald wieder selbst hinter dem Lenkrad sitzen zu können.

Bis dahin zog er sich zurück, mied die anderen und machte eine so grimmige Miene, daß kaum jemand Lust hatte, ihn anzusprechen. Doch als ihm bei der Nachuntersuchung der Arzt die Schiene abnahm und verkündete, er sei wiederhergestellt, besserte sich seine

Laune schlagartig. Auch Lieutenant Gurman, der in der Zwischenzeit Max seinen neuen Jeep hatte steuern lassen, schien erleichtert.

»Willkommen zurück im aktiven Dienst, Corporal Neumann. Ihr Freund hat sich sehr bemüht, Sie zu vertreten. Ich glaube aber, daß er als Mechaniker doch fähiger ist.«

Dann wandte er sich an die anderen: »Alle Mann rüber zum Kommandozelt. Der Capitaine hat uns etwas mitzuteilen. Ich glaube, es geht da um etwas ganz Großes.«

Max, die Hände in den Hosentaschen vergraben, versuchte, ein ernstes und bedeutendes Gesicht zu machen, als er spöttisch wiederholte: »Etwas ganz Großes. Immer, wenn der Capitaine zu uns spricht, geht's um was ganz Großes. Nach der Wahrscheinlichkeitsrechnung haben wir jetzt wieder drei Monate Urlaub bis zum Wekken. Ist aber gar nicht so schlecht. Wenn ich es recht bedenke, ist es mir allemal lieber als richtiger Krieg.«

Diesmal sollte Max sich irren. Capitaine Danois wartete tatsächlich mit besonderen Neuigkeiten auf.

»Männer, was ich euch zu sagen habe, bringt die entscheidende Wende in diesem Krieg. Die Alliierten sind an der Küste der Normandie gelandet. Die Befreiung unseres Vaterlands hat begonnen. Das ist der Anfang vom Ende der deutschen Herrschaft über unser Frankreich. Kilometer für Kilometer werden wir die *Boches* zurückdrängen, wir werden sie verfolgen bis ins Herz ihres eigenen Landes. Und dann wird die Welt von dem größten Unheil befreit sein, das jemals über sie hereingebrochen ist.

»Die Landung in der Normandie«, fuhr Danois fort, »ist aber noch nicht alles. Wir werden die *Boches* in die Zange nehmen, und das heißt, daß wir eine weitere Front aufmachen, nämlich im Süden. Es soll schon bald eine zweite Invasion geben, diesmal in der Provence. In Nordafrika werden bereits alle verfügbaren Kräfte gebündelt, um herübergebracht zu werden. Und unsere ›13.‹ wird die Ehre haben, mit von der Partie zu sein. Wir werden hier in Italien an Bord gehen und an die Südküste unseres Landes gebracht. Und dann, Männer, sind wir bald wieder zuhause.«

Er blickte sich um, sah in die Gesichter seiner Legionäre und räusperte sich.

»Na ja, jedenfalls in unserem Mutterland. Dann wird es hoffentlich nicht mehr allzu lange dauern, bis auch der Rest Europas befreit ist und alle wieder zurückkehren können. Ähem …, also wenn ihr das überhaupt noch wollt.«

* * *

Wieder waren sie zwei Tage auf See. Es war eine ruhige Überfahrt, nur daß sie ständig nach Flugzeugen Ausschau hielten, die ihnen hätten gefährlich werden können. Aber außer ein paar verirrten Möwen war am Himmel nichts zu sehen.

Ein Major, den sie bis dahin noch nicht zu Gesicht bekommen hatten, gab eine kurze Lagebeschreibung.

»Wir werden morgen früh unser Ziel erreicht haben. Wir gehen westlich von Marseille an Land, zwischen unserem Marinehafen Toulon und Hyères. Wir werden vorsichtig sein müssen, weil es heißt, daß sich immer noch Einheiten der *Boches* in der Gegend aufhalten. Zwar haben sich die meisten ins Landesinnere zurückgezogen, was uns die *Résistance* inzwischen auch bestätigt hat. Aber ganz ohne Gegenwehr werden sie uns nicht durchlassen, obwohl sie zur Zeit an allen Fronten derart auf die Nase kriegen, daß sie gar nicht wissen, wo sie zuerst zurückschlagen sollen. Unser Vorteil ist aber, daß der größte Teil der deutschen Einheiten vor ein paar Wochen überhastet in die Normandie verlegt wurde. Das hat ihnen dort zwar, zum Glück, nichts geholfen, macht unsere Aufgabe allerdings leichter. Trotzdem werden wir äußerst vorsichtig an Land gehen. Wenn die Lage bereinigt ist, werden wir in Hyères bis auf weiteres Quartier beziehen. Ihr könnt euch heute noch einmal richtig ausschlafen. Morgen wird es aufregend genug.«

In der Dämmerung saßen die Soldaten auf dem Deck beisammen. An Schlaf dachte keiner. Sie schwatzten und lachten zwar, aber dennoch machte sich Nervosität breit. Max hatte zwei Flaschen Rotwein organisiert, die helfen sollten, die innere Spannung zu lösen.

»Ich würde mich nicht wundern«, sagte er, »wenn morgen de Gaulle am Strand stünde, um uns wieder zu inspizieren. Er muß doch nachsehen, was aus seiner Vorzeigetruppe geworden ist. Bestimmt ist er immer noch stolz auf uns.«

Hans tippte sich mit dem Finger an die Stirn.

»Ja, sehr stolz. Und er wird garantiert auf uns warten. Hundert Prozent. Neben ihm werden Eisenhower und Montgomery stehen, weil die nämlich im Moment alle nichts Besseres zu tun haben.«

»A propos«, meldete sich Pierre Gelbart, ein eher kleiner Corporal mit einem mächtigen schwarzen Schnurrbart, »wißt ihr noch, damals, als de Gaulle und Eisenhower in unser Camp kamen? Erinnert ihr euch, daß unser de Gaulle immer ›wir‹ gesagt hat und Eisenhower immer ›ich‹? Und wißt ihr auch warum? Weil bei uns in Frankreich die Demokratie so verankert ist, daß selbst ein Oberbefehlshaber nicht allein entscheidet, sondern nur nach Beratung mit seinen Leuten.«

»Das Musterland der Demokratie!«, lachte Hans, »Du armer Träumer! Das war einmal, mein lieber Pierre. Du vergißt, daß wir gerade drauf und dran sind, deinem Land überhaupt erst wieder zur Demokratie zurückzuverhelfen. Oder wie willst du den Rückfall nennen, den Frankreich unter Pétain hatte? Der alte Verbrecher weiß doch nicht einmal, wie man Demokratie schreibt! Der ist nicht besser als die Nazi-Bonzen in Deutschland.«

Gelbart hatte sich an seinem Rotwein verschluckt und war rot angelaufen. Er mußte husten. Mit halb erstickter Stimme stieß er hervor: »Pétain hin, Pétain her, immerhin verdankst du diesem Land, daß du überhaupt noch am Leben bist.«

»Und dieses Land«, gab Hans zurück, »verdankt uns, daß seine Eisenbahn durch die Sahara wieder ein Stückchen weiter dampfen kann. Dafür, daß sie uns das Leben gerettet und uns nicht an die Deutschen ausgeliefert haben, mußten wir ganz schön bluten. Da haben wir noch ein bißchen was rauszukriegen!

Ich sag's dir ganz ehrlich, Gelbart, was ich von deinem Frankreich halte. Ich verehre de Gaulle für seinen Mut und seinen Kampf gegen die Nazis und ihre Marionetten. Und ebenso hasse ich Pétain für seine Feigheit, seine Kollaboration und seinen mörderischen Antisemitismus. Aber das sind ja nur die Akteure im Scheinwerferlicht. Das Publikum sitzt unten im Zuschauerraum, buht, applaudiert oder schweigt. Mir scheint, es ist ein ziemlich mieses Publikum, jedenfalls ein sehr schweigsames. Sie haben die schwarzen Jahre der Besatzung geschluckt, die Deportationen ihrer jüdischen Nachbarn und den ganzen Blödsinn von nationaler Größe, mit dem Pétain und Konsorten ihre schmutzige Politik rechtfertigen wollten.

Wo sind die denn besser als die Deutschen? Die waren allenfalls lauter mit ihrer ›Heil!‹-Schreierei. Und wenn du mir jetzt mit der *Résistance* kommst, dem *Maquis* – zugegeben, vor denen hab ich alle Hochachtung, aber das war eine verschwindende Minderheit, die obendrein aufpassen mußte, von den eigenen Leuten nicht an die Besatzer verraten zu werden.

Du sagst, ich verdanke diesem Frankreich mein Leben? Objektiv mag das stimmen, aber ich glaube nicht, daß dieses Frankreich mein Leben retten wollte. Wir sind halt zufälligerweise befreit worden, bevor uns die Zwangsarbeit erledigt hat. Und du als französischer Jude verdankst diesem Land ebensowenig dein Leben. Wenn schon, dann den Amerikanern. Na schön, vielleicht auch dem Freien Frankreich und de Gaulle. Aber sei ehrlich, gemessen an der Gesamtbevölkerung ist das eine winzige Zahl. Ich sage das nicht, um dich zu reizen. Man muß sich das nur immer mal wieder klarmachen, damit die Gewichte stimmen.«

Gelbart hatte zwar seinen Hustenanfall überwunden, nicht aber seine Verärgerung.

»So seid ihr Deutschen eben. Selbstgefällig und arrogant. Und immer die Lehrmeister der anderen. Du kannst doch von Glück reden, daß sie dich aus deinem Land rausgeschmissen haben. Wenn Hitler die Juden in Ruhe gelassen hätte, wer weiß, wozu ihr es noch gebracht hättet. Ihr seid euch ziemlich ähnlich, ob Juden oder nicht. Ihr seid einfach Deutsche. Und das eine will ich dir sagen: Bei einem solchen Nationalcharakter bin ich immer noch froh, Franzose zu sein.«

Es knisterte in der Atmosphäre. Max suchte die Situation zu entschärfen.

»Das mit dem ›wir‹ und dem ›ich‹ ist mir damals auch aufgefallen. Aber ich glaube tatsächlich nicht, daß de Gaulle es so gemeint hat, wie Pierre es interpretiert. Habt ihr die Körperhaltung der beiden gesehen? Der eine so starr und militärisch, und der andere ganz locker und frei? Und dann die Sache mit dem Schnürsenkel. Zeigt mir irgendeinen General irgendwo auf der Welt, der vor einem einfachen Soldaten in die Knie geht, um ihm die Bändel zu schnüren. Das ist schon ein ganz besonderer Mann. So einer müßte mal Präsident werden, das wäre dann wirklich ein Präsident aus dem Volk.«

»Und was hat das jetzt alles mit dem ›wir‹ und dem ›ich‹ zu tun?«, hakte Pierre nach.

»Das eine«, begann Max zu dozieren, »ist die Sprache des Volkes. Das andere ist die abgehobene Form, der sogenannte *Pluralis majestatis*, der Plural der Herrschenden. Die sagen nicht ›Mir geht's gut‹, sondern ›Uns geht es gut‹. Verstehst du das?«

Pierre sah Max genau an, dann fragte er: »Sag mal, wo kommst du eigentlich her?«

»Aus Wien«, antwortete Max.

»Und du willst mich die französische Sprache lehren?«

Anstelle einer Antwort hob Hans sein Glas.

»Uns scheint, wir sollten jetzt zu den wichtigen Dingen übergehen. Uns dürstet. Also, *Santé* alle miteinander – und daß wir morgen nachmittag weiter streiten können, wenn wir dein Frankreich befreit haben, Pierre, das ich, trotz allem, ganz passabel finde.«

* * *

Sie schliefen nicht lange in dieser Nacht vor der Landung. Als der Morgen heraufzog, standen sie in feldmarschmäßiger Ausrüstung an der Reling und versuchten, die Küste auszumachen. Weit konnte sie nicht sein, denn die Möwen flogen schon in Scharen um die langsam vorwärts stampfenden Schiffe.

Eine stattliche Streitmacht war da zusammengekommen. Amerikanische Schiffe, soweit das Auge blickte. Welch eine Fügung des Himmels, daß Hitler den Amerikanern den Krieg erklärt hatte. Man brauchte sich bloß vorzustellen, was passiert wäre, wenn die Briten und die dürftige Armee des Freien Frankreich es allein mit den Nazis hätten aufnehmen müssen.

Für die Operation »Dragoon«, die bei den Franzosen »Operation Provence« hieß, hatte das Oberkommando einen etwa 45 Meilen breiten Küstenstreifen zwischen Cavalaire-sur-Mer und Agay vorgesehen. Die Landezone war in drei Abschnitte aufgeteilt worden. Jedem davon war eine US-Division zugeteilt, deren Order lautete, den feindlichen Widerstand in Küstennähe zu brechen, etwa zwanzig Meilen ins Landesinnere vorzustoßen, das Gebiet zu säubern und dann weitere Befehle abzuwarten.

Die ersten französischen Kommandos, die wieder Heimatboden betraten, gingen in der Gegend von Cavalaire Bay und Cap Nègre an Land. Sie trafen auf keine Gegenwehr und besetzten sofort einen zwei Meilen tiefen Streifen. Dagegen hatten die Soldaten, die östlich bei Théoule-sur-Mer landeten, erhebliche Probleme mit Stacheldrahtverhauen und Landminen. Weiter westlich, wo es zusätzlich noch Panzersperren gab, forderten MG-Nester und heftiger Artillerie-Beschuß zahlreiche Tote und Verwundete unter den Alliierten. Dabei hatten die Untergrundkämpfer von der *Résistance* gute Vorarbeit geleistet und Minen ausgegraben oder durch Stöcke markiert. Das rettete nicht wenigen alliierten Soldaten das Leben.

Hans, Max und die anderen aus ihrem Bataillon wurden mit der zweiten »Welle« an Land gespült. Schwimmende Spezialboote hatten die Fahrzeuge transportiert, die nun im nassen Sand der Küste strandeten. Ihr Auftrag lautete, ein paar Kilometer nach Westen zu fahren, immer an der Küste entlang, bis zu einem kleinen Fischerdorf. Dort sollten sie ein provisorisches Lager errichten und weitere Befehle abwarten.

Das Kommando hatte Lieutenant Guy Merlan, der sich mit seinem Jeep an die Spitze setzte. Ihm folgten zwei Panzer, dann Hans, der den Jeep von Sergeant Keller chauffierte.

»Was meinst du, Claude«, fragte Hans, »ob es wohl noch Deutsche hier in der Gegend gibt?«

Keller zuckte mit den Schultern: »Wer weiß. Die Aufklärung hat gesagt, sie hätten sich schon ziemlich weit zurückgezogen. Aber versprengte Soldaten können uns überall erwarten.«

Er hatte den Satz kaum zuende gesprochen, als vorne eine gewaltige Detonation zu hören war. Keller schrie »Deckung«, Hans brachte den Wagen zum Stehen, und der gesamte Konvoi stoppte. Die vor ihnen fahrenden Tanks nahmen ihnen die Sicht. Deshalb rannte der Sergeant geduckt an den Panzern vorbei, sorgsam darauf bedacht, in ihrem Windschatten zu bleiben und kein Ziel abzugeben. Hinter sich hörten sie Gewehrschüsse, dann war es wieder ruhig. Hans sah vorne Rauch aufsteigen, er erkannte Claude Keller, der seine Hände zum Trichter geformt hatte und nach hinten schrie: »Die Schweine haben die Straße vermint. Merlan hat's erwischt. Wo sind die Sanitäter? Schnell, beeilt euch!«

Ein Jeep mit Rotkreuz-Fahne schob sich an den Panzern vorbei an die Spitze des Zuges. Aber man brauchte kein Sanitäter zu sein, um zu erkennen, daß hier nichts mehr zu machen war. Die Mine hatte den Wagen des Lieutenants in die Luft gehoben und ihn zerfetzt. Merlan und sein Fahrer waren in Stücke gerissen worden.

»Diese elenden Verbrecher!« Keller weinte beinahe vor Wut. »Sie haben längst verloren und zerstören doch, wo sie nur können.«

Dann faßte er sich wieder und verkündete: »Ich übernehme das Kommando, ihr fahrt hinter mir her.«

Hans fühlte sich sichtlich unwohl: »Das wird doch nicht die einzige Mine gewesen sein. Wollen wir jetzt Spürhunde spielen?«

Keller nickte: »Es bleibt uns gar nichts anderes übrig. Aber wir gehen von der Straße runter und fahren durchs Gelände. Das geht langsamer, ist aber sicherer.«

Es dauerte bis zum Einbruch der Dunkelheit, bevor sie ihr angepeiltes Ziel erreichten.

Schon am Ortseingang wurden sie erwartet. Von einer Gruppe Männer und Frauen, offenbar im Sonntagsstaat, vorneweg ein dürrer Mann mit auffallend hagerem Gesicht, dem der Anzug am Körper hing wie einer Vogelscheuche. Um die Hüften hatte er eine Schärpe gelegt, gehalten in blau-weiß-rot, den Farben der französischen Republik. Einen hübschen Kontrast dazu bildete der flache Stahlhelm, der ihm wie ein umgedrehter Suppenteller auf dem Kopf saß.

Hans steuerte seinen Jeep direkt auf den dürren Mann zu, gab noch einmal Gas und knallte den Fuß kurz vor ihm so heftig auf die Bremse, daß er und der Sergeant beinah über die Kühlerhaube geflogen wären.

»Bist du noch ganz klar?«, herrschte Keller ihn an, »was soll der Quatsch?«

»Nichts besonderes«, gab Hans gut gelaunt zurück, »ich will nur ein bißchen Eindruck schinden.«

»Eindruck schinden. Das wär dir beinahe gelungen. Vor allem, wenn wir diesem Klappergestell vor den Füßen gelandet wären.«

Hans legte einen Finger auf die Lippen: »Contenance bewahren! Du bist hier der Kommandierende. Du mußt die Honneurs machen.«

Das mußte er wohl in der Tat. Die Vogelscheuche war ein paar Schritte nähergekommen, hatte, als Keller nicht sonderlich elegant aus dem Jeep kletterte, Haltung angenommen und die rechte Hand an den Suppenteller gerissen.

»Sergeant«, rief er, »ich bin der Bürgermeister. Ich übergebe Ihnen die Befehlsgewalt über unseren Ort.«

Keller war irritiert und schien nicht recht zu wissen, wie er sich verhalten sollte. Deshalb ließ er es dankbar geschehen, daß Hans den militärischen Gruß erwiderte und, wobei er auf Keller deutete, zackig rief: »*Monsieur le maire*, Sergeant Keller, erster Zug, drittes Bataillon der 13. Halbbrigade der *Légion Etrangère* in der Armee des Freien Frankreich dankt Ihnen. Sie sind ab sofort wieder freie Menschen. Sie brauchen Ihr Dorf niemandem zu übergeben.«

Der Bürgermeister nahm den Helm ab und kratzte sich am Kopf. »Freies Frankreich? Dann seid ihr unsere?«

Keller hatte sich wieder gefaßt: »Wir sind die Truppen von General de Gaulle. Und wir kommen, unsere Heimat zu befreien.«

Der Bürgermeister grinste leicht, schien aber noch nicht restlos überzeugt.

»Daß ihr keine *Boches* seid, hab ich mir gedacht. Aber die Unsrigen seid ihr auch nicht. Was sollen die Sterne auf euren Wagen?«

Wieder mischte sich Hans ein: »Die haben wir uns bei den Amerikanern ausgeliehen. Aber wir selbst sind echt.«

Der Bürgermeister wandte sich zu seinen Leuten, die respektvoll Abstand gehalten hatten: »Es sind unsere Jungs! Das habe ich sofort gemerkt. Sie haben uns befreit!«

Und wie ein Dirigent, der vor seinem Orchester Aufstellung nimmt, um den ersten Takt zu schlagen, hob der Bürgermeister plötzlich beide Arme, nickte mit dem Kopf, und die ganze Gesellschaft begann zu rufen: »*Vive la France. Vive la République. Vive la libération.*«

Als er sich wieder umwandte, blickte er die beiden Soldaten erwartungsvoll an.

Keller sagte nur: »Da fehlt noch was.«

»Ja – aber was denn?«

Sergeant Keller strahlte ihn an: »De Gaulle fehlt. Ein ordentliches *Vive de Gaulle*. Nicht wahr?«

Auch der Bürgermeister lachte und dirigierte einen neuen Sprechchor: »*Vive la France. Vive la République. Vive le Général de Gaulle.*« Und dann applaudierten alle wie wild.

Die Vogelscheuche wandte sich an Sergeant Keller: »Ihre Soldaten haben bestimmt Hunger und Durst. Wir haben etwas vorbereitet. Folgen Sie mir bitte.«

Hinter der Hauptstraße gab es einen kleinen Platz, direkt oberhalb der Dünen, wo jetzt ein großer Holzstoß angezündet wurde. Frauen und junge Mädchen wuselten durcheinander, kicherten, als ihnen die Soldaten freundliche Blicke zuwarfen, trugen voll beladene Platten und Flaschen heran.

Als alle im Sand Platz genommen hatten, die Soldaten auf der einen, die Dorfbewohner auf der anderen Seite des langsam an Kraft gewinnenden Feuers, trat der Bürgermeister in den Lichtschein der Flammen.

»Heute ist Wirklichkeit geworden, wovon wir alle geträumt haben«, rief er unter heftigen Körperbewegungen, die seinen Anzug flattern ließen. »Unsere Soldaten sind zurückgekehrt, um die Heimat wieder in unsere Hände zu geben. Seit wir die Nachrichten aus der Normandie gehört haben, wußten wir, daß es so kommen würde. Wir haben mit Ungeduld auf euch gewartet. Jetzt seid ihr da, und jetzt wollen wir diesen Tag mit euch feiern. Wir sind nur arme Fischer, aber der Fang des Tages gehört euch. Eßt und trinkt. Der Himmel hat euch geschickt, und der Himmel soll euch behüten.«

Und dann wurde gegessen und getrunken. Und getrunken und gegessen. Hans hatte schon zwei große Gläser Wein geleert, als eine schwarzhaarige junge Frau sich vor ihm in den Sand kniete und ihm eine Schüssel von ungeheuren Ausmaßen entgegenhielt:

»Nehmen Sie. Bedienen Sie sich. Es ist alles ganz frisch.«

Hans wußte nicht so recht, ob er auf die hübsche Frau oder auf die Schüssel blicken sollte. Verlegen grinste er. Dann fiel ihm siedend heiß ein, daß er keine Zähne mehr im Mund hatte. Erschrokken hielt er sich die Hand vor den Mund und fragte schnell, um abzulenken, was dieser Muschelberg in der Schüssel sei.

»Das sind Austern. Frisch und gut für die Kraft.«

Hans griff zu, nahm sich zwei Hände voll Austern auf einen Teller und blickte sich fragend um. Er hatte noch nie in seinem Leben Austern gegessen.

Einer der Kameraden kam ihm zu Hilfe: »Du brichst sie auf, vorsichtig, damit das Seewasser nicht rausläuft. Dann musst du die Schale an die Unterlippe halten und sie einfach ausschlürfen.«

Hans folgte der Anweisung und schlürfte.

»Schmeckt wie Fisch in Salzwasser«, befand er, »ist mir nur zu glitschig.«

Er müsse sich nur daran gewöhnen, erklärte ihm der andere, dann werde er schon auf den Geschmack kommen.

Also nahm Hans sich eine zweite Auster vor, eine dritte und eine vierte und spülte mit Rotwein nach.

»Schmeckt ganz gut. Macht zwar nicht satt, ist aber gut, wenn man keine Zähne mehr hat. Braucht man wenigstens nicht zu kauen.«

Dann machte er sich über die übrigen Austern her, die er sich auf den Teller geladen hatte. Schließlich war er satt. Und ihm war schlecht. Hundsmiserabel schlecht. Er schaffte es gerade noch, ein Stück in die Dünen zu kriechen, dann brach es aus ihm heraus. Später robbte er wieder zurück, blieb auf halbem Weg zurück zum Feuer ermattet und ausgepumpt im Sand liegen und schlief ein.

* * *

Der nächste Morgen warf seine Sonnenstrahlen auf ein Krankenlager. Von allen Seiten war leises Stöhnen zu hören. Manche hielten sich den Kopf, um das bohrende Hämmern zu mildern, andere hielten sich den Bauch.

Irgend jemand hatte eine alte Decke über Hans geworfen, als er zusammengekrümmt im Sand lag. Jetzt tätschelte eine rauhe Hand sein Gesicht. Wie aus weiter Ferne rief eine vertraute Stimme: »Vielleicht kommst du mal zu dir und trinkst wenigstens einen Schluck Kaffee. Ich kann doch nicht den ganzen Tag lang Krankenschwester spielen.«

Mit dem Kaffee kehrten die Lebensgeister zurück. »Wie geht's denn den anderen?«, fragte Hans.

»Die einen haben einen dicken Kopf vom Wein, die anderen einen verdorbenen Magen von übermäßigem Genuß an Austern«, zählte Max auf. »Und du alter Perfektionist hast beides. Gratuliere.«

Hinter ihnen ertönte die Stimme von Claude Keller: »Wenn ihr fertig seid, könnt ihr vielleicht mal mit anpacken. Wir müssen nämlich endlich unsere Zelte aufbauen, um uns hier häuslich einzurichten.«

Doch daraus wurde nichts. Sie hörten das Geräusch eines Motorrads, das sich durch die Dünen kämpfte. Darauf saß ein Soldat, der ihnen die neueste Order des Stabs zu überbringen hatte: die Zelte sofort abbrechen und wieder nach Osten zurückkehren, dorthin, wo sie an Land gegangen waren. Dort gäbe es dann weitere Anweisungen.

Keller lief rot an vor Wut: »Sind die eigentlich noch normal? Erst schicken sie uns los, dabei fliegt Lieutenant Merlan in die Luft, und jetzt gilt plötzlich das Kommando ›Zurück‹?! Was soll das Durcheinander?«

Soweit er es mitbekommen habe, berichtete der Melder des Stabs, seien alle Pläne geändert worden, weil die Deutschen überhastet nach Norden und Nordosten flüchteten. Es gebe entlang der Küste nur vereinzelte Kampfhandlungen. Deshalb werde nun neu formiert. Allerdings seien Teile der Straßen von den Deutschen vorher noch vermint worden, deshalb sollten sie unbedingt denselben Weg nehmen, auf dem sie gekommen seien, um sicherzugehen, daß nichts passiere.

»Dann packen wir mal unseren Kram ein, sagen den Leuten hier Adieu und machen uns auf den Rückweg«, resignierte der Sergeant. Zu Hans gewandt fügte er hinzu: »Du bist mein Fahrer. Du weißt, was das bedeutet?«

Hans nickte: »Wir beide fahren vorneweg. Wir sind die Minenspürhunde. Meinst du das?«

Keller gab ihm einen Klaps auf die Schulter: »Kann ja sein, daß wir Glück haben.«

Das hatten sie. Nach einer mühsamen Fahrt über den Strand erreichten sie ohne Zwischenfälle ihren ursprünglichen Ausgangsort. Fast alle Einheiten waren bereits abgerückt, nur ein paar Zelte standen noch. Sergeant Keller suchte nach dem ranghöchsten Offizier, um Meldung zu machen.

Als er zurückkam, hatte sich seine Miene sichtlich aufgehellt: »Gute Nachrichten, Jungs. Unsere Truppen können gar nicht so schnell vorrücken, wie die *Boches* abhauen. Unsere Erste Armee marschiert geradewegs nach Norden mit Ziel Paris. Das Zweite Korps soll zusammen mit der Siebten US-Armee von Dijon aus nach Osten abbiegen und ins Elsaß einziehen. Ich hoffe, daß wir dabei sein können. Dann wäre ich nämlich bald zu Hause.«

Max meldete sich: »Können wir uns was wünschen?«

»Was wünschst du dir denn?«

»Paris, natürlich,« erwiderte Max grinsend.

Vorläufig allerdings stand weder das Elsaß zur Debatte noch Paris. Ihre Order lautete, zunächst einmal die kurze Strecke nach Hyères zu nehmen und dort weitere Befehle abzuwarten.

* * *

Hyères war ein Traum, die von Palmen gesäumte Uferpromenade eine Wirklichkeit gewordene Ansichtskarte. Und erst ihre Unterkunft! Eine Villa von enormen Ausmaßen, malerisch gelegen in einem weitläufigen Park.

Auf wessen Anwesen sie sich hier breitmachten, erfuhren sie nicht. Nur, daß vor ihnen die Deutschen die Villa beschlagnahmt und als Quartier genutzt hatten. Nun aber waren sie fluchtartig verschwunden und hatten ihnen eine Unterkunft hinterlassen, die eines Generals würdig gewesen wäre. Alle waren begeistert.

Nur Keller hatte Einwände: »Was soll ich mich hier ausruhen? Ich will weiter. Wenn ich daran denke, daß wir in ein paar Tagen in Straßburg sein könnten ...«

Die Hoffnung auf eine schnelle Heimkehr war ein wenig übertrieben. Denn zwar ging der Vormarsch ins Landesinnere glatt vonstatten, doch an der Grenze zum Elsaß stießen die vereinigten französischen und amerikanischen Truppen auf unerwarteten deutschen Widerstand. Dafür gab es wenigstens keine Zwischenfälle auf dem Weg in die Hauptstadt. Am 25. August 1944 meldete der Rundfunk die Befreiung von Paris, und ein aufgeregter Radioreporter, dessen Stimme sich vor Begeisterung beinahe überschlug, schilderte minutiös den Einmarsch der Sieger vom Arc de Triomphe über die Champs Elysées, an der Spitze ein vor Glück und Genugtuung strahlender General Charles de Gaulle und ein nicht weniger zufriedener Winston Churchill.

Natürlich waren es die Amerikaner gewesen, die Paris erobert und befreit hatten. Doch ihre Generalität ließ de Gaulle großzügig den Vortritt, als es darum ging, als Sieger in die Metropole einzumarschieren. Der Rundfunk aber feierte Charles de Gaulle, die Symbolfigur des Freien Frankreich, und die Soldaten von General Pierre Koenig, als hätten sie die Deutschen ganz allein aus der Stadt verjagt.

Auch Hans, Max und die anderen in der Villa feierten die Befreiung. Sie feierten, als hätten sie schon den Krieg gewonnen. Dann machten sie sich stadtfein und gingen in den Ort, um sich von der Begeisterung treiben zu lassen und mitzuerleben, wie die Menschen auf den Straßen tanzten. Aus den Restaurants, den Bars und Bistros schallten die Schlager des Jahres, die Chansons von Charles Trenet und Nino Rossi, Lieder von *Résistance* und Sieg, immer wieder auch die vertraute Melodie der *Marseillaise*. Wer in diesen Stunden eine französische Uniform trug, brauchte keinen Centime in der Tasche zu haben. Sie wurden überhäuft mit Einladungen, hier zu einer Fischsuppe, dort zu einem Glas *Pastis* oder einem *Rouge*.

Gemeinsam saßen Hans und Max an einem kleinen Bistro-Tisch auf dem Trottoir, die untergehende Sonne im Blick und im Ohr das sanfte Rauschen des nahen Meeres. Genüßlich streckten sie die Beine von sich, prosteten einander zu und erwiderten die freundlichen Grüße der Passanten.

»Diese Freude und diesen Empfang«, sagte Max unvermittelt, »würde ich mir wünschen, wenn ich nach Wien zurückkomme.«

Hans sah den Freund fragend an.

»Ich denke, du willst nicht mehr nach Wien zurück?«

»Eben«, sagte Max, »weil ich weiß, daß ich diesen Empfang dort sowieso nicht bekomme. Die haben sich überhaupt nur einmal so wild gefreut. Das war an dem Tag, als der Führer in Wien einzog. Wenn ich komme, wird's so toll bestimmt nicht werden. Also brauche ich es gar nicht erst zu versuchen.«

Hans war nachdenklich geworden.

»So wie es aussieht, dürften wir es ja bald geschafft haben. Ein paar Wochen noch, ein paar Monate vielleicht, und wir haben sie im Sack. Und dann ist der Krieg vorbei. Stell dir vor, Max, nach so vielen Jahren. Wenn du Wien nicht mehr sehen willst, vielleicht schaust du dir Breslau mal an?«

»Breslau? Meinst du wirklich?«

»Vielleicht nur mal reinriechen. Ich weiß nicht.«

Max machte eine Handbewegung, als verscheuche er alle Gedanken an eine ungewisse Zukunft.

»Reinriechen willst du? Ich verspreche dir, es wird nach Tod riechen. Nach dem Tod deiner ganzen Familie. Du wirst es spüren, und du wirst die Deutschen hassen. Abgrundtief hassen. Und du wirst dich dafür hassen, daß du zurückgekommen bist. Weil du es nämlich besser hättest wissen müssen. Laß es gut sein, Hans, schließ das Kapitel ab. Das Deutsche Reich hat für uns beide aufgehört zu existieren.«

»Willst du etwa in Frankreich bleiben? Du bist immer noch Ausländer, vor allem, wenn du die französische Uniform ausziehst. Wer weiß, ob sie dann nicht wieder eine Überraschung für die Ausländer parat haben, oder für die Juden.«

»Bei allem, was wir für Frankreich getan haben, ist es bestimmt kein Problem, die französische Staatsbürgerschaft zu erhalten. Dann sind wir zwar immer noch Juden, aber immerhin französische. Vielleicht lernen wir dann so zu denken wie Pierre Gelbart. Dann hätten wir immerhin wieder ein Zuhause ... So, und jetzt lassen wir es gut sein. *Carpe diem*, Hans, genieße den Tag.«

* * *

Sie blieben gut zwei Monate in Hyères. Als der Sommer ging, mußten auch sie ihre Sachen packen, um sich einer amerikanischen Einheit anzuschließen – mit Ziel Paris.

Sergeant Keller hingegen hatte seine Vorgesetzten tatsächlich irgendwie davon überzeugt, daß er unbedingt ins Elsaß abgeordnet werden müsse. Besonders schwierig war das nicht, denn in den Vogesen wurde noch immer erbittert gekämpft, und die Einnahme von Straßburg zog sich hin. Da war es gut, Soldaten in der Truppe zu wissen, die mit der Gegend vertraut waren.

Der Abschied war herzlich.

»Wenn alles vorbei ist«, überlegte Keller, »werde ich nie mehr einen eigenen Chauffeur haben, schon gar nicht einen so guten. Du kannst sicher sein, *mon ami*, daß ich schon deshalb an unsere gemeinsame Zeit zurückdenken werde. Bist ein feiner Kerl, Hans. Mach's gut. Und du weißt ja, wenn du jemals nach Westhalden kommen solltest, bei mir bist du immer willkommen.«

Sie umarmten einander.

»Und wenn du«, sagte Hans, »irgendwann mal nach ... ja, wohin eigentlich? Tut mir leid, Claude, ich weiß noch nicht, in welcher Stadt ich dich willkommen heißen könnte. Aber ich laß es dich wissen. *D'accord*?«

Max hatte noch eine Frage: »Sag mal, Claude, daß du ins Elsaß abgeordnet wirst, leuchtet mir ein. Schließlich herrscht da noch Krieg. Aber wieso schicken sie uns ausgerechnet nach Paris? Da sind wir, erstens, nicht zuhause. Zweitens sind wir, wenn ich mich recht entsinne, freiwillige Kämpfer in den Diensten eurer Armee. Was sollen wir dann in einer ohnehin schon befreiten Stadt? Heißt das, wir werden bald demobilisiert?«

»Keine Ahnung. Aber wenn du einen Tipp von mir willst, dann freu dich einfach drauf und genieße Paris. Es könnte schlimmer kommen.«

Noch einmal drückten sie einander. Dann bestiegen die Männer ihren Lastwagen und winkten, bis von dem immer kleiner werdenden Sergeanten nichts mehr zu sehen war.

Die Fahrt nach Norden kam ihnen vor wie ein Vorspiel dessen, was sie in Paris erwartete. Überall freundliche Menschen, die der Militärkolonne zuwinkten, Baguette und Salami auf die Ladeflächen warfen, hier und da auch Zigaretten. Und immer wieder die Rufe »*Vive la France libre, vive de Gaulle*«.

Und wie zur Bekräftigung lasen sie an Hauswänden oder Brükkenpfeilern die von Lothringerkreuzen und durchgestrichenen Hakenkreuzen umrahmten Parolen »*Vive de Gaulle, mort à Hitler.*« Spätestens dabei wurde ihnen bewußt, daß sie zwar in einem mittlerweile weitgehend befreiten Land, aber immer noch im Krieg waren.

Der Empfang in Paris fiel spürbar kühler aus, als sie sich das in ihrer Vorfreude ausgemalt hatten. Die Hauptstadt war, nach Tagen des ungezügelten Feierns und der ausgelassenen Begeisterung, wieder zum Alltag zurückgekehrt, geschäftig und hektisch wie Weltstädte es sind. Und doch schien es, als lägen die Spuren der Kollaboration wie schwere Steine im Bauch der Stadt. Als begegneten sich die

Menschen mit einer Überdosis an Vorsicht, als suchten sie einander zu durchschauen und zu ergründen, auf welcher Seite der andere während der zurückliegenden vier Jahre gestanden hatte.

Hans hatte in der Kino-Wochenschau in Hyères Szenen gesehen, die voll aufgestauter Wut waren, Szenen, in denen Mitglieder der *Résistance* über Männer und Frauen herfielen, die sich mit den Besatzern eingelassen, für sie gespitzelt hatten. Frauen wurden auf offener Straße die Köpfe geschoren, Männer wurden unter dem Jubel der Umstehenden niedergeschlagen und mit Füßen getreten. Hans hatte die Bilder mit einer Mischung aus Schrecken und Genugtuung gesehen und stellte sich bildhaft den Legions-Sergeanten Thomas Reith unter den Tritten der johlenden Menge vor.

Doch die Wut, so schien es, war schon wieder verraucht. Sie hatte sich fast so schnell gelegt wie die überbordende Freude über die wiedergewonnene Freiheit. Vielleicht deshalb, weil Frankreich, genaugenommen, ja noch weit vom Normalzustand entfernt war. Mochten auch auf den Trottoirs von Paris die Bistrotische kleine Trikoloren tragen und überall die Lieder der Befreiung zu hören sein – noch herrschte kein Frieden im Land.

Für Hans war Paris die wohl wichtigste Station auf seiner Flucht vor den Nazis gewesen, Startpunkt in ein großes Abenteuer und Rettungsanker vor den Verfolgern zugleich. Und doch waren seine Gefühle zwiespältig.

Die französische Hauptstadt, wiewohl sie praktisch von den Deutschen besetzt gewesen war und Pétains Kollaborationsregierung ja jenseits der Demarkationslinie gesessen hatte, erschien ihm wie eine Frau, die ihrem Liebhaber untreu geworden war. Es war nur ein schwacher Trost, daß dies unter Zwang geschehen war. Ein Gefühl der Enttäuschung blieb zurück, mochte er sich auch noch so sehr um rationale Erklärungen bemühen. Gefühle stehen jenseits der Vernunft. Enttäuschte Gefühle zumal.

Doch etwas Gutes hatte Paris unbestritten: Hans bekam die Möglichkeit, sich auf Kosten des Militärs einen Zahnarzt zu suchen und sich sein nur noch in Rudimenten vorhandenes Gebiß richten zu lassen. Es war Max gewesen, der ihn dazu gedrängt hatte.

»So wie du aussiehst, kann ich mich mit dir kaum noch auf die Straße wagen. Eine alte Indianer-Squaw ist eine Schönheit gegen dich.«

Hans mußte zugeben, daß an der wenig schmeichelhaften Beschreibung durchaus etwas dran war. Er war schmal geworden, richtiggehend hager. Das Gesicht, von der Wüstensonne verbrannt und vom Sand gegerbt, war faltig. Er sah viel älter aus. Aber das Schlimmste war der eingefallene Mund, in dem die Zähne fehlten.

Der Arzt war ihm von seiner Kommandantur genannt worden, ein vierschrötig wirkender Mann mit auffallend kurzgeschnittenen Haaren und Händen wie Baggerschaufeln. Doch die dicken Finger an den gewaltigen Händen erwiesen sich als unerwartet zart und feinfühlig. Und geschickt obendrein. Es dauerte ein paar Sitzungen, die einzuhalten sich Hans immer wieder aufs Neue zwingen mußte, dann durfte er sich im Spiegel betrachten – und sah ein Gesicht, das ihm auf den ersten Blick fast fremd vorkam. Er sah nicht mehr die alte Indianer-Squaw, sondern ein Gesicht mit einem normal geformten Mund und makellosen Zähnen. Hinter sich bemerkte Hans den Zahnarzt, der ihm über die Schulter schaute und einen Blick in den Spiegel zu erhaschen suchte. Das Seltsamste aber war, daß der Arzt dabei freundlich lächelte.

Hans war erleichtert, ja glücklich, als er die Praxisräume verließ. Als erstes kaufte er sich ein Baguette, das er unter den Arm klemmte und im Gehen stückchenweise und mit längst vergessener Leichtigkeit verzehrte.

Plötzlich – genau in dem Moment, da er die Straße an der Place d'Orléans überquerte – juckte es ihn heftig in der Nase. Hans nieste so gewaltig, wie er immer nieste. Nur mit dem Unterschied, daß er diesmal ein neues Gebiß im Mund hatte, genauer, im Mund gehabt hatte. Denn von dem gewaltigen Nieser wurden die falschen Zähne aus dem Mund gerissen und flogen in hohem Bogen auf die Straße. Sie landeten zum Glück weich, nämlich zielgenau in einem Haufen, den kurz zuvor ein Pferd an dieser Stelle hinterlassen hatte.

Hans mußte laut lachen. »Glückwunsch«, dachte er bei sich, »andere weihen ihre neuen Zähne mit einem Schnitzel ein.«

* * *

Es wurde kalt in Paris. Der Herbst wich dem Winter, und von Norden, von jenseits der französisch-belgischen Grenze kamen Nachrichten, die niemand glauben mochte. Die Deutschen schlugen zurück. Mit einer gewaltigen Anstrengung hatten sie den Vormarsch der Amerikaner gestoppt, ja, sie hatten sogar zum Gegenschlag ausgeholt, der nun seinerseits die Amerikaner zurückweichen ließ.

Was sollte das nun wieder bedeuten? Sollte es am Ende eine Taktik der Wehrmacht gewesen sein, den Gegner erst einmal kommen zu lassen, um ihn dann doch noch in die Knie zu zwingen? Nein, das konnte nicht sein. Nicht bei den Verlusten, die die Deutschen seit ihrer Niederlage bei Stalingrad hatten einstecken müssen.

Hans saß in der weiträumigen Mannschaftsmesse der Kaserne vor einem Blechbecher mit schwarzem Kaffee. Er war in Gedanken, als sein Freund hereinkam. Noch während er sich den Stuhl heranzog, begann Max zu erzählen.

»Hans, das wird dich interessieren. Ich komme gerade aus dem kleinen Bistro, in dem wir neulich waren, du weißt schon, mit der hübschen Blonden hinter dem Tresen, der mit dem knackigen Po. Also, dort bin ich mit Deutschen ins Gespräch gekommen, Zivilisten, die sich im Süden mit Hilfe der *Résistance* versteckt hatten. Es sind Sozialdemokraten, und sie waren all die Zeit in Verbindung mit der Exil-SPD in London. Ich habe ihnen von dir erzählt, und jetzt wollen sie dich unbedingt kennenlernen. Sie sagen, es werden schon Vorbereitungen getroffen für die Zeit ›danach‹. Ich denke, das ist was für dich.«

Hans schien durch Max hindurchzusehen. Er saß regungslos da, die Unterarme auf die Tischplatte gelegt und hielt die Kaffeetasse mit beiden Händen.

»Hans, he, komm zu dir. Ich bin's. Ich habe dir gerade eine gute Nachricht gebracht.«

»Ich hab's vernommen, Max. Hab nur gerade an die Ardennen gedacht, an den deutschen Durchbruch und mir überlegt, wann die Zeit ›danach‹ wohl sein könnte, von der du gerade gesprochen hast. Wir haben doch schon so oft Pläne gemacht, über die die Wirklichkeit hinweggegangen ist. Womöglich waren wir auch jetzt mal wieder zu voreilig.«

Max schüttelte irritiert den Kopf: »Hans, was ist los mit dir? Ich kenne dich kaum wieder. Spielen wir jetzt unser Amsterdamer Spiel mit vertauschten Rollen? Mann, reiß dich zusammen. Ein paar Wochen noch, dann ist die Chose gelaufen. Dann sind sie erledigt. Und du ziehst als Sieger in Breslau ein. Gütiger Himmel, jetzt lächle doch endlich mal! Du kannst es dir erlauben, hast ja wieder Zähne.«

* * *

Ein paar Tage später ging Hans in das Bistro »Chez Martine«, um nach den deutschen Zivilisten Ausschau zu halten, von denen Max gesprochen hatte. Dort stellte er sich erst einmal an den Tresen, bestellte einen *Pastis* und wechselte ein paar Worte mit der hübschen Chefin. Zugleich versuchte er ein paar Fetzen der Unterhaltung aufzuschnappen, die an dem kleinen Tisch in der Nähe geführt wurde. Dann trat er an den Tisch.

Das Gespräch verstummte, mehrere Augenpaare richteten sich fragend auf den französischen Soldaten, der sich mit zwei Fingern, betont lässig, an sein Béret tippte und in akzentfreiem Deutsch sagte: »Gestatten die Herren? Mein Name ist Hans Neumann. Sie habe ich gesucht.«

Einer aus der Gruppe, ein älterer Mann mit altmodischem Kneifer auf der Nase, fragte zurück: »Aus Breslau?«

»Ja, aus Breslau.«

»Dann bist du der Genosse, von dem Max erzählt hat«, stellte der Mann mit dem Kneifer fest, »setz dich zu uns – und willkommen.«

Es war, wie Max gesagt hatte. Die fünf waren Sozialdemokraten, die sich einige Zeit im unbesetzten Teil Frankreichs durchgeschlagen hatten und dann von der *Résistance* verborgen gehalten wurden, bis sie sich wieder frei bewegen konnten. Über den französischen Widerstand hatten sie mit England Kontakt gehalten, auch mit der Exil-Partei, die dort ihre Rückkehr nach Deutschland abwartete.

»Wir stehen auch in Verbindung mit den Genossen um Erich Ollenhauer«, erklärte der Ältere mit dem Kneifer, »und wenn es, hoffentlich bald, soweit ist, daß wir zurückkönnen, dann wollen wir vorbereitet sein ... Du bist«, sagte er dann unvermittelt, »Jude. Willst du denn, nach allem, was geschehen ist, wirklich zurück nach Deutschland?«

Die Frage traf Hans unvorbereitet. Er schaute ein wenig hilflos auf die fünf Genossen.

»Den Gedanken habe ich noch nicht ganz zuende gedacht. Aber ich denke, daß ich zurückgehen werde. Erst einmal. Und dann wird sich zeigen, wie es weitergeht.«

Der Genosse mit dem Kneifer, anscheinend der Wortführer, fragte nach: »Und wann willst du gehen? Gleich nach Kriegsende? Als Zivilist oder als französischer Soldat?«

Hans zuckte die Schultern: »Lieber Himmel, du willst mehr von mir wissen, als ich selbst weiß. Keine Ahnung. Es wird davon abhängen, was das Freie Frankreich mit uns Freiwilligen vorhat. Aber ich denke, zuerst werde ich nach Breslau gehen und nach meiner Familie sehen.«

»Hast du denn noch Kontakt?«

»Nicht das leiseste Lebenszeichen. Eben deswegen will ich ja hin.«

Sie trafen sich in den folgenden Wochen immer wieder. Der mit dem Kneifer hieß Alfons Seidel, war promovierter Historiker und als Gymnasiallehrer von den Nazis schon in der ersten Jahreshälfte 1933 wegen »politischer Unzuverlässigkeit« entlassen worden. Zuhause in Dessau eine lokalpolitische Größe, hatte er sich in der Emigration mit allerlei Hilfsarbeiten über Wasser gehalten. Nun wollte er unbedingt dabeisein, wenn Deutschland wieder zur Demokratie zurückkehrte.

»Ich habe«, sagte er eines Tages zu Hans, »deinen Namen sicherheitshalber der Parteiführung mitgeteilt. Solltest du dich irgendwann entschließen zurückzukehren, wird man dich bestimmt gebrauchen können.«

* * *

Frankreich war inzwischen befreit. Der deutsche Durchbruch in den Ardennen war nach anfänglichen Erfolgen kläglich gescheitert, allerdings unter erheblichen Verlusten auf beiden Seiten. Während in der Reichshauptstadt die Durchhalteparolen von Hitler und Goebbels immer hysterischer klangen, rückten die Alliierten bereits auf deutsches Territorium vor. Es war nur noch eine Frage der Zeit, bis der Krieg wirklich beendet war.

An einem Schabbat in diesem Dezember 1944 hatte Max beschlossen, zum erstenmal seit vielen Jahren wieder in die Synagoge zu gehen. Er überredete Hans mitzukommen. Sie hatten sich erkundigt, wo es Gottesdienste gab, und sich für eine Synagoge in der Nähe der Place des Vosges entschieden.

Die Skepsis, die Hans anfänglich in sich gespürt hatte, verflog im Augenblick, da er die Tür hinter sich schloß und die vertraute Umgebung auf sich wirken ließ. Der Gottesdienstraum war wesentlich kleiner als in der Storchsynagoge in Breslau und weitaus weniger beeindruckend. Aber es war alles an seinem Platz, was zu einer Synagoge gehörte. Da war der *Aaron haKodesch*, der Schrein an der Stirnseite, in dem die heiligen Thorarollen aufbewahrt wurden, davor der *Amud*, das Vorlesepult für den Vorbeter, und in der Mitte des Raumes die *Bima*, auf der die Thorarolle zur Schriftlesung ausgerollt wurde. Und über allem die rote Lampe des ewigen Lichts, das mit unverminderter Kraft strahlte. Wieder strahlte. Nach allem, was an grauenhaften Ereignissen hinter den Juden lag.

Als Max und Hans sich einen Platz in der Mitte der Synagoge suchten, folgten ihnen zahllose Augenpaare. Sie waren die einzigen beiden Uniformierten, und erst, als sie wie selbstverständlich nach den überall bereitliegenden *Siddurim* griffen, den Gebetbüchern in hebräischer und französischer Sprache, schienen die übrigen Gottesdienstbesucher beruhigt. Wer sich so selbstsicher in einer Synagoge bewegte und nach nur kurzem Blättern im *Siddur* die Stelle fand, an der gerade gebetet wurde, der mußte ein *Amchu* sein, einer von ihnen.

Die Segenssprüche, die Psalmen und das Glaubensbekenntnis waren offenbar schon aufgesagt worden, jetzt folgte, in stiller Andacht, die *Schmone Essre*, das sogenannte Achtzehngebet. Hans sah die vertrauten Buchstaben in seinem *Siddur*, seine Lippen flüsterten wie von selbst die Worte dieses wichtigsten aller Gebete, das er so viele Jahre seines Lebens wieder und wieder vor sich hin gemurmelt hatte.

Währenddessen gingen seine Gedanken auf ihre eigene Reise. Zurück in die Vergangenheit. Mit einem Mal war er wieder in Breslau, sah sich neben seinem Vater sitzen, seinem Bruder Günther, den Onkeln und Cousins. Er sah Rabbiner Dr. Schönberger vor sich, den Oberkantor Siegfried Blumenfeld, und er hörte ihn mit seiner wohlklingenden und kraftvollen Stimme die *Schmone Essre* wiederholen: *Boruch oto adonoi, elohejnu melech ha-aulom* …

Als aus der Thora der Wochenabschnitt vorgelesen wurde, schlurfte ein Männlein heran, sprach Hans an und fragte ihn, ob er seinen hebräischen Namen wisse.

»Bien sûr«, gab Hans zurück, »ich heiße Jona Zwi ben Moshe.«

Kurz darauf hörte er den Vorbeter von der *Bima* herabrufen: »We amod Jona Zwi ben Moshe, Schlischi«.

Das war sein Aufruf. Sie hatten ihn tatsächlich ausgewählt, ihn als Dritten von insgesamt sieben, damit er die ehrenvolle Aufgabe übernahm, einen Abschnitt aus der Thora zu lesen.

Hans stieg die Stufen hinauf auf das Podest der *Bima*. Mit einem Zipfel seines Gebetsmantels, den ihm das Männlein hilfreich um die Schultern gelegt hatte, berührte er die Stelle in der Pergamentrolle, die ihm der *Baal Koreh*, der Vorleser, gewiesen hatte, und sagte aus dem Gedächtnis die *Bracha*, den Segensspruch, den er seit seiner *Bar Mizwa* so oft schon gesagt hatte, fast an jedem Samstag, all die Jahre seit er dreizehn war, bis zu seiner Flucht aus Deutschland.

Tränen stiegen ihm in die Augen, ließen die hebräischen Buchstaben der Thora verschwimmen. Wie durch einen Schleier hindurch nahm er wahr, was um ihn herum geschah. Wie von selbst kam ihm nach der Vorlesung wieder die *Bracha* über die Lippen. Dabei fiel ihm ein, daß er an dieser Stelle eine Spende zugunsten der Gemeinde zu verkünden hätte, als Dank für die ihm soeben erwiesene Ehre. Doch einer der beiden Synagogenvorsteher, die rechts und links von ihm standen, wehrte mit leisem Lächeln ab: »Ein Soldat unserer Armee braucht nichts zu geben. Sie haben schon genug gegeben, indem sie für unsere Freiheit gekämpft haben. Die Ehre ist auf unserer Seite.«

* * *

Es wurde Frühjahr, März 1945. Hans und Max und zahlreiche andere »Freiwillige für die Dauer des Krieges« saßen noch immer in ihren Quartieren in Paris. Und warteten noch immer auf den Marschbefehl zum Aufbruch nach Osten. In Richtung Deutschland.

Die Sonne wärmte die Körper und die Herzen der Menschen. Dankbar nahmen sie das Angebot der Cafés an, die ihre Tische und Stühle wieder auf die Trottoirs gestellt hatten. In Scharen saßen sie auf der Straße, Zeitung lesend, schwatzend, scherzend oder, wie Hans, das bunte Treiben beobachtend, das um ihn herum pulsierte. Noch immer war der Krieg nicht zuende, noch immer war Deutschland nicht besiegt. Das Land, das mehr Unglück, mehr Blut und Tränen über die Welt gebracht hatte als je ein anderes Land in der Geschichte der Menschheit, wollte partout nicht kapitulieren.

Während die Truppen des amerikanischen Panzergenerals Patton aus dem befreiten Lothringen ins Württembergische vorstießen und Bayern einnahmen, während die Dritte US-Armee in den Volksstaat Hessen einmarschierte und sich anschickte, den Rhein zu überqueren, verbreiteten die Zeitungen noch immer Durchhalteparolen, verhängten die Scharfrichter des Reiches noch immer Bluturteile und bestraften diejenigen mit dem Tode, die ein Schwein gestohlen oder BBC gehört hatten.

Inzwischen hatte die Welt erfahren, welche irrsinnigen Verbrechen dieses Deutschland verübt hatte. In Polen hatte die Rote Armee Vernichtungslager vorgefunden, die reine Todesfabriken gewesen waren. Orte, von denen kein gewöhnlicher Mensch jemals etwas gehört hatte, standen für die unglaublichen Verbrechen eines in Wahnsinn verfallenen Volkes: Treblinka, Majdanek, Auschwitz.

Die Zeitungen in Paris berichteten beinahe täglich von immer neuen Entdeckungen immer neuer Mordtaten.

»Bist du eigentlich sicher, Hans«, fragte Max, als er in einem Bistro auf der Rue Lafayette seine Zeitung zusammenfaltete, »daß du wieder nach Deutschland zurückgehen willst, wenn alles endgültig vorbei ist? Nach all dem?«

»Nein.«

»Was, nein? Nein, daß du nicht gehst?«

»Nein. Nein, daß ich nicht sicher bin. Aber, ehrlich gesagt, nicht sicher bin ich jetzt schon ziemlich lange.«

* * *

Dafür faßte Max einen Entschluß. Mitte April war der größte Teil Deutschlands in der Hand der Alliierten. Auch Österreich war besetzt. Oder befreit. Je nach Einstellung.

Es war ein milder Sonntagnachmittag, sie schlenderten über die belebten Champs Elysées und genossen noch immer die Reaktionen der Passanten, wenn sie die französischen Armeeuniformen mit den Abzeichen des Freien Frankreich sahen. Fast immer war Sympathie in diesen Gesichtern zu lesen, sogar Dankbarkeit.

»Denkst du manchmal daran, Hans, wie lange wir uns jetzt kennen? Was wir alles zusammen erlebt und durchlitten haben? Wir sind, wie man so sagt, durch dick und dünn gegangen. Was wir in nicht einmal zehn Jahren erlebt haben, das erleben andere nicht in zehn Leben. Spanien, Holland, Frankreich, Afrika, die Legion, das Freie Frankreich.

»Was ist los, Max? Willst du Bilanz ziehen?«

»Wir kennen einander so gut, wir beide, da kann der eine dem anderen wohl nichts mehr vormachen. Erinnerst du dich, wie oft wir von der Zukunft gesprochen haben? Wohin wir gehen würden und wohin nicht? Also, paß auf: Ich habe dir doch von dieser kleinen Journalistin erzählt, die ich vor zwei Monaten kennengelernt habe, diese Danielle.«

»Von der du mich richtiggehend ferngehalten hast? Weil du Angst hattest, sie würde auf den besseren Geschmack kommen?«

»Ja, ja«, stöhnte Max theatralisch, »aber nur, wenn sie auf einen Glatzkopf mit falschem Gebiß steht. Also, hör jetzt zu. Diese Danielle ...«

»Hat dir einen unsittlichen Antrag gemacht«, fiel ihm Hans ins Wort.

»Nein, du Ochse, nicht sie mir. Ich ihr! Aber es war nicht unsittlich. Ich habe sie nur gefragt, ob sie mich heiraten würde. Und sie hat ›ja‹ gesagt. Stell dir vor.«

»Kann ich mir nicht vorstellen«, erwiderte Hans mit ernster Miene. Und dann, wie aus heiterem Himmel, griff er den Freund unter den Achseln, hob ihn ein paar Zentimeter hoch, und rief so laut, daß sich alle Passanten überrascht umdrehten: »*Masseltov, mon ami*. Herzlichen Glückwunsch. Wann darf ich die Braut küssen?«

Er durfte es noch am selben Abend. Alles war fein säuberlich eingefädelt worden, so, als wäre Hans der Erziehungsberechtigte des Bräutigams und müßte überredet werden, der Eheschließung zuzustimmen.

Als sich Max, in Ausgehuniform mit Krawatte und messerscharf gebügelter Hose, mit Hans auf den Weg zu Danielle machte, glitzerten seine Augen so verschwörerisch, daß Hans schon die wildesten Szenarien entwarf, was ihn wohl erwartete.

Sie fuhren ein schönes Stück mit der Metro, mußten dann noch einen Fußmarsch einlegen und kamen schließlich zu dem vierstökkigen Wohnhaus, in dessen Dachgeschoß Danielle ihre kleine Wohnung hatte.

Auf dem Schildchen neben dem Klingelknopf stand der Name »Debontier«. Als Max läutete, öffnete eine zarte, schmale Frau mit kurzen schwarzen Haaren, Augen so groß wie Untertassen und einem Lächeln, das hinreißend war.

Max umarmte sie zärtlich, gab ihr einen Kuß auf jede Wange und sagte dann: »Darf ich vorstellen, das ist Hans Neumann, mein bester Freund ... Hans, meine Verlobte, Mademoiselle Danielle Debontier.«

Hans überlegte kurz, ob er einen Handkuß wagen sollte, war aber dann unsicher, ob das noch in die Zeit paßte.

Da ging Danielle auf ihn zu, plazierte ihm rechts und links einen Kuß auf die Wange und rief strahlend: »Hans, Sie sind mein liebster Gast heute Abend. Ich habe so ungeheuer viel von Ihnen gehört. Ich müßte Sie fast so sehr lieben wie meinen Max.«

Hans schoß das Blut ins Gesicht. Er drehte sich um, sah Max grinsen und hörte dessen Aufforderung: »Na los, *mon vieux*, schäm dich nicht. Rein mit dir in mein neues Zuhause.«

Drinnen, im kleinen Salon, war eine festliche Tafel gedeckt, wie Hans sie seit Ewigkeiten nicht mehr gesehen hatte. Teller, Stoffservietten, Silberbesteck, verschiedene Weingläser.

Danielle stellte Hans vor: »Meine Lieben, das ist Hans Neumann, den ihr alle aus so vielen Erzählungen kennt.«

Die Lieben – das waren Danielles Bruder Robert, ein paar Freunde und Kollegen und Pierre Maingot, ihr Chefredakteur bei der *Semaine de Paris*. Abseits standen, offenbar in ein angeregtes Gespräch vertieft, zwei Soldaten, die Hans nur von hinten sah, die er aber an den Streifen auf den Schulterklappen als *Capitaines* identifizierte.

Gerade wollte Hans eine etwas anzügliche Bemerkung über Max' neuen Bekanntenkreis machen, als sich der eine Offizier umdrehte – es war ihr Kommandeur, Capitaine Meunier. Hans salutierte, aber Meunier winkte nur lächelnd ab.

In diesem Moment sagte Danielle: »Capitaine Hiver, darf ich Ihnen den anderen meiner beiden Ehrengäste vorstellen, Corporal Hans Neumann, Freiwilliger des Freien Frankreich.«

Langsam, sehr langsam drehte sich auch der zweite Offizier um. Unwillkürlich führte Hans die flache Hand an die rechte Schläfe, um einen militärischen Gruß anzudeuten. Doch als er das Gesicht sah, klappte ihm der Unterkiefer herunter. Da stürmte der Offizier auf ihn zu, nahm ihn in die Arme und rief: »Hans, was bin ich froh, dich gesund wiederzusehen.«

Hans sah ungläubig zu Max, der vor Freude über den gelungenen Coup beinahe zu platzen schien.

»Ja doch, Hans, er ist es. Unser alter Kumpel Adolf Hübner. Capitaine Adolphe Hiver.«

Es wurde der schönste Abend seit Jahren. Adolf Hübner, der Kommunist aus Deutschland, der einstige Fremdenlegionär, Interbrigadist und wieder Fremdenlegionär, hatte inzwischen die französische Staatsbürgerschaft angenommen und seinen deutschen Namen, im

Klang halbwegs angelehnt an das Original, in Hiver umgewandelt. Jetzt war er Offizier im Generalstab des Freien Frankreich.

Hans war ungeduldig wie ein kleiner Junge. Was hatte Adolf in der Zwischenzeit alles erlebt, wie war es ihm ergangen – und vor allem: Wie war er ausgerechnet an diesem Abend hierher an diesen Ort gekommen?

»Dahinter«, antwortete Adolf lachend, »steckt Max. Er hat alles organisiert. Ich erzähl es dir später«.

Als alle sich zu Tisch gesetzt hatten, ergriff Max das Wort: »Liebe Freunde – wir wollten euch an diesem wichtigen Tag unbedingt bei uns haben, weil für uns beide heute ein neues und gemeinsames Kapitel unseres Lebens beginnt. Wir wollen uns verloben. Wir hätten eigentlich auch gleich heiraten können, aber das haben wir uns aufgehoben, nämlich für genau den Tag, an dem Nazi-Deutschland endgültig am Boden und der Krieg zuende ist. Im Interesse der Welt und in unser beider persönlichem Interesse hoffe ich sehr, daß es sich nur noch um ein paar Tage handelt. Haltet euch also bereit für die Doppelfeier, die dann ansteht. Der heutige Abend ist nur das *hors d'oeuvre*. Und für das wünsche ich euch jetzt guten Appetit ... Und danke, daß ihr alle gekommen seid.«

Es war eine freundliche und liebenswerte Runde, und Hans mußte immer wieder von Nordafrika berichten, obwohl er sich viel lieber bei Adolf erkundigt hätte, wie es ihm seit ihrem Abschied nach der Flucht über die Pyrenäen ergangen war.

Die Gelegenheit dazu ergab sich wenig später. Adolf hatte sich, nachdem er Hans und Max verlassen hatte, tatsächlich sofort bei der Legion gemeldet, war auch gleich angenommen und bald darauf nach Lothringen abkommandiert worden, in eine der Festungen der Maginot-Linie entlang der Grenze zu Deutschland. Viele der dort stationierten Legionäre waren ursprünglich Deutsche, und die Armeeführung war ihnen gegenüber nicht ganz ohne Mißtrauen. Nur jene galten als uneingeschränkt zuverlässig, die schon eine Reihe an Jahren Dienst in der Legion getan hatten. Zu ihnen zählte Adolf Hübner.

Deshalb war er auch unter jenen Freiwilligen, die für einen nicht näher bezeichneten Sondereinsatz in Nordafrika akzeptiert wurden. So fand er sich, Anfang des Jahres 1940, in Afrika wieder, wo im marokkanischen Fes und im algerischen Sidi-Bel-Abbès zwei Bataillone von jeweils tausend Mann aufgestellt wurden, die schließlich der 13. Demi-Brigade unter dem Kommando des Lieutenant-Colonel Magrin-Verneret unterstellt und wenig später in Marsch gesetzt wurden – allerdings mit einem für die wüstenerfahrenen Fremdenlegionäre ganz ungewöhnlichen Ziel: Finnland.

»Wir sollten dort oben im Norden die alliierten Truppen gegen die Sowjets verstärken, die ja damals noch mit Hitler-Deutschland verbündet waren. Welch eine Idee, ausgerechnet uns dahin zu schikken! Kein einziger von uns hatte jemals in Schnee und Eis gekämpft. Wir kannten die Wüstenstürme, die sengende Sonne, die erbarmungslose Hitze. Aber Finnland?

Na schön, wir fuhren los. Nur, als wir ankamen, war's dort auch schon wieder vorbei. Die Rote Armee hatte Finnland nämlich bereits besetzt. Trotzdem wurden wir nicht wieder zurückgeschickt, sondern nur kurz umgeleitet. Diesmal nach Norwegen, an die Front gegen die Deutschen, wahrscheinlich weil wir die Winterklamotten ohnehin schon im Sack hatten.

Am 28. Mai sind wir in Narvik einmarschiert – die heldenhafte Wehrmacht war geflüchtet. Allerdings, deren Kommandeur war der Gebirgsjäger-General Eduard Dietl, der später einer der Großen in der Waffen-SS wurde, und den hätten wir damals zu gerne geschnappt. Also sind wir hinter den flüchtenden deutschen Gebirgsjägern her, und fast hätten wir sie erwischt. Aber zehn Kilometer vor der schwedischen Grenze hieß es, wir hätten Norwegen sofort zu verlassen und nach Frankreich zurückzukehren. Inzwischen war nämlich der Sitzkrieg in Elsaß-Lothringen vorbei und alles, was Beine hatte, wurde zur Verteidigung Frankreichs gebraucht.«

Abermals kam die 13. Demi-Brigade zu spät. Denn als sie Mitte Juni im Hafen von Brest an Land ging, war die Wehrmacht gerade in Paris einmarschiert, und französische und britische Soldaten flüchteten massenhaft in Richtung England.

»Unser Colonel hatte uns die Entscheidung überlassen, entweder nach Nordafrika zurückzukehren oder mit ihm an der Seite von de Gaulles Freiem Frankreich zu kämpfen. Ein Teil von uns ging, ein anderer blieb bei de Gaulle in England. Ich war bei denen, die blieben. Trotzdem gingen auch wir bald zurück nach Afrika, zunächst nach Dakar. Sogar auf dem selben Schiff mit General de Gaulle sind wir damals gefahren. Von dort ging's nach Kamerun, dann um das Kap der guten Hoffnung rum nach dem Sudan, dann haben wir uns in Eritrea heftige Kämpfe mit den Italienern geliefert, haben sie aber schließlich kleingekriegt, dann weiter nach Palästina, von dort nach Syrien.

Daß wir im Juli 1941 Damaskus eingenommen haben, war keine Kleinigkeit. Wir hatten dort nämlich gegen die andere Legion kämpfen müssen, die unter dem Befehl Vichys stand. Na ja, und dann war da noch der Krieg gegen Rommels Afrikakorps, den wir als Einheit der Achten Britischen Armee schließlich auch gewonnen haben. Und danach sind wir dann, im Juni 1944, nach Frankreich übergesetzt, so wie du und Max von Marokko aus. Viel hat nicht gefehlt, und wir wären uns dort begegnet.«

»Jetzt mußt du uns nur noch verraten, wie du heute hierher gekommen bist«, verlangte Hans, noch immer neugierig.

Max mischte sich ein: »Er kann gar nichts dafür. Das ist das Verdienst von Capitaine Meunier. Ihn hatte ich gebeten, Adolf für uns ausfindig zu machen. Da er damals in die Legion zurückgegangen ist, mußte er auch auffindbar sein – falls er noch am Leben war. Und das eben hat der Capitaine geschafft.«

Wieder hakte Hans nach: »Verzeihen Sie, *mon capitaine*, aber es scheint mir doch ziemlich ungewöhnlich, daß ein Mannschaftsdienstgrad zu seinem Kommandeur geht und ihn darum bittet, ihm bei der Suche nach einem Freund behilflich zu sein. Und daß der dann sofort alles in Bewegung setzt. Gab es da einen speziellen Grund?«

»Sie haben recht, Corporal Neumann. Es gab einen speziellen Grund. Es war nämlich gar nicht Max Wiener, der mich darum gebeten hatte, sondern meine kleine Cousine. Die wollte nämlich ihrem Verlobten damit eine Freude machen.«

»Ihrem Verlobten?« Hans zog die Stirn in Falten.

»Eben dem«, bestätigte Capitaine Meunier lachend, »meine kleine Cousine ist Mademoiselle Debontier.«

* * *

Endlich kam sie, die sehnsuchtsvoll erwartete, die herbeigeträumte, die erlösende Nachricht: Deutschland hatte bedingungslos kapituliert, der Krieg war vorbei. Gleich zweimal hatten die Größen des Nazi-Reichs die Kapitulations-Urkunde unterzeichnet, am 7. Mai in Reims, tags darauf in Berlin-Karlshorst. Nur in einer letzten deutschen Stadt war selbst nach der Unterzeichnung noch einen Tag lang weitergekämpft worden: in Breslau. Ausgerechnet.

Noch nie hatte Hans erlebt, daß Menschen einander die Zeitungen förmlich aus den Händen rissen. Die *Nouvelles du Matin* hatten es in ihrer Morgenausgabe vom 8. Mai, einem Dienstag, in so dikken Lettern gedruckt, als wollten sie die Nachricht in die ganze Welt hinausschreien: »*La guerre est finie*, die bedingungslose Kapitulation Deutschlands wird heute um 15 Uhr offiziell bekanntgegeben.«

Danielle und Max machten ihre Ankündigung wahr. Irgendwie hatte Danielle über die Beziehungen der *Semaine de Paris* einen Blitztermin auf dem Standesamt organisiert. Jetzt waren sie ganz formell Ehemann und Ehefrau, Monsieur et Madame Max et Danielle Wiener-Debontier. Das klang ziemlich aristokratisch. Wenn das der Führer gewußt hätte …

Am Abend feierten sie in einem kleinen Landgasthaus am Rande der großen Stadt. Sie lachten und weinten, sie schauten zurück in die Vergangenheit und schmiedeten Pläne für die Zukunft. Max war so ausgelassen, wie Hans ihn noch nie erlebt hatte. Ein neugeborener Mensch.

Max wandte sich ihm zu: »Denkst du eigentlich noch daran, daß wir beide uns als Freiwillige für die Dauer des Krieges verpflichtet haben? Nun also, der Krieg ist vorbei. Damit beginnt für uns auch ein neues Leben.«

Hans hatte keine große Lust, an einem Freudentag wie diesem schon wieder Probleme zu wälzen und über die Zukunft nachzudenken.

»Max Wiener und seine jüdische Hast! Muß es gleich sein, oder hat es nicht Zeit bis morgen?«

Max, schon leicht beschwipst, kniff Hans in die Wange.

»In den letzten Jahren hast du so viele weitreichende Entscheidungen für mich getroffen. Ich will mich mal revanchieren. Komm mit, ich mache dich mit einer guten Freundin von Danielle bekannt. Die ist obendrein noch jüdisch, was willst du mehr?«

So machte Hans die Bekanntschaft von Estelle, einer charmanten und zudem auch noch hübschen jungen Witwe, die nach der Befreiung Frankreichs im vorigen Jahr aus dem Exil in Lissabon nach Paris zurückgekehrt war.

Estelles Eltern waren kurz nach der Jahrhundertwende aus Polen eingewandert, hatten nach anfänglich schwierigen Jahren in der Nähe der Place des Vosges ein kleines Restaurant eröffnet und sich passabel eingerichtet. Als der Vater starb, hatte die Mutter das Restaurant aufgegeben und vom Ertrag des Verkaufs gelebt – bis sie im Jahre 1943 in das Vernichtungslager Auschwitz deportiert wurde. Dort verlor sich ihre Spur.

In den nächsten Wochen trafen sich Estelle und Hans häufig. Sie besuchten Theateraufführungen und Konzerte – auch Stücke, die während der deutschen Besatzung und des Vichy-Regimes als »entartet« gegolten hatten. Die Karten besorgte meist Danielle, die über ungeahnte Beziehungen verfügte. Und sie machten ausgedehnte Spaziergänge durch den Bois de Boulogne, bei denen sie sich sehr nahe kamen.

»Weißt du eigentlich«, fragte Estelle bei einem dieser Spaziergänge durch den sommerlichen Wald, »was aus dir wird, *mon cher*, nun da alles vorüber ist? Bleibst du in Frankreich oder hast du andere Pläne? Ich meine, das sollten wir schon wissen, bevor wir über eine gemeinsame Zukunft nachdenken, oder?«

Estelle wußte genau, daß sie damit einen wunden Punkt bei Hans traf.

»Ich bin so unentschlossen«, gestand er denn auch ein, »so sehr wie vielleicht noch nie in meinem Leben. Natürlich könnte ich in Frankreich bleiben. Aber wir alle tragen doch unsere Vergangenheit mit uns herum. Mein zweites Leben hat zwar mit dem Tag begonnen, an dem ich vor neun Jahren Deutschland verlassen habe, aber da waren immerhin noch 34 andere Jahre davor. Deutschland wird jetzt ein anderes Deutschland sein, und es wird noch einmal ein anderes Deutschland werden. Wenigstens umschauen will ich mich, ob Juden dort wieder leben können. Wenn nicht, muß ich wenigstens keiner verpaßten Gelegenheit nachtrauern.«

»Und ich, was wird aus mir? Soll ich hier sitzen und jeden Tag darauf hoffen, daß du zurückkommst? Was ist, wenn du dich entscheidest, es noch einmal mit Deutschland zu versuchen?

»Wie wäre es, wenn du mich begleiten würdest? Wir schauen uns gemeinsam um, entscheiden gemeinsam – und dann werden wir sehen, wo unsere Zukunft liegt.«

Estelle wich erschrocken zurück.

»Nein, Hans, das kannst du nicht wirklich von mir verlangen. Nicht bei aller Liebe. In dieses Land werde ich meinen Fuß niemals setzen. Nicht freiwillig. Was, um Himmels willen, sollte ich in Deutschland? Ich habe in der Emigration davon geträumt, daß dieses Land von der Landkarte verschwinden möge, daß nur noch ein weißer Fleck übrig bliebe. Und jetzt soll ich dorthin fahren?! Welch absurder Gedanke! Wenn du anders empfindest, *d'accord*, es ist das Land deiner Geburt und es war einmal deine Heimat. Ich könnte es zwar nicht verstehen, aber wenigstens respektieren. Bloß, Hans, auch ich habe Gefühle. Und die verbieten mir, überhaupt an Deutschland zu denken – außer voller Abscheu.«

Hans zog Estelle an sich: »Schau, *mon petit trésor*, du weißt, daß ich dich liebe. Ich möchte nichts lieber, als mit dir zusammen zu sein und endlich zur Ruhe zu kommen. Aber ich habe diese Ruhe auf Dauer nicht, wenn ich nicht mit eigenen Augen gesehen habe, wie es jetzt aussieht in Deutschland, wie die Menschen reden und handeln, was sie denken – und was sich verändert hat. Es muß anders geworden sein, jetzt, da die Diktatur überwältigt ist. Deutschland ist mehr als ein Haufen von Verbrechern. Es gibt die anständigen Deutschen, die besseren. Was meinst du, mit wem ich in Spanien zusammen war? Das waren Deutsche. Und keine Nazis. Versteh mich nicht falsch, ich will Deutschland nicht verteidigen. Nur, ich muß einfach auch wissen, was mit meinen Eltern und meinen Geschwistern geworden ist, meinen Onkeln, Tanten und Cousins. Das ist meine Pflicht. Und das, immerhin, wirst du nicht bestreiten können.«

Sie gingen den Rest des Weges schweigend, Estelle enttäuscht, Hans hin und her gerissen zwischen den Empfindungen für die Frau an seiner Seite und dem stärker werdenden Drang, nach Deutschland zurückzukehren. Das war es, was er sich all die Zeit nicht hatte eingestehen wollen, was er zu verdrängen versucht hatte. Jetzt hatte er es ausgesprochen: Er wollte zurück.

Als er sich von Estelle verabschiedete, wich sie seinen Zärtlichkeiten aus.

Hans reagierte irritiert und verärgert: »Was soll das, Estelle? Hat unser Gespräch die Beziehung zwischen uns verändert? So schnell?«

»Nein, Hans. es sind meine Gefühle für dich, die mir Angst machen. Ich sehe, daß es dich nach Deutschland zieht und ich nicht stark genug bin, dich hier zu halten. Und ich fürchte, daß ich dich verlieren werde. Und das tut weh. Ich habe so viel geweint in den letzten Jahren – einmal muß Schluß sein mit den Tränen. Adieu.«

Mit einem kräftigen Ruck stieß sie die Haustür auf, tauchte beinahe fluchtartig in den dunklen Hausflur ein, drehte sich noch einmal kurz um und sagte mit belegter Stimme: *»Je t'aime, quand même.«*

Dann war sie verschwunden und ließ Hans auf dem Trottoir zurück. Einen Moment lang dachte er daran, ihr zu folgen, dann, die Hand schon auf der Klinke, hielt er inne. »Vielleicht soll es so sein.«

Natürlich erfuhren Danielle und Max bald, was geschehen war. Danielle hatte, bei allem Mitgefühl für ihre Freundin, auch Verständnis für Hans. Max hingegen empörte sich so sehr, daß es darüber zum ersten ernsthaften Streit in der jungen Ehe kam.

»Was will er eigentlich, dieser verdammte Idiot?! Da hat er eine Frau, die ihn liebt, die attraktiv ist und intelligent, die ihm ein neues Zuhause geben kann, Geborgenheit nach all dem, was wir durchgestanden haben. Und er wirft das einfach weg, als wäre es nichts wert. Und warum? Bloß, um in dieses verfluchte Deutschland zurückzukehren? Er ist mein bester Freund, ich hatte geglaubt, ihn zu kennen. Aber für so dumm habe ich ihn nicht gehalten.«

»Max, beruhige dich und reagiere nicht wie ein betrogener Liebhaber. Nicht dich verläßt Hans, sondern Estelle. Sie ist die eigentliche Leidtragende. Und wir haben die Entscheidung von Hans zu respektieren.«

Max schlug mit der Faust auf den Tisch.

»Es geht nicht allein um Estelle. Er kehrt auch uns den Rücken die wir jetzt seine Familie sind, und mir, seinem besten Freund. Du hast ja keine Vorstellung davon, was wir beide alles durchgemacht haben. Wie oft wir Deutschland und die Deutschen verflucht und ihnen alles Üble an den Hals gewünscht haben. Was er jetzt vorhat, das ist Verrat, nichts anderes als Verrat. Danielle, ich muß noch mal weg.« Er war auf dem Weg zur Wohnungstür.

»Wo willst du jetzt noch hin? Es ist spät.«

»Ich habe etwas zu klären. Mit Hans.«

* * *

Doch das Gespräch brachte keine Klärung. Hans versuchte, den Freund mit Argumenten zu überzeugen, und Max reagierte mit ungebremsten Gefühlsaufwallungen. Sie brüllten und fuchtelten mit den Fäusten in der Luft herum, umarmten sich mit Tränen in den Augen, beschimpften sich gegenseitig und rückten keinen Zentimeter von ihrer jeweiligen Position ab. Der Kompromiß, den sie schließlich fanden, schien jeden von ihnen das Gesicht wahren zu lassen.

Max schlug vor, Hans solle nicht, wie eigentlich beabsichtigt, den Dienst bei der Armee quittieren, sondern sich nur einen möglichst langen Urlaub geben lassen und die Zeit nutzen, sich in Deutschland umzusehen und nach seiner Familie zu suchen. Wenn er dabei seine französische Uniform trüge, würde ihm dies gewiß alles andere als hinderlich sein in dem von den Alliierten besetzten Deutschland. Und es würde ihm, so hoffte Max natürlich, den Weg zurück ebnen, nach Frankreich, nach Paris, den Weg zu Danielle und ihm, vielleicht sogar die Rückkehr zu Estelle.

Sie gingen auseinander wie zwei Menschen, die sich nur für kurze Zeit verabschieden, überzeugt, einander sehr bald wiederzubegegnen. Und insgeheim bewunderte jeder die schauspielerische Leistung des anderen.

Doch aus der schönen Idee, in der Uniform der Sieger zurückzukehren, wurde nichts.

»Dort, wo Sie herkommen und wo Sie hinwollen, stehen die Russen,« warnte ihn sein Kommandeur.«Wir sind zwar Verbündete gegen einen gemeinsamen Gegner, aber ob die einen französischen Soldaten so einfach durch ihr Gebiet spazieren lassen, das weiß ich nicht. Ich will weder, daß Sie Probleme bekommen, noch daß Sie diplomatische Verwicklungen provozieren. Also fahren Sie als Zivilist.«

»Ein schöner Zivilist«, wandte Hans ein, »ich habe kein Hemd, keinen Anzug und keinen Mantel. Alles, was ich besitze, sind meine Militärklamotten. Und wenn ich mich neu einkleiden muß, habe ich kein Geld mehr für die Reise.«

Der Kommandeur dachte einen Moment nach: »Sie nehmen alle Rangabzeichen ab, auch das Lothringer Kreuz und die Nadel unserer *Forces Françaises Libres*. Eine Khaki-Hose und ein Khaki-Hemd darf jeder tragen. Dazu muß man kein Soldat sein. Und dann bekommen Sie auch Ihren Urlaubsschein.«

* * *

Es wurde ein mühsamer Weg, von Paris nach Metz, weiter nach Saarbrücken und dann nach Frankfurt am Main, ein Weg durch ein zerstörtes Land, dessen zerbombte Häuser aus gewaltigen Schuttbergen starrten wie übriggebliebene Zähne eines schlechten Gebisses. Die Menschen, denen Hans begegnete, machten den Eindruck, als seien sie von einer beständigen Eile getrieben, die Blicke auffällig oft zu Boden gerichtet. Waren das die Männer, die in Prag und Paris, in Warschau und in Amsterdam, in Brüssel und in Kopenhagen einmarschiert waren, zackig und stramm? Waren das die Frauen, die ihrem Ver-Führer mit ausgestreckten Armen, feuchten Augen und heiseren Stimmen zugejubelt hatten?

Hans sah die Bilder vor sich, die er aus den Wochenschauen in den französischen Kinos kannte, und er war fassungslos bei dem Gedanken, daß all dies erst wenige Monate zurücklag.

Bitterkeit stieg in ihm auf, er fühlte seine Zunge pelzig am Gaumen kleben. Plötzlich hatte er das Empfinden, ganz dringend ausspucken zu müssen, doch sein Mund fühlte sich so trocken an wie nach einem Zwanzig-Kilometer-Marsch durch die marokkanische Sahara. Und dann sah er an einer von Granatenlöchern zerfressenen Hauswand die mit weißer Farbe gepinselten Worte: »Dazu brauchte Hitler zwölf Jahre Zeit.«

Immerhin, ein paar Deutsche schienen ihre Lektion schon begriffen zu haben.

Hans kamen die Gespräche mit den sozialdemokratischen Genossen in ihrem Pariser Bistro-Treff in den Sinn. Mit solchen Deutschen wäre er jetzt gerne zusammen. Bei denen hätte er das Gefühl, unter Landsleuten zu sein. Und die brauchte er jetzt, um mit jemandem reden zu können. Nicht mit einem von den Mitläufern, die alle so geschäftig durch die Straßen hasteten, als hätten sie ihre Karriere schon hinter sich: vom Mitläufer zum Wegläufer. Er entschloß sich kurzerhand, seine Pläne zu ändern. Er würde nach dem Parteibüro der SPD in Frankfurt suchen und sich einen Eindruck verschaffen, wie es in Deutschland jenseits der aus ihrem Alltag herausgerissenen Nazi-Gesellschaft aussah.

Was er sich nicht eingestand, was er als Gedanken nicht einmal zuließ, das war eine tiefe Furcht vor der Rückkehr nach Breslau. Hans wußte instinktiv, was ihn dort erwartete, und daß er nichts und niemanden mehr vorfinden würde. Er wußte, daß er dann, genau genommen, keine Minute länger in diesem Land bleiben durfte, dem Land der Mörder seiner Familie, seiner Freunde und vieler, die ihm lieb und wert waren. Wenn er konsequent war, dann durfte er diese Deutschen nicht einmal mehr anschauen, nicht dieselbe Luft atmen wie sie. Er müßte sie so sehr mit Verachtung strafen, daß ihm letztlich gar keine andere Wahl bliebe, als diesem Land und diesen Menschen den Rücken zu kehren. Ein für allemal.

Hans hatte keine Geheimnisse vor Max gehabt, nicht die geringsten. Nur eine Sache, die hatte er ihm nicht erzählt. Daß er nämlich, von Paris aus, einen Brief nach New York geschickt hatte, an den *Aufbau*, die deutschsprachige Emigrantenzeitung. Er hatte um den Abdruck eines kleinen Inserats gebeten: »Hans Neumann aus Breslau, Sohn von Moritz und Rosa Neumann, ist am Leben und sucht Verwandte. Informationen und Hinweise über den Verbleib von Familienmitgliedern bitte unter Chiffre an die Verlagsadresse dieser Zeitung.«

Bisher hatte er noch keine Reaktion erhalten. Er zweifelte daran, ob er jemals eine erhalten würde.

* * *

Der Sekretär im Parteibüro der Frankfurter SPD war ein schmaler Typ mit eingefallenen Wangen, leicht angegrauten Haaren und einem messerscharfen Scheitel. Er trug eine Nickelbrille mit kreisrunden Gläsern, deren Gestell keine Bügel hatte, sondern rechts und links einen Gummiring, der hinter die Ohren geklemmt war. Gasmaskenbrille hieß dieses in Deutschland zur Zeit weitverbreitete Modell.

Er schien ein wenig mißtrauisch zu sein, aber nicht mutig genug, seine Skepsis auch laut auszusprechen, besondern, nachdem Hans ihm seinen französischen Militärpaß über den Schreibtisch geschoben hatte.

»Also, Sie sind ... du bist französischer Soldat. Und Genosse. Reichsbannermann auch. Ja, da freuen wir uns natürlich. Aber das muß irgendwie überprüft werden. Das werden Sie ..., also, das wirst du sicher verstehen. Nur, die Nachfrage braucht natürlich ihre Zeit. In diesen Zeiten geht das nicht so schnell, nicht wahr. Wir müssen erst langsam wieder damit beginnen, uns zu organisieren. Vielleicht kannst du mir ja auch ein paar Namen nennen, von früher. Das würde es alles ein wenig einfacher machen ....«

Hans lächelte milde, bemüht, freundlich zu bleiben. Doch langsam kroch Ungeduld in ihm hoch.

»Namen soll ich nennen? Von damals? Aus Breslau? Und du wirst damit etwas anfangen können? Na schön. Also: Kurt Müller, genannt Kutte, Erwin Stoller, Fritz Magan. Reicht das? Beweist dir das, daß ich einer von euch bin?«

Der Sekretär schien sich nicht ganz wohl in seiner Haut zu fühlen.

»Aber ich muß doch sichergehen. Versteh das doch, bitte. Es gibt so viele, die hier auftauchen, und sich plötzlich als alte Genossen ausgeben. Da sind auch Nazis dabei, die flink in ein neues Kostüm schlüpfen wollen.« Schnell fügte er hinzu, daß Hans damit selbstverständlich nicht gemeint sei, nicht als Angehöriger der französischen Armee, als alliierter Sieger, beziehungsweise, bitte sehr, als Befreier.

»Aber, du weißt ja nicht, was hier los war in den letzten Jahren. Du warst ja im Ausland. Da hast du nicht mitkriegen können, wie vorsichtig wir sein mußten. Auch Genossen gegenüber und sogar bei alten Freunden.«

Hans mußte sich mühsam beherrschen. »Ja, Herr Genosse, das habe ich nicht mitgekriegt. Ich habe zwischendurch nur mal ein bißchen Urlaub gemacht. Unter Palmen. Deshalb bin ich auch so schön braun. Aber ich versichere dir, bei mir ist das nur äußerlich. Bei euch weiß ich das nicht so genau.«

In dem Moment, da er es ausgesprochen hatte, tat es ihm schon wieder leid. Er wollte sich nicht aufführen wie ein Sieger, das hatte er sich fest vorgenommen.

»Entschuldige, Genosse«, sagte er deshalb, als der andere blaß wurde, »es war nicht so gemeint. Ist mir nur rausgerutscht. Und jetzt denk doch bitte mal nach: Ich komme hierher als französischer Soldat, spreche perfekt deutsch und gebe mich als Genosse zu erkennen. Welchen Grund sollte ich wohl haben, ein Spiel zu spielen? Ich jedenfalls brauche keine Maskerade. Ich bin so echt wie der Schnurrbart von eurem Führer echt war. Und jetzt will ich mit jemandem sprechen, der hier was zu sagen hat.«

Unbeabsichtigt war Hans wieder lauter geworden, so laut, daß er die Tür nicht gehört hatte, die hinter seinem Rücken geöffnet worden war.

»Darf ich fragen, was hier los ist?« Die Stimme sprach mit einer Mischung aus kultiviertem Interesse und beherrschter Autorität.

Hans drehte sich um. Er blickte in ein Gesicht, das ihm bekannt vorkam.

Der andere schien nur einen kurzen Moment überlegen zu müssen, dann lächelte er, streckte die Hand aus und rief: »Der Genosse Hans Neumann aus Breslau, wenn ich nicht irre.« Und als Hans noch immer nicht reagierte wie erwartet: »Paris, ›Chez Martine‹. Na, klingelt es jetzt?«

Hans schlug sich mit der Hand an die Stirn. »Natürlich, Oberstudienrat Dr. Alfons Seidel. Genosse Seidel. Du mußt schon entschuldigen, aber hier hatte ich dich nicht erwartet. Deshalb mußte ich erst einmal versuchen, dein Gesicht richtig zuzuordnen.«

Sie umarmten einander, Seidel machte eine einladende Bewegung und schob Hans in sein Büro.

Dort griff er ins Innere des Schreibtischs und förderte eine Flasche Cognac mit zwei Gläsern zutage. Er goß großzügig ein, schob einen der Schwenker über den Schreibtisch und hob sein Glas.

»So, mein Lieber, jetzt trinken wir erst mal einen Schluck auf Gesundheit und Rückkehr. Das wird dich beruhigen. Du wirst in diesen Tagen noch so manchen Schluck nötig haben, wenn du bei den Erklärungen, die du hier zu hören bekommst, nicht jedes Mal aus der Haut fahren willst.«

»Das klingt ja fast, als ob der Genosse Oberstudienrat seinen pädagogischen Elan eingebüßt hätte? Bedauerst du vielleicht schon, daß du nicht in Paris geblieben bist? Immerhin wolltest du mich mit besonderem Eifer davon überzeugen, daß wir alle wieder nach Deutschland zurück müßten, um das Land nicht den Mitläufern zu überlassen. Und jetzt? Gibt es doch mehr Nazis als befürchtet? Oder weniger Anständige und Saubere als erhofft? Hast du Angst, gegen Windmühlenflügel zu kämpfen?«

Seidel wehrte ab: »Um Himmels willen, nein. Ich bin mehr denn je überzeugt, daß es uns braucht, um dieses Land, unser Land, wieder in die Gemeinschaft der Völker zurückzuholen. Ich war wohl nur zu optimistisch, als ich glaubte, wir würden hier mit offenen Armen empfangen.

»Weißt du, Hans, ich glaube ihnen allen, also fast allen, na ja, jedenfalls den meisten, daß sie von den Nazis den Kanal gestrichen voll haben. Von den Nazis und vom Krieg. Aber über uns, die wir im Exil waren, können sie sich anscheinend auch nicht so recht freuen. Das muß am schlechten Gewissen liegen. Oder sie meinen es tatsächlich ernst, wenn sie behaupten, sie hätten es hier so schwer gehabt, daß wir in der Ferne uns davon gar kein Bild machen könnten. Das klingt immer so, als würde ein Soldat aus dem vordersten Schützengraben einem Etappenhasen vorwerfen, wie gut er es dort hinten hat, während die da vorne den Kopf hinhalten. Und das Schlimme ist, daß selbst unsere Genossen so reden. Deshalb ist es um so wichtiger, daß jetzt möglichst viele von uns aus dem Ausland zurückkommen und mit dabei sind, wenn es um den Neuanfang geht. Verstehst du? Damit wir nicht alles denen überlassen, von denen wir nicht wissen, wie sehr sie wirklich mitgelaufen sind.«

»Weißt du, Alfons«, sagte Hans leise, wobei er sich mit den Fingern die Augen rieb, »seit meiner Emigration habe ich immer wieder davon geträumt, nach Deutschland zurückzukommen, nach Hause, als freier Mensch. Und je mehr die Möglichkeit dazu sich abzuzeichnen begann, um so unsicherer war ich plötzlich. Es ist so furchtbar viel geschehen in diesen Jahren, die Menschen dieses Landes haben solche unerhörten Grausamkeiten verübt … Und anstatt mich wie ein guter Pädagoge davon zu überzeugen, daß es sich doch lohnen könnte, gibst du meinen Zweifeln neue Nahrung. Dann wär's doch wohl am besten, ich packte meine Unterhose ein und ginge zurück nach Paris. Ist sowieso schöner dort.«

Alfons hatte sich noch einen Cognac eingegossen, das Glas zwischen seine Handflächen genommen und schaute versonnen auf die goldbraune Flüssigkeit. Dann kippte er den Doppelten in einem Zug und hieb das Glas so auf die Tischplatte, daß es um ein Haar zu Bruch gegangen wäre.

»Du hast ja so verdammt recht, Hans«, stieß Seidel hervor, »wenn ich mir nicht Tag für Tag aufs Neue sagen würde, daß es die höheren Werte gibt, für die wir in die Emigration gegangen sind, dann könnten die von mir aus ihren Scheiß hier alleine machen. Ehrlich, Hans, ich weiß nicht, ob es die Mühe lohnt. Aber wenn wir so weiterreden, dann sind wir sehr schnell an dem Punkt, an dem wir beide den Nachtzug nach Paris nehmen. Also, laß uns aufhören. Es gibt da nämlich noch etwas anderes, was ich mit dir zu besprechen habe. Aber nicht jetzt. Ich hab auch schon zuviel getrunken. Komm morgen vormittag wieder her, und dann laß uns noch mal anfangen.«

* * *

Hans verbrachte einen unwirklichen Abend in der Frankfurter Trümmerlandschaft. So sehr war er mit seinen Gedanken beschäftigt, daß er um ein Haar an dem Haus vorbeigelaufen wäre, in dem ihm Seidel ein Zimmer für die Nacht organisiert hatte. Die Vermieterin war Kriegerwitwe, eine der ersten von Millionen. Ihr Mann war im September 1939 gefallen, am zweiten Tag des sogenannten Polenfeldzugs, des deutschen Überfalls auf den Nachbarstaat im Osten, mit dem der Krieg seinen Anfang genommen hatte. Seit einiger Zeit lebte die Witwe mit einem befreiten Fremdarbeiter zusammen, einem Franzosen, den es vor vier Jahren nach Deutschland verschlagen hatte.

Fremdarbeiter – so nannte man die Millionen Männer und Frauen aus halb Europa, die von der deutschen Wehrmacht eingefangen und ins Reich deportiert worden waren, um dort die Arbeiten zu verrichten, die nun, wo die wehrfähigen Männer eingezogen worden waren, liegengeblieben wären: am Fließband, beim Hausbau, auf den Feldern und in Backstuben und Fleischereien.

Praktisch keinen Bereich der deutschen Volkswirtschaft gab es, wo die nach Deutschland gezwungenen Ersatz-Arbeiter nicht gebraucht wurden. Nicht allein die Industrie profitierte von den neuzeitlichen Sklaven, auch die Kommunalverwaltungen, die Gaswerke, ja sogar die Kirchen griffen zu, wenn ihnen der Staat Arbeitskräfte vermittelte, die nicht mehr Kosten verursachten als ihre Unterbringung.

Sie saßen in der geräumigen Wohnküche von Hans' Zimmerwirtin, der Kriegerwitwe Paula Berlach. Der Tisch hatte ein Muster aus verschiedenartigen Brauntönen, war gesprenkelt und sah aus wie ein Tisch im Tarnanzug. Weiß der Kuckuck woher, aber Paulas Franzose zauberte urplötzlich eine Rotweinflasche auf den Tisch, goß drei Wassergläser voll und prostete den anderen zu: »*Vive la France et vive l'Allemagne libre*«.

Hans hielt sein Glas in den Lichtstrahl der Glühbirne, die unter einem Blechschirm von der Zimmerdecke hing: »Auf Frankreich bin ich ja zu trinken bereit. Aber bevor ich auf Deutschland trinke, auch auf das befreite Deutschland, muß ich mich erst noch ein bißchen umschauen. Damit ich sicher sein kann, daß mir der Wein nachher nicht wieder hochkommt. Also, einfach *Santé*.«

Mehr als ein zweites Glas Roten brauchte es nicht, um Hans die Zunge zu lockern.

»Sag mal, Jean-Jacques«, fragte er den Franzosen nun, »wieso sitzt du eigentlich noch immer hier, anstatt nach Hause zu gehen? Hast du vergessen, wie die Heimat schmeckt?«

Jean-Jacques druckste ein wenig herum, ehe er zu einer etwas umständlichen Erklärung ansetzte.

»Du weißt ja – während der Kollaboration haben die Deutschen gesagt, was sie haben wollen, und unsere Pétain-Regierung hat stramm gestanden und den Befehl ausgeführt. Und manchmal war sie mit dem Ausführen der Befehle schneller als die Besatzer, die noch gar nichts gesagt hatten. Und so bin ich als eine Art Freiwilliger nach Deutschland gekommen, um dem neuen großen Freund beim Aufbau zu helfen.«

Hans riß es beinahe vom Küchenstuhl. Er knallte das leere Glas auf den Tisch und funkelte den Franzosen an.

»Soll das heißen, daß ich hier mit einem Pétain-Schwein an einem Tisch sitze? Du hast dich freiwillig nach Deutschland gemeldet?!«

Jean-Jacques machte eine beschwichtigende Bewegung: »Setz dich bitte wieder hin, dann erzähle ich dir, wie es wirklich war. Bitte, laß mich ausreden. Hast du jemals von den *Malgrés nous* gehört?«

»*Malgrés nous*?«, wiederholte Hans, eher widerwillig fragend, »was soll das heißen?«

»Das heißt, daß wir als freiwillige Kollaborateure der Deutschen gelten und in Wahrheit doch unter Zwang standen. Nimm mich als Beispiel: Ich bin Lothringer, und wie alle Elsässer und Lothringer haben die Deutschen uns nach ihrem Einmarsch in den deutschen Volkskörper ›eingegliedert‹. Eben war ich noch Franzose, als Soldat gegen die *Boches* eingesetzt, jetzt war ich Deutscher. Kein ganz richtiger, aber anscheinend doch ein bißchen deutscher als ein normaler Franzose. Das hat etwas mit dem Blut zu tun. Du kennst doch diesen Quatsch von Blut und Boden. Und weil Elsaß und Lothringen abwechselnd mal deutsch und mal französisch waren, muß in unseren Adern wohl neben dem minderwertigen französischen Blut auch das wertvolle deutsche fließen. So haben uns das die neuen Herren erklärt.«

Jean-Jacques füllte sein Glas nach und hielt die Flasche dann in Hans' Richtung, doch der wehrte ab. Er wollte jetzt einen klaren Kopf behalten und genau wissen, mit wem er hier am Tisch saß.

»*Eh bien*«, fuhr der Franzose fort, »du hast recht, es gab in ganz Frankreich diese Werbung der Pétain-Regierung, daß man sich freiwillig zum Arbeitseinsatz in Deutschland melden sollte – dabei konnte man nicht einmal schlecht verdienen. Aber ich gehöre nicht zu denen. Bei uns in Alsace-Lorraine war das auch anders. Wir waren anscheinend gut genug, um zur Wehrmacht eingezogen zu werden. Und deshalb preßten sie uns in deutsche Uniformen und zwangen uns an alle möglichen Fronten. Es gab nur eine Möglichkeit, diesem Schicksal zu entgehen. Man mußte sich freiwillig als Arbeiter ins Reich melden.

»Besonders wurden natürlich Fachkräfte gesucht, um die Deutschen zu ersetzen, die mal gerade wieder in irgendein Land eingefallen waren. Und da ich gelernter Optiker bin, konnten sie mich in einer Brillenfabrik hier in Frankfurt gut gebrauchen. Und so wurde ich sogenannter Fremdarbeiter. Was immer noch besser war, als eine Wehrmachtsuniform anziehen zu müssen. Jetzt kennst du meine Geschichte. Und wenn du willst, dann können wir auch wieder miteinander anstoßen.«

Der Franzose hob abermals die Flasche an, um Hans einen Schluck nachzugießen. Doch der war noch nicht ganz fertig mit seinen Fragen:

»Alles schön und gut, aber das erklärt immer noch nicht, wieso du jetzt, da du befreit bist, noch immer in Deutschland sitzt.«

»Weil«, sagte Jean-Jacques und sah dabei ziemlich verbittert aus, »ich eben zu den *Malgrés-nous* gehöre. Und wenn ich jetzt wieder nach Lothringen gehe, bin ich für die nicht ein nach Deutschland

Gezwungener, sondern ein Verräter, schlimmer als alle Kollaborateure, einer, der geteert und gefedert gehört.

»Das ist eben der kleine Unterschied: die da oben in Paris, die uns die ganze Scheiße eingebrockt haben, die feinen Herren in den Ministerien, bei der Polizei und in den Präfekturen, die haben sich, als der Wetterhahn sich drehte, ganz schnell de Gaulles Lothringer Kreuz ans Revers gesteckt und sind jetzt fein raus. Waren angeblich immer schon bei der *Résistance* oder haben ihr heimlich geholfen. Und sitzen immer noch oder wieder an ihren alten Schreibtischen. Aber wir, die armen Schweine, wir sind zum Abschuß freigegeben. Und ich weiß nicht, wohin ich soll. Na dann, *Santé*«, und er kippte das Wasserglas voll Wein in einem Zug in den Hals.

»Immerhin«, sagte Hans, »haben wir eines gemeinsam. Ich weiß nämlich auch nicht so genau, was mit mir wird.«

Jetzt war er es, der nach der inzwischen fast geleerten Weinflasche griff, den Rest in die Gläser goß und dem anderen zuprostete: »*Santé, mon pauvre ami*, auf eine bessere Zukunft, und daß wir irgendwann doch noch einen richtigen Heimathafen anlaufen können.«

* * *

Alfons Seidel hatte Hans schon erwartet.

»Gut, daß du kommst. Du mußt nämlich gleich weiterfahren. Ich habe gestern noch mit ihnen telefoniert, und sie haben einiges mit dir vor.«

»Wer sind ›sie‹?«, fragte Hans.

»Na, die Genossen von der Parteileitung. Ich hatte ihnen ja vor längerer Zeit schon von dir berichtet und dabei natürlich gehofft, daß du auch tatsächlich nach Deutschland kommst. Wir brauchen jetzt saubere Leute zur Besetzung entscheidender Positionen. Und sauberer als du kann eigentlich kaum jemand sein.«

»Sauber schon«, gab Hans zurück, »kommt darauf an, wofür ich vorgesehen bin. Ich könnte Wäsche, Hosen und Tuche verkaufen, Panzerwagen fahren, Eisenbahnschienen verlegen, ach ja, und früher hab ich auch mal SA-Leute verdroschen. Aber ich denke, nichts von alledem wird jetzt gebraucht. Jedenfalls nicht in unserer Partei.«

Seidel legte Hans seine Hände auf die Schultern.

»Sei mal nicht zu bescheiden, man kennt dich ganz gut. Schließlich bist du ja nicht erst seit gestern dabei. Und deine Zeit im Reichsbanner ist auch nicht vergessen. Also, paß auf: Du sollst so schnell wie möglich nach Potsdam fahren und dort Kontakt mit der örtlichen SPD aufnehmen. Und dann, mein Lieber, kannst du das machen, wovon du all die Jahre geträumt hast – du kannst aufräumen mit dem braunen Pack und wieder für anständige Verhältnisse sorgen.«

»Was, um Himmels willen, habe ich denn mit Potsdam zu schaffen? Und was, vor allem, soll ich dort machen?«

Seidel trat ein paar Schritte zurück, um Hans ins Gesicht sehen zu können. Er strahlte, als er sagte: »Sie haben dich ausgesucht als neuen Polizeipräsidenten.«

Hans war der Unterkiefer heruntergeklappt.

»Du meldest dich im Parteibüro in Potsdam, da warten sie schon auf dich, dann wirst du der Kommission vorgestellt, die über die Besetzung der wichtigen Positionen zu befinden hat. Da wird der Chefarzt des Krankenhauses berufen, der Präsident des Gerichts, die Direktoren der Schulen, alle wichtigen Stellen der Stadtverwaltung – und eben auch der Polizeipräsident. Und der wird dann Hans Neumann heißen.«

»Und wenn nicht?«

»Was heißt: wenn nicht? Wieso: wenn nicht? Ich sage dir doch, es ist alles vorbereitet, die wollen dich haben. Gerade für diese Position wollen sie jemanden wie dich. Weil es eine eminent politische Position ist. Und deswegen legen wir auch Wert darauf, daß einer von uns an diese Stelle kommt.«

»Wer käme denn«, erkundigte sich Hans, »sonst in Frage? Ich meine, wenn nicht einer von uns.«

»Dann«, Seidel preßte für einen Augenblick die Lippen zu einem schmalen Schlitz zusammen, »dann wären die Kommunisten am Zug – und das wollen wir unter allen Umständen verhindern. Die haben dort oben sowieso schon ziemlich viel zu sagen, eigentlich zuviel. Aber es ist halt die russische Zone, und da haben die einfach die besseren Karten.«

Komisch, dachte Hans, die Menschen lernen anscheinend nie. Die Nazis haben die Sozialdemokraten ebenso verfolgt wie die Kommunisten, haben die einen wie die anderen ins KZ gesperrt. Ich habe mit Kommunisten in Spanien und in der Fremdenlegion gekämpft und zusammen mit Kommunisten in der Wüste gelitten. Einer von uns war den Faschisten, den deutschen und den französischen, so wenig wert wie der andere, einerlei ob Jude, Interbrigadist, Kommunist oder Sozialdemokrat. Und uns verband der Gedanke an Freiheit und Demokratie. Und unsere Solidarität.

Jetzt sind die Nazis am Boden, wir können wenigstens versuchen, unsere Ideale in die Tat umzusetzen – und was passiert? Schon versuchen wir, uns gegenseitig aus dem Geschäft zu drängen. Schon ist die alte Feindschaft wieder aufgebrochen. Die Kommunisten sind anscheinend noch immer zu blöde, und wir, die Sozialdemokraten, sind nicht besser. Wir lernen es einfach nicht.

* * *

Die blecherne Stimme aus dem Lautsprecher dröhnte die Ankunft des Zuges auf Gleis drei des Hauptbahnhofs Potsdam so laut heraus, daß es in den Ohren schmerzte. Hans schlenderte mit dem Köfferchen, in dem er seine Habseligkeiten trug, durch die Halle mit dem löchrigen Dach, trat hinaus auf den Bahnhofsvorplatz und überlegte, ob er erst ein Kaffeehaus suchen und dann ins Parteibüro gehen sollte oder umgekehrt. Er entschied sich für die zweite Variante. Schließlich war er neugierig, was ihm die Genossen zu erzählen hatten, vor allem, wie es denn nun konkret weitergehen sollte mit dem Polizeipräsidenten in spe.

Im Büro der Sozialdemokratischen Partei Deutschlands, Unterbezirk Potsdam, warteten sie schon auf ihn. Sie waren zu dritt, der Vorsitzende, sein Stellvertreter und der hauptamtliche Parteisekretär. Der Vorsitzende, mit Namen Rainer Weiler, war ein eher unauffälliger Mann, klein, schmal, der Inbegriff eines Asketen. Er war, wie Hans bald erfuhr, ernstlich magenkrank – Folge seiner Haft im Konzentrationslager Buchenwald.

Mit Weiler fühlte Hans sich sofort verbunden, durch ein unausgesprochenes Gefühl der Solidarität, wie Hans es zwischen Emigranten, KZ-Häftlingen oder Nazi-Opfern welcher Herkunft auch immer schon häufiger erfahren hatte. Man sah einander an, hörte bloß zwei Sätze einer eigentlich unglaublich langen Leidensgeschichte, reichte sich die Hand – und wußte, daß man es mit einem Freund, einem Kameraden zu tun hatte.

Ganz anders Edgar Siks, der Sekretär. Ein untersetzter Mann mit Stiernacken, schütterem, aber abstoßend fettigem Haar, das quer über den Kopf geklebt schien, und mit einem auffallend hervorquellenden Kugelbauch. Woher, in aller Welt, hatte ein Mensch in diesen Monaten und in diesem Land solch einen Bauch? Als hätte das Äußere nicht schon genügt, glaubte Hans sich schütteln zu müssen, als sie einander die Hand reichten. Eine schlappe, warme und feuchte Hand. Ein widerlicher Typ.

Sie setzten sich rund um den Schreibtisch, Hans wurde gebeten, aus seiner persönlichen Geschichte zu erzählen, über die Jahre in Breslau, die Aktionen im Reichsbanner, über seine Zeit im Spanien-Krieg und in Afrika. Er machte es kurz, im Stenogrammstil, denn er war unsicher, ob seine Aufzählung nicht womöglich als zu dick aufgetragen empfunden würde. Das nämlich hatte Hans inzwischen schon erkannt: Was er im Laufe nur eines einzigen Jahrzehnts erlebt und überstanden hatte, das reichte im Normalfall für drei Menschenleben. Mindestens. Weiler schien auch durchaus beeindruckt, sein ruhiger Stellvertreter nicht weniger. Nur Siks war noch nicht ganz zufrieden.

Jetzt wird er mich, dachte Hans, gleich fragen, was mich meiner Meinung nach wohl qualifiziert, Chef der Polizei von Potsdam zu werden. Und das Miese daran ist, daß er mit dieser Frage ganz recht hätte und ich ihm sagen müßte, daß ich es selbst nicht weiß. Und daß es die Idee irgendwelcher Ober-Genossen war, die er am besten selber fragen sollte.

Doch es war etwas ganz anderes, das Siks wissen wollte.

»Ich bin wirklich beeindruckt, Genosse Neumann, von deiner Vita, von deiner antifaschistischen Einstellung und all den Schwierigkeiten, die du dafür in Kauf genommen hast. Mich interessiert besonders deine Zeit in Spanien, und wenn ich es richtig verstanden habe, gab es dort ja nicht sehr viele unserer Genossen, also Sozialdemokraten. Es waren ja doch wohl hauptsächlich Kommunisten, die das Sagen hatten. Was ich mich nun frage, lieber Genosse Neumann, ist dies: Kann man sich, selbst wenn man eine andere Auffassung hat, auf Dauer einem solchen Übergewicht entziehen, ohne daß es auf einen abfärbt? Oder ist es nicht vielmehr so, daß die Unterschiede sich abschleifen, daß man sich anpaßt, unbewußt natürlich und ohne es überhaupt zu wollen. Und womöglich gar das Denken der anderen übernimmt?«

In Hans stieg eine Welle der Wut hoch. Er merkte, daß Rainer Weiler seinem Blick auswich und mit gesenktem Kopf angestrengt auf die Schreibtischplatte sah. Der Stellvertreter war intensiv mit einem Kaffeetropfen beschäftigt, der ihm beim Trinken auf die Hose geraten war. Und Siks, dieser falsche Fuffziger, lächelte verbindlich, strich sich mit der feuchten Hand über die fettigen Haarsträhnen.

Hans biß die Zähne aufeinander. Jetzt nur ja nicht provozieren lassen, nicht von einem solchen Widerling. Ruhig bleiben, sachlich. Das wird den viel mehr ärgern. Der will doch nur, daß ich explodiere. Er versuchte nachsichtig zu lächeln.

»Du hast ja so recht, Genosse. Du glaubst ja gar nicht, wie viele Menschen ich im Laufe der Jahre kennengelernt habe, die trotz einer ganz und gar unverdächtigen und anständigen Grundhaltung sich haben abschleifen lassen, sich erst angenähert und dann angepaßt haben. Aber, wenn es dich beruhigt, ich selbst zähle mich nicht dazu. Ich habe für meine Haltung viel einstecken müssen, aber ich habe immer zu meiner Einstellung gestanden. Allerdings habe ich auch eines gelernt: Wenn es bei Sozialdemokraten wie bei Kommunisten nicht so viele verbohrte Ideologie-Idioten gegeben hätte, dann hätten wir vor '33 die Nazis im Sack gehabt. Es wird Zeit, aus der Geschichte und den eigenen Fehlern zu lernen«.

Hans war stolz, daß er nicht gleich aufgebraust war, wie er es am liebsten getan hätte. Aber eines war da noch, das mußte einfach raus: »Apropos Abschleifen und Anpassen. Daß der Genosse Weiler«, Hans blickte über den Schreibtisch auf den Vorsitzenden und nickte ihm kurz zu, »in Buchenwald gemartert wurde und gelitten hat, das kann man sehen. Und er sähe nicht so aus, wenn er nicht anständig geblieben wäre. Aber, darf ich mir die persönliche Frage erlauben, Genosse Siks, wie du es geschafft hast, durch die zurückliegenden zwölf Jahre zu kommen? Du siehst ja, zum Glück für dich, ganz unbeschadet aus.«

»Genosse Neumann, bitte, das geht jetzt aber zu weit.« Es war Rainer Weiler anzusehen, daß ihm die Szene höchst unangenehm war. »Nur zu deiner Information, der Genosse Siks hat hier den denkbar besten Ruf. Aber, es reicht jetzt auch. Ich denke, wir sollten zum Hier und Heute zurückkehren und über deine Vorstellung vor der Berufungskommission morgen sprechen.« Und zu Siks gewandt, fügte er hinzu: »Es gibt Fragen, die sind schlicht überflüssig. Der Genosse Neumann ist der Parteileitung noch aus der Zeit der Emigration bekannt. Man hat sich dort für ihn entschieden, und das wird gute Gründe haben. Unsere Aufgabe ist es nicht, diese Entscheidung einer nachträglichen Überprüfung zu unterziehen.«

Weiler nahm einen Schluck aus seiner Tasse mit dem Kamillentee.

»Ich möchte jetzt nur kurz erläutern, wie das morgen ablaufen wird vor der Findungskommission. Im Grunde ist alles vorbereitet. Wir haben hier einen gewissen Konsens mit den Kommunisten, weil niemand will, daß es bei der Besetzung wichtiger Positionen unnützen Streit gibt. Entscheidend ist vor allem, daß uns keine Nazis auf bestimmte Posten rutschen. Ich weiß selbst, daß wir überhaupt nicht genügend Kandidaten haben, um alles mit ausgewiesenen Nazi-Gegnern besetzen zu können. Aber wenigstens bei den Spitzen-Positionen wollen wir auf Nummer sicher gehen. Die Kommunisten haben ihren Willen bei der Besetzung wichtiger Stellen in der Stadtverwaltung durchgesetzt. Jetzt, wo es um die Polizei geht, sind wir dran. Wie gesagt, Genosse Neumann, es ist nicht die geringste Überraschung zu befürchten.«

* * *

Hans war in eines der halbwegs erhalten gebliebenen historischen Gebäude Potsdams bestellt worden. Er wurde über einen knarzenden Parkettboden einen langen Flur entlang geführt, dann öffnete sich eine hohe Flügeltür, und man bat ihn einzutreten. Es war ein großer Raum, fast ein Saal, mit hohen Fenstern und reichen Stuckornamenten an der Decke. Am gegenüberliegenden Ende des Saales saßen sie, fünf Männer hinter einem mit grünem Filz bespannten Tisch. Auf dem Filztuch standen schwere, kristallene Aschenbecher, mehrere Wassergläser und zwei Karaffen voll Wasser. Aber keine Akten, nicht ein einziger Ordner, nichts zum Herumblättern und Nachschlagen, was bei Vorstellungsgesprächen immer einen so bedeutsamen Eindruck machte.

Na schön, mit fachlichen Fragen würden sie ihm also nicht kommen. Wie es schien, ging es einzig um seine Vergangenheit. Und die war, zumindest aus seiner eigenen Sicht, so unbefleckt wie die Empfängnis jener jüdischen Frau vor knapp zweitausend Jahren, über die noch immer so viel geredet wurde.

Hans ging zügig auf den Tisch zu, quer durch den Saal, der ihm in diesem Moment um einiges größer vorkam, als er tatsächlich war. Nur nicht zu schnell gehen, sonst würden sie noch glauben, er wolle sich anbiedern und sei scharf auf den Posten. – Aber auch nicht zu langsam, sonst hielten sie ihn womöglich für schlafmützig. Erste praktische Übung für das Überleben zwischen unterschiedlichen politischen Interessen. Ob er dafür überhaupt der Richtige war?

Hans hatte den Saal inzwischen weit genug durchmessen, um die Gesichter der fünf erkennen zu können. Welche waren wohl die beiden Sozialdemokraten? Die rechts oder die links vom Vorsitzenden? Der Vorsitzende war ja wohl, wenn er es richtig verstanden hatte, Kommunist. Na, auch egal, Hans hatte mit Kommunisten keine Probleme, weniger jedenfalls als seine Partei. Er war mit so vielen Kommunisten zusammen gewesen, mit dem Langen Hein in Spanien zum Beispiel, der ein guter Kumpel gewesen war, und mit vielen Kameraden im Internierungslager in der Sahara. Also Kommunist, der Vorsitzende. Na schön. Doch – nein! War das etwa der Vorsitzende?!

Hans war etwa zwei Schritte vor dem Tisch stehengeblieben und rechnete eigentlich damit, daß aus irgendeiner Tapetentür ein dienstbarer Geist erschiene, um ihm einen Stuhl zu bringen, auf dem er sich niederlassen und selbstbewußt die Fragen der Kommission beantworten könnte. Aber wie es schien, brauchte er sich dieser Mühe gar nicht mehr zu unterziehen. Die Vorstellung konnte gut und gern als erledigt angesehen werden, noch bevor sie überhaupt begonnen hatte. Das Ganze lohnte nicht und bedurfte kaum eines weiteren Wortes. Nicht bei diesem Vorsitzenden. Nicht bei Schneider, dem Politkommissar aus Spanien, Schneider, diesem Schweinehund.

Er lächelte, der Dreckskerl. Und dann fragte er freundlich: »Herr Neumann, kennen wir uns nicht? Ihr Gesicht kommt mir so vertraut vor.«

Schneider hatte »Herr Neumann« gesagt, nicht »Genosse Neumann«. Hans hatte keine Chance, nicht die geringste. Und er spürte es sofort, instinktiv. Er hätte reagieren können wie ein ertappter Schuljunge, hätte brav antworten und sich dann anhören können, daß man über ihn beraten und ihm das Ergebnis mitteilen werde. Doch da hätte er nicht Hans Neumann sein dürfen, nicht der Reichsbannermann aus Breslau, nicht »Blitz«, der Interbrigadist aus Spanien, und nicht der Fremdenlegionär aus Afrika. Wie hatte es in der Legion geheißen? Kampf bis zur letzten Patrone? Na, geschenkt. Aber das andere Credo hatte gelautet: Untergehen mit Stolz und Würde. Dies schon eher.

»Und wie wir uns kennen, Herr Vorsitzender«, antwortete Hans und versuchte, seinen Blick so stechend wie möglich wirken zu lassen.

»Sie waren doch der Herr Politkommissar in Spanien, der an der Front ...«

»Richtig«, unterbrach ihn der andere schnell, »jetzt fällt es mir wieder ein: Spanien. Aber, Moment, hatten wir da nicht ein kleines Problem mit Ihrem Mangel an Disziplin? Kann es sein, daß Sie mir dort durch konterrevolutionäres Verhalten aufgefallen sind? Und daß Sie nur Unruhe in der Truppe verbreitet haben?«

Hans zündete sich scheinbar gelassen eine Zigarette an, in der Hoffnung, damit selbstsicher zu wirken. Dann sagte er, an die Männer neben Schneider gewandt, von denen er noch immer nicht wußte, welche denn nun die Sozialdemokraten waren: »Der Herr Vorsitzende muß sich irren. Unruhe in der Truppe habe nicht ich verbreitet. Ich glaube sogar, daß ich recht beliebt war, zumindest als guter Kamerad. Und an der Bereitschaft, in den vordersten Linien gegen die Faschisten zu kämpfen, hat es mir auch nicht gefehlt. Ich meine, richtig zu kämpfen, nicht nur mit großen Worten und nicht nur aus der dritten Reihe. Aber der Herr Politkommissar hat für einige Unruhe gesorgt. Weil er zu feige war, sich auch nur ein einziges Mal an der Front blicken zu lassen, und stattdessen den Oberlehrer gespielt hat, in sicherer Entfernung von jeder Gefahr. Wenn man es genau nimmt, haben wir über den Herr Politkommissar nur gelacht. Er war halt ein Maulheld, mehr nicht.«

»Das genügt, du Provokateur.« Schneider war vor Wut aufgesprungen und hatte dabei eine Karaffe mit Wasser umgestoßen, das jetzt im Filztuch versickerte und von den Rändern aufs Parkett tropfte. Mit einer Körperhaltung, die an einen gereizten Stier gemahnte, stieß er aus: »Ich denke, daß diese unerfreuliche Vorstellung über den Kandidaten mehr aussagt als jede weitere Befragung. Und ich denke, wir können die Angelegenheit damit zu den Akten legen. Herr Neumann, Sie können gehen. Am besten nach drüben in die amerikanische Zone. Da ist jemand wie Sie besser aufgehoben als hier bei uns.«

»Und ob ich gehe«, gab Hans zurück, »nur, eine Bitte hätte ich noch: Ich wüßte gerne, welche beiden von Ihnen fünf hier die Sozialdemokraten sind.«

Schneider, der Hans am liebsten an Ort und Stelle unter ein Scharfrichterbeil gelegt hätte, zuckte irritiert die Schultern.

»Wozu soll das gut sein?«

»Weil«, sagte Hans, »ich mir die Gesichter von Feiglingen gern einpräge. Ihres kenne ich ja schon ...« Weiter kam er nicht.

»Raus hier«, schäumte Schneider, »raus, ich will diese Visage nie wieder sehen.«

Hans zog die Baskenmütze aus der Manteltasche, setzte sie auf und legte die Hand zum Gruß an, wie sie es damals in Spanien gemacht hatten.

»Vergessen Sie es nicht, *Commissario, venceremos*. Irgendwann werden wir wirklich siegen – und dann haben Typen wie Sie ausgespielt. *Adios, Señores*.«

Damit drehte er sich auf dem Absatz um.

Garantiert würde ihn jetzt eine Stimme aufhalten, irgendeiner von den vier anderen am Tisch. Sie würden ihn bitten, sich zu mäßigen und wieder Platz zu nehmen. Damit das Gespräch in Ruhe und wie unter gesitteten Menschen fortgesetzt werden könnte. Sie würden von Solidarität reden und vom gemeinsamen Sieg über die Nazi-Verbrecher, und daß sie alle zusammenstehen müßten, um ein neues, besseres Deutschland aus den Ruinen aufzubauen. Daß für persönliche Animositäten kein Platz sein dürfe und das gemeinsame Ziel über allem stehe.

Aber es geschah nichts. Keine Stimme war zu vernehmen, keine Bitte, doch wieder zurückzukehren. Hans hörte nichts als seine eigenen Schritte auf dem knarzenden Parkett. Und das Geräusch der Tür, die hinter ihm ins Schloß fiel.

* * *

Von Potsdam fuhr Hans nach Berlin. Berlin, bis vor kurzem Reichshauptstadt, Sitz des größten politischen Verbrechersyndikats, das die Neuzeit kennt. Und jetzt? Eine zerbombte Stadt, wie fast alle in Deutschland. Ein bißchen sah es hier aus wie auf dem Mond. Hans spazierte durch die Ruinen, in Gedanken vertieft und ohne so recht wahrzunehmen, was um ihn herum geschah.

Genau betrachtet, hatte er ja das Potsdamer Abenteuer gar nicht von sich aus angestrebt. Er war nur bereit gewesen, ein Angebot anzunehmen, um dessentwillen andere ihre Schwiegermutter gevierteilt hätten. Es hatte ihn interessiert, und es hatte, zugegeben, auch seinem Ego geschmeichelt: Herr Polizeipräsident Neumann. Aber so richtig wild war er darauf auch wieder nicht gewesen. Er hätte vermutlich auch ganz andere Vorschläge geprüft. Und wahrscheinlich wäre ihm erst dann, sobald er sich der neuen Aufgabe konkret hätte stellen müssen, klar geworden, ob er überhaupt den richtigen Weg eingeschlagen oder ob er sich vielleicht übernommen hatte.

Hans lief über den Ku-Damm, in Richtung Kaiser-Wilhelm-Gedächtniskirche, als ihm am Mast einer Straßenlaterne ein Pappschild mit einem Pfeil auffiel, der in die nächste Querstraße links wies. Es war freilich nicht der Pfeil, der Hans' Blick magisch anzog, sondern die Schrift auf dem Schild. Es waren hebräische Buchstaben.

Im Deutschland der Vor-Nazizeit hatte nahezu jedes jüdische Kind, wenn es nur einigermaßen regelmäßig den Religionsunterricht besuchte, hebräisch lesen gelernt, um die Gebete sprechen zu können. Wer lange genug in den Unterricht ging, konnte irgendwann auch die hebräischen Worte und Sätze ins Deutsche übersetzen.

So weit war Hans nie gekommen. Er war ohnehin ein eher mittelmäßiger Schüler gewesen, in dessen persönlicher Fächerrangliste Religion gleich nach Physik kam, an vorletzter Stelle. Aber hebräisch lesen konnte er, und so begann er, mühsam zu entziffern, was da auf die Pappe gemalt war. Nach den ersten Buchstaben wußte er, was da stand und wohin der Pfeil wies: zur Jüdischen Gemeinde.

Jüdische Gemeinde? Gab es denn noch eine Jüdische Gemeinde in Berlin? Unsinn, was heißt: noch! Tatsächlich – es gab anscheinend schon wieder eine Jüdische Gemeinde in Berlin. Nur wenige Monate nach Kriegsende und nach allem, was geschehen war? Seltsam. Gab es denn überhaupt genug Juden, die bereit waren, in Deutschland zu leben und hier sogar Gemeinden zu gründen? Das erschien ihm unwahrscheinlich.

Vorsicht, mein Lieber, mit solch vorschnellem Urteil. Was ist denn mit dir? Wärst du nicht, heute morgen erst, um ein Haar Polizeipräsident in Deutschland geworden? Und hättest du, wenn sie dich genommen hätten, dein Amt dann aus der Ferne ausgeübt? Wohl kaum. Na also. Du siehst, das Leben ist voller Überraschungen.

Hans folgte dem Pfeil, der ihn in die Fasanenstraße führte. Richtig, da war doch früher mal ein großes Gemeindehaus gewesen. Viel war davon nicht übrig. Im Obergeschoß ragten ein paar vereinzelte Mauerreste in den Himmel, einzig das Parterre schien benutzbar zu sein. Im Erdgeschoß gab es ein Büro. Und dort ging es zu wie in einem Bienenkorb. Ein ständiges Kommen und Gehen, und vor der Tür Schlangen verhärmter Männer und Frauen, körperlich erkennbar angeschlagen, die Gesichter gezeichnet vom Leid. Hans hörte polnische Sprachfetzen, jiddische, deutsche.

Er reihte sich in die Schlange ein. Es dauerte eine Weile, bis ihn ein sichtlich übermüdeter älterer Mann fragte, was man für ihn tun könne.

»Ich wollte eigentlich nur eine Auskunft,« sagte Hans. »Es geht um meine Familie. Habt ihr Kontakte nach Breslau? Kann ich da etwas erfahren?«

»Breslau?« wiederholte der Mann hinter dem Schreibtisch, »Moment mal, warten Sie, da gibt's hier jemanden, der kennt sich aus. Der kommt, glaube ich, selbst aus Breslau ...«

Dann rief er durch die halb offene Tür zum Nachbarzimmer: »Franz, hast du mal einen Augenblick Zeit? Hier ist einer aus Breslau.«

Im Türrahmen erschien ein Glatzköpfiger mit Brille und dichtem Schnurrbart.

»Wer ist hier aus Breslau?«

»Ich.«

Der andere musterte Hans kurz und zuckte die Schultern.

»Ich glaube nicht, daß ich Sie kenne. Na, egal. Kommen Sie rein.«

Er hatte sich geirrt, der Mann mit dem britisch wirkenden Schnurrbart. Er kannte Hans sehr wohl, wenn auch eher flüchtig. Aber die Familie Neumann kannte er bestens, vor allem Hans' Vater Moritz und Onkel Lusche, seine ständigen Nachbarn in der Storch-Synagoge. Und natürlich kannte er Hans' sportliche und hübsche Cousine Susi.

»Wir haben im Sommer immer Tennis miteinander gespielt, die Susi und ich. Ach, ein wunderbares Mädel. Tja, und dann ist sie nach Palästina gegangen, mit einem der letzten Transporte, die noch möglich waren. Sie war wohl klüger als wir.«

»Bitte, entschuldigen Sie die Frage«, unterbrach Hans, »aber ich weiß leider noch immer nicht, mit wem ich es zu tun habe«.

»Natürlich nicht. Ich gehöre zur Generation Ihres seligen Vaters. Sie waren damals zu jung, ja, und nachher sind Sie wohl nicht mehr so oft in die Synagoge gekommen, nicht wahr? Also, ich heiße Ullmer, Franz Ullmer.«

»Dann sind Sie der Doktor Ullmer, der Rechtsanwalt?«

»Dr. Ullmer stimmt. Rechtsanwalt auch. Aber eigentlich Amtsgerichtsrat. Rechtsanwalt wurde ich erst notgedrungen, als die Nazis mich aus dem Staatsdienst entfernten.«

»Waren Sie auch in der Emigration im Ausland?«

»Ausland? Ja, im Ausland war ich schon. Die Nazis hatten mir da einen besonders exquisiten Ort zugedacht im Ausland. Er liegt in Polen und heißt Auschwitz.«

* * *

Doktor Ullmer und Hans Neumann verbrachten einen langen Abend miteinander. Hans hatte den alten Herrn zum Essen eingeladen, ein eher bescheidenes Mahl in einem ebenso bescheidenen Restaurant, das eigentlich mehr eine Kneipe war. Aber Hans hätte ohnehin keinen Bissen heruntergebracht. Zum erstenmal seit Jahren erfuhr er aus unmittelbarer Quelle, was in Breslau geschehen war, nachdem er Hals über Kopf die Flucht ergriffen hatte.

Es war ein Bericht des Grauens. Was war nur aus seiner großen Familie geworden! Die Eltern gestorben, Annemie mit ihrem Martin nach Shanghai emigriert, Günther und Lotte nach Auschwitz deportiert und vergast. Onkel Moritz Löwi, Professor an der Universität Breslau, umgebracht. Onkel Hermann, sein Bruder, Selbstmord im Angesicht der brennenden Storch-Synagoge. Tante Dora noch rechtzeitig nach Palästina geflüchtet, Onkel Lusche im KZ vergast. Von seinen Cousins hatten die beiden Krebs-Brüder Hans und Franz in Montevideo überlebt, die beiden Hadda-Brüder Siegmund und Albert waren in das tschechische Konzentrationslager Theresienstadt deportiert worden.

»Ist denn«, erkundigte sich Hans, »in Breslau überhaupt noch jemand von uns übriggeblieben?«

Dr. Ullmer schüttelte den Kopf. »Nicht daß ich wüßte.«

In der Pause, die nun entstand, legte Ullmer plötzlich den Zeigefinger an die Nase.

»Vielleicht ist da doch noch eine Spur. Sie wissen ja, daß sich an allen möglichen Orten provisorische Jüdische Gemeinden gründen, um wenigstens das Notwendigste zu regeln für all die befreiten KZ-Häftlinge – bis sie ausreisen, nach Palästina, Amerika oder Australien. Zum Teil haben wir Kontakt zu diesen Gemeinden, und da ist mir dieser Tage in Erfurt der Name Hadda untergekommen. Den Vornamen allerdings kenne ich nicht. Und ich weiß auch nicht, ob es einer Ihrer Haddas ist. Aber ausgeschlossen ist es nicht. Wenn Sie also nichts Besseres zu tun haben und sowieso nach Frankfurt zurückwollen, machen Sie doch in Erfurt Station und fragen nach.«

Das Gespräch mit Franz Ullmer hatte Hans tief erschüttert. Und wieder war er unsicher. In Breslau also lebte keiner mehr, nach dem zu suchen sich gelohnt hätte. Was also hielt ihn jetzt noch in Deutschland? Nein, die Frage mußte anders lauten: Durfte ihn überhaupt irgendetwas in Deutschland halten? Wenn es darum ging, seinen ermordeten Geschwistern, Onkeln, Tanten und Cousins auch nur ein Minimum an Gerechtigkeit widerfahren zu lassen, dann ganz sicher nicht …

»Sagen Sie, Herr Dr. Ullmer, haben Sie sich eigentlich überlegt, was aus Ihnen wird? Ich meine, wollen Sie in Deutschland bleiben? Als einer, der Auschwitz überlebt hat? Können Sie das ertragen, wenn Ihnen auf der Straße Menschen begegnen, die Ihre Peiniger gewesen sein könnten?«

Ullmer antwortete nicht sofort. Er schaute Hans an, nachdenklich und melancholisch zugleich. Dann faltete er seine Hände über der Tischplatte und blickte ihn über den Rand seiner Brille an.

»Mein lieber Hans, was glauben Sie, wo ich sonst hingehen könnte? Dies ist das Land, in dem ich geboren bin, dessen Sprache ich spreche und dessen Kultur die meine ist. Jedenfalls der Teil davon, der noch übriggeblieben ist nach der Barbarei. Ich habe niemanden mehr von meiner Familie, außer einer Nichte, die vor Jahren nach England emigriert ist und von der ich seither nichts mehr gehört habe. Wo sollte ich jetzt noch einmal neu anfangen? Ganz von vorne? Dazu bin ich zu alt. Wissen Sie, ich denke, ich muß mit dem ganz und gar unerträglichen Teil meiner Vergangenheit abschließen. Ich muß versuchen, mich irgendwie zu arrangieren.«

»Ich weiß ja nicht genau, was Ihnen in diesem Auschwitz alles widerfahren ist«, hakte Hans nach, »aber wenn nur der geringste Teil dessen wahr ist, was ich in Zeitungen gelesen und in den Wochenschauen gesehen habe, dann war es schlimmer als die Hölle. Wer das durchgemacht hat, der kann in diesem Land nicht mehr leben. Und schon gar nicht als Jude.«

Ullmer war ein kluger Mann. Unter den Juristen in Breslau hatte er als brillant gegolten; er war als jüngster Jurist in der Geschichte der Stadt zum Amtsgerichtsrat berufen worden. Wären nicht die Nazis gekommen und wäre Ullmer nicht Jude gewesen, er hätte eine große Karriere vor sich gehabt.

»Ich verstehe Sie, Hans. Sie haben Zweifel, Sie wissen nicht, wie Ihre Zukunft aussieht und ob Sie hier in diesem Land bleiben sollen. Und jetzt wollen Sie Argumente dafür oder dagegen hören. Sie fragen nach meinem Denken und meinen Empfindungen und meinen mehr oder weniger sich selbst.«

Hans wollte widersprechen, doch Ullmer beschwichtigte ihn. »Ich werfe Ihnen das nicht vor, Gott behüte. Natürlich haben Sie das Recht, so zu fragen. Nur – ich weiß nicht, was ich Ihnen empfehlen soll, guten Gewissens. Ich versuche Ihnen darzulegen, was in mir vorgeht. Aber Sie sind viel jünger, Sie haben noch mindestens die Hälfte Ihres Lebens vor sich. Und Sie waren nicht in einem Vernichtungslager. Ich will das nicht vergleichen, um Gottes willen nicht. Der Bau der Eisenbahn durch die nordafrikanische Wüste war vermutlich so wenig ein Zuckerschlecken wie die Gummiproduktion, zu der man uns in Auschwitz-Buna gezwungen hat. Was ich sagen will ist nur, daß Sie die Franzosen als Höllenhunde erlebt haben. Vielleicht macht Ihnen das leichter, mit Deutschen umzugehen, weil Sie deren Quälereien ja wenigstens nicht am eigenen Leib erfahren mußten. Ich will Ihnen mal eine Gegenfrage stellen: Nach allem was Sie mit den Vichy-Franzosen erlebt haben – könnten Sie sich da vorstellen, in Frankreich zu leben?«

»Vichy, das muß ich zugeben, war überall«, gab Hans zur Antwort, »nur, die Franzosen sind in ihrer Mentalität so anders als die Deutschen. Sie sind nicht ganz so diszipliniert, nicht ganz so eifrig und nicht ganz so perfektionistisch. Auch sie konnten gemein sein, abscheulich und bösartig. Und trotzdem waren da immer wieder auch menschliche Züge, Zeichen von Mitgefühl und Nachsicht. Ich weiß nicht, ob Sie das in Auschwitz auch erlebt haben. Aber für mich gibt es unter dem Strich ein paar Unterschiede, die das Pendel wohl schon in Richtung Frankreich ausschlagen lassen.

»Auf der anderen Seite bin ich wie Sie mit der deutschen Kultur aufgewachsen. Ich weiß Ordnung und ein bestimmten Maß an Disziplin zu schätzen, das will ich nicht bestreiten. Wenn ich es recht überlege, möchte ich mir am liebsten ein drittes Land aussuchen. Aber schon wieder eine neue Sprache lernen, wieder ganz von vorne anfangen? Die Kraft ist irgendwo auch begrenzt.«

Ullmer streckte Hans seine Hand über den Tisch entgegen.

»Willkommen in der Wirklichkeit, Hans Neumann.«

* * *

Das Gespräch mit Ullmer ging ihm nicht aus dem Kopf. Auch jetzt, da er im Zug zurück nach Frankfurt saß, mußte er an die Unterhaltung denken, die noch bis nach Mitternacht gedauert und trotzdem keine Klarheit gebracht hatte. Ach, es war zum Kotzen. Konnte man denn in diesen Zeiten an nichts anderes denken, mußte einem der Kopf überquellen von diesen immer wieder auftauchenden, quälenden Fragen? Warum gab es denn nichts, woran man sich hätte orientieren, an dem man sich hätte festhalten können, irgendwen aus der Familie, zu dem es einen hingezogen hätte?

Gregor kam ihm in den Sinn, Gregor Seiler, der Freund von einst, Gregor, die größte Enttäuschung seines Lebens. Und Gregor der Retter, der Mann, der ihn gewarnt, der ihn zur lebensrettenden Flucht beinahe gezwungen hatte. Ob er noch am Leben war? Ob er noch immer in Breslau lebte oder vielleicht die ganz große Karriere gemacht hatte, womöglich im Reichssicherheitshauptamt der Hauptstadt, in Himmlers Todeszentrale? Dann hätte er auch mit der »Endlösung der Judenfrage« zu tun gehabt, mit den gigantischen Vergasungsaktionen in den Konzentrationslagern, den Massenerschießungen in Rußland oder Polen ... Nein, er würde Gregor nicht suchen, den Gregor, dem er sein Leben verdankte. Das Kapitel Gregor war abgeschlossen. Für alle Zeiten.

Die Eisenbahnfahrt Richtung Frankfurt nahm ein unerwartetes Ende. Das Streckennetz hatte bei den alliierten Bombardements manchen Treffer abbekommen und war vorerst nur auf den Hauptstrekken notdürftig wieder geflickt. Trotzdem kam es auch hier immer wieder zu Überraschungen, wenn etwa ein Bombenfund die Weiterfahrt vorübergehend blockierte. Auch jetzt war der Zug mit einem heftigen Ruck und durchdringendem Quietschen auf offener Strecke zum Halten gekommen, nichts ging mehr, und die Passagiere wurden aufgefordert, die anderthalb Kilometer zum Erfurter Hauptbahnhof an den Gleisen entlang zu marschieren.

Ausgerechnet Erfurt! Hans hatte sich nach Dr. Ullmers Hinweis vorgenommen, einen Abstecher dorthin zu machen, aber er hatte nicht gedacht, daß er auf direktem Wege dorthin kommen würde. In Berlin hatte es noch geheißen, er müsse in Bebra oder in Fulda umsteigen, den beiden großen Verladestationen im Interzonen-Verkehr, und dann wieder zurückfahren. Und jetzt also direkt Erfurt. Welch ein Zufall!

Hans mußte an Dr. Schönberger in Breslau denken, vor dem er seine jährlichen Prüfungen für die Religionsnote im Zeugnis abzulegen hatte. Zufälle, hatte der Rabbiner ihnen einmal zu erklären versucht, gebe es nicht. Schicksal wohl, nicht aber Zufall. Allenfalls Wunder gebe es noch. Alles sei vorbestimmt, Leben und Sterben, Leiden und Wohlbefinden, Familie und Beruf.

»Herr Rabbiner«, hatte sich Hans, vorlaut schon damals, gemeldet, »wenn alles vorbestimmt ist, dann liegt ja auch meine Religionsnote schon fest. Da könnte ich doch eigentlich gleich nach Hause gehen.«

»Das könntest du in der Tat, aber dann bliebest du auf deiner vorbestimmten Fünf sitzen. So hast du immerhin die Chance, die Vorbestimmung noch ein bißchen aufzubessern. Also solltest du lieber bleiben und dir Mühe geben. Wenn dein Kopf irgendwann mal so schnell arbeitet wie dein Mund, dann kann noch etwas aus dir werden. Allerdings würde das dann wohl schon in die Rubrik der Wunder fallen.«

Vom Hauptbahnhof war es nicht weit zur ehemaligen Erfurter Synagoge. Die Gebäude am Rand der historischen Altstadt waren zum großen Teil unversehrt geblieben, doch das angrenzende Gebiet war nur noch ein großes Trümmerfeld, eine Hügellandschaft aus Bauschutt und Steinhaufen. Auch von der Synagoge war nicht mehr viel übrig, sei es in Folge der Bombenteppiche oder jener Schreckensnacht vom 9. November 1938, die den Juden in Deutschland den Anfang vom Ende angekündigt hatte. Nur das kleine Nebengebäude schien allen Stürmen getrotzt zu haben.

Ein Emailleschild neben dem Eingang wies in das Büro der Jüdischen Gemeinde in der ersten Etage. Es schien Hans irgendwie unpassend, daß die Worte »Jüdische Gemeinde Erfurt« in gotischer Frakturschrift geschrieben waren.

In einem Bienenkorb ging es ruhiger zu als hier. Männer, alte und junge, Frauen, Kinder, alle standen oder saßen sie auf den Treppen und warteten darauf, ins Büro vorgelassen zu werden. Fetzen von Jiddisch, Polnisch und Tschechisch klangen durcheinander, Kinder plärrten, andere riefen laut dazwischen. Nur fröhliche Stimmen waren nicht zu hören. Die Menschen waren zumeist in schlechtsitzende Anzüge gekleidet, in Mäntel, die um Nummern zu groß oder klein und außerdem ziemlich abgetragen waren. Immer mal wieder rief eine Stimme aus dem Obergeschoß irgendwelche Namen, dann entstand unten Bewegung, und einzelne Personen wie ganze Familien schoben sich hinauf, um hinter einer Bürotür zu verschwinden.

Als der nächste Name aufgerufen wurde, machte Hans es ihnen nach, quetschte sich an Körpern vorbei, die auf den Treppen saßen, murmelte ein leises »Pardon« und kämpfte sich durch bis zur Bürotür in der ersten Etage. Im Türrahme stand eine alte Frau, gebeugt, aber mit einem Blick, wie ihn fünf gestandene Volksschullehrerinnen nicht hatten, so streng und respektgebietend wirkte sie.

»Sind Sie Malkowitz?«, fragte die Alte zweifelnd.

»Nein, ich heiße Hans Neumann.«

»Ich habe aber Malkowitz gerufen, und nicht Neumann. Warten Sie, bis Sie dran sind. Hier geht es nicht nach Lust und Laune, sondern nach der Reihe. Ordentlich. Verstehen Sie?«.

»Ja, natürlich, ich verstehe. Aber ich war nicht angemeldet und ich bin eigentlich nur auf der Durchreise.«

Die Alte lachte meckernd. Dann sagte sie in einem Tonfall, als spräche sie mit einem lernschwachen Kind: »Durchreise? Guter Mann, hier sind 98 Prozent auf der Durchreise. Und die wenigsten wissen, wohin sie überhaupt reisen wollen.«

Nachdem sie ihn einer kritischen Begutachtung unterzogen hatte, fragte sie interessiert: »Sie sehen gar nicht aus wie ein KZ-Häftling. Was sind Sie eigentlich?«

»Ich bin französischer Soldat.«

»Und was will ein französischer Soldat hier in Erfurt und bei uns? Sie werden doch nicht etwa Ihre Einheit verloren haben?«

Hans mußte lächeln: »Nein, wo ich die finde, das weiß ich. Ich bin hier, um herauszufinden, ob ich eventuell meinen Cousin hier treffe.«

»Ihren Cousin? Und wer, bitte, soll das sein?«

»Er heißt Albert Hadda, und in Berlin hat man mir gesagt, daß hier in Ihrer Gemeinde ein Hadda im Vorstand sei. Vielleicht ist es ja mein Cousin. Deshalb bin ich hier.«

»Hadda?«, wiederholte die Alte, »Albert Hadda? Ja, so einen haben wir. Der ist hier sogar Vorsitzender. Und wenn ich Sie mir genau anschaue«, sie schürzte die faltigen Lippen, » ...ja, Sie sehen ihm sogar ein bißchen ähnlich. Na schön, kommen Sie mal durch.«

Es war Albert. Sein Cousin Albert. Nicht zu glauben, nach all den Jahren, all den verschlungenen Pfaden und dem Leid, das hinter ihnen lag. Sie fielen einander in die Arme und schämten sich ihrer Tränen nicht.

»Hans, meine Güte, schmal bist du geworden. Aber immerhin, eine gute Farbe hast du.«

»Kein Wunder, Albert, nach all den Jahren in der Sahara. Aber du hast auch schon besser ausgesehen.«

»Auch kein Wunder. Von Kartoffelschalen und Wassersuppe wird selten jemand dick. Aber was anderes gab's in Theresienstadt nun mal nicht.«

Hans zögerte: »Sag Albert, hat noch jemand von uns überlebt?«

Albert sah plötzlich sehr traurig aus: »Nur ein paar. Mein Bruder Siegmund war auch in Theresienstadt. Er war so eine Art Häftlings-Chefarzt. Das hat ihn gerettet. Ja, und deine jüngste Schwester Annemie. Die ist mit ihrem Martin noch rechtzeitig rausgekommen. Nach Shanghai. Die anderen haben's nicht geschafft.«

»Und deine Familie?«

»Die Mädchen konnten mit dem letzten Kindertransport noch raus aus dem Reich. Das war im Spätsommer '39. Sie sind in Palästina. Und meine Berta, die Gute, hat auch überlebt.«

Albert blickte sich um und sah, daß alle anderen im Raum interessiert zuhörten.

»Komm, laß uns irgendwo hingehen, wo es ruhiger ist. Ich kenne hier einen Gourmet-Tempel, da gibt es als einziges Thüringer Rostbratwurst mit Kartoffeln und Soße, aber das ist ein Genuß. Und schön fett ist es auch. Und natürlich koscher. Hundert Prozent.«

Als Hans fragend die Augenbrauen hochzog, lachte Albert: »Du mußt bloß dran glauben. Dann ist alles koscher.«

So schnell konnte Albert sich dann doch nicht loseisen. Die Alte aus dem Vorzimmer hielt ihn auf: »Da ist eine Frau, die müssen Sie auf jeden Fall noch anhören.«

Im Nebenzimmer saß eine junge Frau von nicht einmal zwanzig Jahren, schlank, mittelgroß, hübsches Gesicht.

»Ich heiße Hanna Kowalenko«, stellte sie sich in passablem Deutsch mit starkem Akzent vor, »nein, eigentlich heiße ich Fania Zapotnik.«

»Ja, was denn nun«, unterbrach Albert, »vielleicht entscheiden Sie sich erst mal, wie Sie heißen möchten.«

»Ja, in Wirklichkeit heiße ich Zapotnik. Aber ich hatte Angst, daß die Deutschen das als jüdischen Namen erkennen würden. Deshalb habe ich mich Kowalenko genannt. Ich bin illegal hier, aber ich will nicht abgeschoben werden.«

»Abgeschoben, wohin denn?« »Na ja, nach Hause, nach Rußland.«

Hans mischte sich in das Gespräch ein und schlug der Frau vor, der Reihe nach zu erzählen. Hanna oder Fania murmelte ein leises »Danke« und schneuzte sich in ein zerknittertes Taschentuch.

»Ich stamme aus einer kleinen Stadt in der Ukraine. Im zweiundvierziger Jahr kamen die Deutschen. Meine Familie wurde erschossen, mich haben die Soldaten zum Bahnhof geschleppt und in einen Zug gesetzt, in einen Viehwaggon. Als ich wieder aussteigen durfte, war ich in Thüringen. Dort wurde ich zu einem Bauernhof gebracht, zum Bauern Schenker, und dort habe ich arbeiten müssen.«

»Wie hat er Sie behandelt, der Bauer Schenker«, fragte Hans dazwischen, »hat er sie gequält? Hat er Sie hungern lassen?«

»Nein, nein«, wehrte Hanna-Fania schnell ab, »er war sehr gut zu mir. Er und seine Frau und sein Sohn. Ich mußte viel arbeiten, aber ich habe immer gut zu essen bekommen. Und eine Kammer mit einem richtigen Bett. Und im Winter gab es eine Wolldecke extra. Es waren gute Leute.«

»Was haben Sie denn gearbeitet?«

»Na, alles, was auf einem Hof zu tun ist. Die Hühner füttern, die Ställe reinigen, die Kühe melken. Bei der Ernte helfen und beim Heumachen. Alles eben. Auch Küchenarbeit. Aber ich wurde immer satt.«

»Und warum sind Sie dann geflüchtet?«

»Geflüchtet bin ich nach dem Einmarsch der Amerikaner.«

»Wie bitte? Sie sind vor den Amerikanern davongelaufen?«

»Nein, nicht direkt vor den Amerikanern. Eigentlich mehr vor den Russen. Also, das war so: Die Amerikaner haben uns befreit. Aber ich wußte ja gar nicht, wohin. Also bin ich auf dem Hof geblieben, habe weiter gearbeitet und zu essen bekommen. Eigentlich war es wie vorher. Nur daß ich jetzt sogar ein Taschengeld bekommen habe. Dann kam eines Tages ein Soldat und sagte, ich sei jetzt frei und könne nach Hause zurück, und die Amerikaner würden mich zu den Russen bringen, damit ich wieder nach Hause könne.

Ich wollte aber gar nicht mehr nach Hause, weil doch meine ganze Familie erschossen worden war. Das habe ich dem Herrn Amerikaner gesagt. Aber er hat nur die Schultern gezuckt. Und dann hat er gesagt, daß ich alles einpacken solle und daß morgen ein Auto komme, um mich abzuholen. Ich habe den Bauern Schenker gebeten, mich zu verstecken. Aber der Bauer Schenker hat gesagt, daß er dann Ärger mit den Soldaten bekäme. Deshalb bin ich weggelaufen. Ich will nämlich nicht wieder in die Ukraine. Dort waren sie zu uns Juden nicht gut.

Bitte, helfen Sie mir. Vielleicht können Sie mich verstecken? Ich kann auch arbeiten. Aber ich will nicht mehr zurück.« Wieder schneuzte sie sich in ihr Taschentuch und blickte die beiden ängstlich an.

»Ich weiß auch nicht, was wir für Sie tun können.« Albert wirkte hilflos. »Verstecken können wir Sie nicht. Und wenn wir Sie hier behalten und das kommt raus, dann haben wir den dicksten Ärger mit den Russen, denn die haben hier auch das Sagen.«

Hans mischte sich abermals ein: »Laß mich bitte mal, Albert.« Dann fragte er die junge Frau: »Können Sie das *Schma Jisroel* beten?«

Wie aus der Pistole geschossen, flüsterte Hanna-Fania: *»Schma Jisroel, Adoinoi eloihejnu, Adoinoi echod.«*

»Sehr schön. Wie fängt das *Kaddisch* an?«

Wieder flüsterte die Frau: *»Jisgadal wejiskadasch, scheme rabbo.«*

Zufrieden wandte sich Hans an Albert: »Na bitte, was willst du mehr. Jüdischer kann sie nicht sein.«

Albert schüttelte den Kopf. »Schön, sie ist Jüdin. Aber das löst noch lange nicht ihr Problem.«

»Wieso? Du stellst ihr ein Ersatzdokument aus und machst sie zu einem Mitglied Deiner Gemeinde. Die Russen haben garantiert andere Probleme, als jedes einzelne Gemeindemitglied zu überprüfen, vor allem, wenn das die Gemeinde selbst schon getan hat. Komm, gib ihr das Papier und laß uns endlich essen gehen.«

So konnte Fania Zapotnik in Deutschland bleiben, und Albert Hadda war um eine Erfahrung reicher: Sein Cousin war der richtige Mann für dieses Metier. Er mußte ihn unbedingt überreden, für die Jüdische Gemeinde zu arbeiten.

* * *

Sie saßen Stunden um Stunden, erzählten, hörten einander zu, tranken Kaffee und Tee, von denen einer wie der andere schmeckte, rauchten, wischten sich Tränen aus den Augen, lachten und hatten, als die letzten Gäste das Lokal verließen, jeder drei Portionen Thüringer mit Kartoffeln gegessen.

Und dann, unvermittelt aber folgerichtig, kam die Frage, die in diesen Tagen unter allen wandernden Juden die Frage aller Fragen war: »Und was hast du jetzt vor? Weißt du schon, wohin?«

Hans, statt zu antworten, fragte zurück: »Und du? Weißt du es, Albert?«

»Ich denke ernsthaft darüber nach, auch nach Palästina zu gehen. Berta ist schon dort, sie will mit Deutschland nichts mehr zu tun haben. Und außerdem sind ja die Mädels dort. Ilse lebt in einem Kibbuz namens Cabri, Brigitte hat gerade einen im Land Geborenen geheiratet, und Ruth will auch heiraten und mit ihrem Mann nach Stockholm auswandern. Frag mich bloß nicht, warum. Na ja, ich sollte es mit *Erez* vielleicht auch mal versuchen. Sie sind da in einer Stadt direkt am Meer, Rischon-le-Zion heißt sie. Das ist zwar nicht gerade unser altes Riesengebirge, aber statt der Oder gibt's immerhin das Meer. Vielleicht könnte ich mich daran gewöhnen.

Und du, Herr Soldat? Gehst du zurück nach Frankreich, nachdem du von all dem Elend erfahren hast? Oder glaubst du immer noch an die besseren Deutschen, die von deiner SPD?«

»Wenn ich«, sagte Hans, während er eine Zigarette mehrmals auf die Tischplatte klopfte und konzentriert die herausfallenden Tabakkrümel beobachtete, »einmal in meinem Leben einen guten Rat gebraucht habe, dann jetzt. Ich glaube nicht, daß ich jemals so sehr zerrissen war. Kann sein, daß ich erst noch mehr erfahren muß, um endgültig zu wissen, was ich tun werde.«

»Noch mehr erfahren?« wiederholte Albert, während er seinen Cousin verständnislos anschaute, »noch mehr erfahren? Reicht dir das noch nicht? Was, um Gottes willen, willst du noch hören um zu wissen, daß unser Kapitel in diesem Land abgeschlossen ist?! Für alle Zeiten! Du warst damals vernünftiger als ich und hast dich rechtzeitig aus dem Staub gemacht. Viele von uns haben das für übertrieben gehalten und sogar mit deiner baldigen Rückkehr gerechnet. Bis wir erkennen mußten, wie vorausschauend du gehandelt hattest und wie sehr wir uns all die Jahre etwas vorgemacht hatten.

»Und jetzt denkst du an Rückkehr? Zu wem denn? Zu deinen Landsleuten, weil die so anständig zu uns waren?«

»Ach, Albert, wenn du wüßtest, wie oft ich diese Diskussion schon geführt habe. Ich weiß auch nicht, was es ist, das mich bindet. Aber glaub mir, ich habe in der Emigration immer wieder Deutsche getroffen, die ein ähnliches Schicksal hatten, obwohl sie keine Juden waren. Sie waren Kommunisten oder Sozialdemokraten oder einfach politisch anständige Menschen ohne irgendwelchen ideologischen Rückhalt. Ihre Landsleute hatten sie aus dem Land gejagt wie räudige Hunde, oder sie waren davongelaufen wie ich. Aber sie waren trotz allem Deutsche. Sie träumten davon, eines Tages zurückzukehren und aus ihrem Land wieder eine Nation von Menschlichkeit und Kultur zu machen.

»Wir haben gemeinsam Pläne geschmiedet, haben uns vorgestellt, wie es sein würde, danach. Und wir haben auch davon geträumt, es den Verbrechern heimzuzahlen. Ja, wir haben wie blauäugige kleine Jungens den Moment herbeigesehnt, da wir Gerechtigkeit üben und die ganze Nazibande zur Verantwortung ziehen könnten. Soll das alles jetzt passé sein, abgehakt und erledigt? Sollen die sich vielleicht selbst richten? Gegenseitig? Was würde dann wohl aus diesem Land werden? Eine Nation der Begnadiger! Und all die Mörder, ob groß oder klein, würden am Abend in ihren Filzpantoffeln im Ohrensessel sitzen, ein Glas Bier oder Wein neben sich, den treuen Schäferhund zu ihren Füßen und die sorgende Hausfrau in der Küche beim Schmieren der Butterstullen!

»Nein, Albert, sie haben es verdient, daß wir nicht kneifen, auch wenn es noch so schwer fällt. Erst wenn wir Emigranten erkennen müssen, daß wir den falschen Traum geträumt haben, erst dann können wir uns endgültig verabschieden. Und dann werde ich mein ganzes Leben lang das Wort ›Deutschland‹ nicht mehr über die Lippen bekommen. Kein einziges deutsches Wort überhaupt. Aber erst dann.«

»Weißt du, Hans, ich will nicht behaupten, daß einer von uns recht hat und der andere nicht. Ich sitze ja auch noch hier, obwohl ich schon längst hätte versuchen können, die britische Erlaubnis zur Einreise nach *Erez* zu bekommen. Die haben mich hier sogar zum Gemeindevorsitzenden gewählt, stell dir vor. Aber das ist keine so großartige Sache. Die meisten Juden, die hier gestrandet sind, kommen direkt aus den Konzentrationslagern. Buchenwald ist nicht sehr weit weg von hier. Und fast alle kommen aus Polen. Die sprechen polnisch und jiddisch. So richtig deutsch kann kaum einer. Da wählt man einen schon zum Vorsitzenden, weil er drei Worte deutsch kann. So groß ist die Ehre also nicht, daß sie mich auf Dauer hier halten könnten. Ich bleibe nur, bis ich alle Vorbereitungen getroffen und alle Papiere besorgt habe. Dann adieu, Deutschland. Wenn du lange genug wartest, kannst du meinen Posten übernehmen. Dann bleibt er wenigstens in der Familie.«

* * *

Hans blieb zwei Tage in Erfurt. Von Alberts Büro aus telefonierte er mit der sozialdemokratischen Partei in Frankfurt. Alfons Seidel hatte inzwischen schon von seinem mißglückten Potsdamer Abenteuer gehört und machte Hans Vorwürfe, weil er sie durch seine Unbeherrschtheit in eine politisch heikle Lage gebracht habe.

»Heikel?« wiederholte Hans aufgebracht, »was glaubst du wohl, was das für ein Gefühl ist, einem solchen Scheißkerl wie Schneider gegenüber zu stehen und sich von ihm abputzen zu lassen. Ich bin gern bereit, meine Kraft in den Dienst der Partei zu stellen, aber ich habe auch meine Ehre. Und im Zweifelsfall ist die mir mehr wert.«

»Es tut mir leid, Hans, aber wer in die Politik gehen will, der kann seine Gefühle nicht zum Maß aller Dinge machen. Es gibt höhere Werte, im Interesse der Partei.«

»Ja«, gab Hans zusehends zorniger zurück, »das habe ich an den beiden Feiglingen mit den eingezogenen Köpfen gemerkt. Wenn ich nicht irre, waren das unsere Genossen.«

»Hans, so geht das nicht. Wenn du dich austoben willst, kannst du das bei mir im Büro gern tun. Aber die Partei laß bitte aus dem Spiel.«

»Ich glaube«, rief Hans in den Hörer, »ich werde noch viel mehr aus dem Spiel lassen. Aber ich versichere dir, selbst solche Schießbudenfiguren wie die Potsdamer werden mich nicht dazu bekommen, mich von meiner Partei zu verabschieden. Dazu habe ich als Sozialdemokrat viel zuviel einstecken müssen. Wenn ich euch zu undiplomatisch bin, dann sucht euch halt einen anderen. Salut, Alfons!«

Und dann knallte er den Hörer mit solcher Inbrunst auf die Gabel, daß die Blechdose mit den Büroklammern einen Luftsprung vollführte.

Albert, der mitgehört hatte, grinste. »War's das jetzt mit deiner politischen Karriere?«

»Vergiß die politische Karriere«, erwiderte Hans, »ich habe mich doch in Spanien von so ein paar bescheuerten Kommunisten nicht als unsicheren Kantonisten beschimpfen lassen, damit mir hier die eigenen Leute in den Rücken fallen. Ihren Mist können sie ohne mich machen. Ich komme auch allein zurecht.«

»Ganz bestimmt«, bestätigte Albert, »ich muß nur daran denken, wie deine selige Mutter dich immer genannt hat: den ›roten Buffke‹. Aber paß auf, ich hätte da eine Idee.«

Dann schlug Albert ihm vor, wenigstens vorübergehend die Aufgabe des Gemeindesekretärs in der Jüdischen Gemeinde Fulda zu übernehmen.

»Die sind nämlich in einer ähnlichen Situation wie wir hier in Erfurt. Ein paar hundert befreite KZ-Häftlinge und nur eine Handvoll, die deutsch sprechen. Aber da gibt's einen Vorsitzenden, der auch aus Breslau stammt. Max Gerson heißt er, hast du den vielleicht gekannt? Nein? Na, macht nichts. Seine Frau ist gelernte OP-Schwester. Sie hat bei Siegmund im Jüdischen Krankenhaus gelernt. Ich wette, der küßt dir die Füße, wenn du dich bei ihm meldest. Er ist nämlich schwer krank und von der Arbeit völlig überfordert. Wenn du willst, rufe ich ihn gleich an.«

So war Hans nun also auf dem Weg nach Fulda, in einem Kraftwagen mit Holzvergaser, dessen Brenner unterwegs immer wieder nachgeladen werden mußte. Der Fahrer war ein Metzger aus Erfurt, auf Hamstertour zu den Bauern in die hessische Rhön, um Fleisch und Wurstwaren zu besorgen. Als »Kompensation« in diesem Handel mit Naturalien hatte er Textilien und Schuhe geladen. Geld war offenbar nicht viel wert. Jeder hatte genügend davon, nur kaufen konnte man kaum etwas dafür.

Eigentlich hatte der Metzger nur bis Hünfeld fahren wollen, gute zwanzig Kilometer vor Fulda. Aber ein Päckchen Zigaretten bewog ihn schnell, den Umweg in Kauf zu nehmen und Hans am gewünschten Ziel abzusetzen. Direkt an der von Albert angegebenen Adresse: Jüdische Gemeinde Fulda, von-Schildeckstraße 13. Dort wurde er bereits erwartet.

»Hans Neumann, wie schön. Mein Name ist Max Gerson. Ich bin hier der Vorsitzende. Albert Hadda hat Sie per Fernsprecher bereits avisiert. Ich bin froh, daß Sie da sind. Und ich wäre noch froher, wenn Sie blieben. Wir können Sie gut gebrauchen.«

Sie waren alle ausgesprochen freundlich, Gerson, seine Frau Ruth und Samuel Broner, der für das religiöse Leben in der Gemeinde zuständig war.

Broner war ein kleiner Mann mit ernstem Gesicht, Brille und zarten Händen, die er unablässig zu streicheln schien. Gerson war der politische Kopf der Gemeinde, Gesprächspartner der Behörden und, was wichtiger war, der Verbindungsmann zu dem in der Stadt stationierten 14. Panzerregiment der US Army. Er sorgte für Wohnraum, für Kleidung und für Nahrung. Die Versorgung mit geistiger Nahrung, die religiöse Betreuung der an die fünfhundert Gemeindemitglieder war Broners Aufgabe. Und er nahm sie mit einer Inbrunst wahr, die zwar manches Murren in der Gemeinde hervorrief, ihm aber auch Respekt verschaffte – gerade so, als wäre er der amtierende Rabbiner.

Rabbiner hätte er auch gut sein können. Seine Herkunft aus einem religiös-orthodoxen Elternhaus in Polen, seine traditionelle Erziehung und seine weitreichende Kenntnis der religiösen Vorschriften und Gesetze machten ihn unersetzlich für diese zusammengewürfelte Gemeinschaft von Entwurzelten, die in der kleinen und streng katholischen Bischofsstadt ungeduldig auf ihre Visa warteten – für das von den Briten kontrollierte Palästina, für die Vereinigten Staaten oder für Australien.

Deutsche gab es nur wenige in dieser provisorischen Jüdischen Gemeinde. Meist waren es polnische Juden, Überlebende der schrecklichen Vernichtungslager. Viele waren durch die Hölle von Auschwitz gegangen, einige wenige hatten Majdanek überlebt, andere Buchenwald überstanden oder Nordhausen im Harz, wo sie unter unmenschlichen Bedingungen kilometerlange Stollen in die Berge getrieben hatten – für die unterirdischen Forschungslabors, in denen deutsche Wissenschaftler um Wernher von Braun an der »Wunderwaffe« arbeiteten, die die Wende des Krieges gegen England hatte herbeibomben sollen.

Die Lingua franca war Jiddisch, das Esperanto der sogenannten Ostjuden, eine Melange aus Deutsch, Hebräisch, Polnisch und anderen Sprachen, die nach Zuhause klang, nach feierlich gedecktem Schabbat-Tisch, nach Synagoge.

Hans liebte es, wenn Jiddisch gesprochen wurde, es klang in seinen Ohren wie Musik. Er selbst konnte es kaum sprechen, doch er verstand es. Nicht, weil es zur Tradition seines Elternhauses gehört hätte. Gott bewahre, die deutschen Juden hatten mit gerümpfter Nase auf die arme Verwandtschaft aus dem Osten herabgeschaut und sie anfangs sogar dafür verantwortlich gemacht, daß ihre guten deutschen Nachbarn und Mitbürger so abfällig über die Juden sprachen. Er verstand Jiddisch, weil er es in der Legion und in Pétains Eisenbahn-Sklavenlager immer wieder gehört hatte. Die vermeintlichen Ghetto-Juden, die angeblich nur schachern und anständige Christenmenschen betrügen konnten, waren in Wirklichkeit politisch aufgeweckte, linksorientierte Menschen gewesen, bereit, bis zum Äußersten gegen Nazideutschland zu kämpfen.

Für diese Versprengten zu arbeiten, sich um die Erfüllung ihrer Bedürfnisse notfalls auch mit den Ortsbehörden zu streiten, das konnte Hans sich durchaus vorstellen. Aber danach? Sie alle wollten Deutschland so schnell wie möglich verlassen – und Hans stünde, wenn die Arbeit erst einmal getan war, wieder vor der Frage, auf die er immer nur eine vorübergehende Antwort wußte: In welchem Land würde er sein neues Leben beginnen, ein Leben mit Perspektiven und nicht nur mit einer Existenz auf Zeit?

»Alle wollen weg«, sagte er zu Samuel Broner, als sie bei einem Glas Tee im Büro saßen, »alle betrachten Deutschland nur als Zwischenstation, als Umsteigebahnhof. Und Sie? Warum sind Sie hierher gekommen, als Auschwitz-Überlebender. Warum sind Sie nicht nach England, Frankreich oder zurück nach Polen gegangen? Das war doch immerhin Ihre Heimat?«

»Stimmt schon,« gab Broner zurück, »ich bin in Polen geboren, dort zur Schule gegangen und aufgewachsen. Aber meine Heimat war Polen nie. Haben Sie auch nur die geringste Ahnung, wie sehr die Polen uns Juden hassen? Nein, Sie können das nicht wissen, sonst hätten Sie gar nicht erst gefragt.«

»Antisemitismus«, warf Hans ein, »gibt es überall auf der Welt, mal mehr, mal weniger. Aber ein regierungsamtliches Mordprogramm wie Deutschland es entwickelt hat, das ist einmalig in der Weltgeschichte. Also mögen die Polen euch noch so sehr gehaßt haben – mit Deutschland läßt sich das nicht vergleichen. Und trotzdem seid ihr nach Deutschland gekommen. Nach allem, was euch angetan wurde. Das ist es, was ich gern verstehen möchte.«

Broner lächelte nachsichtig, stützte seine Ellenbogen auf die Schreibtischplatte und legte das Kinn in die Handflächen.

»Im Prinzip haben Sie recht. Und ich könnte Sie natürlich genauso fragen, wieso Sie denn zurückgekommen sind, obwohl Sie als Deutscher immerhin einen anderen Hintergrund haben als ich. Aber vielleicht verstehen Sie mich besser, wenn ich Ihnen meine Geschichte erzähle:

»Ich war, müssen Sie wissen, verheiratet und hatte zwei Kinder, zwei kleine Jungen im Alter von sechs und vier Jahren. Wir alle sind nach Auschwitz deportiert worden – und ich habe als einziger überlebt. Meine Frau und meine Jungen habe ich von dem Moment an nicht mehr gesehen, da wir aus dem Zug getrieben wurden und uns in Reihen aufstellen mußten. Ich glaube, sie haben keine Stunde mehr gelebt. Die Gaskammern und die Krematorien liefen rund um die Uhr ...«

Die Stimme des kleinen Mannes war während seiner letzten Worte heiser geworden, jetzt brach sie. Schluchzend wischte er sich mit seinem Taschentuch die Tränen ab, die ihm über die Wangen rannen.

Hans wußte nicht, wie er auf diese Gefühlsregung reagieren sollte. Am liebsten hätte er Broner in den Arm genommen und ihm etwas Tröstliches gesagt, irgendetwas, um wenigstens seine Tränen zu stillen.

»Entschuldigen Sie«, sagte der Mann schon wieder gefaßt, »ich hatte nicht die Absicht, Sie in so eine unangenehme Situation zu bringen. Es ist nur so, daß ich mich in solchen Momenten manchmal nicht kontrollieren kann. Überall holen sie uns ein, unsere Gedanken, sie überfallen uns am Tag und sie rauben uns nachts den Schlaf. Eben noch fühle ich mich leidlich wohl, da explodieren sie plötzlich, breiten sich aus in meinem Kopf und gewinnen die Herrschaft über mich. Nur für einen kurzen Moment vielleicht, aber der reicht schon aus, alle Freude und alle Leichtigkeit im Keim zu ersticken.

Ich glaube, daß die meisten von uns deshalb so schnell wie möglich auswandern wollen. Weil wir glauben, damit der Herrschaft unserer Erinnerung entfliehen zu können.« Er lachte auf, aber es war kein fröhliches Lachen.

»Was für ein Unsinn, nicht wahr, Hans? Als könnte man einen Teil seiner Gedanken und Erinnerungen gut verschlossen zurücklassen. Nein, natürlich funktioniert das nicht. Aber trotzdem ist die Auswanderung für uns lebensnotwendig. Schon deswegen, weil der Erinnerungsmechanismus jedes Mal neu in Gang kommt, sobald wir einem Durchschnittsdeutschen in mittleren Jahren begegnen. Weil wir uns dann nämlich fragen, was er wohl getan und wo er wohl Soldat oder SS-Mann gewesen sein mag. Da ist es vielleicht tatsächlich einfacher, wenn man weiter weg lebt.«

»Ich weiß nicht, ob ich Sie jetzt noch darum bitten darf«, sagte Hans, »aber Sie wollten mir erklären, warum Sie jetzt in Deutschland sitzen und nicht in Polen. Aber wenn Sie möchten, können wir die Unterhaltung gern irgendwann anders fortsetzen ...«

Broner unterbrach ihn: »Nein, es ist schon in Ordnung. Wissen Sie, ich will mich nicht dafür rechtfertigen, daß ich hier und heute in Deutschland bin. Das brauche ich gar nicht, weil ich sowieso nicht bleiben werde. Definitiv nicht, das können Sie mir glauben. Aber die historische Wahrheit verlangt, daß wir der Welt auch vom Verhalten unserer polnischen Nachbarn berichten, die nicht besser waren als die Deutschen ... Nein«, Samuel Broner unterbrach seinen Redefluß und schloß kurz die Augen, als wolle er sich die Bilder in seinem Kopf noch einmal betrachten: »Nein, nicht besser als die Deutschen kann man nicht sagen. Das hieße, Äpfel mit Birnen zu vergleichen. Ich versuche es anders: Die Deutschen kamen als Eindringlinge, als Invasoren in unser Land. Damit waren sie automatisch unsere Feinde, gegen die wir uns gemeinsam zur Wehr zu setzen hatten, und zwar alle Polen, ob Kommunist, ob Jude oder Katholik. Da die Juden am meisten gefährdet waren, gingen wir erst einmal in den Untergrund. Und was passierte dann? Als die Wehrmacht die Straßen und Häuser auf der Suche nach versteckten Juden durchkämmte, da waren es die Polen, die den deutschen Soldaten und der Gestapo verrieten, in welchen Kellerlöchern unsere Leute verborgen waren. Unsere guten polnischen Nachbarn!

Feinde sind Feinde, da weiß ich, woran ich bin. Das ist wichtig fürs eigene Weltbild. Aber ein Landsmann? Ein Nachbar? Der uns wissend an die Schlächter ausliefert? Wie will der mir jemals wieder ins Gesicht sehen? Und wie kann ich ihm begegnen, ohne jedes Mal wieder daran denken zu müssen?

»Wenn Sie mehr über Polen wissen wollen, nicht nur damals, als die Deutschen kamen, sondern über das Polen von heute, dann lade ich Sie gerne ein zu uns heute Abend. Meine Schwester Frania war auch in Auschwitz, und sie kann Ihnen so manches berichten, worüber Sie staunen werden.«

* * *

Hans ahnte nicht, wie entscheidend dieser Abend für sein künftiges Leben werden sollte. Pünktlich betrat er den Hausflur des stattlichen Gründerzeithauses, das genau gegenüber dem provisorischen Gemeindehaus lag. Er stieg die Stufen zur ersten Etage hinauf, stolz das Päckchen unter den Arm geklemmt, das er als Gastgeschenk mitbrachte: ein Kilo Rindfleisch, das er beim Metzger in der Löherstraße erstanden hatte, für Geld und zwei Päckchen Zigaretten.

Unter dem Klingelknopf, der in eine gewaltige bronzene Rosette eingebettet war, stand auf einem sehr repräsentativen Messingschild in verschnörkelter Schrift »Dr. med. Peter Paulus, prakt. Arzt und Geburtshelfer«. Darunter klebte ein Stück Papier mit dem handschriftlichen Zusatz »S. Broner«.

Hans hatte schon gehört, daß die Militärregierungen die Wohnungen wohlhabender oder irgendwie verstrickter Deutscher requiriert hatten, um Flüchtlinge, befreite Zwangsarbeiter oder ehemalige KZ-Häftlinge vorübergehend unterzubringen. Hans kannte ihn nicht, er konnte ihn ja gar nicht kennen, diesen Dr. med. Paulus, aber es bereitete ihm eine stille Genugtuung, daß der auf seinem vor Wichtigkeit und Bedeutung strotzenden Arzt-Schild dieses primitive Zettelchen ertragen mußte. Ausgleichende Gerechtigkeit, dachte Hans bei sich, kann auch ganz klein anfangen.

Auf sein Klingeln waren schnelle Schritte zu hören, dann öffnete eine gutaussehende Frau die Tür, so weit es die vorgelegte Sicherungskette zuließ, musterte Hans und beschied ihn in einem Ton, der keinen Widerspruch duldete, die Sprechzeit sei vorüber.

»Ich hatte nicht die Absicht, den Doktor zu bemühen«, sagte Hans betont korrekt, »ich möchte zu Herrn Broner.«

Wieder wurde Hans einer Prüfung von Kopf bis Fuß unterzogen, dann schloß sich die Tür, die Kette wurde ausgehängt, die Tür wieder geöffnet und Hans durfte eintreten.

»Sie wissen, wo Sie Herrn Broner finden?«

»Nein, ich bin zum ersten Mal hier.«

»Zweite Tür rechts«. Damit wies die gepflegte Dame einen langen Flur entlang.

Hans genügte ein Blick auf die Ölgemälde, die Vitrine und den großen Garderobenschrank, um zu wissen, daß die Familie Dr. Paulus kaum unter unangemessenem Lebensstandard litt.

Als er klopfte, öffnete eine hagere, streng wirkende Frau in einem unvorteilhaften Kleid.

»Verzeihen Sie, mein Name ist Neumann, Hans Neumann, ich ...«

»Ja, ich weiß Bescheid, treten Sie ein, mein Name ist Mirijam Broner, ich bin Samuels Frau. Willkommen in unserer bescheidenen Behausung.«

Bescheiden war sie allerdings. Zumindest verglichen mit dem, was Hans als Sohn einer gutbürgerlichen Breslauer Kaufmanns-Familie in einem Haus wie diesem gewohnt war. Wenn er allerdings seine Quartiere der zurückliegenden Jahre dagegen hielt, war es eine heimelige Unterkunft, die Gemütlichkeit ausstrahlte und auf sympathische Weise vertraut wirkte – sie erinnerte ihn an die Wohnung von Max und Danielle in Paris.

Broner war vom Tisch aufgestanden und breitete die Arme zu einem herzlichen Willkommensgruß aus.

»Meine Frau Mirijam haben Sie schon kennengelernt. Dann wäre da noch meine Schwester Frania.« Er blickte sich um: »Wo ist sie denn? Frania?«

Aus dem Nebenraum trat eine zierliche Frau von vielleicht dreißig Jahren, deutlich jünger jedenfalls als Hans, mit einem schmalen, fast knochigen Gesicht und schwarzen Haaren. Sie lächelte, aber es war kein fröhliches Lächeln. Hans fühlte sich sofort zu ihr hingezogen, hatte das Gefühl, diese junge Frau unbedingt aufheitern, ihr etwas von dem Schmerz nehmen zu müssen, der aus ihren Augen sprach.

Wie aus weiter Ferne hörte Hans eine Stimme, die ihm anbot, ihm seinen Mantel abzunehmen. Bis ihm der Sinn der Worte klar wurde, war die Frage wohl zwei oder dreimal gestellt worden. Jetzt, da er sich ihrer bewußt wurde, schien sein ohnehin dunkler Teint noch eine Spur dunkler zu werden. Er beeilte sich, aus dem dünnen Militär-Trenchcoat zu schlüpfen, ohne das Paket zu verlieren, das er die ganze Zeit unter dem Arm getragen hatte.

»Blumen«, sagte er, »habe ich keine finden können. Aber ich habe ein schönes Stück Fleisch gekriegt. Das schmeckt jedenfalls besser als Blumen, nicht wahr?«

Die beiden Frauen wechselten Blicke miteinander, dann schauten sie auf Samuel Broner. Der sagte streng: »Blumen wären vielleicht doch richtiger gewesen. Sie müssen wissen, daß wir fromm sind. Wir essen nur koscheres Fleisch. Und das da«, jetzt mischte sich hörbares Bedauern in seine Stimme, »dürfte wohl kaum koscher sein.«

Hans stammelte wie ein ertappter Schulbub: »Tut mir leid, daran habe ich nicht gedacht.« Er starrte auf das in Zeitungspapier eingewickelte Päckchen: »Was machen wir jetzt damit?«

Mirijam streckte die Hand aus: »Darf ich? Ich gebe es den Paulus'. Das wird ein Festtag für die ganze Familie.«

Sie nahmen Platz am Tisch und tranken Tee – Samuel und Frania schlürften ihn durch ein Stück Würfelzucker, das sie zwischen den Zähnen hielten. Später tischte Mirijam *gefillte Fisch* auf, keine Karpfenscheiben mit Füllung, wie sie zu den jüdischen Feiertagen Tradition waren, sondern Fischbällchen von der Größe einer Kinderfaust, in einer gelierten Soße mit kleinen Scheiben von Karotten. Dazu hatte Mirijam eine *Challe* gebacken, den am Schabbat üblichen Hefezopf, den Hans von zuhause kannte und den sie immer *Barches* genannt hatten.

Eigentlich war weder Schabbat noch Feiertag, doch Hans kam es vor wie der schönste Festtag seit langem. Sie aßen langsam und in kleinen Bissen, um den Genuß zu verlängern. Die Fischbällchen hatte Samuel organisiert, in Gläsern mit der Aufschrift »Manischewitz« und dem unübersehbaren Vermerk »koscher«. Eine Gabe jüdischer Soldaten aus Amerika, die engen Kontakt zur Gemeinde hielten und mit allem behilflich waren, was in einem traditionell-religiösen Haus vonnöten war. Außerdem besorgten sie außerhalb der Vorschriften auch echten Bohnenkaffee, Schokolade und Zigaretten, Schätze von weit größerem Wert als Bargeld, denn damit konnte man bei der Zivilbevölkerung so ziemlich alles eintauschen, was man brauchte.

Es wurde ein wunderschöner Abend, einer, der beinahe vergessen ließ, welches Grauen hinter ihnen lag. Sie scherzten und sie lachten, sie erzählten ihre Lebensgeschichten und brachen immer wieder in Tränen aus. Jedem einzelnen dieser Entwurzelten war unermeßliches Leid zugefügt worden – und alle hatten sie nur durch seltsame Fügungen überlebt.

Samuel und Mirijam hatten sich erst vor wenigen Monaten kennengelernt und gleich geheiratet. Es schien Hans, als versuchten sie fast mit Gewalt, den Teil ihrer Vergangenheit, der von Tod und Grauen bestimmt war, hinter sich zu lassen. Um gemeinsam nach vorne zu blicken und auf ein zweites Leben zu hoffen.

Mirijam stammte ursprünglich aus Hamburg, aus der Dynastie der Carlebachs, einer schon sprichwörtlich religiösen Familie, aus der zahlreiche ehrwürdige Rabbiner hervorgegangen waren. Ihre Jugend hatte sie in der frommen jüdischen Gemeinschaft von Altona verbracht und später einen jungen Religionslehrer namens Dr. Herz geheiratet, der aus Fulda stammte und bei der dortigen Jüdischen Gemeinde eine Anstellung als Lehrer gefunden hatte. Auch sie war Lehrerin, hatte in Hamburg Germanistik und Anglistik studiert und ihr Examen noch machen können, bevor Juden davon ausgeschlossen wurden. Doch die Anstellung an einem Gymnasium, auf die sie so zielstrebig hingearbeitet hatte, war ihr nicht mehr vergönnt gewesen. So unterrichtete sie gemeinsam mit ihrem Mann an der Jüdischen Schule in Fulda, Kinder und Erwachsene gleichermaßen, um sie auf die Auswanderung nach Amerika vorzubereiten.

Auch sie hatten an Emigration gedacht, doch hatten sie sie immer wieder aufgeschoben, in der Hoffnung, die Verhältnisse in Deutschland würden sich bald bessern. Monat um Monat, Jahr um Jahr – bis es zu spät war. Und dann kam die Deportation nach Theresienstadt. Drei Wochen später wurde Dr. Herz das Opfer eines Erschießungskommandos der Wehrmacht.

Auch Frania war verheiratet gewesen, im polnischen Bendzin, nicht weit von der Grenze zu Oberschlesien. Bendzin, das die Deutschen nach ihrem Einmarsch im September 1939 in Bendsburg umbenannt hatten, lag unweit des Städtchens Oswiecim, das nicht zu kennen keine Bildungslücke war. Erst später wurde der Ort international bekannt. Unter dem Namen, den ihm die Besatzer gaben: Auschwitz.

Frania war wie ihr Bruder Samuel, den sie zärtlich Samek nannte, auf ein jüdisches Gymnasium gegangen, in dem Deutsch und Polnisch gleichberechtigt unterrichtet wurde. Zu Hause wurde Jiddisch gesprochen, im Theater Polnisch, die Bücher, die sie lasen, waren deutsch geschrieben – eine Scheinwelt kulturellen Miteinanders, die schlagartig ein Ende fand, als die Kriegsmaschinerie des bis dahin als Land der Dichter und Denker geschätzten Nachbarlandes die Stadt überrollte.

Anfangs hatte Frania, die seit ihrer Heirat Londner hieß, ihren kleinen Stickereibetrieb mit den drei Angestellten noch weiterführen können und damit das Auskommen der Familie gesichert. Auch Samek durfte seine auf Werbegrafik spezialisierte Firma zunächst weiterbetreiben. Doch dann richteten die Deutschen auch in Bendzin ein Ghetto für die Juden ein. Die beengten Wohnverhältnisse und die unzureichenden hygienischen Verhältnissen dort markierten nur den Anfang ihrer Leidensgeschichte. Im Jahr 1943 wurden die Juden Bendzins in die Vernichtungslager deportiert, die meisten nach Auschwitz.

Der Weg zum Bahnhof von Oswieczim und von dort weiter in das Frauenlager Birkenau wäre unter normalen Umständen eine Bahnfahrt von wenig mehr als einer Stunde gewesen. Doch der Zug mit den Viehwaggons, in denen die jüdischen Männer, Frauen und Kinder in qualvoller Enge zusammengepfercht waren, hatte drei Tage gebraucht. Drei endlos lange Tage ohne Essen und Trinken, ohne Toilette, ja nicht einmal mit genügend Luft zum atmen. Immer wieder war der Zug ein kurzes Stück gefahren, hatte wieder angehalten und war eine schier endlos lange Zeit stehen geblieben.

Nur zweimal hatten die deutschen Soldaten, die den Zug in die Hölle bewachten, die Holztüren der Waggons aufgeschoben, um einen Schwall frischer Luft und das Licht eines hellen Wintermorgens in das Innere zu lassen. Dabei hatten sie sich mit Daumen und Zeigefinger die Nase zugehalten vor dem beißenden Gestank von Exkrementen, der aus der Tiefe der Waggons nach draußen strömte.

Während der Fahrt hatte ein Mann, der keinen Meter von Frania entfernt stand und eine blecherne Milchkanne in der linken Hand hielt, umständlich seine Hose geöffnet, hielt die Milchkanne davor und erleichterte sich. Dann reichte er die Kanne weiter und bat darum, sie an der hölzernen Außenwand des Waggons auszukippen, damit der Inhalt nach draußen rann. Doch soweit kam es nicht. Ein kleiner Junge, dessen Tränen längst versiegt waren und der nur noch ein heiseres Krächzen hervorbrachte, nahm die Kanne mit zitternden Händen, hob sie an den Mund und trank. Zu diesem Zeitpunkt gab es kaum mehr jemanden im Zug, der darüber erschüttert gewesen wäre.

Als sie nach qualvollem Transport das Lager Auschwitz erreichten, die Türen aufgeschoben wurden und die Kommandos gellten »Endstation. Los raus mit euch! Ihr seid im Paradies«, da schien es ihnen wirklich, als hätten sie das Ärgste überstanden. Wer konnte auch ahnen, daß ihnen Schrecken bevorstanden, die ihnen die Bahnfahrt im Nachhinein als Erholungsreise würde erscheinen lassen.

Sie kletterten aus den stinkenden Waggons ins Freie und sogen gierig die kalte Winterluft ein, die wie mit Nadeln in ihre Lungen stach. Wer das Pech hatte, am Rand der Gruppe zu stehen, bekam sofort die Gewehrkolben zu spüren, die die ungeduldigen Uniformierten blind in die Menge stießen: »Beeilung. Ihr seid hier nicht zum Vergnügen. Marsch, alle Mann dort rüber.« Wie Vieh wurden sie vorwärts geschoben zu drei Holztischen, hinter denen SS-Ärzte warteten, um sie zu begutachten.

Selektion nannten die Herrenmenschen diesen speziellen Willkommensgruß im Vorhof der Hölle. Die Herren über Leben und Tod trugen weiße Arztkittel, unter denen blank geputzte, schwarz glänzende Reitstiefel hervorschauten. Am Hals baumelte das Stethoskop wie ein Markenzeichen. Zu mehr wurde es auch nicht gebraucht, denn keiner der Ärzte interessierte sich für Herztöne oder Lungengeräusche der Neuzugänge. Ein kurzer Blick in die Augen, in die geöffnete Mundhöhle und auf die Zähne, dann wies der Daumen einer geballten Faust nach links oder nach rechts. Es war die Entscheidung über den sofortigen Tod in der Gaskammer oder das qualvolle Weiterleben auf Widerruf.

In dieser Reihe sah Frania ihren Mann Israel zum letzten Mal. Er wurde einer Gruppe zugeteilt, die zum Abmarsch auf das Lagergelände kommandiert wurde. Einstweilen noch zur Zwangsarbeit und nicht dorthin, wohin die alten Männer und Frauen und kleinen Kinder gehen mußten – in Richtung der angeblichen Duschräume, aus deren Brauseköpfen statt Wasser Zyklon B-Gas strömte.

Frania Londner, geborene Broner, aufgewachsen als behütete Tochter einer religiösen jüdischen Familie und ins Erwachsenenleben entlassen mit dem Bildungsgut polnischer und deutscher Kultur, wurde zum KZ-Häftling Nummer 52387. Die Metamorphose vollzog sich innerhalb weniger Minuten, als eine Tätowiernadel gnadenlos in die Haut des linken Unterarms stach und diese Nummer unauslöschlich einbrannte.

Sie mußten sich ausziehen, standen zitternd in der eisigen Winterluft und empfingen ihre neue Kleidung, kratzige, grobe Häftlingsanzüge und rohe Holzpantinen, in denen die Füße nach nur wenigen Schritten schmerzten. Der letzte Akt des von der SS mit Grinsen und gelegentlichem Johlen begleiteten Begrüßungszeremoniells war das Scheren der Haare. Die stumpf gewordenen Friseurwerkzeuge rissen mehr an den Haaren, als daß sie schnitten. Büschelweise fielen die Haare zu Boden, bevor sie von anderen Häftlingsfrauen zu einem gigantischen Berg zusammengekehrt wurden. Jetzt waren alle individuellen Persönlichkeitsmerkmale so weit wie möglich ausgelöscht. Die Neuzugänge waren aufgenommen in die namenlose Masse der Sklaven für das Deutsche Reich.

»Die Endziffern 350 bis 500 angetreten zum Abmarsch«, bellte eine Stimme. »Los, los, ihr faulen Schlampen. Wird's bald?! Jetzt könnt ihr zum erstenmal in eurem Leben mal richtig arbeiten. Bis euch das Wasser im Arsch kocht.«

Frania wurde mit anderen, zumeist jüngeren Frauen in eine Munitionsfabrik auf dem Lagergelände von Birkenau abkommandiert. Die Arbeit galt als Himmelfahrtskommando, denn das Füllen der Granaten mit explosivem Schwarzpulver war eine höchst gefährliche Angelegenheit. Immer wieder kam es vor, daß ein Funke das Pulver explodieren ließ. Mehr als einmal forderten die Explosionen Todesopfer. Aber die Lagerleitung kümmerte das nicht. Es gab ja reichlich Nachschub. Ärgerlich war bloß der Produktionsausfall. Immerhin versorgten die Zwangsarbeiter die deutsche Wehrmacht mit kriegswichtigem Futter für ihre Mörser und Granatwerfer in halb Europa.

Um die »Ausfälle« zu reduzieren, waren besondere Schutzvorkehrungen angeordnet worden. Das bedeutete, daß die Frauen bis zu den Fußknöcheln, manchmal sogar bis zu den Waden im Wasser standen, im eiskalten Wasser einer ungeheizten Holzbaracke. Wer nicht Opfer einer Explosion wurde, zog sich im harten polnischen Winter sehr schnell eine chronische Blasen- oder Nierenerkrankung zu. Die war bald ebenso an der Tagesordnung wie Krätze und ähnliche Ausschläge am ganzen Körper, hervorgerufen durch den alltäglichen Mangel an Hygiene.

Schwer zu sagen, was schlimmer war, die Arbeit in der Munitionsfabrik oder die ständigen Appelle in Schnee und Eis. Es schien die Lieblingsbeschäftigung der SS und ihrer ukrainischen Hilfstruppen zu sein, die Gefangenen auf dem Gelände vor den Baracken antreten und durchzählen zu lassen. Wenn einem beim lauten Herausschreien der fortlaufenden Nummer, Gott behüte, ein Fehler unterlief, hatte die gesamte Mannschaft zu büßen. Liegestütze, Strammstehen, manchmal stundenlang, Schläge mit der Reitpeitsche oder, was am schlimmsten war, Essensentzug. Dann gab es einen Tag lang weder die dünne, lauwarme Rübensuppe, noch das Stückchen Brot, das gar nicht zu hart oder zu verschimmelt sein konnte, um nicht gierig verschlungen zu werden.

Sie mochten drei oder vier Monate in Auschwitz gewesen sein – das Zeitgefühl war ihnen längst abhanden gekommen, sie zählten ihre Lebenserwartung nach Tagen – da wurden sie zu ungewöhnlicher Zeit, am Nachmittag nämlich, zum Appell befohlen. Vor ihnen standen die Henkersknechte mit den bekannten Gesichtern, und dann war da noch ein anderer Soldat, ein Offizier, wie es schien, mit glänzenden Schaftstiefeln und grauen Wildlederhandschuhen. Seine Augen blickten nicht unfreundlich durch die Goldrandbrille, eher interessiert musterte er die Frauen.

»Ich möchte Ihnen«, sagte er, »ein Angebot für eine besonders angenehme Tätigkeit in unserem schönen Lager machen. Wir suchen Freiwillige, die unseren Offizieren und Mannschaften bei der Freizeitgestaltung helfen. Was wir erwarten, ist freundliches Entgegenkommen, Sauberkeit und die Bereitschaft, uns den schweren Dienst hier etwas zu mildern. Dafür erhaltet ihr regelmäßig warmes Essen, schöne Kleidung und dürft euch die Haare wieder wachsen lassen.«

Ein Raunen mühsam gebremster Begeisterung ging durch die Reihen der Frauen.

»Aha, ich höre, ihr seid interessiert. Sehr schön. Also, in Frage kommen nur Frauen bis dreißig, und ein bißchen was müßtet ihr natürlich noch auf den Rippen haben. Damit's auch Spaß macht. Versteht ihr? Gut so. Wer also Lust hat, die Damen-Riege in unserem Puff zu verstärken, der möge jetzt vortreten.«

Die Frauen blickten einander verständnislos an. Puff? Was mochte das sein, ein Puff?

Der Offizier grinste. »Ach so, ihr wißt nicht, was ein Puff ist? Na schön, ein Bordell. Ihr habt die Ehre, euch für die Tätigkeit im

Lager-Bordell zu melden. Also noch einmal, Freiwillige vorgetreten.«

Das Mädchen neben Frania mochte achtzehn Jahre alt sein. Sie blickte sich um, dann machte sie Anstalten vorzutreten. Frania zischte ihr zu: »Bleib hier. Weißt du denn nicht, was ein Bordell ist?«

»Nein. Aber wenn wir dort richtige Kleider bekommen und unsere Haare wachsen lassen dürfen, muß es wunderbar sein.«

Noch einmal flüsterte Frania: »Es ist etwas ganz Schlimmes, glaub mir. Bleib bitte hier. Hier verlierst du wenigstens nicht deine Ehre.«

Das Mädchen schüttelte verständnislos den Kopf. Dann zuckte sie die Schultern und ging nach vorne.

Im Herbst 1944 flogen zunehmend Flugzeugverbände über das Lager, angeblich, wie ein schnell verbreitetes Gerücht wissen wollte, Bomber der britischen *Royal Air Force*. Manchmal kamen sie am Tag, meist jedoch in der Nacht. Die SS wurde merklich unruhig, sie prügelte jetzt häufiger auch während der Arbeit, aber dafür gab es weniger Appelle draußen auf dem Gelände und kaum noch das schreckliche stundenlange Strammstehen. Und dann stürmten die Bewacher eines Nachts in die Häftlingsbaracken: »Aufwachen alle! Los, los! Raus hier! Aber ein bißchen plötzlich!«

Verschlafen und verängstigt rannten sie nach draußen. Dort wurde ihnen befohlen, zu den Mannschaftsunterkünften zu rennen, so schnell es die Holzpantinen erlaubten. Kurz darauf hörten sie wieder das dumpfe Grollen der Flugzeuge, das langsam näher kam und zu einem gewaltigen Dröhnen anwuchs.

Fortan wiederholte sich die »Nachtwanderung«, wie ein SS-Wächter es nannte, zwei- bis dreimal pro Woche. Die Frauen merkten schnell, daß die SS damit ihre sehr speziellen Vorkehrungen für den Fall eines alliierten Bombenangriffs traf. Wann immer die *Royal Air Force* im Anflug war, wurden die Häftlinge von ihren Pritschen geholt und durften für ein, zwei Stunden in die weichen Betten der Wachsoldaten umziehen. Die nahmen dafür mit den hölzernen Pritschen vorlieb. Das störte zwar empfindlich die Nachtruhe, konnte aber im Eventualfall ihr Leben retten. Denn jeder rechnete mittlerweile damit, daß die anscheinend ungehindert den Luftraum kontrollierenden Briten und Amerikaner irgendwann die genaue Position von Häftlingsbaracken und Mannschaftsunterkünften herausgefunden haben würden. Und dann würden sie wissen, wo genau sie ihre Bombenlast auszuklinken hatten.

Paradoxerweise war das eine Aussicht, für die die Häftlingsfrauen Nacht für Nacht beteten: daß die Bomben sie treffen würden. Mochten sie auch ihr Leben einbüßen, das schien es ihnen wert. Sie vegetierten ja ohnehin nur. Wenn nur das Lager dem Erdboden gleichgemacht wurde, war jedes Opfer recht. Es wäre das Ende des Schreckens für sie und für alle, denen der Weg in die Hölle noch bevorstand.

Die Hoffnung aber erfüllte sich nicht. Nicht im Herbst und nicht im folgenden Winter. Es waren schließlich die Deutschen selbst, die Auschwitz räumten. Ende Januar 1945, als die Rote Armee auf dem ungebremsten Vormarsch war.

Was ihr dann widerfuhr, erzählte Frania an diesem Abend nur in dürren Worten. Aber sie genügten, um Hans eine Vorstellung des Grauens zu geben, das noch weit über das hinausging, was er durch Zeitungsberichte, im Kino und in persönlichen Gesprächen mit Opfern erfahren hatte.

Die SS evakuierte Auschwitz, um die letzten Überlebenden nach Westen ins Reich zu bringen. Freilich einzig aus Sorge um sich selbst, denn die Russen sollten keine lebenden Zeugen vorfinden, die ihnen das Ausmaß des gigantischen Verbrechens vor Augen führten. So wurden die Häftlinge, die zu ermorden keine Zeit mehr war, auf einen Fußmarsch von Auschwitz ins Konzentrationslager Ravensbrück bei Berlin gezwungen, einen Marsch von mehreren Wochen, ohne Essen und Trinken, ohne richtige Bekleidung und in Holzpantinen. Wer sich vor Müdigkeit oder Schwäche für einen Moment zum Ausruhen niedersetzte, wurde erschossen und am Wegesrand liegengelassen.

Es war eine sehr kleine Gruppe, die so das KZ Ravensbrück erreichte – und dann kamen die Russen. Gelobt sei Gott. Sie befreiten das Lager genau an jenem Tag, der zuvor im Reich und in allen von der Wehrmacht überfallenen und besetzten Ländern Europas mit größtem Pomp gefeiert worden war: am 20. April, Führers Geburtstag. Ironie der Geschichte.

Frania hatte sehr sachlich berichtet, fast so, als spräche sie gar nicht über sich selbst, sondern von jemand anderem. Sie wollte wohl auch die Aufmerksamkeit der kleinen Gesellschaft nicht über Gebühr auf sich lenken. Doch die Stimmung war bereits ins Düstere gekippt. Trotzdem wollte Hans noch etwas wissen: »Wieso sind Sie denn dann von Ravensbrück ausgerechnet hierher nach Fulda gekommen?«

»Ich hatte in meinem ganzen Leben den Namen Fulda noch nie gehört. Tatsächlich habe ich mich nach der Befreiung zuerst nach Bendzin durchgeschlagen, zusammen mit meiner Jugendfreundin Jadjia, die mit mir in Auschwitz war und, Gott sei Dank, auch überlebt hat. Jadjia ist wunderbar, sie ist ein Genie im Organisieren, sie hat immer irgendwelche hilfreichen Ideen und ist ausgesprochen selbstbewußt und mutig. Irgendwie haben wir es geschafft, sie immer vorneweg und ich hinter ihr her. Aber dann kam der große Schock. Als ich an meiner früheren Wohnungstür klingelte, öffnete mir ein mir unbekannter Pole, und als ich ihm erklärte, wer ich bin, schlug er mir die Tür vor der Nase zu. Dann riß er sie noch einmal kurz auf und brüllte durch das Treppenhaus: ›Hier sind noch zwei Judenweiber, die sie vergessen haben zu vergasen.‹ Und er war keine Ausnahme. Die Feindseligkeit, die uns entgegenschlug, war so gewaltig, daß uns eines klar war: Hier konnten wir nicht bleiben. Und noch etwas fand ich schnell heraus, daß nämlich von all meinen Verwandten offenbar niemand mehr am Leben war. Die Deutschen hatten ganze Arbeit geleistet. Aber dann erfuhr ich, daß Samek anscheinend doch überlebt hatte – jemand hatte ihn in Leipzig gesehen. Also machten wir uns auf den Weg nach Leipzig, Jadjia und ich. In Leipzig gab es eine Anlaufstelle für jüdische DPs – reizend, diese Bezeichnung, nicht? *Displaced persons* … Jedenfalls: dort hörte ich, daß Samek hier aufgetaucht sei, in Fulda. So kam ich her, und so habe ich Samek wiedergefunden.«

Frania stand auf, ging hinüber zu ihrem Bruder, nahm ihn in die Arme und beide brachen in Tränen aus.

Natürlich sollte auch Hans berichten, wie er, der deutsche Jude, überlebt hatte. Er konnte fesselnd erzählen und amüsant dazu. Aber nach all dem Fürchterlichen, das er gehört hatte, beschränkte er sich auf die wenigen Erlebnisse, bei denen es etwas zu lachen gab, und die anderen waren dankbar dafür.

»Ja, und nun bin ich französischer Corporal auf Urlaub, müßte eigentlich, wenn ich nicht als Deserteur gelten will, in spätestens zwei Wochen zurück sein bei meiner Einheit, und weiß gar nicht, was ich dort eigentlich noch soll. Nur, ob ich in Deutschland bleiben will, weiß ich eben auch nicht. Das ist das Problem, das mich derzeit begleitet wie mein eigener Schatten. Aber irgendwann wird sich schon eine Lösung finden. Bisher hat sich alles andere ja auch irgendwie geregelt.«

»Machen Sie es doch wie wir«, warf Broner ein, »wir wollen versuchen, nach Australien auszuwandern und dort neu zu beginnen.«

»Australien? Das ist aber verdammt weit weg.«

Broner lächelte schwach: »Weit weg von wo?«

* * *

Am nächsten Tag bat Max Gerson Hans zu einem Gespräch.

»Broner hat mir von eurem gestrigen Abend erzählt. Er ist ja ganz begeistert von Ihnen. Und er wäre, wie ich, überaus glücklich, wenn Sie bei uns blieben und die Verwaltungsarbeit unserer kleinen Gemeinde übernähmen. Wir brauchen einen guten Sekretär dringender als eine Stange *Chesterfield* für den Schwarzhandel.«

»Mir hat es auch gefallen, gestern Abend«, gab Hans zu, »und die Schwester von Broner finde ich ausgesprochen sympathisch.«

»Na also«, lachte Gerson, »da hätten wir ja einen triftigen Grund. Also, kommen Sie, schlagen Sie ein!« Und er hielt ihm die ausgestreckte rechte Hand über die Schreibtischplatte entgegen.

»Warten Sie, Max, wir sind doch beide Breslauer. Und als Schlesier schießen wir nicht ganz so schnell wie die Preußen. Und selbst die brauchen, wie man weiß, ihre Zeit.«

»Zeit, mein lieber Freund, ist etwas, was ich nicht habe. Sie müssen wissen, daß ich ziemlich krank bin. Die haben mich in Buchenwald so fertiggemacht, daß es überhaupt ein Wunder ist, daß ich nicht schon dort auf der Strecke geblieben bin. Ich sage Ihnen jetzt etwas im Vertrauen, was sonst niemand weiß, und ich sage es Ihnen, weil ich Sie für einen korrekten Menschen halte: Ich weiß nicht, wie lange ich es überhaupt noch schaffe, selbst mit dem Morphium, das meine Frau mir regelmäßig spritzt. Im Interesse unserer ganzen Gruppe brauche ich einen fähigen Nachfolger. Und den möchte ich wenigstens lange genug einarbeiten können, damit er die Kontakte halten kann zu den Zivilbehörden und den Amerikanern, ohne die wir nicht auskämen.«

»Lassen Sie dabei nicht vielleicht außer acht«, wandte Hans ein, »daß diese ganze Arbeit doch ohnehin nur vorübergehend ist, nur ein Provisorium? Kaum einer will doch bleiben. Sie sitzen doch alle auf Koffern und warten auf die Erlaubnis zur Ausreise.«

»Stimmt schon«, gab Gerson zu, »aber so schnell wie die meisten es sich erhoffen, wird das mit der Emigration nicht funktionieren. Schauen Sie, die meisten wollen nach Palästina. Und was tun die Engländer? Sie haben die Grenzen dichtgemacht und lassen keine Juden rein, weil sie keinen Ärger mit den Arabern wollen. Amerika? Da gibt es Quoten und lange Wartezeiten. Australien? Da brauchen Sie eine einwandfreie Gesundheit, einen Beruf, an dem dort Mangel herrscht und außerdem zwei Bürgen, die sich bereiterklären, notfalls für Sie aufzukommen. Damit der Staat nur ja keinen Penny bezahlen muß. Argentinien? Dahin sind inzwischen mehr Ober-Nazis und SS-Verbrecher geflüchtet, als es dort Juden gibt. Das ist eine feine Gesellschaft. Da können Sie genausogut hier in Deutschland bleiben.

»Merken Sie was, Hans? Man hat zwar Mitleid mit uns, man schickt uns *Care*-Pakete, damit wir nicht verhungern, aber man hält doch lieber Distanz zu den versprengten Resten des jüdischen Volkes. Nur nicht zu nahe kommen lassen, wir könnten ja ansteckend sein. Und weil das so ist, wird die Jüdische Gemeinde Fulda noch ein paar Jahre lang existieren. Länger jedenfalls, als den meisten von uns lieb ist. Und deshalb brauchen wir Sie, einen Deutschen, der Verhandlungen führen und Briefe schreiben kann. Als ehemaliger alliierter Soldat sind Sie für uns eine Idealbesetzung. Für die amerikanische Militärbehörde sind Sie fast so etwas wie ein Kamerad, und die deutschen Beamten werden sich erst mal in die Hose machen, wenn Sie bei denen richtig auftreten.

»Was wollen Sie jetzt noch hören? Daß der Himmel Sie uns geschickt hat? Das muß Ihnen Samuel Broner bestätigen, der ist bei uns fürs Religiöse zuständig.«

»Ich danke Ihnen, Max, für ihr Vertrauen und für Ihre Offenheit. Und ich verspreche Ihnen auch, ernsthaft darüber nachzudenken. Allerdings muß ich trotzdem noch einmal zurück nach Paris. Ich will mich nicht ohne Erlaubnis von der Truppe entfernen, und ich will meinen ordentlichen Abschied. Was auch immer dann sein wird und wofür auch immer ich mich entscheide – ich will mit Anstand aus der Angelegenheit rauskommen.«

»Kein Problem.« Gerson hatte es eilig. »Das können wir von hier aus regeln. Ich bestätige schriftlich, daß wir Sie dringend brauchen, und die Amerikaner helfen uns, das Plazet Ihrer Einheit in Abwesenheit zu bekommen.«

Hans schüttelte den Kopf. »Nein, das ist es nicht. Ich habe in Paris auch noch etwas Privates zu erledigen. Und das kann ich nicht per Brief. Ich muß einfach noch einmal zurück. Aber ich garantiere Ihnen, daß ich mich vorher entscheide. Und das gilt dann. Darauf haben Sie mein Wort.«

Hans blieb noch ein paar Tage in Fulda und lernte die meisten Angehörigen der wild zusammengewürfelten Gemeinde kennen, die Tag für Tag ins Büro kamen und Hilfe suchten. Mit wachsendem Respekt beobachtete er, wie besonders Samek Broner sich um die Leute kümmerte, ihnen zuhörte, ihnen Ratschläge gab und praktische Hilfe leistete. Das aber war nur der eine Teil seiner unermüdlichen Arbeit. Mindestens genau so wichtig war ihm ein einigermaßen geregeltes religiöses Leben mit Gottesdiensten am Morgen und am Abend, und dazu gehörte jeweils mindestens ein *Minjan*, das vorgeschriebene Quorum von zehn erwachsenen Männern.

Damit stieß er bei den anderen in der Gemeinde nicht gerade auf übertriebene Begeisterung. Beten, meinten die meisten, reiche schließlich auch am Schabbat. Jeden Tag in die improvisierte kleine

Synagoge neben dem Gemeindebüro zu kommen sei wohl ein wenig viel verlangt.

Doch das ließ Broner ihnen nicht durchgehen. Einmal holte er einen *Minjan*-Mann sogar aus der Wohnung und schleppte ihn zum Gottesdienst. Ein anderes Mal ließ er seinem Ärger freien Lauf: »Was glaubt ihr wohl«, bellte er eine Gruppe von Männern an, die auf der Straße standen und sich nicht entschließen konnten, zum Gottesdienst zu kommen, »wer euch hat überleben lassen und euch aus dem KZ befreit hat?«

»Das war«, rief einer aus der Gruppe, »die Rote Armee.«

»Na schön«, grinste Broner, »dann kommst du jetzt rein in die *Schul* und bedankst dich beim lieben Gott dafür, daß er die Rote Armee geschickt hat.«

»Die hat aber nicht der liebe Gott geschickt, sondern der Stalin.«

»Dann bittest du jetzt den lieben Gott, daß er ihm dafür ein langes Leben schenkt.« Und leise fügte er hinzu: »... und daß er ihm seine vielen Morde in Rechnung stellt. Damit es kein übertrieben langes Leben wird.«

Hinter dem Gemeindehaus gab es einen Garten mit Gemüsebeeten und Obststräuchern. Dazwischen liefen Hühner und Gänse herum wie auf einem Bauernhof. Auch dies war Teil der Gemeinde-Organisation, denn das Geflügel lieferte Eier und gab an Feiertagen eine schmackhafte Suppe ab.

Broner war es sogar gelungen, in irgendeiner Stadt in der Nachbarschaft einen *Schoichet* aufzutreiben, der für die rituelle Schlachtung des Geflügels sorgte, ohne die das Fleisch nicht koscher war. Es war eine beinahe unwirkliche Situation. Vor ein paar Monaten erst waren die letzten Reste der Todgeweihten aus den Vernichtungslagern befreit worden. Und jetzt saßen in einer Stadt namens Fulda rund fünfhundert Entwurzelte, knapp dem Tod entronnen, und gingen daran, ihr Leben zu organisieren, als wären sie Pioniere, aufgebrochen, eine Neue Welt zu bevölkern.

Hans übernachtete in einem kleinen Zimmerchen in der obersten Etage des Gemeindehauses. Tagsüber begleitete er Max Gerson oder Samuel Broner, um sich einen möglichst umfassenden Eindruck vom Leben in der Gemeinde zu verschaffen. Die Abende verbrachte er bei den Broners.

Samuel Broner war von Beruf Grafiker und Kunstmaler. Doch seine wahre Liebe gehörte der Musik, dem Geigenspiel. In Bendzin hatte er ein kleines Kammerorchester geleitet, war in Konzertsälen aufgetreten und hatte in jeder nur freien Minute seine Geige unter das Kinn geklemmt, um Fingerübungen zu machen. Und immer hatte er von einer großen Karriere als klassischer Geiger geträumt. Aber dann deportierten sie ihn nach Auschwitz, zwangen ihn zu Arbeiten, die an die Grenze seiner körperlichen Leistungsfähigkeit gingen, und taten ihm das Schlimmste an, was Samek Broner sich nur vorstellen konnte: Sie ruinierten ihm seine Hände.

Es war bei Maurerarbeiten passiert, wo Broner Zement schleppen, Ziegelsteine klopfen und Sand schippen mußte. Er schuftete bis zum Umfallen, war trotz des kalten Herbstwetters naßgeschwitzt und hatte das Gefühl, als würden seine Lungen platzen. Doch seine Sorge galt einzig und allein seinen Händen, ihrer aufgerissenen Haut und den angeschwollenen Fingern, die er kaum noch zu biegen vermochte. In einem Anflug von Verzweiflung wagte Broner einen der SS-Aufseher zu fragen, ob er nicht ein paar Handschuhe haben könnte, um seine Finger zu schützen.

»Handschuhe?«, hatte der junge Mann mit dem silbernen Totenkopf am Kragenspiegel gelacht, »was will denn ein Jude mit Handschuhen? Du bist doch hier nicht im Sanatorium.«

Er sei Geiger, versuchte Broner leise zu erklären, und seine Hände seien sein Kapital.

»Ah, Kapital? Ja, davon versteht ihr Juden ja mächtig viel. Paß auf, ich habe eine prima Idee, wie wir deine Hände in Schwung kriegen. Leg sie mal schön hier hin.«

Und damit deutete er auf ein ungehobeltes Kantholz am Boden, vor dem Broner nun in die Knie gehen mußte, um die Hände aufzulegen. Im selben Augenblick trat der SS-Mann mit seinem genagelten Stiefel auf die flachen Hände, mit aller Kraft, zu der sein trainierter und gut genährter Körper fähig war.

Das Knacken hatte Broner schon gar nicht mehr gehört. Aber zwei seiner Finger waren gebrochen.

Der SS-Mann lachte laut: »So, du Saujude, jetzt kannst du so viel Geige spielen, wie du willst. Und das mit dem Kapital wäre jetzt wohl auch erledigt.«

Bevor Broner für einen Moment das Bewußtsein verlor, hatte er einen letzten Gedanken: »Ich danke dir, Gott, daß es nur die rechte Hand ist.«

Mit ungeheurer Willenskraft hatte Samuel Broner Monate damit zugebracht, die Finger wieder beweglich zu machen, nachdem ihm ein Mithäftling, der am Krankenhaus von Lodz Chirurg gewesen war, die verletzte Hand notdürftig versorgt hatte. An Schiene und Gipsverband war im KZ nicht zu denken. Überdies war Broner gezwungen, seine Verletzung so weit wie möglich vor den Blicken der Aufseher zu verbergen. Es hätte sonst schnell passieren können, daß er als nicht voll arbeitsfähig eingestuft wurde – und das hätte todsicher eines bedeutet: die Gaskammer. Man hielt sich in Auschwitz nicht lange auf mit Kranken, außer mit jenen, die die SS-Ärzte als menschliche Versuchskaninchen auswählten. Die durften in der Krankenbaracke liegen, allerdings um den Preis eines qualvollen Siechtums, von dem nur der Tod sie erlösen konnte.

Nach seiner Befreiung aus der Hölle und seiner Irrfahrt in die amerikanische Besatzungszone hatte Broner die erste Gelegenheit genutzt, wieder eine Geige zu erstehen. Er kaufte sie einem Zigeuner namens Ebender für einen geringen Preis ab, und fortan brachte er jede freie Minute damit zu, seine Finger zu trainieren und Stunden um Stunden Etüden zu üben. Inzwischen hatte er die schwierigsten Hürden genommen – und damit überraschenderweise ein ganz neues Verhältnis zu seinen Wirtsleuten gefunden.

Dr. Paulus und mehr noch seine Frau Helene hatten zunächst mit unverhohlener Abwehr darauf reagiert, daß Samek und Mirijam Broner in ihre großbürgerliche Wohnung eingewiesen worden waren. Verweigern konnten sie es zwar nicht, denn in diesen ersten Monaten nach dem Krieg achtete die amerikanische Militärregierung mit Argusaugen darauf, daß jüdische DPs von der deutschen

Bevölkerung nicht benachteiligt wurden. Dennoch war das Verhältnis in der gemeinsamen Wohnung spürbar gespannt. Es besserte sich leidlich, als Broner die Familie Paulus an den Segnungen teilhaben ließ, die jüdische Hilfsorganisationen aus den USA zur Verpflegung der befreiten Häftlinge schickten: Milchpulver, Nescafé, Säcke voller Bohnen, Dosenfleisch und Schokolade.

Der endgültige Durchbruch aber stellte sich ein, als Dr. Paulus seinen Mieter mit einem Geigenkasten unter dem Arm über den langen Flur kommen sah.

»Was haben Sie denn da mitgebracht?«, fragte Paulus mit seiner schnarrenden Stimme. Den harschen Ton hatte er sich anscheinend in seiner Zeit als Stabsarzt bei der Wehrmacht angewöhnt.

»Wonach, meinen Sie, sieht das aus?«

»Na, es sieht aus wie ein Violinkasten. Und was ist da drin?«

»Das, was hineingehört. Eine Violine.«

»Können Sie denn spielen?«

»Ich konnte einmal. Jetzt versuche ich, meine alte Fertigkeit wiederzuerlangen.«

»Mann Gottes«, schnarrte der Arzt, »warum haben Sie das nicht schon früher gesagt. Jetzt können wir endlich wieder Hausmusik machen. Ich bin nämlich ein begeisterter Cellist. Und meine Frau spielt leidlich gut Piano. Endlich mal eine gute Nachricht in dieser düsteren Zeit.«

»Ach, wissen Sie«, gab Broner zurück, »für uns ist die Zeit gar nicht so düster. Jedenfalls verglichen mit dem, was hinter uns liegt.«

Daß Helene Paulus eine nur leidlich gute Pianospielern sei, war heftig untertrieben. Mindestens so sehr wie die Vorstellung, es gebe im Hause Paulus ein Klavier. Als Broner nämlich erstmals, als auf einmal nahezu Gleichberechtigter, das neben dem Salon gelegene Musikzimmer betreten durfte, glänzte in der Mitte des Raumes ein Konzertflügel von faszinierenden Ausmaßen. Und rund um das beeindruckende Instrument gab es fortan einmal pro Woche Hauskonzerte, zu denen jeder der Musizierenden ausgesuchte Gäste mitbringen durfte. So gelangten immer wieder Männer und Frauen aus der Jüdischen Gemeinde in die hochherrschaftliche Wohnung des eindrucksvollen Gründerzeithauses, genossen die Musik und brachten gelegentlich auch Gastgeschenke mit, die den ansonsten mürrischen Arzt zusehends milder stimmten.

Auch Hans war eingeladen worden, einem Hausmusik-Abend beizuwohnen. Mit einiger Mühe und amerikanischer Hilfe hatte er als besonderes Gastgeschenk eine Flasche Cognac aufgetrieben. Damit traf er ins Schwarze. Als die übrigen Gäste gegangen waren, saßen Paulus', Broners und Hans noch beisammen, um einen Schluck zu nehmen. Es war wirklich nur ein kleiner Schluck, außer bei Dr. Paulus und seiner Frau. Sie schafften es mühelos, die gesamte Flasche nahezu allein zu leeren. Und je weiter sich der Flüssigkeitspegel dem Flaschenboden näherte, um so mehr lockerte sich Paulus' Zunge.

»Wißt ihr«, sagte er mit träumerischem Blick auf den in seinem Schwenker schwappenden Cognac, »eigentlich seid ihr Juden ganz patente Leute. Ihr seid geschickt, könnt handeln, macht hervorragend Musik und habt sogar gute Mediziner. Nur Soldaten seid ihr halt nicht. Macht aber nichts, man kann nicht alles können. Aber das mit der Endlösung, das hätte nicht sein müssen. Es gibt doch in der weiten Welt genug Länder, in denen ihr euch hättet einrichten können. Der Hitler hat schon auch Fehler gemacht ... Was wir alles haben durchmachen müssen. Die Fliegeralarme und die schlechte Versorgung. Und was ich an der Front erlebt habe, das war auch nicht von schlechten Eltern. Aber jetzt müssen wir in die Zukunft blicken und an der Seite der Amerikaner stehen. Denn die Russen, die können wir nur gemeinsam aufhalten. Und das ist ja schließlich auch in eurem Interesse.«

Hans hatte sich in seinem Ledersessel kerzengerade aufgerichtet, die Arme auf die Lehnen gestützt, und öffnete den Mund, um dem schwadronierenden Stabsarzt in die Parade zu fahren. Eine Handbewegung Sameks und bittende Blicke von Mirijam und Frania ließen ihn verstummen. Er stand auf,

»Sie haben sehr interessante politische Ansichten. Aber es ist spät, ich denke, es ist Zeit zu gehen.«

»Ach was«, donnerte der Hausherr, »hier geblieben. So jung kommen wir nie wieder zusammen.«

»Doch, doch, Herr Doktor, es ist sogar höchste Zeit zu gehen. Aber eines sollten Sie vielleicht noch wissen. Einige meiner Onkel und meiner Cousins waren Mediziner, gute Ärzte, wie immer behauptet wurde. Und viele nichtjüdische Patienten kamen lieber zu ihnen als zu nichtjüdischen Ärzten. Ich habe mich immer gefragt, warum. Ich glaube, Sie haben mir eben geholfen, die Antwort zu finden. Gute Nacht. Und passen Sie schön auf, daß die Russen nicht kommen.«

* * *

Der Abend im Hause Paulus hatte in Hans einen tieferen Eindruck hinterlassen, als er sich das eingestehen mochte. Da waren sie wieder, die Zweifel, ob der Boden seines Heimatlandes nicht vielleicht hoffnungslos vergiftet war. Zugegeben, Paulus hatte seine Dummheiten in einem Zustand von sich gegeben, der jedem klaren Geist Hohn sprach. Doch Alkohol löst bekanntlich nur die Zunge. Und er bringt an den Tag, was sonst aus Gründen der Erziehung, der Vernunft oder des Opportunismus ungesagt bliebe. Und Paulus war kein Einzelfall. Man muß nur ein Ventil öffnen, dachte Hans, und schon strömt die ganze Jauche nach draußen.

Mit Samek Broner sprach er nur kurz über den unerfreulichen Ausklang eines ansonsten höchst angenehmen Abends. Er hatte sich fast zuhause gefühlt, geborgen in einer Umgebung, die ihm auf unbestimmte Weise vertraut vorkam. Ob es an Franias Nähe lag? Bedeutete ihm die junge Frau mehr, als er sich bisher klar machte? Und war das womöglich ein Wink des Schicksals? Oder war er jetzt schon wieder zu voreilig? Schließlich gab es auch noch Estelle, mit der er sich immerhin eine gemeinsame Zukunft ausgemalt hatte. Für Estelle, das war eindeutig, schied Deutschland aus. Und für ihn? So wie es aussah, sprach auch in ihm alles eher gegen Deutschland. Außer daß er Frania kennengelernt hatte.

Reiß dich zusammen, Hans Neumann! Dein Leben lang hast du schnelle Entschlüsse gefaßt. Hast nie so lange gezögert. Wärest du sonst bei Nacht und Nebel nach Prag geflüchtet? Hättest du dich sonst freiwillig zu den Internationalen Brigaden nach Spanien gemeldet, zur französischen Fremdenlegion in die Sahara und zur Armee des Freien Frankreich? Du hättest auch ein angenehmeres und ruhigeres Leben führen können, vielleicht als Textilhändler in Montevideo oder als Automechaniker in Chicago. Dann hätte es dich – nach Prag, Barcelona, Amsterdam und Paris – sicher nicht in diese muffige Bischofsstadt verschlagen …

Schade, daß ich nicht so selbstverständlich religiös bin wie Samek. Sonst würde ich mich jetzt in diese erbärmlich armselige Synagoge setzen und meinen Dialog mit dem weisen Herrn da oben führen. Ich würde ihm sagen: Hör zu, du hast mich in diese Situation gebracht, jetzt sei so gut und hilf mir wieder raus. Ein guter Rat würde es auch schon tun. Was sagst du? Hilf dir selbst, dann hilft dir Gott? Ja, natürlich, du hast gut reden. Ich werde mir helfen und wenn's schief geht, dann hast du nichts damit zu tun und bist fein raus. Ach, du möchtest wissen, was aus mir geworden wäre, wenn es Hitler nicht gegeben hätte? Das kann ich dir sagen: bestimmt ein fröhlicherer Mensch.

Broner hatte die Affäre offenbar leichter weggesteckt als Hans.

»Wir müssen nur wissen, wo wir leben und mit wem wir es zu tun haben. Dann können wir auch nicht enttäuscht werden.«

»Sie haben leicht reden«, wandte Hans ein, »Sie gehen weg. Es ist nur noch eine Frage der Zeit, und irgendwann kriegen Sie Ihre Papiere.«

»Und Sie, Hans? Wollen Sie ernsthaft bleiben? Das würde meiner Schwester kaum gefallen.«

Hans fühlte, wie ihm das Blut in den Kopf stieg. »Was meinen Sie damit?«

»Na, kommen Sie«, Broner lächelte wissend, »ich trage zwar eine Brille mit dicken Gläsern, aber das sieht doch ein Blinder, daß Sie beide etwas füreinander empfinden. Und wie geht so etwas aus? Es wird eine *Chuppe* gestellt und Sie sind Mann und Frau. Dann werden Sie, so Gott will, Kinder haben, werden eine schöne jüdische Familie sein – und die soll hier in diesem Land leben? Das glauben Sie doch wohl selbst nicht. Also werden Sie auch auswandern. Am besten kommen Sie zu uns nach Australien. Wir können ja schon mal alles vorbereiten. Und bis dahin machen Sie das, was ich auch tue, nämlich unseren Menschen hier helfen. Also hören Sie jetzt endlich auf mit Ihren Zweifeln, bitten Sie mich anständig um die Hand meiner Schwester, und ich werde meinen Segen nicht verweigern.«

Hans kratzte sich verlegen am Ohr, sah aus dem Fenster und mußte unvermittelt lächeln: Hallo, weiser Mann da oben, du bist mir ein schöner *Schaute*. So machst du das also mit deiner Vorsehung. Na ja, ich muß zugeben, daß die Aussicht nicht ohne Reiz ist.

»Was lächeln Sie?«, fragte Broner, »finden Sie meine Idee so abwegig?«

»Nein, keineswegs«, beeilte sich Hans zu versichern, »ich habe nur eben daran gedacht, wie eigenartig das Leben doch sein kann, wenn es keine Zufälle gibt.«

Am Nachmittag trafen sie sich zu einem offiziellen »Vorstandsgespräch«: Max Gerson, Samuel Broner und Hans Neumann. Hans gab seine Entscheidung bekannt, der Gemeinde als Sekretär zur Verfügung stehen zu wollen. Allerdings müsse er erst noch einmal nach Paris, um ein paar Angelegenheiten zu regeln.

»Wann dürfen wir Sie zurückerwarten?«, fragte Gerson förmlich.

»In spätestens zwei Wochen. Wenn alles gut geht und die Eisenbahn keine Verspätung hat.«

* * *

Wäre er doch nie nach Paris gefahren! Erst die Freude, die vertraute Stadt wiederzusehen, diese Wärme, die in ihm aufstieg, als der Zug nach einer langen Nacht und endlos scheinenden Aufenthalten auf den verschiedensten Bahnhöfen die Vororte der Riesenstadt durchfuhr und die Umrisse des Eiffelturms in Sicht kamen.

Hans hatte alle Varianten durchgespielt: Sollte er sich als erstes bei seiner Einheit melden und förmlich seinen Abschied einreichen? Oder sollte er zuerst bei Max und Danielle klingeln und ihre Gesellschaft genießen? Oder sich erst einmal in ein x-beliebiges Bistro setzen, die Luft der Großstadt atmen, diesen unmöglichen, schwarzgebrannten und bitteren Kaffee schlürfen, der in seiner Erinnerung schmeckte wie die Krönung eines festlichen Diners? Oder bei Estelle vorbeischauen? Nein, das nicht, jedenfalls nicht gleich. Schmerzhafte Schnitte schiebt man gern auf.

Er hatte sich für den Besuch bei Max entschieden. Es drängte ihn, den Freund zu sehen, ihn in die Arme zu schließen und ihm zu erzählen, was sich ereignet hatte und welche vagen Pläne er hatte. Max würde zwar immer noch maulen, wenn er hörte, daß Frankreich in diesen Vorstellungen keine Rolle mehr spielte, aber er würde beruhigt sein zu erfahren, daß das beabsichtigte deutsche Intermezzo immerhin von absehbarer Dauer sein sollte.

Der kurze Fußweg von der Metro-Station zur Wohnung der Freunde rief Erinnerungen wach, die ihm klar machten, wie sehr er sie vermißte. Dann erreichte er das Haus, nahm ungeduldig die Stufen nach oben und verharrte außer Atem vor dem Klingelschild: Wiener-Debontier. Hans wartete einen Augenblick, um sein klopfendes Herz zu beruhigen, dann drückte er den Knopf.

Die Frau, die ihm öffnete, hatte er noch nie in seinem Leben gesehen. Sie wirkte verhärmt, ihr graues Haar war zu einem Zopf nach hinten geflochten, sie trug ein schwarzes Kleid und sah aus, als hätte sie eben noch geweint. Sie sah ihn fragend an: »*Vous désirez, Monsieur?*«

Hans machte zwei Schritte rückwärts, um noch einmal auf das Namensschild unter dem Klingelknopf zu schauen. Zur Sicherheit fragte er noch einmal: »Pardon, Madame, ist das nicht die Wohnung von Max und Danielle Wiener-Debontier? Ich bin doch richtig, oder?«

»Oui, Monsieur, das sind Sie. Was wünschen Sie?«

»Ich bin ein guter Freund der Familie und komme gerade aus dem Ausland. Darf ich eintreten?«

Die Frau in Schwarz schien kurz zu zögern, dann öffnete sie die Tür ein Stück weiter: »Sie sind gekommen, um zu kondolieren?«

Hans runzelte die Stirn: »Kondolieren? Wem denn?«

Die Frau war sichtlich irritiert: »Wem? Na, der Witwe!«

Hans durchfuhr es wie ein elektrischer Schlag. Er schob die Frau beiseite, stürmte in die Wohnung und blieb auf der Schwelle zum Salon abrupt stehen, erschrocken, ungläubig, hilflos. Am Tisch saß

Danielle mit rotgeweinten Augen, auch sie trug schwarz. Als sie Hans erkannte, stieß sie einen Schrei aus und vergrub ihr Gesicht in den Händen.

»Danielle, *ma chère*, was um Gottes willen hat das zu bedeuten? Wo ist Max? Ist er …?«

Danielle nickte und schluchzte laut auf.

Es war vor zwei Tagen geschehen. Ein Verkehrsunfall, ein Zusammenstoß mit einem Militärlastwagen. Max hatte so schwere Kopfverletzungen erlitten, daß er noch auf dem Transport ins Krankenhaus gestorben war. Welch tragisches Zusammentreffen! Max hatte das Auto, mit dem er verunglückt war, gerade erst erstanden. Eine gebrauchte Renault Dauphine, grau-blau, in gutem Zustand. Er hatte noch eine Probefahrt mit dem Händler gemacht, dann zufrieden den Preis akzeptiert und auf der Stelle bezahlt. Er werde jetzt, hatte er dem Händler strahlend erzählt, einen großen Strauß roter Rosen besorgen und dann seine Frau in der Redaktion abholen. Die würde Augen machen, größer als die Gummireifen des neuen Autos. Und dann würden sie einen Abstecher aufs Land machen, um zu feiern. Es gab nämlich etwas zu feiern. Den schönsten Grund, den man sich denken konnte: Danielle war schwanger.

Hans war wie vor den Kopf gestoßen, unfähig zu denken, unfähig zu sprechen. Ihm war übel. Er fühlte ein Ziehen in der linken Brust, einen Schmerz, der in den linken Arm zog und ihm das Atmen schwer machte. Er schwitzte.

»Hast du vielleicht einen Cognac, Danielle? Aber mindestens einen doppelten.«

Die Frau mit den grauen Haaren antwortete an Danielles Stelle: »Es ist nur ein *Pastis* da.«

Hans hielt sich die Hand vor die linke Brustseite und massierte sie unbewußt in kreisenden Bewegungen:

»Ja, bitte, ein großes Glas – und wenig Wasser.«

Der Alkohol rann warm in seinen Magen. Es dauerte einen Moment, dann wurde ihm leichter, das Ziehen ließ nach, und auch das Atmen funktionierte wieder besser.

»Danielle, *ma chère*, es tut mir so unendlich leid. Ich kann dir gar nicht sagen, wie sehr. Mein Gott, was hatte ich mich auf dieses Wiedersehen gefreut ... Er war doch mein bester Freund. Wie ein Bruder. Nein, er war mehr. Er war doch fast ich selbst.«

»Ich weiß«, sagte Danielle und legte ihre Hand auf seine. »Wir hatten auch schon einen Namen ausgesucht. Wenn es ein Junge wird, wollten wir ihn Hans nennen.«

* * *

Hans blieb eine Woche in Paris. Er wohnte bei Danielle, meldete sich bei seiner Einheit zurück und reichte zugleich förmlich seinen Abschied ein. Zuvor allerdings war er zum Jüdischen Friedhof gefahren, hatte vor dem frisch aufgehäuften Grab gestanden, an dessen Kopfende eine einfache Holztafel mit der Aufschrift »Max Wiener« stak, und hatte still die Tränen über seine gegerbten Wangen rinnen lassen. Dann hatte er einen kleinen *Siddur* aus der Tasche seines Mantels gezogen und das *Kaddisch* gesagt, das Gebet, das auf jeder jüdischer Beerdigung gesprochen wird. Die religiöse Vorschrift verlangt, daß zehn erwachsene Männer anwesend sind, ein *Minjan*, wenn das *Kaddisch* gesagt wird. Aber Hans scherte sich nicht darum.

»Weißt du, Mäxchen«, sagte er leise in Richtung des Holzschilds, »wenn dich der alte Mann da oben jetzt schon gerufen hat, so viel zu früh, und wir das zu ertragen haben, dann muß er es auch ertragen, daß ich das *Kaddisch* alleine sage.«

Der Kommandeur war freundlich und voller Verständnis, auch wegen des schrecklichen Schicksalsschlags mit Max. Trotzdem fragte er Hans, ob er es sich nicht vielleicht doch noch einmal überlegen und mit der Beförderung zum Sergeant seine Dienstzeit verlängern wolle. Zumal er sich doch inzwischen auch das Recht auf die französische Staatsbürgerschaft erworben habe. Hans lehnte dankend ab. Dann schrieb ihm der Capitaine die Zahlungsanweisung für seine Abfindung aus und erklärte ihm, wo er sich das Geld auszahlen lassen könne, denn er werde doch sicherlich eine finanzielle Überbrückung brauchen.

»Das Ausfertigen Ihrer offiziellen Entlassungsurkunde wird allerdings noch einige Tage in Anspruch nehmen. Wollen Sie dann noch mal herkommen oder sollen wir sie Ihnen zusenden?«

»Wenn Sie so freundlich wären, sie mir per Adresse der Jüdischen Gemeinde Fulda zu senden«, schlug Hans vor.

»Fulda, wo liegt das denn?«

»In Deutschland, *mon capitaine*.«

»In Deutschland? Was, um alles in der Welt, wollen Sie denn in Deutschland?!«

»Meine Sehnsucht nach Frankreich kultivieren, *mon capitaine*.«

»Corporal Neumann, aus Ihnen soll jemand schlau werden. Na schön«, der Kommandeur stand auf und legte die rechte Hand zum Gruß flach an sein *képi*, »ich verabschiede Sie aus dem freiwilligen Dienst in der Armee der Französischen Republik. Sie haben sich um unser Land verdientgemacht.« Dann nahm er das *képi* wieder ab, reichte Hans die Hand und fügte hinzu: »Und Sie haben Ihre besten Jahre für die Freiheit Europas gegeben. Solche Männer wie Sie könnten wir hier in Frankreich gut gebrauchen. Gerade jetzt. Machen Sie es gut, und viel Glück für die Zukunft.«

Am Abend hatte Hans Danielle und ihre Freundin Claudette, die Frau mit den grauen Haaren, überredet, sich von ihm zum Essen in ein Restaurant ausführen zu lassen. Sie hatte zunächst kategorisch abgelehnt, aus dem Haus zu gehen. Doch dann hatte Hans ihr erklärt, er sei heute auf dem Friedhof bei Max gewesen und habe ihm ein Gedächtnis-Diner versprochen. Mit einem besonders guten Rotwein. Von dem, so hoffte Hans, würde Danielle müde werden und endlich einmal wieder eine Nacht durchschlafen können. Schließlich gab Danielle ihren Widerstand auf.

Es wurde, wie nicht anders zu erwarten, ein melancholischer Abend. Aber Hans bot all seine Kraft auf, sein gesamtes schauspielerisches Talent, seinen Charme und seine Fähigkeit zum blumigen Erzählen, um ein geradezu schwärmerisches Szenario von Max zu entwerfen. All die Geschichten ließ er noch einmal lebendig werden, die Danielle schon von Max so oft gehört hatte, die Jahre in Spanien, die Flucht nach Holland, die kurze Zeit in der Legion und die viel zu lange im Arbeitslager der staatlichen französischen Transsahara-Eisenbahn.

»Und in diesem Moment«, erzählte er, während er vor lauter theatralischer Begeisterung um ein Haar sein Weinglas vom Tisch fegte, »schlug mir dieser Mistkerl von Reith die Faust in die Zähne. Und ihr hättet Max erleben müssen, wie er diesen Hund fertiggemacht hat! Da hat es sich beinahe gelohnt, die Zähne einzubüßen, nur um das mitkriegen zu dürfen. Ach, er war einfach ein Goldkerl.« Bei diesen Worten ergriff Hans sein Glas, hielt es in die Höhe und sagte mit einem Blick nach oben: »Max, wir lieben dich. Und du bist bei uns, egal von wo aus du uns zuschaust.«

Zwischendurch hatte Hans kurz einmal versucht, das Gespräch auf Estelle zu bringen. Aber Danielle hatte ihn nur traurig angeschaut und gesagt: »Du wirst sie hier kaum treffen. Sie lebt jetzt in Marseille.«

»In Marseille? Was hat sie denn dorthin verschlagen?«

»Um ehrlich zu sein, Hans, war es wohl eine Art Flucht. Es ist ihr sehr nahegegangen, daß eure Beziehung so plötzlich geendet hat. Ich denke, sie hat mehr darunter gelitten, als sie zugeben wollte. Dann hat sie jemanden kennengelernt und ist ihm nach Marseille gefolgt. Ich bin ziemlich sicher, daß es eher eine Kurzschlußhandlung war, und ich fürchte, sie ist dort unten nicht glücklich ... Willst du versuchen, sie ausfindig zu machen?«

Hans schüttelte den Kopf: »Das würde nur unsere alte Diskussion wiederbeleben. Und Estelle würde meine Motive auch heute nicht billigen. Dafür habe ich sogar Verständnis. Aber ich kann nun mal nicht anders.«

* * *

Hans hatte seine Angelegenheiten in Paris erledigt und war auf dem Rückweg nach Fulda. Er hatte seine Entscheidung getroffen. Und er würde Frania Broner wiedersehen, eine Gewißheit, die freudige Erwartung in ihm aufsteigen ließ. Hans sah an sich herunter. Er hatte sich in Paris einen zivilen Anzug gekauft, einen grauen Zweireiher mit dezenten Streifen. Dazu trug er eine bordeauxfarbene Krawatte mit weißen Punkten und schwarze Halbschuhe. Einen neuen Mantel hatte er sich nicht leisten wollen, noch nicht. Einstweilen würde es der beige Militär-Trenchcoat noch tun. Und die alte schwarze Baskenmütze.

Im Büro der Jüdischen Gemeinde Fulda war man glücklich, Hans wiederzusehen.

»Ihren Vertrag«, sagte Max Gerson zur Begrüßung, »können Sie sich morgen gleich selbst aufsetzen. Mit der Bezahlung ist es nicht weit her, aber dafür können Sie ansonsten reinschreiben, was immer Sie wollen. Ich unterzeichne alles, Hauptsache, Sie sind wieder da – und bleiben erst einmal.«

Für Hans war es mindestens so wichtig, daß auch Frania sich zu freuen schien, als er zur Mittagszeit bei Broners erschien. Er hatte sogar Blumen mitgebracht, für Mirijam einen Strauß und einen für Frania. Es war ihm irgendwie neutraler erschienen, beide Frauen mit einem Wiedersehensgruß zu bedenken.

Die ersten Wochen in Fulda vergingen schnell. Mochte die Stadt auch klein und viel zu überschaubar sein für einen Mann, der in Breslau aufgewachsen war und in den Hauptstädten Europas gelebt hatte – die Arbeit, die er übernommen hatte, sog ihn auf. Er war von morgens bis abends auf den Beinen, um anderen zu helfen, kümmerte sich um Wohnungen und um Kleidung, verteilte Essensrationen oder stritt mit Beamten. Insbesondere für die Durchsetzung ihrer Ansprüche gegenüber den Behörden konnte die Jüdische Gemeinde Hans gut gebrauchen.

Gerson war krank, zu ausgelaugt und kraftlos, um sich noch länger auf den Kleinkrieg mit den Beamten einzulassen und sich gegen ihre Sturheit oder Abwehrhaltung durchzusetzen. Die Mehrheit von ihnen hatte offenbar noch nicht erkannt, daß die alten Zeiten vorüber waren, die manche von ihnen als die »guten, alten Zeiten« betrachteten. Und Broner war nun mal Ausländer – und damit für einen deutschen Durchschnittsbeamten nur ein bedingt gleichwertiger Gesprächspartner. Das bekam er immer wieder zu spüren, auch wenn er dagegenhielt und sich nichts gefallen ließ. Dennoch war es etwas ganz anderes, mit der städtischen Verwaltung von gleich zu gleich umzugehen. Und deshalb war Hans zusehends öfter bei der Stadtverwaltung im barocken Stadtschloß anzutreffen.

Er setzte sich dort schon nach kurzer Zeit durch, weil er noch von früher wußte, wie man mit einer bestimmten Art von »Staatsdienern« umzugehen hatte, die er, wenn sie im kleinen Kreis in der Gemeinde beisammen saßen, nur verächtlich als »Sesselfurzer« bezeichnete. Obwohl Zivilist, galt er in Fulda noch immer als alliierter Soldat, und denen brachte man sicherheitshalber respektvolle Zurückhaltung entgegen. Das erwies sich als besonders nützlich, wenn es einen Wunsch durchzusetzen galt, dem irgendwelche Verwaltungsvorschriften entgegenstanden. Und was noch mehr wog: er war ja französischer Soldat, und denen, den »Erbfeinden«, wurde unterstellt, daß sie sich für die Niederlage im Krieg, für die Besatzungszeit und die nationale Schmach rächen würden. Also schien so manchem Beamten Entgegenkommen angeraten.

Mit den Amerikanern dagegen war das anders. Die waren von jenseits des großen Teichs gekommen, eher zufällig in den vorwiegend europäischen Krieg gezogen, und sie hatten von Deutschland so wenig Ahnung wie der Durchschnittsdeutsche vom *Mardi Gras* in New Orleans. Daß die Amerikaner unter anderem deshalb in den Krieg eingetreten waren, weil der größenwahnsinnige »Führer« den Vereinigten Staaten den Krieg erklärt hatte, hatten die meisten vergessen.

Ein entscheidender Nachteil freilich war für die Jüdische Gemeinde, daß keiner ihrer aktiven Mitarbeiter ursprünglich aus Fulda kam. Sie wußten nicht, mit wem sie es zu tun hatten, wenn sie mit Geschäftsleuten über Lieferungen verhandelten oder mit Beamten über irgendwelche Genehmigungen. Sie kannten nicht den persönlichen Hintergrund ihres Gegenübers, nicht seine politische Einstellung und schon gar nicht seine eventuellen Verstrickungen in das Hitler-Regime. Deshalb war Hans dankbar, als er den alten Sommberg kennenlernte, einen ergrauten, doch noch immer stattlichen Architekten, den die Nazis als angeblichen Kommunisten gepeinigt hatten, wo sie nur konnten, ehe sie ihn schließlich ins Konzentrationslager Dachau deportierten. Sommberg hatte überlebt, war von den Amerikanern befreit worden und in seine Heimatstadt zurückgekehrt. Und Sommberg kannte sie alle, ob sie nun Wegschauer gewesen waren, Mitläufer oder stolze Träger des Parteiabzeichens.

Wie Sommberg mit Vornamen hieß, wußte Hans gar nicht. Anfangs hatte er ihn gleich als Genosse Sommberg angesprochen und geduzt, dann wurde daraus nur noch Sommberg und dabei blieb es. Sie trafen sich fast täglich, sei es, daß Sommberg im Gemeindebüro vorbeischaute, um einen ordentlichen Bohnenkaffee aus amerikanischen Quellen zu genießen, sei es, daß Hans ihn in seiner Dachwohnung in seinem windschiefen Haus in der Florengasse besuchte. Das Haus hatte sich, in der Frühzeit des Regimes, einer der Fuldaer Nazis unter den Nagel gerissen, der als Zeichen seiner Menschenfreundlichkeit immer wieder gern darauf verwies, daß er den »Volksschädling Sommberg«, nachdem er ihn aus der Hauptwohnng verbannt hatte, immerhin unter dem Dach wohnen ließ.

Als Sommberg, nach Deportation, KZ-Haft und Befreiung, wieder Herr über sein Eigentum geworden war, mochte er aus der kleinen Wohnung mit den schrägen Wänden nicht mehr ausziehen: »Wozu auch«, sagte er, »ich bin alleinstehend. Und wenn ich die anderen beiden Wohnungen vermiete, habe ich fast schon mein Auskommen. Für mich jedenfalls reicht es.«

Sommberg war ein feiner Kerl. Hans mochte ihn gut leiden, obwohl er manchmal nur schwer verstehen konnte, wie Sommberg jenen braven Mitbürgern gegenübertreten konnte, die ihm während der Diktatur das Leben so schwer gemacht hatten. In einer kleinen Stadt wie Fulda begegnete man ihnen auf Schritt und Tritt. Auch wenn die Nazis von der Oberfläche verschwunden waren – in Luft aufgelöst hatten sie sich ja nicht.

Trotzdem wirkte Sommberg ausgesprochen gelassen, wenigstens nach außen. Den Hakenkreuz-Fatzke, der ihm mit Hilfe der Stadtverwaltung und der Justiz sein Haus weggenommen hatte, strafte er mit Nichtachtung. Ihn nachträglich zu belangen, lag Sommberg nicht. Eigenartig, daß auch die Justiz nicht das geringste Interesse zeigte, wenigstens im Nachhinein Gerechtigkeit zu üben.

Doch die Justiz war ein Kapitel für sich. Wie die Polizei. Und wie die Schulen. In welcher dieser Institutionen sich die meisten ehemaligen Nazis tummelten, war schwer zu sagen. Tatsache aber war, daß die meisten Stellen nach nur kurzer Schamfrist wieder mit den alten Amtsinhabern besetzt wurden. Nur daß die inzwischen ihre Parteiabzeichen vom Revers genommen hatten.

Es war für die amerikanische Militärbehörde auch schwierig genug. Wo hätten denn all die sauberen, die unbelasteten Richter, Polizisten und Lehrer herkommen sollen? Wer jung an Jahren war, hatte sein Studium oder seine Ausbildung während des »Tausendjährigen Reiches« absolviert – und war zwangsläufig von dem Gift infiziert, das alle Bereiche des Lebens erfaßt hatte.

Sommberg jedenfalls schien sich keine Illusionen zu machen. Er wußte, mit wem er es zu tun hatte, wußte, was die Fuldaer getan hatten und ahnte, daß die Wetterfahnen bald so angepaßt auf den neuen Wind reagieren würden wie in den Jahren zuvor. Und trotzdem hatte Sommberg ein sehr persönliches Problem. Am eigenen Leib hatte er erfahren, mit welch ungebremster Leidenschaft seine Mitbürger sich innerhalb kurzer Zeit zu perfekten Denunzianten gemausert hatten. Sollte er, der das Anschwärzen haßte wie die Pest, nun seinerseits mit dem Finger auf andere zeigen?

Zugegeben, die Situation war eine ganz und gar andere, er konnte sich auf ausgleichende Gerechtigkeit berufen und brauchte kein schlechtes Gewissen zu haben. Aber auf höhere Werte hatten sich auch die anderen berufen, auf die Volksgemeinschaft, den ganzen Schwachsinn vom »reinen deutschen Blut« und vom »Kampf für das Überleben der höheren Rasse«. Nein, mit denen wollte er sich nicht auf eine Stufe stellen.

Hans kostete es deswegen mehr als einmal ein gutes Stück Überredungskunst, wenn er von Sommberg erfahren wollte, wer in Fulda welche Funktion während der Nazizeit gehabt und wer sich welche größeren Schweinereien hatte zuschulden kommen lassen. Nicht, daß es an Denunzianten gefehlt hätte. Sie kamen mit einer erstaunlichen Regelmäßigkeit ins Büro der Jüdischen Gemeinde, um Nachbarn, frühere Kollegen oder andere anzuschwärzen, mit denen sie eine private Rechnung offen hatten. Oder aus Hoffnung auf einen persönlichen Vorteil. Nur konnte Hans nicht wissen, welche Ämter sie selbst bis vor kurzem noch bekleidet hatten und für welche Übeltaten sie verantwortlich waren.

Eines Tages war ein kleiner schmaler Mann mit klassischer Wehrmachtsfrisur und Hitler-Bärtchen auf der Oberlippe im Büro erschienen, um weinerlich die Unterstützung der Gemeinde in einer persönlichen Angelegenheit zu erbitten. Daß er aussah, wie er aussah, nun gut, das war zur Zeit Standard bei Männern in mittleren Jahren. So hatten die Karikaturisten in den amerikanischen Militärzeitungen die »Krauts« gezeichnet, bloß daß es genau genommen keine Witzzeichnungen waren, sondern das stimmige Portrait fast einer ganzen Generation.

Aber wer wie ein Nazi aussah, mußte noch längst kein Nazi gewesen sein. Schließlich sahen auch die Juden nicht aus, wie sie der *Stürmer* von Julius Streicher gezeichnet hatte.

Der Mann trug einen grauen Arbeitskittel und stellte sich als Rudi Balzer vor, Drogist aus der Karlstraße. Devot diente er sich Samuel Broner als Kenner der örtlichen Verhältnisse an, dessen Dienste doch der Jüdischen Gemeinde gewiß gelegen kämen. Nicht, daß er spezielle Ziele verfolge, es gehe ihm einzig um Gerechtigkeit und um den Beweis seiner Sympathie für die jüdischen Menschen. Es sei ihm ein Greuel, wie die Juden hinters Licht geführt würden von ehemaligen »Volksgenossen«, die allen Grund hätten, unterzutauchen oder zumindest ganz still zu sein. Wenn die Jüdische Gemeinde seine Mitarbeit wünsche, würde er sich glücklich schätzen. Man habe ja auch so Andeutungen darüber gehört, was den Juden alles widerfahren sei, in der alten Zeit.

Ja, und da gebe es dann noch eine Kleinigkeit. Die Amerikaner nämlich hätten verfügt, daß Balzers Drogerie »Zum Krokodil« wegen seiner Verstrickungen in das Nazisystem geschlossen bleiben müsse. Verstrickungen, so ein Unsinn! Da müsse jemand falsch Zeugnis wider ihn abgelegt haben, mit ganz und gar hinterhältiger Absicht. Wo doch jedermann in Fulda genau wisse, daß er täglich im Dom die Messe besuche und ein guter Christ sei, was ihm in der Vergangenheit so manchen persönlichen Nachteil beschert habe.

Und wenn man da vielleicht ein gutes Wort für ihn einlegen könnte …

Broner wußte nicht so recht, was er mit dem Mann anfangen sollte. Auf Balzers Anerbieten, als V-Mann zu arbeiten, ging er gar nicht erst ein, aber wenn er Balzer helfen konnte, warum nicht. Also vertröstete er ihn und schickte ihn erst mal nach Hause. Später, als Hans zusammen mit Sommberg im Büro erschien, erzählte Broner eher beiläufig von dem Besucher und erschrak, als Sommberg mit der Faust auf die Stuhllehne schlug.

»Wie hat der geheißen? Rudi Balzer? Nein, also das geht zu weit! Ich bin ja nun wirklich keiner von diesen Herr-Lehrer-ich-weiß-was-Typen. Hans, du kannst das bestätigen. Aber Balzer? Das wäre ja geradezu lächerlich. Den kennt ganz Fulda als PG und strammen SA-Mann. Was hat er gesagt? Daß er als guter Christ jeden Tag in den Dom renne? Ja, jetzt! Früher hat er in seiner braunen Uniform mit schwarzem Schultergurt und Armbinde vor dem Dom gestanden und die Kirchgänger nicht reinlassen wollen. Wir haben immer gesagt, das gefährlich aussehende Krokodil, das über dem Eingang seiner Drogerie hängt, ist ein Schoßtier im Vergleich zum Inhaber. Also, was für eine Unverfrorenheit von diesem Mann. So ein Judas!«

Sommberg hatte noch nicht zu Ende gesprochen, da merkte er, daß er einen Faux-pas begangen hatte. Er spürte es nicht allein daran, daß Samuel Broner spontan aufgestanden war und mit Blick zu Hans verkündete, er habe noch in der *Schul* zu tun und müsse gehen. Auch Hans wirkte ärgerlich und nestelte seine Zigarette so ungeschickt aus der Packung, daß sie zerbrach.

»Entschuldige, Hans, ich habe mich da eben im Wort vergriffen. Es war nicht so gemeint, wie es klingt.«

»Wie klingt es denn?«, fragte Hans scharf zurück, wartete aber die Antwort gar nicht erst ab, sondern stand auf, ging zum Fenster und sah hinaus auf die Straße.

»Siehst du, Sommberg«, sagte er, ohne sich umzudrehen, »das ist nun mal die Realität. Ihr habt eure Vorurteile so sehr verinnerlicht, daß ihr sie allenfalls kontrollieren könnt, wenn ihr euch anstrengt.

Aber in bestimmten Situationen kommen sie einfach raus ... Nein, laß nur«, er winkte ab, als er merkte, daß Sommberg etwas sagen wollte, und schaute dabei weiter aus dem Fenster. Daß du nicht von den Nazis infiziert bist, das ist schon klar. Aber schlimm ist, daß selbst du gar keine Nazis brauchst, um spontan einen Verräter ›Judas‹ zu nennen. Das ist euer Erbe aus Jahrhunderten kirchlicher Gehirnwäsche. Die Nazis haben da ihren Teil noch draufgesetzt. Aber die Grundlagen, die waren schon da. Vielleicht hat es deswegen so glatt funktioniert.«

Sommberg hatte das Gefühl, etwas sagen zu müssen.

»Es tut mir leid, Hans, ich wollte euch doch nicht verletzen. Das weißt du doch. Es ist mir nun mal so ... naja, rausgerutscht. Du hast wohl recht, das ist eine Erziehungssache. Aber manchmal sagt man Dinge auch einfach so dahin, ohne nachzudenken. Das wird dir doch früher auch schon begegnet sein.«

»Da hast du allerdings recht«, gab Hans zurück, »Aber da gibt es einen kleinen Unterschied zwischen damals in Breslau und heute in Fulda. Damals gab es noch keine Konzentrationslager – aber dafür sechs Millionen Juden mehr auf der Welt. Verstehst du, was ich meine? Heute ist nichts mehr wie es war. Wir sitzen heute auf den Gräbern von sechs Millionen Menschen. Bei einer Beerdigung macht man auch keine Witze oder vergreift sich im Ton. Es ist hohe Zeit, daß sich mal was ändert, nicht nur im Verhalten. In den Köpfen muß sich was ändern.«

* * *

Hans saß im Gemeindebüro und sprach mit einem Ehepaar, das kürzlich in ein DP-Lager in der Nähe eingewiesen worden war und nun eine Umverlegung in die Stadt zu erwirken versuchte. Wenn überhaupt, versuchte Hans ihnen klarzumachen, sei die Erlaubnis nur über »Vitamin B« zu erreichen. Denn die amtliche Weigerung, Umverlegungen zu akzeptieren, hatte einen verständlichen Hintergrund: In Fulda herrschte Wohnraumnot.

Während Hans noch mit dem Ehepaar diskutierte, schaute Max Gerson herein und bat Hans für einen Moment nach draußen. Halb feixend, halb beeindruckt eröffnete er ihm, Hans solle sich sofort zur bischöflichen Verwaltung hinter dem Dom aufmachen. Er werde dort von einem gewissen Monsignore Dr. Heinrich Keinel erwartet, einem leibhaftigen Domkapitular.

»Und was soll ich dort?«

»Keine Ahnung. Aber er hat hier anrufen lassen und gebeten, daß du sofort zu ihm kommst.«

»Und?«

»Nichts und. Am besten, du gehst gleich los.«

Hans wurde ärgerlich: »Jetzt hör aber auf. Da ruft ein Domkapitular bei der Jüdischen Gemeinde an, beordert den Sekretär zu sich – und schon hat der zu flitzen? In welchen Zeiten leben wir denn? So kann der Monsignore mit seinen eigenen Schäflein umgehen. Mit mir nicht. Wenn er mich sehen will, kann er hierher kommen. Oder er kann mich im Mondschein besuchen. Und jetzt entschuldige, Max, aber ich habe zu tun.«

Hans wollte ins Büro zurück, aber Max Gerson hielt ihn fest. »Hans, sei vernünftig. So ein Domkapitular ist in einer Stadt wie Fulda eine wichtige Persönlichkeit. Erst recht der Keinel. Das ist ein Mann von Einfluß und Bedeutung. Tu mir den Gefallen und geh hin. Es ist bestimmt nicht von Nachteil.«

»Max, jetzt hör du mal zu. Ich habe als Soldat und als Internierter nach aller möglichen Leute Pfeife tanzen müssen. Aber diese Zeiten sind vorbei. Mir ist es völlig einerlei, ob einer Domkapitular oder Zugschaffner ist. Wenn er mich sprechen will, soll er gefälligst herkommen. So wie alle anderen auch. Außerdem, was ist überhaupt ein Domkapitular?«

»So hundert Prozent weiß ich das auch nicht. Du weißt ja, in Breslau waren sie fast alle Protestanten. Aber ich denke, das ist so eine Art mittlerer Ober-Rabbiner. Nun mach dich schon auf den Weg. Mir zuliebe.«

Also ging Hans. Im Vorzimmer des Domkapitulars, wo man ihn bereits erwartete, wurde er mit ausgesuchter Höflichkeit begrüßt und um einen Moment Geduld gebeten. Allmählich wurde er neugierig. Dann öffnete sich die Tür, und er wurde ins Allerheiligste vorgelassen. Der kleine Mann hinter dem wuchtigen, von Holzschnitzereien verzierten Schreibtisch war aufgesprungen und lief Hans entgegen. Er breitete die Arme aus, lächelte freundlich und rief mit auffallend rollendem »R«: »Herzlich willkommen, mein lieber jüdischer Freund.«

Hans hätte sich am liebsten umgedreht, um zu schauen, ob da vielleicht noch jemand anderes hinter ihm stand. Lieber jüdischer Freund? Wen meinte Keinel eigentlich?

Es wurde dann aber eine wirklich interessante Unterhaltung, auch wenn Hans sich insgeheim immer wieder fragte, was der Domkapitular eigentlich von ihm wollte. Keinel erwies sich als kenntnisreicher Gesprächspartner, außergewöhnlich gut informiert und bestens vertraut mit den Problemen der Jüdischen Gemeinschaft der Stadt.

Hans' anfängliche Verärgerung war inzwischen längst verraucht, er fand den kleinen Kirchenmann durchaus sympathisch. Vor allem freute er sich über Keinels Angebot, der Jüdischen Gemeinde bei gelegentlichen Problemen mit den Behörden behilflich zu sein.

»Wissen Sie, ich kenne hier in dieser Stadt viele Leute. Auch in der Stadtverwaltung. Und ich weiß, daß die Beamten gelegentlich etwas hartleibig erscheinen. Sie scheinen aber nur so, denn in Wirklichkeit sind sie gute Menschen. Das zeigen sie mitunter leichter, wenn sie wissen, mit wem sie es zu tun haben. Da will ich, wenn Sie es wünschen, gerne als Vermittler fungieren.«

So berichtete Hans gleich von dem DP-Ehepaar und dessen Wunsch, nach Fulda umverlegt zu werden.

»Nicht, daß ich mir nicht zutraute, in diesem konkreten Fall etwas zu erreichen. Aber ich muß zugeben, die ständig wiederkehrenden Diskussionen mit den Beamten um die immer wieder gleiche Frage der Umverteilung gehen mir auf die Nerven. Wir schaffen es zwar, Einzelfälle gelöst zu bekommen, aber es wäre gut, wenn wir eine grundsätzliche Regelung fänden. Das sparte Zeit und Kraft. Verstehen Sie mich?«

Keinel hatte die Hände gefaltet und nickte ernst: »Ich verstehe sehr gut, mein Freund. Und ich denke, daß dies in der Tat an höherer Stelle erledigt werden muß. Das geht über die Kompetenzen eines Amtsleiters hinaus. Aber ich will mich gerne einschalten. Dr. Kuno Raabe, unser Oberbürgermeister, kommt jeden Sonntag in den Dom. Wir kennen einander gut. Ich denke, da könnte sich etwas machen lassen.«

»Ich bin Ihnen sehr verbunden«, gab Hans zurück, »und ich verspreche Ihnen: Wenn erst einmal der Oberbürgermeister der Stadt Fulda regelmäßig am Samstag in die Synagoge kommt, werde ich mich sicherlich revanchieren.«

Keinel kniff einen Moment lang seine Augen zusammen, als überlegte er, ob Hans ihn provozieren wollte. Hans lächelte freundlich. Keinel nahm seine Brille mit dem schmalen Goldrand vom Gesicht, putzte mit einem blütenweißen Taschentuch sorgfältig die Gläser und nestelte die gekrümmten Bügel wieder umständlich hinter die Ohren. Dann, ohne Übergang, fragte der Priester: »Sagen Sie, Herr Neumann, waren Sie eigentlich auch im KZ?«

Hans verneinte. »Warum fragen Sie?«

»Ach, wissen Sie, man hat so abscheuliche Grausamkeiten gehört. Ich möchte gerne aus erster Hand erfahren, wie es da wirklich war, was den armen Menschen tatsächlich angetan wurde, was sie zu erleiden hatten.«

»Was immer Sie gehört haben, es kann nicht halb so schlimm gewesen sein wie die Wirklichkeit. Aber ich kann Ihnen gerne Gesprächspartner vermitteln. Die Jüdische Gemeinde Fulda besteht zu 99 Prozent aus befreiten KZ-Häftlingen. Nur wollen die meisten nicht darüber sprechen. Sie können es einfach nicht. Der Schmerz ist zu groß und die Zeit, die seither vergangen ist, noch zu kurz. Vielleicht werden sie später einmal berichten können. Wenn überhaupt.«

»Und Sie«, hakte Keinel nach, »wie und wo haben Sie überlebt? Sie stammen doch aus Deutschland, nicht wahr?«

»Das ist eine lange Geschichte. Die wesentlichen Stationen waren Spanien und Nordafrika. Ich war Soldat, dann internierter Zwangsarbeiter und schließlich wieder Soldat. Aber ich habe nicht halb soviel leiden müssen wie die anderen in unserer Gemeinde. Wenn Sie wollen, kann ich Ihnen gerne davon erzählen. Gelegentlich. Wenn Sie einen langen Abend Zeit dafür haben.«

Der Domkapitular ging dankend darauf ein. Dann bekräftigte er noch einmal sein Hilfsangebot.

»Ich meine das wirklich aufrichtig. Glauben Sie mir, ich weiß, daß viele Menschen, wenn es um Juden geht, noch immer Vorurteile haben. Und ich bin mir der Tatsache sehr wohl bewußt, daß gerade unsere Kirche daran nicht ganz schuldlos ist. Vielleicht hat es eines so fürchterlichen Einschnitts bedurft, um auch uns aufwachen zu lassen. Wir werden uns wohl fragen müssen, welche Verantwortung wir als Kirchenmänner tragen, und wie wir in Zukunft damit umgehen wollen. Wenn es dazu kommen sollte, wäre ich glücklich, wenn Sie mir helfen wollten.«

Hans Neumann war sehr nachdenklich geworden.

»Sie haben recht. Man kann die Kirche nicht von Schuld oder Mitverantwortung freisprechen. Und damit meine ich gar nicht bloß die Nazi-Zeit, sondern die Jahrhunderte der Ausgrenzung von Juden, die oftmals von Rachegefühlen triefende Verbreitung Ihrer Oster-Geschichte in Kirchen und Schulen. Nur ein paar Jahre ist es her, daß man unsere Gotteshäuser landauf, landab in Brand gesteckt hat, ohne daß es zu einem Aufschrei der Andersgläubigen gekommen wäre. Auch nicht in einer für ihre Religiosität so bekannten Stadt wie Fulda. Ach, übrigens, haben Sie denn die Schandnacht miterlebt?«

»Nein, zum Glück nicht«, flüsterte Keinel und bedeckte sich mit der Hand die Augen, als sei er plötzlich sehr müde, »und ich danke Gott dafür, daß ich es nicht miterleben mußte. Aber ich weiß natürlich, was geschehen ist, auch daß meine Mitbürger in Trauben dabeistanden, ohne einzugreifen. Nur, sagen Sie ehrlich, mein Freund, was hätten sie tun sollen? Was hätten sie denn tun können? Wir waren doch alle in Geiselhaft des fürchterlichen Regimes.«

»Entschuldigen Sie, Monsignore, aber das kann ich so nicht gelten lassen.« Hans war etwas lauter geworden, als er beabsichtigt hatte: »Das Argument kommt mir allmählich zu den Ohren heraus. Wer sich traut, der findet auch einen Weg. Allerdings wäre das schon ganz früh nötig gewesen. Aber da waren wir ein ziemlich kleiner Kreis, das kann ich Ihnen aus eigener Erfahrung sagen. Erlauben Sie mir, daß ich Ihnen einen guten Rat gebe: Wenn Deutschland wirklich in den Kreis der Völker zurückkehren soll, dann funktioniert das nur, wenn schonungslos aufgedeckt und zugegeben wird, was geschehen ist. Ein Angeklagter vor Gericht, der keine Verantwortung für seine Tat übernimmt, sondern unablässig nach Ausflüchten und nach Mitschuldigen sucht, der wird an seiner Verurteilung, und sei sie noch so gerecht, zerbrechen. Weil er sich als Opfer versteht, als Opfer der Macht anderer, die über ihn zu Gericht sitzen. In Ihrer Religion, Monsignore, gibt es doch die praktische Einrichtung der Beichte. Wer in den Beichtstuhl kommt, um seine Vergehen zu relativieren, kann sich den Weg in die Kirche sparen.«

Keinel nickte, aber er hatte auch Einwände: »Sie sind sehr apodiktisch, Herr Neumann. Es hat Widerstand gegeben. Denken Sie an die aufrechten Offiziere und ihr Attentat vom 20. Juli 1944. Und wie man sie in Berlin-Plötzensee dann hingeschlachtet hat. Aufgehängt an Fleischerhaken. Welch unsägliche Barbarei.«

Hans war aufgestanden.

»Sehen Sie es mir nach, wenn ich die Herren Wehrmachtsoffiziere nicht als Widerständler akzeptiere. Von September 1939 bis zum Juli 1944 sind sie für ihren Führer in halb Europa eingefallen, haben Millionen Menschen getötet und fühlten sich dabei stets ihrem Fahneneid verpflichtet. Erst als der Krieg für Deutschland so gut wie verloren war, überkam sie ihr Gewissen. Ich will nicht ungerecht sein, aber das riecht doch ganz erbärmlich danach, daß sie nur die eigene Haut retten wollten.

»Nein, ich sage es noch einmal: stehen Sie zu dem, was geschehen ist, und helfen Sie mit, daß der ganze Schmutz aufgedeckt werden kann. Sonst verbinden Sie bloß eine Wunde, die unter dem Verband weiter eitert.«

»Sorgen Sie sich nicht, guter Freund, die Wunde wird nicht eitern. Sie wird gereinigt werden, mag es auch noch so schmerzen. Denn, was die Bereitschaft unseres Volkes angeht, aus Fehlern zu lernen, bin ich recht zuversichtlich.«

Hans war so schnell nicht zu überzeugen.

»Hören Sie dieselben Nachrichten im Radio wie ich? Die Berichte über die lautstarken und selbstbewußten Proteste der vielen Mitläufer gegen die Entnazifizierung durch die Spruchkammern? Und über die Ausschreitungen in Berlin, die Hakenkreuz-Schmierereien an den Gebäuden der Jüdischen Gemeinde? Ist es das, was Sie unter einem schmerzhaften Lernprozeß verstehen? Sagen Sie ehrlich, Monsignore, nur knapp zwei Jahre nach dem Ende des schrecklichsten aller Kriege und der mörderischsten aller Diktaturen herrscht schon wieder Sehnsucht nach der Vergangenheit?! Sie sind ein liebenswürdiger Mensch. Schon deshalb würde ich Ihnen gern beipflichten. Aber ich teile Ihren Optimismus nicht. So wenig wie ich vor zehn Jahren den Optimismus meiner Familie geteilt habe. Was mir heutzutage wirklich Sicherheit gibt, das ist allein die Anwesenheit der Amerikaner in diesem Land. Solange die hier sind, werden sie die alten und die neuen Brandstifter im Zaum halten. So lange sind auch wir Juden geschützt, weil die Amerikaner es nicht zulassen werden, daß sich noch einmal jemand an uns vergreift. An die Zeit danach mag ich gar nicht denken.«

Dann reichte er dem Domkapitular die Hand, um sich zu verabschieden.

Doch an der Tür hatte Hans noch eine letzte Frage: »Sagen Sie mir bitte noch eines, Monsignore. Warum wollten Sie mich eigentlich so unbedingt sprechen?

»Nun, lieber Freund«, wieder rollte er das »R«, daß Hans fürchtete, Keinels Zunge würde sich verknoten, »es gibt eine ganz einfache Erklärung: Wir leben in einer kleinen Stadt. Ein Mann in meiner Position gilt hier etwas. Und ein Mann in der Ihren nicht minder. Doch, doch, winken Sie nicht ab. Hans Neumann ist hier in Fulda inzwischen ein Begriff geworden, ein Name, dem man immer mal wieder begegnet. Also habe ich wissen wollen, was das für ein Mann hinter dem Namen ist.«

»Enttäuscht?«

Dr. Keinel lachte leise: »Ganz im Gegenteil. Ich freue mich wirklich, daß wir einander begegnet sind. Und ich hoffe aufrichtig, daß es nicht das letzte Mal war. Sie sind mir immer herzlich willkommen.«

»Haben Sie Dank, Monsignore, ich bedauere es nicht, Ihrem Ruf gefolgt zu sein. Alles Gute für Sie.«

»Danke, mein Sohn, gehen Sie mit Gott.«

* * *

Es war beinahe abenteuerlich, in welch entlegenen Gegenden in diesen Monaten Juden auftauchten. Sie kamen von irgendwo her, befreit aus einem KZ und entlassen aus einem amerikanischen DP-Lager, auf dem Weg nach irgendwo. Sie waren auf der Suche nach überlebenden Verwandten oder Freunden, auf der Suche nach einer vorübergehenden Bleibe und erfüllt von der Hoffnung, irgendwo eine neue Heimat zu finden. Irgendwann.

Als Sekretär der Jüdischen Gemeinde in einer dem Weltgeschehen eher abgewandten Kleinstadt wie Fulda machte Hans nahezu täglich neue Bekanntschaften und neue Erfahrungen. So lernte er Lew Rotstein aus Kiew kennen, von dem es hieß, er sei als Major der Roten Armee siegreich in Deutschland einmarschiert und habe seine Uniform weggeworfen, um als Zivilist in der amerikanischen Zone unterzutauchen. Oder die beiden Brüder Jitzchak und Schlomo Aaronson, die von einem Lastwagen der Wehrmacht gesprungen waren, der sie nach Auschwitz hatte bringen sollen – sie hatten sich später zu den polnischen Partisanen durchgeschlagen und in deren Waldverstecken das Kriegsende erlebt.

Was aber am eigentümlichsten mit der Wirklichkeit Nachkriegs-Deutschlands kontrastierte, das war der *Hachschara*-Hof in der tiefsten Rhön. Unweit eines Hundert-Seelen-Dorfs namens Weyhers hatte die *Jewish Agency* einen heruntergekommenen Bauernhof angemietet. Dieses Prachtexemplar nazideutscher Acker-und-Scholle-Ideologie hatte sie kurzerhand in einen Kibbuz umgewandelt, in dem sechzig auswanderungswillige junge Leute von sonnengebräunten, kräftigen Bauern aus Galiläa in allen landwirtschaftlichen Fertigkeiten ausgebildet wurden.

Als Hans zum ersten Mal nach Weyhers fuhr, traute er seinen Augen nicht. Schon von weitem sah er den Fahnenmast. Hoch oben flatterte eine Fahne im Wind, die überall besser hingepaßt hätte als nach Deutschland, eine weiße Fahne mit zwei kräftigen blauen Streifen an den Längsseiten und einem blauen Davidstern in der Mitte. Die Fahne der Zionistischen Organisation, das Symbol jüdischen Selbstbewußtseins.

Hachscharot, Vorbereitungscamps für die Einwanderung nach *Erez Israel*, hatte es in Deutschland auch vor der Nazizeit gegeben, in Hamburg, in Brandenburg und eines sogar in den Ausläufern der Rhön, nahe Kerzell. Dort hatte sich Ende der zwanziger Jahre ein junger Jurist aus Dresden beibringen lassen, wie man mit Pferd und Pflug Ackerfurchen zog, wie Korn ausgesät und Gemüse gezogen wurde, wie man Kühe melkte und Hühner züchtete. Dieser Dr. Joseph Burg, der zugleich ausgebildeter Rabbiner war, wanderte Anfang der Dreißiger nach Palästina aus, engagierte sich in der modern-religiösen *Misrachi*-Bewegung und in der Zionistischen Bewegung. Deshalb, und weil er die Rhön kannte wie seine Westentasche, war er unmittelbar nach Kriegsende nach Deutschland geschickt worden, um geeignete Standorte für neue *Hachscharot* zu suchen. Er war es, der den alten Hof bei Weyhers entdeckt hatte.

Der Hof stand unter der Leitung eines muskulösen Mittvierzigers, den alle Arie nannten. Mit vollem Namen hieß er Arie ben Nathan, kam aus einem Kibbuz im Norden Galiläas, wo die Grenze zum Libanon verlief, und sprach deutsch, als hätte er niemals in seinem Leben auch nur eine Minute irgendwo anders gelebt als in Deutschland. Aber was für ein Deutsch! In welcher Gegend des Landes mochte, um Himmels willen, diese Sprache gesprochen werden?

Als Hans ihn fragte, lachte Arie: »Ich stamme aus der Pfalz, aus der ziemlich tiefen Pfalz, da, wo es Weck, Worscht und Woi gab. Das verstehst du nicht? Na schön, dann eben Brötchen, Fleischwurst und Wein. Capito? Und bevor du weiter fragst: Früher hieß ich Fritz Bernburg, mein Vater war Weinhändler, deutsch bis ins Mark und, Gott sei's geklagt, blöde genug, um zu bleiben. Ich bin als einziger der Familie ausgewandert, sehr früh schon, und ich habe als einziger der Familie überlebt. Noch Fragen?«

Auch Hans erzählte in knappen Worten seine Geschichte. Und dann stellte Arie die unvermeidliche Frage, diesmal zionistisch eingefärbt.

»Ich kann ja verstehen, daß du nicht in Frankreich geblieben bist, nach allem, was du mit den Franzosen erlebt hast. Aber warum ausgerechnet wieder Deutschland? Hast du die Nase immer noch nicht voll? Mir jedenfalls können sie gestohlen bleiben, meine Landsleute von einst. Hast du noch nie daran gedacht, zu uns zu kommen? Nach Hause, verstehst du?«

»Daran gedacht? Doch, eigentlich schon. Aber im Moment bin ich noch zu unentschlossen, um wirklich ja zu sagen. Und außerdem, hier gibt's vorläufig noch viel zu tun, um unseren Leuten zu helfen.«

»Das gibt es bei uns auch, mein Freund. Und da wäre noch eine Kleinigkeit: Wir könnten Männer wie dich bestens gebrauchen. Mit deiner Vorgeschichte bist du in der *Haggana* von heute auf morgen Offizier. Wüsten-Erfahrung! Du wärst Gold für uns.«

»Du weißt nicht«, winkte Hans lächelnd ab, »wie wir früher immer über euch Zionisten gelästert haben. Ein guter Zionist, haben wir gesagt, sitzt im Ausland und überredet andere Juden, nach *Erez* auszuwandern. Im Moment bin ich damit beschäftigt, anderen bei ihrem Weg ins Ausland behilflich zu sein. Vielleicht wird aus mir auf diese Weise noch ein guter Zionist.«

Arie erwiderte das Lächeln, aber es wirkte ein wenig gezwungen.

»Kalter Kaffee, diese alten Witze. Ja, ich weiß, so haben sie früher geredet, auch in meiner Familie. Und was hat ihnen das geholfen? Einen Dreck! Ich sage dir was: Komm zu uns, schau dir an, was wir aufbauen, dann wird dir der Sinn für solche Sprüche vergehen. Wir sind eine neue Gattung. In uns gibt es nichts mehr, was an Ghetto und Schtetl oder den assimilierten, zackigen deutschen Juden erinnert. Ich wünschte, Hitler hätte ein Fernrohr, damit er vom tiefsten Loch der Hölle zu uns hochschauen könnte. Das würde ihn fertig machen, glaub mir: Juden, die Felder bestellen, Sümpfe austrocknen und die Wüste begrünen. Juden mit Gewehren, mit denen keiner mehr ein leichtes Spiel hat.»

Hans schien ein Themawechsel angebracht.

»Zeig mir doch erst einmal, was ihr hier auf die Beine gestellt habt. Dann habe ich eine bessere Vorstellung, wie es bei euch zuhause aussieht.«

»Also dann: Willkommen zur Schloßführung mit Wald und Wiesen.«

Es war eindrucksvoll, was sie im »Kibbuz Reinhardshof« in kürzester Zeit aus dem Boden gestampft hatten. Neben dem Bauernhof mit den Stallungen gab es jetzt eine kleine Tischlerei, um die arg ramponierten Gebäude des Hofes wieder instandzusetzen; eine Mechanikerwerkstatt, in der an einem alten Traktor geschraubt, gefeilt und geschweißt wurde; und eine ansehnliche Gemeinschaftsküche, in der täglich drei Mahlzeiten für alle zubereitet wurden.

Die Tischlerei und die Werkstatt standen unter der Obhut von ORT, der jüdischen Berufsschul-Organisation, die ihre Lehrer von England und Palästina aus in nahezu alle DP-Lager sandte, um junge Männer und Frauen so weit in handwerklichen Fertigkeiten auszubilden, daß sie sich nach der Auswanderung aus Deutschland ihren Lebensunterhalt verdienen konnten.

Hans ließ seine Blicke über Wiesen und Äcker streifen, hinunter in die Senke und zu den schier endlosen Wäldern am Horizont. Im fernen Dunst zeichnete sich eine Hügelkette ab, aus der ein Kegel wie ein Solitär aufragte.

»Das ist die Wasserkuppe«, erklärte Arie, »der höchste Berg hier in der Gegend. Früher hat die Wehrmacht dort Übungen mit Segelflugzeugen gemacht. Lastensegler, mit denen sie den Nachschub in Kampfgebieten regeln wollten. Jetzt haben sich die Amerikaner der Kuppe angenommen und eine militärische Radarstation aufgebaut. Ich war neulich mal oben, um mich mit dem Military-Rabbi aus Würzburg zu treffen. Wenn wir zuhause nur die Hälfte von dem Material hätten, das die Amerikaner hier als nicht mehr verwendungsfähig ausmustern, dann könnten wir jeden Kampf mit den Engländern aufnehmen.«

»Mit den Engländern? Die sind doch Alliierte.«

»Mann, Hans, in welcher Welt lebst du eigentlich? Der Krieg ist vorbei, du bist nicht mehr in Nordafrika. Kriegt ihr denn hier überhaupt nicht mit, was draußen vorgeht? Die Engländer versuchen, Palästina abzuriegeln, damit von unseren Leuten keiner mehr reinkommt. So hoffen sie, die Araber ruhigzuhalten. Die sind doch seit ihrem gemeinsamen Kampf gegen die Türken dicke Freunde. Und wir bleiben dabei mal wieder auf der Strecke. Das alte Lied, hier die Nazis, dort die Briten. Ich sage dir, wo immer einer von uns zur Welt kommt – wenn es nicht in *Erez* ist, dann ist es immer im falschen Bett.«

»Ich höre nur«, erwiderte Hans, »daß die Auswanderungswilligen, die nach Palästina wollen, bei den Engländern auf ziemliche bürokratische Hürden stoßen. Aber daß sie die Grenzen dicht machen und niemanden mehr reinlassen, hab ich noch nicht gewußt. Sag mal, Arie«, fragte er dann unvermittelt, »wenn du nicht gerade in der Rhön einen Bauernhof in einen *Hachschara*-Kibbuz verwandelst, was machst du dann? Du bist doch nicht bloß Bauer, oder?«

»Ich bin ein Bauer, ob du es glaubst oder nicht. Aber bei uns ist man nie nur das eine oder das andere. Ich bin Kibbuznik in Mazzuba, oben im Norden, an der Grenze zum Libanon. Nur, daß ich nicht allein Kühe melke, und den Hühnerstall habe ich, ehrlich gesagt, auch schon lange nicht mehr ausgemistet. Dafür habe ich geholfen, unsere Schutztruppe aufzubauen.«

»Was für eine Schutztruppe? Schutz gegen wen?«

»Na gegen wen wohl? Nacht für Nacht versuchen die Araber Überfälle, stecken mal das Lebensmittellager in Brand oder streuen Rattengift in die Hühnerställe. Und wenn sie einen von uns allein erwischen ... Es hat jedenfalls schon genug Tote gegeben. Deshalb patrouillieren wir jede Nacht, um uns zu schützen. Tagsüber kommen die Herren Nachbarn als gute Freunde, kaufen und verkaufen, trinken einen Tee mit uns oder einen Mokka – und im Schutz der Dunkelheit rammen sie einem das Messer in den Rücken.«

Hans erschien diese Schilderung ziemlich übertrieben.

»Aber die Engländer sind doch als Mandatsmacht da. Lassen die das einfach so zu?«

»Mach dir keine Sorgen«, Arie lachte bitter, »die Herren Engländer wissen sich zu beschäftigen. Die Offiziere spielen Bridge und Cricket, nehmen ihren Drink in den zwei, drei guten Hotels und stolzieren mit ihrem unter den Arm geklemmten Stöckchen durch die Gegend wie bei uns der Hahn im Kibbuz. Und die Mannschaften findest du überall dort, wo es Bier gibt. Offiziell leben wir in erträglichem Nebeneinander. In Wirklichkeit aber schauen sie weg, wenn die Araber Terror machen, drohen sie ihnen nachsichtig mit dem Zeigefinger und passen ansonsten auf, daß die Juden den ›Frieden‹ nicht stören.«

Hans hielt noch immer dagegen: »Aber die Engländer haben doch vor 30 Jahren der Einrichtung einer jüdischen Heimstätte zugestimmt!

»Das schon, sie haben sich verpflichtet. Und? Wo geben sie uns denn das Land, das sie uns versprochen haben? Sie haben ein paar von uns einwandern lassen, solange sie uns brauchten. Du weißt doch selbst, wie viele Juden während des Krieges freiwillig in der *British Army* gedient haben, ganz abgesehen von der *Jewish Brigade*. Und jetzt? Jetzt ist der Krieg vorbei, die Soldaten sind ins Zivilleben zurückgekehrt – und die Kleinigkeit, die sie uns zugesagt haben, dieses ausgetrocknete Stückchen Land, die ist vergessen. Wir haben eines gelernt: Hilf dir selbst, dann hilft dir Gott«.

»Das«, murmelte Hans, »habe ich doch schon mal irgendwo gehört.«

Sie waren langsam zum Haupthaus zurückgeschlendert, wo Hans seinen Wagen abgestellt hatte, einen altersschwachen Opel, der ziemlich mitgenommen aussah.

»Der sieht aus, als könnte er eine Auffrischung ganz gut gebrauchen. Wenn du willst, laß ich mal ein paar von unseren Jungens dran. Dann sieht er aus wie neu. Mit so was kennen wir uns aus. Ein paar Stahlplatten draufgeschweißt, und schon haben wir wieder ein schußsicheres Gefährt für die Fahrt von einem Kibbuz zum anderen.«

Hans wehrte dankend ab.

»Nett von dir, aber das könnte ich selbst. Was glaubst du, mit welchen abenteuerlichen Transportmitteln wir in Spanien unterwegs waren. Da kenne ich mich aus … Ach, übrigens, da fällt mir was ein. Ist dir in *Erez* vielleicht mal ein Mann namens Uli Sichel begegnet? Ein ziemlicher Riese. Ungefähr so.« Hans machte mit beiden Armen eine Bewegung hoch über seinem Kopf.

Für einen Moment zog Arie die Augen zusammen und musterte Hans sorgfältig.

»Uli Sichel?«, fragte er dann, »wer soll das sein?«

»Ein Freund von mir, den ich in Prag getroffen habe und der auf dem Weg nach Palästina war. Ich dachte, er sei vielleicht in einem Kibbuz gelandet.«

Arie überlegte einen Moment, dann schien er seine Skepsis überwunden zu haben.

»Wenn wir beide denselben Uli meinen, dann heißt er jetzt Sich-El und lebt in Haifa. Er ist dort bei der Feuerwehr.«

»Dann muß es ein anderer sein. Mein Uli Sichel versteht von Feuerlöschen so viel wie ich vom Buddhismus. Er war Buchprüfer und Schwimmtrainer. Aber das war auch das einzige, was er mit Wasser zu tun hatte.«

»Das ist er. Und wenn du noch mehr staunen willst, er ist nicht nur bei der Feuerwehr, er ist der Chef der Feuerwehr.«

»Uli Sichel als Chef der Feuerwehr? Ich hab ja schon so manche Verrücktheit erlebt, selbst am eigenen Leib. Aber das kann ich mir nun wirklich nicht vorstellen.«

Arie senkte die Stimme fast verschwörerisch: »Er ist beim *Palmach*, unserer Untergrund-Kampfeinheit. Und wenn es brennt, also wenn irgendwo ein Überfall von Arabern stattfindet, dann läuft die Alarmierung über Uli. Als Feuerwehr-Chef hat er nämlich ein von den Engländern genehmigtes Telefon. Und deshalb ist er unsere Feuerwehr in doppelter Hinsicht.«

Jetzt war es Hans, der Arie abschätzend musterte.

»Und du bist auch beim *Palmach*, stimmt's? Du bist Offizier.«

»Bingo«, erwiderte Arie lachend.

»Ich werde darüber nachdenken, Arie. Jetzt muß ich erst mal wieder zurück nach Fulda. Aber wir sehen uns wieder. Versprochen.« Hans streckte ihm seine Hand entgegen.

Arie ergriff die Hand und drückte sie fest.

»Shalom, Hans. Es würde mich freuen.«

»Bis bald … und Shalom.«

* * *

Den Weg zurück fuhr Hans beinahe automatisch. Für die Schönheit der Felder und Wiesen, der Wälder und des beinahe zum Greifen nahen Mittelgebirges hatte er keinen Blick. In Gedanken war er weit weg, in jenem fernen Land, das allen Juden, wo auch immer auf der Welt, so viel bedeutete, und das die wenigsten von ihnen zu Gesicht bekamen.

Er dachte an Uli Sichel, nein, Sich-El, den Riesen, und er stellte ihn sich vor als Feuerwehrhauptmann. Ob er in Uniform durch die Straßen lief, in einer dunkelblauen womöglich wie die Feuerwehrmänner in Breslau? Und dann, an Festtagen, mit einer Pickelhaube auf dem Kopf? Hans grinste in sich hinein. Das wäre ein Bild für die Götter. Überhaupt: Feuerwehrhauptmann! Ein jüdischer Feuerwehrhauptmann. Nicht zu glauben. Obwohl, beinahe hätte es ja in Potsdam sogar einen jüdischen Polizeipräsidenten gegeben. Warum also nicht einen jüdischen Chef der Feuerwehr? In Potsdam lebten jedenfalls weniger Juden als in Haifa, das war mal sicher.

Uli, *Palmach*, Kibbuz – *Erez*! Zum ersten Mal ließ Hans das Szenario einer ganz und gar anderen Zukunft an sich vorüberziehen. Doch plötzlich blieb der Film in seinem Kopf hängen. Wo kam dabei eigentlich Frania vor, der er sich so nahe fühlte? Sollte er mit ihr in Deutschland bleiben? Mit ihr, die Auschwitz überlebt hatte? Eher nicht. Nach Australien gehen, mit Samek, ihrem Bruder, und ihrer Schwägerin Mirijam? Oder etwa doch nach Erez Israel?

Wenn die Engländer solche Probleme mit der Einreise machten, dann würden sie sich auf eine längere Wartezeit gefaßt machen müssen. Na schön, dann eben warten. Hauptsache, es würde irgendwann klappen mit der Auswanderung.

Oder doch eher nach Frankreich? Immerhin, die Franzosen waren gerade dabei, ihre Vergangenheit abzuarbeiten. Pétain zu Lebenslang verurteilt, Laval, sein Ministerpräsident, hingerichtet. Das sprach für einen Neubeginn, und dann sogar noch mit de Gaulle. Gar keine so schlechte Aussicht.

Hans wäre um ein Haar am Haus Schildeckstraße 10 vorbeigefahren, so sehr war er in Gedanken. Er parkte den Opel vor dem Eingang zum Gemeindehaus. Heute Abend würde er Frania die entscheidende Frage stellen. Und dann würden sie sich über die Zukunft unterhalten und über das Land ihrer Wahl. Ja, heute abend würde er ihr einen Antrag machen.

* * *

Ja. Frania hatte »ja« gesagt! Und nun bereitete Samek die Hochzeit vor. Tagelang schuftete er von früh bis spät, malte große Bilder, um den Saal zu schmücken, sprach mit Rabbiner Dr. Neuhaus von der Jüdischen Betreuungsstelle in Frankfurt einen Termin ab und überredete den *Schoichet*, zusätzlich zu seinen üblichen Verpflichtungen in Fulda noch eine Extraschicht einzulegen. Dann wurde draußen im Hof, zwischen Beerensträuchern und Blumenbeeten, geschächtet: Hühner und Gänse für ein traditionelles Festmahl nach polnisch-jüdischer Küche.

Hans hatte unterdessen beim Goldschmied Kienzle die Ringe ausgesucht und die behördlichen Formalitäten erledigt – allerdings nicht ganz ohne die offenbar unvermeidlichen Schwierigkeiten.

»Sie müssen mir schon ordentliche Dokumente vorlegen«, verlangte der Standesbeamte im barocken Fuldaer Stadtschloß, »ich kann doch keine amtliche Bestätigung ausschreiben, wenn ich keine richtigen Papiere zu Gesicht bekommen habe.«

Hans tat, als verstehe er nicht: »Aber hier sind doch unsere Dokumente«, antwortete er und präsentierte zwei Ausweise aus hellblauem Karton, mit einem großen dunkelblau abgesetzten Davidstern in der Mitte und Paßfotos von sich und Frania, unterschrieben von Max Gerson und bestätigt mit dem Stempel der Jüdischen Gemeinde Fulda.

»Nein«, sagte der Beamte, »das sind so eine Art Mitgliedsausweise, die kann ich nicht als amtliche Dokumente anerkennen. Da müssen Sie mir schon etwas anderes bringen.«

Hans wurde ungeduldig: »Und woran denken Sie da, wenn ich fragen darf?«

»Eine amtliche Urkunde eben, eine Geburtsurkunde. Oder, wenn die nicht verfügbar sein sollte, eine Kennkarte vielleicht.«

»Ach, meinen Sie die mit dem großen ›J‹ vorne drauf?«

»Ja, das ginge, das wäre ein amtlicher Ausweis.«

Jetzt wurde Hans laut: »Sagen Sie mal«, herrschte er den Beamten an, »muß man eigentlich ein Idiot wie Sie sein, um auf diesem Posten zu sitzen?«

Der Beamte sprang von seinem hölzernen Drehstuhl auf.

»Ich verbitte mir diesen Ton. Was erlauben Sie sich?«

Hans versuchte ein Lächeln, aber seine Augen funkelten wütend.

»Was ich mir erlaube? Mann, wo leben Sie eigentlich?! Sie wollen ernsthaft von mir einen Ausweis mit dem ›J‹ darauf?! Sind Sie so blöde oder haben Sie hier in ihrer Klause noch nicht mitbekommen, daß die Nazizeit vorbei ist?« Und einer plötzlichen Idee folgend, brüllte er los: »Wie stehen Sie hier überhaupt herum? Ist das vielleicht die Art, wie ein deutscher Beamter sich aufführt? Mann, nehmen Sie gefälligst Haltung an. Sie sprechen mit einem Soldaten der alliierten Armeen. Ein Wort von mir und die amerikanische Militärpolizei nimmt Sie hops. Und jetzt: Setzen!«

Der Beamte zögerte einen Moment lang, unsicher und ungläubig. Als Hans mit einer energischen Handbewegung auf den Stuhl deutete, war sein Widerstand gebrochen.

»Ich tue doch nur meine Pflicht«, versuchte er zu erklären, nahm noch einmal die beiden blauen Ausweise zur Hand und schüttelte abermals den Kopf.

»Ich kann die größten Schwierigkeiten mit meinen Vorgesetzten bekommen, wenn ich das hier anerkenne. Ich will Ihnen ja keinen Ärger machen, aber wir haben unsere Vorschriften.«

»Ich kenne diese Vorschriften«, donnerte Hans, »mit diesen Vorschriften ist meine Familie vergast worden. Und jeder hat dabei nur seine Pflicht getan … Wenn Sie mir jetzt nicht auf der Stelle meine Heiratspapiere ausstellen, schmeiße ich Sie aus dem Fenster.«

Erneut stand der Beamte auf, diesmal merklich serviler.

»Ich muß meinen Vorgesetzten einschalten. Bitte gedulden Sie sich so lange. Ich bin sofort zurück.«

Der Vorgesetzte stellte sich als Amtsinspektor Ludowig vor, setzte seine Amtsmiene auf und erklärte, am Verhalten seines Untergebenen gebe es absolut nichts auszusetzen. Vorschriften seien Vorschriften und unbedingt einzuhalten. Er kenne Herrn Neumann dem Namen nach und sei durchaus bemüht, zu helfen. Allerdings nur im Rahmen des gesetzlich Korrekten.

Hans lehnte sich auf dem unbequemen Holzstuhl so weit zurück wie möglich, schlug ein Bein über das andere und hielt dem Amtsinspektor seine Zigarettenpackung hin.

»Sehr freundlich«, sagte Ludowig und nahm eine Zigarette, nicht ohne darauf hinzuweisen, daß in Amtsräumen das Rauchen nicht gestattet sei.

»Verstehe«, antwortete Hans und zündete sich langsam seine Zigarette an.

»Schauen Sie, Herr Ludowig, Sie haben zu tun und ich habe zu tun. Auch in meinem Büro wartet, wie Sie sich vorstellen können, viel Arbeit auf mich. Also, lassen Sie uns die Angelegenheit zum Abschluß bringen.«

»Haben Sie denn«, fragte der Amtsinspektor mit leicht gequältem Unterton, »nicht vielleicht doch geeignetere Unterlagen als diese Karten?«

Hans war zum Fenster gegangen, öffnete einen Flügel und warf seine Zigarette nach draußen.

»Jetzt gebe ich Ihnen mal in Kurzform Unterricht über jüdisches Schicksal, hier und jetzt: Als ich aus dem Land meiner Geburt geflüchtet bin, flüchten mußte, um meine Haut zu retten, da haben sie mir, von Amts wegen, die deutsche Staatbürgerschaft aberkannt. In Breslau gibt es keine Spur mehr von meiner Familie. Zurückgekommen bin ich mit Entlassungspapieren des französischen Militärs. Fertig, *c'est ca*. Und von meiner zukünftigen Frau werden Sie doch kaum erwarten, daß sie Ihnen nach der Befreiung durch die Rote Armee ihre Entlassungspapiere aus dem KZ Auschwitz präsentiert. Es gibt keine Dokumente. Nichts zu machen. Ende.«

»Ja«, sagte Ludowig mehr zu sich selbst, »so ein Entlassungspapier, das wäre natürlich ein Dokument.«

Sie einigten sich schließlich doch, nachdem Ludowig eine zündende Idee gekommen war.

»Wir können doch verfahren«, schlug er aufatmend vor, »wie mit den Ausgebombten aus den großen Städten. Bei denen ist alles verbrannt, und deshalb sind wir ermächtigt, Ersatz-Kennkarten auszustellen. Das könnten wir in Ihrem Fall auch machen.«

»Fein, dann stellen Sie uns doch bitte Ersatz-Kennkarten aus. Und wenn es geht, bitte ohne das große ›J‹ vorne drauf.«

* * *

Es war nicht die erste jüdische Hochzeit seit Kriegsende in Fulda, aber es war immer noch etwas Besonderes, wenn Juden hier und jetzt unter dem Traubaldachin, der *Chuppa* standen. Rabbiner Dr. Neuhaus war schon am Abend zuvor aus Frankfurt angereist und hatte in Fulda übernachtet, um gemeinsam mit Samek Broner im Morgengottesdienst zu amtieren. Der Saal, in dem regelmäßig gebetet wurde, war so voll wie schon lange nicht mehr. Dr. Neuhaus hielt seine Predigt, die *Drascha*, über die in der Thora gegebene Verpflichtung, zu heiraten und Nachkommen zu zeugen.

»Viele von euch«, sagte er mit einem Blick in die hageren und verhärmten Gesichter der meist jungen Anwesenden, »werden sich die Frage stellen, ob man als jüdischer Mensch, der verantwortungsvoll denkt, überhaupt Kinder in die Welt setzen darf, nach allem, was uns angetan wurde. Vor zwei, drei Jahren noch werdet ihr alle eure Zweifel gehabt haben, ob es überhaupt eine Zukunft geben würde. Und doch müßt ihr tief in eurem Innern an diese Zukunft geglaubt haben. Denn dieser Glaube war es, der euch die Kraft zum Überleben gegeben hat. Wir alle haben überlebt.

Nun sind wir die *Sherit haPleita*, die Reste der Geretteten, und viele fragen sich, warum gerade sie überlebt haben, warum nicht ihre Schwestern, ihre Brüder, ihre Eltern. Vielleicht haben wir überlebt, um der Nachwelt Zeugnis abzulegen von all dem Unaussprechlichen, was uns angetan wurde. Aber gewiß haben wir auch überlebt, um nicht die Letzten unseres Stamms zu sein, sondern um Nachkommen zu zeugen. Es ist nun unsere Aufgabe vor der Geschichte, diesem Auftrag zu entsprechen und zu tun, was Generationen und Generationen unseres Volkes getan haben: nämlich unsere Gesetze, ihre Auslegung und ihre Handhabung an unsere Kinder weiterzugeben.«

Hans suchte, während Dr. Neuhaus sprach, Franias Blick. Aber während er die rückwärtige Frauen-Abteilung des improvisierten Betraumes mit den Augen durchwanderte, fiel ihm ein, daß Frania ja gar nicht im Saal war. Sie saß, begleitet von ihrer Schwägerin Mirijam und Bronka, einer Jugendfreundin aus Bendzin, in einem Nebenraum und wartete, zur *Chuppa* hereingeführt zu werden.

»Möge also«, hörte Hans den Rabbiner sagen, »auch unser heutiges Brautpaar mit Glück gesegnet sein und mit gesunden Nachkommen. So werden wir nun also die heilige Handlung vollziehen und das Paar vereinen. Es trete vor Jona Zwi ben Moshe, der Bräutigam.«

Hans stand auf und mußte gegen das Gefühl ankämpfen, er habe Butter in den Knien. Dann ging er die paar Schritte nach vorn zur *Bima*, dem Thora-Vorlesepult, vor dem vier Männer aus der Gemeinde den Trau-Baldachin in die Höhe hielten. Samek, der Schwager, und Albert Hadda, der Cousin, nahmen ihn in ihre Mitte. Sie waren die Trauzeugen und würden nachher auch ihre Namen unter die *Ketuba*, den seit Jahrhunderten gleich lautenden Ehevertrag, setzen.

Albert gab Hans einen leichten Stoß in die Seite, zwinkerte und lächelte ihn an. Gerade noch rechtzeitig, um die Aufmerksamkeit des Cousins nicht von der Braut abzulenken, die jetzt hereingeführt wurde. Sie trug, wie die Tradition es gebot, einen leichten Schleier, nahm den ihr zugewiesenen Platz an der Seite des Bräutigams ein und hörte den Rabbiner die traditionellen Segenssprüche sagen.

Der Rabbiner ließ sich die Ringe reichen, hieß die beiden Trauzeugen, sie zu prüfen, und gab sie dann an die Brautleute weiter, damit sie sie einander, als Zeichen ihrer Ehe, über den Finger streiften. Dann wurde ein in eine Serviette gewickeltes Glas auf den Boden gelegt, Hans trat es mit einem kräftigen Stampfen des rechten Fußes entzwei, und wie auf Kommando rief es von allen Seiten »*Masel tov*«. Hans durfte die Braut küssen. Sie war jetzt seine Frau, Frania Neumann.

Am Abend wurde ausgiebig gefeiert. Aus allen DP-Lagern der Umgebung waren Gäste gekommen, um zu gratulieren und eine »*Simche*«, eine ausgelassene jüdische Feier, zu erleben. Hans Neumann hatte bei allen einen guten Ruf, er wurde respektiert und geschätzt. Bei ihm, das wußten sie, waren sie mit ihren Sorgen und Nöten gut aufgehoben. Wenn ihnen jemand zu helfen vermochte, besonders bei Problemen mit den Ämtern, dann war es Hans Neumann.

Und er hatte einen guten Draht zu den Amerikanern, ohne deren Zustimmung in diesen Zeiten nicht viel lief. In ihren Augen war er nicht der Jude Hans Neumann, das gerettete Opfer, das Mitleid verdiente. Er war der in Ehren aus dem Militär ausgeschiedene französische Fremdenlegionär, ein Mann, der an verschiedenen Fronten gekämpft hatte, ein Elitesoldat und ein Alliierter. Ein Franzose zwar, von denen man ja wußte, daß sie auffallend lange Zeit gebraucht hatten, um sich auf die richtige Seite zu schlagen, aber immerhin ein Alliierter. Wenn er die Amerikaner um Unterstützung oder einen Gefallen bat, dann hatte die Bitte Gewicht. Außerdem war da noch Major Norman Abramowic, der verantwortliche Sicherheitsoffizier im amerikanischen Regiments-Hauptquartier in Fulda. Und der war fast soviel wert wie pures Gold. Daß er jetzt in seiner Feiertags-Uniform unter den Hochzeitsgästen saß, erfüllte Hans mit Stolz.

Das erste Mal war Hans dem Major in der improvisierten Synagoge begegnet, beim Gottesdienst. Eigentlich war es nichts Besonderes, daß uniformierte GIs zum Beten kamen. Aber ein Major – das geschah doch nicht so häufig. Und dann war da noch dieses ganz und gar unerwartete Zusammentreffen gewesen, als Hans von der Militärpolizei ins Hauptquartier der US-Army geholt wurde.

An einem Samstag im März, mitten im Morgen-Gottesdienst des Schabbat, waren bullige MPs mit weißen Helmen zur Tür hereingekommen und hatten sich umgeschaut. Hans war auf sie zugegangen und hatte sie auf Englisch radebrechend gefragt, ob sie am Gottesdienst teilnehmen wollten.

Sie hatten sich nach einem US-Soldaten namens Bernstein erkundigt und ob jemand der Anwesenden ihn eventuell kenne. Hans hatte das bejaht.

»*Okay then*,« hatte einer der beiden Polizisten gebrummelt, »mitkommen!«

»Tut mir leid«, hatte Hans abgewehrt, »wir sind mitten im Gottesdienst. Sie müssen schon warten, bis wir fertig sind.«

Den Amerikaner hatte das freilich nicht sonderlich beeindruckt. Er hatte noch einmal »Mitkommen« gesagt, dieses Mal in merklich schärferem Befehlston, Hans untergehakt und ihn ohne weitere Worte nach draußen gezogen.

Hans hatte sich empört, sich mit französischen und deutschen Flüchen Luft gemacht, aber geholfen hatte es ihm nicht viel. Er werde, so hatte ihm einer der beiden MPs zu verstehen gegeben, nachdem sie schon in den Jeep geklettert waren, zum Hauptquartier gebracht. Der »S 3« habe ein Wort mit ihm zu reden.

Der »S 3«? Soviel war Hans klar gewesen, daß diese Abkürzung für den Sicherheitsoffizier stand, für militärische Spionageabwehr. Was, um alles in der Welt, sollte der »S 3« von ihm wollen? Und was mochte das alles mit Bernstein zu tun haben?

Im Hauptquartier hatte er auf dem Flur warten müssen. Dann hatte einer der Militärpolizisten eine Tür geöffnet und mit zackig an den Helm geführter Hand, gerufen: »*Sir, Mr. Neumann for you, Sir.*«

Eine Stimme aus dem Inneren des Raumes war zu vernehmen gewesen: »*Okay, bring him in*« und dann hatte man ihn vor sich hergeschoben, bis die Tür wieder hinter ihm geschlossen werden konnte. Hans hatte eben noch nach den passenden englischen Worten gesucht, um sich eine solche Behandlung in aller Form zu verbitten, als beim Anblick des »S 3« der Ärger seiner Überraschung gewichen war.

»Sie? Major Abramowic? Sie sind hier der S 3?«

Der andere hatte gelacht: »Ja, ich spiele hier Abwehr. Warum nicht? Sie selbst sind doch das beste Beispiel dafür, daß wir Juden auch ganz passable Soldaten sein können. Nehmen Sie Platz, Hans. Kaffee, Zigarette?«

Sie hatten sich schon bei ihrer ersten Begegnung mit Vornamen angeredet, es aber ansonsten bei einem förmlichen deutschen »Sie« belassen. Denn der Major konnte sich leidlich in Deutsch unterhalten, gemischt mit jiddischen Einsprengseln und mit unüberhörbar amerikanischen Akzent.

»Darf ich fragen, Norman, warum Sie mich unter solch theatralischen Umständen aus dem Gottesdienst herausgeholt haben? Das war ja beinahe eine Verhaftung. Die anderen müssen sich schrecklich ängstigen, was nun mit mir geschieht.«

»Sorry, Hans, ich konnte schließlich nicht wissen, daß man ausgerechnet Sie zu mir bringen würde. Ich hatte nur Order gegeben, nach Leuten zu suchen, die Corporal Bernstein kennen. Mit denen wollte ich mich unterhalten.«

»Und was ist so Besonderes daran, Jack Bernstein zu kennen?«

Major Abramowic hatte einen Schluck Kaffee getrunken, sich eine Zigarette angezündet und auch Hans Feuer gegeben. Dann lehnte er sich in seinem bequemen Schreibtischsessel zurück und begann zu erzählen.

»Bernstein war ein stiller und ziemlich zurückhaltender Mann.«

»War?« unterbrach Hans.

»Okay, Sie haben recht. Er ist ein stiller und zurückhaltender Mann. Nur war er ein Soldat unseres Regiments. Und das ist er jetzt offenbar nicht mehr. Zunächst war er nur ein paar Tage verschwunden, was wir anfänglich als unerlaubtes Entfernen von der Truppe betrachtet haben. Dann erfuhren wir, daß er zu den Russen übergelaufen ist. Irgendwo in die Sowjetzone.« Abramowic schlug mit der Hand auf die Tischplatte und wurde laut: »Das muß sich ein normaler Mensch einmal vorstellen! Zu den Russen! Dieser Idiot! Was glaubt er wohl, was die haben, das wir hier nicht haben? ... Okay, was mich ärgert, ist der Grund für sein Verschwinden. Es scheint nämlich, daß Bernstein Kommunist ist. Und ich bin stinksauer, daß niemand von uns das vorher gewußt hat. Dieser Bastard hat hier im Hauptquartier gearbeitet, hat alle möglichen Papiere in den Fingern gehabt. Und jetzt hat er sich zu seinen roten Brüdern abgesetzt.«

»Ich habe in den zurückliegenden Jahren eine ganze Reihe hochanständiger Kommunisten kennengelernt, gute Kameraden und ganze Kerle. Daß auch ein paar Widerlinge darunter waren – schön, die gibt es überall. Aber wir haben gemeinsam gegen die Nazis gekämpft, und darin waren die Kommunisten nun wahrlich nicht schlechter als Sie und ich.«

»Das ist Vergangenheit, Hans. Zugegeben, wir hatten denselben Feind. Aber jetzt lastet die ganze Verantwortung für die Zukunft der freien Welt auf uns Amerikanern. Wir müssen Stalin zeigen, wo seine Grenzen sind. Sonst reißt er sich noch ganz Deutschland unter den Nagel. Und von daher ist es eine riesige Sauerei, daß ausgerechnet ein Corporal aus diesem Regiment nach drüben übergelaufen ist. Und als i-Tüpfelchen muß es auch noch ein jüdischer Corporal sein. Das ist doch nur Wasser auf die Mühlen von Leuten wie Patton.«

»Patton?«, hatte Hans gefragt, »euer Panzergeneral? Was hat denn der nun wieder damit zu tun?«

»Nichts, außer daß er Antisemit ist, ein Judenhasser erster Ordnung. Und damit steht er bei uns in Amerika leider nicht allein. Wir Amerikaner sind leider nicht nur nette Yankees. Es gibt bei uns jede Menge Rassisten. Und Antisemiten sowieso.«

»*D'accord*«, hatte Hans gesagt, »jetzt machen Sie mir mein Bild von Amerika kaputt. Was das mit Bernstein zu tun hat, verstehe ich allmählich. Bloß, was soll denn eigentlich Hans Neumann in diesem Spiel? Ich habe Bernstein doch nicht mehr als drei, vier Mal gesehen.«

»Keine bange, Sie sind in diesem Stück nicht einmal Statist. Von Ihnen will ich nur wissen, was Bernstein nach Ihrer Beobachtung für ein Mensch war. Hat er sich irgendwann einmal politisch geäußert? Hat er vielleicht angedeutet, wie er zum Kommunismus steht? Hat er Amerika kritisiert?«

»Nein, nichts von alledem. Er kam zum Beten. Das tun Juden sogar dann manchmal, wenn sie Kommunisten sind. Ansonsten kann ich nicht viel sagen. Er war immer sehr ruhig, zurückhaltend, aber freundlich.«

Major Abramowic hatte die Unterhaltung bald darauf beendet, Hans zum Abschied ein Päckchen *Pall Mall* zugesteckt und die MPs ins Zimmer gerufen. Was er ihnen sagte, hatte Hans nicht verstanden. Aber daß sie ihn plötzlich mit ausgesucht förmlicher Höflichkeit behandelten, war nicht zu übersehen. Sie hatten ihn mit »Sir« angesprochen, ihn zackig zu ihrem Jeep geleitet und unverzüglich wieder zur Jüdischen Gemeinde zurückgebracht.

Ja, und jetzt saß Major Norman Abramowic unter den Hochzeitsgästen.

Zu später Stunde griff Samek nach seiner Geige. Er hatte, weiß der Himmel wie, noch einen Klarinettisten und einen Akkordeonspieler aufgetrieben, mit denen er jetzt bekannte Kaffeehaus-Melodien zum Besten gab, Operetten und Filmmusik. Das improvisierte Klein-Orchester wurde begeistert beklatscht. Einige Gäste, die besonders ausgelassen waren und vielleicht auch schon ein Glas zuviel getrunken hatten, begannen zu tanzen.

Eigentlich hatte Erwin Ebender für die Musik sorgen sollen, Ebender, der Zigeunergeiger. Er war ein drahtiges Männlein mit schwarzglänzendem, immer pomadisiertem Haar und einem schmalen Schnurrbart auf der Oberlippe. Hans hatte seinem Schwager in spe vorgeschlagen, Ebender um die musikalische Begleitung zu bitten, doch Samek hatte abgewehrt.

»Was hast du gegen Ebender?«, hatte Hans gefragt, »Du hast doch seinerzeit deine Geige bei ihm gekauft.«

Samek nickte.

»Na, siehst du. Hat er dich dabei vielleicht über den Tisch gezogen?«

Samek schüttelte den Kopf.

»Und kann er Geige spielen?«

Wieder nickte Samek.

»Ja, was willst du dann? Warum nicht Ebender?«

»Weil … weißt du, Hans, ich würde gern selbst musizieren.«

»Du? Aber du gehörst zum engsten Kreis. Du sollst feiern, nicht arbeiten.«

Samek lächelte verhalten: »Dennoch, ich möchte es, meiner Schwester zu Ehren. Ich habe doch nur noch diese eine.«

Das Wesentliche hatte Samek nicht gesagt. Eine schlimme Sache, die ihm erst kürzlich zugetragen worden war und ihn seither unablässig beschäftigte. Es war im Gemeindebüro gewesen, Ebender war, wie gewöhnlich, auf eine Tasse Kaffee vorbeigekommen, auf ein Schwätzchen, und hatte sich dann wieder verabschiedet. Im Flur hatten Männer und Frauen darauf gewartet, aufgerufen zu werden. Einer der Männer hatte urplötzlich fürchterlich zu zittern begonnen, war aufgeregt aufgesprungen und hatte Samek mit beiden Händen an der Schulter gepackt.

»Wissen Sie, mit wem Sie da eben gesprochen haben?«

»Natürlich«, hatte Broner kopfschüttelnd geantwortet, »mit einem Bekannten. Er ist Zigeuner und heißt Ebender.«

»Richtig«, hatte der Mann hervorgestoßen, »und er war in Auschwitz.«

»Genau, er war in Auschwitz. Er ist einer von uns.«

»Nein, das ist er eben nicht. Er ist ein Verbrecher, ein Mörder, ein Verräter.«

»Passen Sie auf, was Sie sagen! Dieser Mann hat gelitten wie wir alle. Das weiß ich genau.«

»Aber ich«, sprudelte der Mann aufgeregt hervor, »ich weiß es besser. Ich war dabei, als er einen anderen mit einem Holzknüppel totgeschlagen hat. Und das war nicht der einzige. Glauben Sie mir, Broner, bitte glauben Sie mir. Ebender war Kapo in Auschwitz. Er war einer von den schlimmsten. Mein Gott, so einer darf doch nicht frei herumlaufen!«

Samek hatte den Mann in sein Büro geführt, noch immer zweifelnd, aber irritiert.

»Wie heißen Sie eigentlich?«

»Ich heiße Abraham Skolnik und stamme aus der Gegend von Warschau. 1943 haben mich die Deutschen nach Auschwitz deportiert. Dort habe ich Ebender erlebt, den Totschläger. Ich kann Ihnen mindestens drei, vier andere bringen, die bestätigen können, was ich sage. Lassen Sie diesen Mann niemals wieder in dieses Haus. Er entweiht es durch seine Anwesenheit.«

In den folgenden Tagen hatte Broner unauffällig Erkundigungen eingezogen über Erwin Ebender. Viel erfuhr er nicht über ihn, nur, daß er aus Hamburg stammte, ins KZ deportiert worden war und damit ein Opfer der Nazis war, wie sie alle. Dann aber war Skolnik wieder aufgetaucht, hatte zwei Namen von jüdischen Männern präsentiert, die im DP-Lager Zeilsheim bei Frankfurt am Main lebten und beschwören konnten, was es mit Ebender auf sich hatte. Nach der *Halacha*, dem jüdischen Religionsgesetz, waren zwei verläßliche Zeugen als Beweis ausreichend.

Samek war verwirrt, niedergeschlagen und außerordentlich verunsichert. Er wußte nicht, was zu tun sei. Die Polizei informieren? Nein. Erstens war er kein Denunziant und, zweitens, waren die bei der Polizei meist in das System der Nazis verstrickt gewesen. Die würden doch gar kein Interesse an einer Aufklärung haben.

Sollte er Hans davon erzählen? Besser nicht, noch nicht. Hans konnte sehr impulsiv sein. Wer weiß, wie er reagieren würde. Andererseits würde sich die Sache mit Ebender garantiert herumsprechen. Sie war überhaupt nicht unter der Decke zu halten. Und wieso auch? Wieso sollte sie eigentlich unter der Decke bleiben?

Wenn es wirklich stimmte, daß Ebender als Kapo andere Häftlinge gefoltert und getötet hatte, dann war es ihre Pflicht, ihn seinen irdischen Richtern zu übergeben. Aber konnte das denn überhaupt stimmen? Ebender? Dieser ruhige, nette Mann? Samek beschloß, die ganze Angelegenheit noch intensiver zu durchdenken. Erst dann würde er Hans einweihen.

Aber dazu kam es nicht mehr. Wenige Monate nach Hans' und Franias Trauung packten Samuel und Mirijam Broner ihre kümmerliche Habe und verließen Fulda. Sie hatten endlich das Visum für Australien erhalten. Samek hatte vor Freude geweint, hatte den Brief des australischen Konsulats geküßt, seine Frau, die gut einen Kopf größer war als er, hochgehoben und war ausgelassen mit ihr durchs Zimmer getanzt:

»Sie lassen uns rein. Wir können abreisen, wir können aus Deutschland raus. Endlich!«

* * *

Hans und Frania Neumann bezogen ihre erste eigene Wohnung, zwei Zimmer in der Löherstraße, in der ersten Etage des Bettenhauses Köhler.

Franz Köhler war ein anständiger Mann. Er war kein Held gewesen während der dunklen Jahre, er hatte sich nie mit kritischen Bemerkungen hervorgetan, aber er hatte sich auch nicht gemein gemacht mit dem Regime der Verbrecher. Er war ein gläubiger Katholik, und das allein brachte ihn auf Distanz zu den Nazis. Andererseits war er Geschäftsmann und wollte keine Kunden verlieren. Seine Kunden waren aber auch die jüdischen Familien gewesen, die seit Gründung des Geschäfts kurz nach der Jahrhundertwende bei ihm ihre Bettwäsche und Daunendecken gekauft hatten. Sie hatten pünktlich gezahlt und ihre Bettdecken einmal pro Jahr zum Auffrischen zu Franz Köhler gebracht. Warum also hätte er sie von einem Tag auf den anderen schneiden sollen?

Franz Köhler schien Hans zu mögen. Das Angebot, sich in seinem Haus einzumieten, war von ihm gekommen, als sie einmal bei einem Einkauf ins Gespräch kamen. Dabei wäre es für Hans kein Problem gewesen, mit Hilfe der amerikanischen Militärbehörden eine vermutlich deutlich komfortablere Unterkunft bei irgendeinem ehemaligen Nazi-Bonzen zu bekommen. Ein Federstrich der Amerikaner hätte für die notwendigen Papiere gesorgt – und die Einweisung wäre perfekt gewesen.

Hans hätte es zwar genossen, einen Ex-Nazi durch seine bloße Anwesenheit unter seinem Dach zu ärgern, doch der Gedanke an solche nachbarschaftliche Nähe bereitete ihm doch Unbehagen. Deshalb nahm er Köhlers Angebot an und zog mit seiner jungen Frau in die Löherstraße.

Hinter dem Haus gab es einen großen Garten, genaugenommen ein riesiges Feld, das hundert Meter weit bis ans Ufer der Fulda reichte. Obstbäume wuchsen dort, Beerensträucher en masse, und Köhlers Frau hatte Gemüsebeete angelegt, wo sie Salat und Krautköpfe kultivierte, Tomaten und Bohnen. Wenn das Wetter schön war, saßen sie am Wochenende unter einem mächtigen Sonnenschirm auf der Wiese und tranken Kaffee.

Es war an einem dieser Tage, als Köhler plötzlich fragte: »Sagen Sie mal, Herr Neumann, wir sind doch Kollegen. Haben Sie denn nie daran gedacht, wieder in ihrem erlernten Beruf zu arbeiten?«

»Wollen Sie mir eine Stelle in Ihrem Geschäft anbieten? Als Verkäufer vielleicht?«

»Nein«, erwiderte Köhler, »daran hatte ich eigentlich nicht gedacht. So viel wirft der Handel im Moment nicht ab, daß ich mir das leisten könnte. Aber wieso machen Sie denn nicht selbst ein Geschäft auf? Sie sind schließlich Fachmann für Textilien, und die werden immer gebraucht. Die Leute müssen doch etwas zum Anziehen haben.« Hans hatte abgewinkt und das Thema gewechselt. Doch der Nagel war eingeschlagen und saß.

Schon am nächsten Tag besprach er das Thema mit Frania, aber die holte ihn schnell wieder in die Wirklichkeit zurück.

»Ein Geschäft gründen? Hier in Fulda? Heißt das, wir sollen in Deutschland bleiben? Wo wir doch gerade unsere Anträge auf Einwanderung an das australische Konsulat geschickt haben. Wir wollten doch nachkommen, wenn Samek sich eingerichtet hat.«

»Zugegeben, doch das geht auch nicht von einem Tag auf den anderen. Zwei, drei Jahre wird das schon noch dauern. Und bis dahin könnten wir hier etwas aufbauen.«

»Aber wenn es aufgebaut ist, werden wir bleiben wollen. Oder willst du dann noch einmal anderswo von vorne anfangen? Also sitzen wir dann in Fulda fest. Ehrlich gesagt, davon hatte ich eigentlich nicht geträumt.«

Hans nahm seine Frau in den Arm und küßte sie zärtlich.

»Wir werden nichts machen, was du nicht möchtest. Nur, dauernd für die Jüdische Gemeinde arbeiten und mich mit den Idioten auf der Stadtverwaltung herumärgern, das ist auch nicht gerade die Erfüllung. Glaub mir, es kostet viel Kraft, immer und immer wieder gegen die Ignoranz der Behörden anzukämpfen. Die werden schon wieder frech. Weiß der Himmel, wo sie ihr Selbstbewußtsein hernehmen. Ich wäre wirklich froh, wenn ich mit denen nichts mehr zu tun hätte und mein eigener Herr wäre. Na schön. Wir reden ein andermal darüber.«

Hans sagte Frania nicht, wie weit der Plan in seinem Kopf bereits gereift war. Kürzlich bei einem Treffen der Sprecher Jüdischer Gemeinden in Hessen war ein Dachverband gegründet worden. Zum Geschäftsführer hatten sie einen Mann bestellt, der bis dahin Verwaltungsdirektor des Städtischen Krankenhauses in Offenbach war.

Dieser Max Willner, in dessen linken Unterarm die Auschwitz-Nummer eintätowiert war, hatte ihnen erklärt, daß mit amerikanischer Hilfe eine Unterstützungskasse für Juden gegründet würde, die sich selbständig machen wollten. Wer in den Gemeinden ernsthaft an eine Existenzgründung denke, solle seine Anfrage an die Kasse richten.

Hans nahm sich vor, beim nächsten Besuch in Frankfurt ein Gespräch mit Willner zu führen.

* * *

Max Willner war ein Mann von kleiner Gestalt, kleiner noch als Hans selbst. Kaum zu glauben, daß er früher einmal in einem Sportverein in Berlin geboxt haben sollte.

Eigentlich stammte Willner aus Gelsenkirchen, wohin es seine Eltern aus dem polnischen Galizien verschlagen hatte. Aber aufgewachsen war er in Nürnberg, hatte dort die Berufsschule absolviert und dabei einen Lehrer gehabt, der zum Schlimmsten gehörte, was jemals aus dem deutschen Bauch gekrochen war – Julius Streicher, Gauleiter von Nürnberg und Herausgeber des übelsten Nazi-Hetzblattes, dem *Stürmer.*

Als junger Mann war Willner nach Berlin gegangen, hatte in einer großen Kürschnerei gearbeitet und schließlich die Tochter eines deutsch-jüdischen kaisertreuen Ex-Unteroffiziers geheiratet. Im Sommer 1938 entschloß er sich, Deutschland zu verlassen, erhielt die Erlaubnis zur Ausreise nach Shanghai und traf alle nötigen Vorbereitungen.

Doch dann war der 9. November gekommen, der Brand der Synagogen und die zahlreichen Verhaftungen jüdischer Männer. Max Willner, das Bestätigungsschreiben des chinesischen Konsulats in der Tasche, war von der Gestapo abgeholt und in das Konzentrationslager Sachsenhausen bei Oranienburg eingeliefert worden. Seine Frau und seine kleine Tochter sah er nie wieder.

Sachsenhausen war Gold gegen das gewesen, was Willner noch bevorstand. Er zählte, wie Franz Ullmer, zu den ersten, die im Jahr nach dem Kriegsausbruch in die Nähe von Oswiecim verlegt wurden, um dort, im späteren Vernichtungslager Auschwitz, die Kautschuk-Produktion von Buna aufzubauen. Willner sprach nicht viel über die Schrecken des KZ, aber als er erfuhr, daß auch Frania Neumann eine Überlebende von Auschwitz-Birkenau war, entstand sofort diese unausgesprochene, aber spürbare Solidarität der einstigen Gefangenen aus dem Vorhof der Hölle.

»Du willst ein Geschäft aufmachen, Hans?«, fragte Willner zweifelnd, »ich hätte nicht gedacht, daß du in Deutschland bleiben würdest«

»Ich bin auch, offen gestanden, gar nicht so sicher, aber vorerst wird es wohl darauf hinauslaufen. Und was dann geschieht, das werden wir sehen. Bis dahin aber muß ich einfach was tun. Und das Textilgeschäft habe ich nun mal von der Pieke auf gelernt.«

»Der Aufbau einer Firma aus dem Nichts ist ja nicht gerade ein Kinderspiel. Schaffst du das alleine?«

»Ich habe«, sagte Hans, »zwei Partner gefunden. Schloime Richtiger und Chillek Gomulinski, zwei nette Kerle. Die Arbeitskraft wäre damit gesichert. Was jetzt noch fehlt, das ist das nötige Startkapital.«

Willner dachte einen Augenblick lang nach, bevor er antwortete.

»Die Unterstützungskasse könnte dir mit einem zinslosen Darlehen von zehntausend Mark unter die Arme greifen. Über die Konditionen der Rückzahlung können wir reden. Würde dir das helfen?«

»Für den Anfang denke ich schon. Jedenfalls ist es besser als nichts.«

Willner stand auf, überlegte einen Moment und ließ sich wieder auf seinen Stuhl fallen.

»Wie soll es denn dann aber mit der Gemeinde weitergehen? Gerson ist ein kranker Mann, die meisten sind DPs aus Polen, dein Schwager ist ausgewandert und der einzige, der die Verwaltungsarbeit machen kann, bist du. Die können dich doch eigentlich gar nicht gehen lassen.«

»Ich werde weiter das Nötige machen. Außerdem gibt es da einen Mann, der im deutsch-polnischen Grenzgebiet aufgewachsen ist und auf einem deutschsprachigen Gymnasium Abitur gemacht hat. Er heißt Hermann Bisam. Ich habe schon mit ihm gesprochen. Er ist bereit, sich bis zu seiner Auswanderung zur Verfügung zu stellen.«

»Bis zu seiner Auswanderung. Und wann wird das sein?«

Hans zuckte die Schultern: »Er hat sich Amerika und Kanada ausgesucht. Kommt darauf an, welches Konsulat sich zuerst meldet.«

* * *

Frania war alles andere als glücklich, als Hans ihr von seinem Gespräch mit Max Willner erzählte.

»Bist du dir auch bewußt, daß wir uns jetzt auf unbestimmte Zeit an diese Stadt und dieses Land binden? Ach, Hans, mir gefällt das nicht. Je mehr man besitzt, um so schwieriger wird es, sich davon zu verabschieden. Glaube mir, wer nichts hat, der geht leichter.«

»Frania, wenn du denkst, es geht überhaupt nicht, dann verzichte ich darauf. Ich werde jedenfalls nichts über deinen Kopf hinweg entscheiden. Nur, selbst wenn wir die Hände in den Schoß legen und Däumchen drehen, werden wir nicht morgen oder übermorgen auswandern können. Sieh doch, wie lange die anderen zum Teil warten müssen, ehe sie ihr Affidavit bekommen. Außerdem, mein Schatz, könntest du, wenn wir in die Textilbranche gehen, vielleicht deine Kunststickerei wieder beginnen. Wäre das nicht eine Idee?«

Frania mußte lächeln: »Hans, du bist ein *Ganeff*. Du weißt, wie du mich rumkriegst.«

Hans erwiderte ihr Lächeln: »Du bist meine Frau. Und ich bin dein Mann. Wenn wir etwas unternehmen, dann nur gemeinsam. Und nur etwas, wovon wir beide überzeugt sind.«

* * *

Die Eröffnung des Textilhauses »Neumann, Richtiger & Co« am Steinweg, nur einen Katzensprung von der alten Stadtpfarrkirche entfernt, fand im Juni 1947 statt. Sie hatten zwei Fachverkäuferinnen gefunden, die im Geschäft bedienten, und als Buchhalter den alten Weidlich, ein verschrumpeltes kleines Männlein, dessen graue Haare von einem messerscharfen Mittelscheitel geteilt wurden.

Weidlich, der aussah, als reichte seine Kraft nicht, um einen Fuß vor den anderen zu setzen, erwies sich als Glücksfall. Er war ein quirliger, immer zu Scherzen aufgelegter Mann um die sechzig und ein Genie in seinem Fach. Er gab Hans die Gewißheit, daß die Finanzen in besten Händen waren und er sich ganz auf den Einkauf konzentrieren konnte, eine Aufgabe, die aufreibend genug war, denn Ware zu erhalten, war alles andere als einfach in diesen Zeiten.

Hans hatte einige Quellen in Frankfurt aufgetan, jüdische Großhändler, die Stoffballen besorgten, Bettwäsche und Anzüge, wer weiß, woher. Zweimal pro Woche machte sich Hans deshalb auf den Weg in die Großstadt, um Bestellungen aufzugeben und eingetroffene Ware gleich nach Fulda mitzunehmen. Meist fuhr er gemeinsam mit Chillek, dem Partner, der ihm inzwischen ein guter Freund geworden war. Und stets nutzte er die Gelegenheit, um bei Max Willner vorbeizuschauen und eine Tasse Kaffee zu trinken, den Max' Sekretärin Madeleine besser zu brauen verstand als jeder Kaffeehausbesitzer in Istanbul. Und vor der Heimfahrt nahm er regelmäßig vom Metzger Stern im Sandweg eine Tüte koscherer Rindswürstchen mit.

Diesmal hatten Chillek und er sich in Frankfurt für ein paar Stunden getrennt, Hans hatte seine Wurst gekauft und war auf dem Rückweg über die Zeil. Er wollte auf dem Weg zum Auto noch einen kleinen Bummel machen, um eine Kleinigkeit für Frania zu finden. Schon am Uhrtürmchen, dem kleinen Platz in Sichtweite des Zoos, waren ihm die vielen Jeeps und Kleintransporter mit dem fünfzackigen weißen Stern der US-Army aufgefallen.

Als er gerade die Lange Straße überquerte, hörte er plötzlich gellende Pfiffe, laute Kommandorufe in englischer Sprache, sah Jeeps an sich vorbei über die Zeil schießen und deutsche Polizisten in dunkelblauer Uniform Hauseingänge besetzen. Im selben Moment rief eine Stimme hinter ihm: »Hans, schön, dich hier zu sehen.«

Er drehte sich um. Eiligen Schritts kam Moishe Burnik auf ihn zu, Burnik aus Fulda.

»Moishe, du? Was machst du hier in Frankfurt?«

»Ach, ich hab nur einen Bekannten besucht. Kannst du mir einen Gefallen tun? Ich muß dringend pischen. Ich such mir irgendein Trümmergrundstück. Sei so gut und paß einen Moment auf meinen Koffer auf.«

Noch ehe Hans etwas sagen konnte, stellte Burnik einen abgewetzten Pappkoffer neben ihn und verschwand. Hans zog ein Päckchen Zigaretten aus der Manteltasche seines Trenchcoats, zündete sich eine *Senoussi* an und wartete.

Die zwei farbigen Militärpolizisten mit den blitzblanken Uniformen und den hohen Schnürstiefeln waren schon an Hans vorbeigestürmt, als sie abrupt stehenblieben, sich umdrehten, ihn musterten und auf ihn zu kamen.

»*Hey, man*, Kontrolle. *Show me your* Kennkarte! *You understand?!*«

Hans nickte.

»*Okay then, come on.*« Während Hans seinen Mantel aufknöpfte, um die Brieftasche aus seinem Jackett zu ziehen, überlegte er. Wenn er sich mit seiner deutschen Kennkarte auswies, würden die beiden ihn bestimmt untersuchen. Er kannte diese Razzien aus Fulda. Da schauten die MPs einem manchmal bis in die Unterhose, ob da nicht vielleicht amerikanische Zigaretten versteckt waren, die härteste Währung auf dem Schwarzmarkt. Er sollte vielleicht besser den blauen Pappausweis mit dem Davidstern nehmen. Obwohl, wer weiß, wie sie dann reagierten.

Hans klappte seine Brieftasche auf. Sein Blick fiel auf das zusammengefaltete Stück Papier. Ja, das war's: Er würde ihnen den Entlassungsschein aus dem französischen Militär zeigen, mit dem Emblem von *France Libre*. Wahrscheinlich konnten sie überhaupt kein französisch lesen und würden deshalb auch nicht registrieren, daß es ein Entlassungspapier war. Aber *France Libre*, das mußten sie verstehen. Sie waren schließlich Waffenbrüder.

Er klappte den Schein auf und reichte ihn dem einen der beiden Militärpolizisten.

»*Moi*«, sagte Hans und deutete auf seine Brust, »*Soldat français. Nous sommes camarades.*«

»*French soldier?*«, wiederholte der MP, der den Zettel genommen hatte.

Hans nickte.

»*Why don't you wear uniform?*«

Hans verstand das Wort »uniform« und versuchte zu erklären, daß er ein paar Tage Urlaub genommen habe.

Die MPs schauten einander an und zuckten die Schultern. »Nix verstehen«, sagte der eine. Dann deutete er auf den Koffer.

»*What's in there?*«

»Was in dem Koffer ist?«, wiederholte Hans, »keine Ahnung. Der gehört mir gar nicht.«

Wieder murmelte der Militärpolizist: »Nix verstehen«.

Dann blickte er noch einmal auf den Entlassungsschein, faltete ihn wieder zusammen und gab ihn Hans zurück. Jetzt lächelte er.

»*Okay, you're a good man. Come on, have a cigarette.*«

Er hielt Hans ein Päckchen *Chesterfield* vor die Nase und nickte freundlich. Dann salutierte er lässig, murmelte »*Bye, bye, my friend*« und stieß seinen Kollegen an.

»*He's okay. Let's go.*« Dann stürmten sie weiter.

Hans blickte ihnen nach. Sie waren gerade um die Ecke gebogen, als Moishe Burnik wieder neben ihm stand. Wie aus dem Nichts herbeigezaubert.

Hans fuhr ihn ärgerlich an. »Verdammt noch mal. Wo warst du die ganze Zeit? Weißt du, was hier los war? Eine Razzia der amerikanischen Militärpolizei. Und ich steh hier mit deinem Koffer dumm rum.«

Burnik hob entschuldigend die Hände: »Du weißt doch, ich hab ein kleines Geschäft gemacht.«

»So lange? So voll kann keine Blase sein. Wer weiß, was das für ein Geschäft war. Also, mir reicht's jetzt jedenfalls. Hier hast du deinen Koffer, und zieh ab.«

Hans nahm den Koffer hoch, um ihn Burnik in die Hand zu geben. In diesem Augenblick löste sich das Schloß, der Koffer klappte auf und sein gesamter Inhalt purzelte aufs Trottoir.

Hans war wie vom Donner gerührt. Was da nach unten aufs Pflaster fiel, waren dicke Bündel Geld. Nicht einfach nur Geld. Es waren Script-Dollar, die Ersatzwährung, in der die US-Army ihren Soldaten den Sold auszahlte. Hans wußte, daß es auf dem Schwarzmarkt einen schwunghaften Handel mit Script-Dollar gab. Sehr zum Ärger der amerikanischen Militärregierung. Deshalb war vor Monaten ein Erlaß ergangen, der den unberechtigten Besitz von Script-Dollar unter massive Strafe stellte. Es hieß, die Militärgerichte der US-Army seien angewiesen, in gravierenden Fällen sogar die Todesstrafe zu verhängen. Und was hier auf dem Pflaster lag, war mit Sicherheit ein gravierender Fall.

Hans schoß die Zornesröte ins Gesicht.

»Du verdammter Dreckskerl. Weißt du, was das heißt? Weißt du, was geschehen wäre, wenn die MPs in den Koffer geschaut hätten? Das hätte mein Ende sein können. Und du hättest mich knallhart ans Messer geliefert. Nur mal kurz zum Pinkeln um die Ecke gehen! Was bist du nur für ein mieses Schwein!«

Burnik kniete zu Hans' Füßen und raffte eilig die Geldbündel zusammen, um sie hektisch wieder im Koffer zu verstauen. Er antwortete nicht. Erst als der Kofferdeckel wieder geschlossen war, stand er schnaufend auf.

»Du übertreibst, Hans. Ich habe wirklich nichts Böses im Sinn gehabt. Wie hätte ich denn wissen sollen, daß eine Razzia kommen würde. Das mußt du mir glauben. Du kennst mich doch.«

Hans spuckte aus.

»Und wie ich dich kenne. Gerade eben habe ich dich in deiner ganzen Feinheit kennengelernt. Du kannst mich mal.«

Er drehte sich um und stapfte davon.

* * *

Chillek reagierte überraschend gelassen, als Hans ihm von dem Vorfall mit Burnik erzählte. Hans dagegen war noch immer außer sich vor Wut.

»He, Chillek, wie kannst du nur so ruhig sein? Verdammt, der Mistkerl hat garantiert gesehen, in welche Lage er mich gebracht hat. Der war bereit, mich auf dem offenen Feuer rösten zu lassen. Ich glaub es nicht, daß ein Jude einem anderen so etwas anzutun bereit ist.«

»Und warum glaubst du das nicht?«, fragte Chillek. »Weil wir bessere Menschen sind, Märtyrer, die ihre Hemdbrust aufreißen, um die Pfeile auf sich zu lenken? Du bist ein Träumer, Hans.«

Hans blieb stehen und sah den anderen scharf von der Seite an.

»Wie redest du denn? Bist du so verdammt abgeklärt, daß du für jede menschliche Schweinerei gleich eine Erklärung hast? Machst du jetzt auf große Barmherzigkeit? Oh ja, natürlich, was hätte der arme Burnik auch machen sollen? Gern hat er es ja nicht getan, mich in diese Deckssituation zu bringen. Und wenn sie mich aufgehängt hätten, dann hätte er in der Synagoge *Kaddisch* für mich gesagt. Weil er eigentlich ein guter Kerl ist. Es war halt nur ein dummer Zufall, nicht wahr?«

»Hans, spar dir deine Ironie. Es ist mir ganz ernst. Schau, wir beide haben Menschen in allerlei Ausnahmesituationen erlebt, und wir wissen, daß Menschen eben nur Menschen sind. Die Engel, die gibt's nur im Himmel. Menschen sind nun mal so gestrickt, daß ihnen das eigene Hemd am nächsten ist. Jeder versucht, zuerst die eigene Haut zu retten.«

»Nein«, widersprach Hans energisch, »da habe ich aber ganz andere Erfahrungen gemacht. Wenn sie alle so wären, wie du sagst, dann gäbe es mich schon lange nicht mehr, dann wäre ich irgendwo in der spanischen Pampa verblutet. Ich habe, Gott sei Dank, sehr konkrete Vorstellungen davon, wie miteinander umgegangen werden sollte, wenn man sich beim Rasieren noch im Spiegel ansehen möchte. Und dazu gehört, daß man sich anständig verhält. Wenn du willst, auch ehrenhaft. Das klingt zwar pathetisch. Aber es trifft den Nagel auf den Kopf.«

Sie waren inzwischen bei ihrem Auto angekommen, Chillek warf mit der Kurbel den Motor an, während Hans Gas gab und den Wagen startklar machte. Nachdem sie eine Weile durch beinahe leere Straßen Richtung Fulda gefahren waren, brach Chillek das Schweigen.

»Ich will dir mal was erzählen, damit du vielleicht verstehst, warum ich so rede. Du weißt, daß ich im Warschauer Ghetto war, ehe sie mich ins KZ verfrachtet haben. Dort gab es, wie in allen anderen

Ghettos wohl auch, den sogenannten Judenrat und sogar eine Judenpolizei. Sie waren das Bindeglied zwischen uns und den Herrenmenschen, mußten sich mit der SS gemein machen, auf Knien vor denen herumrutschen, haben nach oben gebuckelt und nach unten getreten. Es gab miese Typen darunter, solche, die unmoralisch waren und gemein. Die nur auf ihren eigenen Vorteil bedacht und bereit waren, jeden anderen über die Klinge springen zu lassen, wenn sie damit nur sich selbst oder ihre Familien retten konnten. Was ihnen aber, wie wir heute wissen, ja überhaupt nichts genutzt hat. Denn zum Schluß wurden sie alle von der SS umgebracht.

Und dann gab es noch ein paar andere, Männer mit Gefühl und Mitleid und Phantasie, die versucht haben, möglichst vielen zu helfen, ohne daß den Deutschen das auffiel. Ein paar von diesen Männern, das habe ich selbst gesehen, haben inmitten der großen Hungersnot ihre dürftigen Rationen mit Kindern, Alten oder Kranken geteilt, haben bei Verstößen gegen die Anordnungen der Deutschen alle Augen zugedrückt und dabei riskiert, sofort erschossen zu werden. Aber die waren in der Minderheit.

Ich glaube, das Gute ist grundsätzlich in der Minderheit. Womit ich nicht sagen will, daß die anderen böse oder schlecht wären. Sie haben nur versucht zu überleben. Wer sollte ihnen das übelnehmen?«

Hans lenkte mit der linken Hand. Mit der anderen rieb er sich das Kinn, während Chillek fortfuhr.

»Oder nimm unser Dahinvegetieren im KZ. Wer schwach war, hat nicht überlebt. Der konnte gar nicht überleben. Eine Chance hatten nur die Schlitzohren, und die haben es nicht selten auf Kosten anderer geschafft. Von mir aus kannst du sie Überlebenskünstler nennen. Aber wenn ich deine sehr abgehobenen Wertmaßstäbe anlege, dann fallen mir nur eine Handvoll Exemplare für deine Art von Idealismus ein. Und dazu zählen nicht einmal die Kommunisten, obwohl die für ihre Solidarität und gegenseitige Hilfe weithin bekannt waren. Wohlgemerkt: Betonung auf gegenseitige Hilfe. Wer nicht zu ihnen gehörte, der durfte kaum erwarten, daß sie ihm behilflich waren.«

Hans sagte kein Wort. Jetzt hielt er das Lenkrad mit beiden Händen so fest, daß die Knöchel weiß hervortraten.

»Ich habe«, erzählte Chillek, »im Lager mal eine Situation erlebt, die jedem den letzten Rest an Illusionen geraubt hätte, wenn da noch welche gewesen wären. Wir standen beim Morgenappell im Schnee, ohne Strümpfe, nur in unseren dünnen Häftlingskleidern. Der SS-Mann vor uns hielt eine Ansprache über den jüdischen Abschaum, von dem er die Welt befreien müsse, über unsere verschlagene Bösartigkeit und daß wir es nicht wert seien, die gleiche Luft zu atmen wie die arische Rasse

Einer von uns, wir waren etwa fünfzig, flüsterte seinem Nachbarn etwas zu. Der SS-Mann muß es bemerkt haben, denn er wurde schrecklich wütend und verlangte, der Flüsterer solle sich melden. Natürlich geschah nichts. Daraufhin verkündete der SS-Mann, er hieß Arno Bender, wir hätten jetzt drei Stunden strammzustehen, dann würde er noch einmal fragen. Es herrschten vielleicht 30 Grad unter null, und wir standen mit den Händen an der Hosennaht, verschüchtert und voller Angst. Aber wir haben durchgehalten. Ganze drei Stunden lang. Als Bender dann aber drohte, wir würden allesamt drei Tage lang von den Essensrationen ausgeschlossen bleiben, von dieser lauwarmen Wassersuppe und dem verschimmelten Brot, da brach jeder Widerstand in sich zusammen.

Und weißt du was geschah, als einer sich meldete, um seinen Kameraden zu verraten? Der Flüsterer sah den nach oben gereckten Arm und rannte mit dem letzten Rest seiner Kraft los in Richtung Elektrozaun. Er hat es nicht geschafft. Bender schoß ihn genüßlich in den Rücken. Und uns anderen verordnete er mit diabolischem Grinsen die dreitägige Fastenkur.«

»Jetzt fehlt nur noch«, stieß Hans hervor, ohne den Blick von der Straße zu lassen, »daß du von mir erwartest, ich solle mich bei Burnik entschuldigen, weil ich ihn einen Dreckskerl genannt habe. Du hast wirklich ein sonniges Gemüt.«

»Nein«, widersprach Chillek in seiner ruhigen und bedächtigen Art, »du übertreibst wieder. Ich versuche nur, jemanden zu verstehen, der die letzten Jahre gelebt hat wie ein Tier, mit diesem animalischen Selbsterhaltungstrieb, der aufbricht, wenn es ums Überleben geht. Und das, mein Freund, ist es, was die Nazis uns wirklich angetan haben und wofür ich sie hasse bis in die tiefste Hölle. Sie haben Tiere aus uns gemacht, wilde Tiere. Sie haben uns alle Werte menschlichen Miteinanders geraubt, haben sie aus uns herausgeprügelt oder mit ihren genagelten Stiefeln aus uns herausgetreten. Sie haben uns zu ihresgleichen gemacht, zu Denunzianten. Ich hasse sie dafür, daß wir durch sie unsere eigene Schlechtigkeit erkennen mußten und daß wir, um des Überlebens willen, getan haben, was keiner von uns wirklich wollte.

Weißt du, warum es so wenige unter uns gibt, die erzählen, was sie durchgemacht haben? Weil sie sich vor sich selbst schämen. Weil man uns so sehr erniedrigt hat. Nicht die Qual war das Schlimmste, nicht das Leid und die Schmerzen. Es war diese tiefe Erniedrigung. Und dafür möge Gott sie strafen.«

* * *

Die Geschäfte in Fulda entwickelten sich prächtig. Das Textilhaus Neumann, Richter & Co. war inzwischen zur ersten Adresse am Platz geworden, vor allem deshalb, weil es mit Abstand das breiteste Sortiment hatte. Stoffe für Kleider, Bettwäsche und Gardinen, alle erdenklichen Accessoires, eine freundliche und fachkundige Bedienung und sogar eine Kunststickerei, die Monogramme stickte. Hans war zufrieden, und Frania hatte ihren Spaß daran, daß sie zum Florieren des Unternehmens beitrug.

Sie hätten sich inzwischen schon eine andere Wohnung leisten können, eine größere mit eigenen Möbeln. Aber sie zögerten, diesen Schritt zu tun. Einstweilen passte ihr Besitz noch immer in zwei, drei Koffer. Und die waren im Eventualfall schnell gepackt. Irgendwann würde der Tag kommen, an dem sie Fulda verließen. Dann wären Möbel, Geschirr und eine komplette Wohnungseinrichtung bloß zusätzlicher Ballast. Also war es besser, sich zu bescheiden und abzuwarten.

Eines Abends saßen sie bei einem Glas Tee auf dem Sofa, hörten das Wunschmusikprogramm von Radio Frankfurt und hingen schweigend ihren Gedanken nach, als Frania sich plötzlich zu Hans wandte.

»Da ist etwas, was ich dir sagen möchte. Es macht dir bestimmt Freude. Ich weiß bloß noch nicht, was es für die Zukunft bedeutet.«

Hans blickte auf: »Das klingt aber spannend. Willst du, daß wir das Geschäft vergrößern?«

Frania kicherte: »Nein, mit dem Geschäft hat es nun wirklich nichts zu tun. Obwohl«, sie dachte einen Moment nach, »doch natürlich, es hat mit dem Geschäft zu tun. Denn ich werde wohl für die Stickerei bald nicht mehr so viel Zeit übrig haben.«

»Und warum nicht? Sag schon, spann mich nicht länger auf die Folter«.

Frania sah Hans in die Augen.

»Wir bekommen Nachwuchs.«

Hans starrte seine Frau mit offenem Mund an.

»Wir bekommen Nachwuchs? Du bist schwanger?« Er sprang von seinem Platz auf: »Du bist schwanger! Wir bekommen Nachwuchs!«

Er riß Frania vom Sofa hoch, umarmte sie stürmisch, drückte sie an sich, daß sie atemlos rief: »Vorsicht, denk an unser Kind.« Er küßte sie über das ganze Gesicht, auf die Stirn, auf die Wangen und auf den Mund, bis sie beide nach Luft rangen. Und immer wieder rief er, während er vor Begeisterung in die Hände klatschte: »Wir bekommen ein Kind! Wir werden eine richtige Familie!«

Aufgeregt lief Hans zum Vertiko, riß die Türen auf und kramte im Innern.

»Was sucht du denn?«

»Ich suche eine Flasche Wein oder irgendwas ähnliches. Wir müssen doch ein *Lechajim* machen. Mein Gott, wie bin ich glücklich!«

Er kam tatsächlich mit einer Flasche wieder, goß zwei Gläser ein und reichte eines Frania

»Auf unsere Gesundheit und auf die Gesundheit unseres Kindes. Möge es von allem verschont bleiben, was wir zu erleben hatten. Möge es stark sein und immer glücklich. *Lechajim*, mein Liebling.«

Frania nahm einen Schluck, dann sah sie Hans an und hatte Tränen in den Augen.

»*Lechajim*, ich liebe dich.«

* * *

Hans kümmerte sich in den folgenden Monaten besonders aufmerksam um seine junge Frau und achtete darauf, daß sie nicht zu oft ins Geschäft kam. Trotz aller Schonung machte er sich Gedanken um ihren Gesundheitszustand. Zwar waren inzwischen zweieinhalb Jahre seit ihrer Befreiung aus dem KZ vergangen, aber Frania kränkelte immer wieder. In der Munitionsfabrik in Auschwitz hatte sie sich eine chronische Blasenentzündung zugezogen. Auch ihr Kreislauf schien ziemlich labil, und jeder Wetterwechsel machte ihr zu schaffen.

Hans hatte sich deshalb einen Termin bei Dr. Zahner geben lassen, einem Internisten, den Sameks Frau Mirijam noch aus der Zeit vor dem Krieg gekannt und Frania empfohlen hatte. Zahner beruhigte ihn und versicherte, daß er Frania regelmäßig untersuche, auch ihre Blutwerte kontrolliere und daß alles sich ohne besondere Auffälligkeiten entwickele.

»Aber da Sie auch schon mal hier sind«, schlug Dr. Zahner vor, »machen Sie sich doch mal frei, damit ich Sie abhören kann.«

Während er sein Stethoskop über Hans' Brust wandern ließ, wurde sein Gesicht nachdenklich.

»Wir machen noch ein EKG. Ich will da ganz sicher gehen.«

Später, den Papierstreifen des EKG in Händen, fragte der Arzt: »Haben Sie manchmal Herzbeschwerden?«

»Herzbeschwerden? Ich? Nicht, daß ich wüßte. Wie fühlt sich das denn an?«

»Na ja, zum Beispiel wie ein Ziehen in der Brust, wie Brennen oder Schmerzen im linken Arm.«

Hans war unsicher geworden: »Ja, also das mit dem Brennen, das habe ich manchmal schon. Das ist wohl Sodbrennen. Und im Arm, also, da zwickt es manchmal auch. Wahrscheinlich sind das irgendwelche rheumatischen Beschwerden. Die habe ich mir in Nordafrika geholt, in den kalten Nächten, die wir unter bloßen Zeltbahnen zubringen mußten.«

Zahner blickte noch einmal auf die Kurve aus dem EKG-Schreiber. Dann sagte er: »Ich glaube nicht, daß Sie Sodbrennen haben. Und Rheuma schon gar nicht. Das kommt von Ihrem Herzen. Ich denke, das sind pektanginöse Anfälle. Wohl noch nicht sehr stark, aber unübersehbar. Tja, mein Lieber, Sie sollten sich etwas mehr schonen. Nicht soviel Arbeit, nicht soviel Hektik, ab und zu etwas Ausspannen, vor allem sollten Sie mit dem Rauchen aufhören. Das Nikotin ist absolut Gift für Sie. Und wenn mal wieder etwas auftritt, das Sie für Sodbrennen oder Rheuma halten, dann trinken Sie einen ordentlichen Schluck Cognac, mindestens einen doppelten. Das entspannt, löst die innere Verkrampfung und läßt das Blut besser fließen. Passen Sie jedenfalls auf sich auf, gerade jetzt, wo sie bald zu dritt sind.«

»Nicht soviel Arbeit, ab und zu etwas Ausspannen, Schluß mit dem Rauchen, und das alles auf einmal«, wiederholte Hans betont freudlos, »jetzt übertreiben Sie aber, Doktor. Meinen Sie nicht, daß vielleicht auch das Klima hier in Fulda eine Rolle spielen könnte? Ich finde, es ist arg kalt in den Wintermonaten. Man kann ja richtig spüren, wie einem die Feuchtigkeit in die Knochen kriecht. Kein Wunder, wenn man sich da nicht sonderlich wohl fühlt. Aber das muß doch nicht gleich heißen, daß einer Angina pectoris hat.«

Zahner wollte eben zu einer Antwort ansetzen, als Hans ihn unterbrach: »Was hielten Sie eigentlich davon, wenn wir nach Palästina auswanderten? Ich meine, als Arzt und mit Blick auf meine Gesundheit?«

»Nicht viel«, entgegnete Zahner, blickte noch einmal auf den Papierstreifen und schüttelte den Kopf.

»Das ist überhaupt kein Klima für Sie. Diese Hitze dort. Nein, das ist viel zu belastend.«

»Na, jetzt lassen Sie aber Fünfe mal grade sein, Sie haben wohl vergessen, daß ich jahrelang in der Wüste gelebt und dort geschuftet habe wie ein Pferd. An Hitze jedenfalls bin ich gewöhnt, die macht mir garantiert nichts aus.«

»Das mag ja alles stimmen. Nur, Herr Neumann, das war einmal. Heute würden Sie das nicht mehr durchstehen, das verspreche ich Ihnen. Tut mir leid, aber es ist besser, ich sage es Ihnen ungeschminkt.«

Hans erzählte Frania nichts von der Untersuchung, er wollte sie nicht zusätzlich beunruhigen. Doch er achtete jetzt darauf, wann die Symptome sich zeigten. Und er stellte fest, daß sie häufiger auftraten, besonders, wenn er sich aufregte oder die schweren Stoffballen aus dem Auto ins Geschäft trug.

Unterdessen war es Frühling geworden und Frania im neunten Monat. Nur noch wenige Wochen, dann würde ihr Kind zur Welt kommen. Sie hatten eine Wiege geschenkt bekommen, ein altes Erbstück aus geschnitztem Holz, und Frania hatte begonnen, Wäsche für das Baby zu nähen. Nur mit dem Monogramm wartete sie noch. Erst würden sie sehen müssen, was es denn nun war, ein Junge oder ein Mädchen.

»Sag es mir ehrlich«, hatte sie Hans eines Abends gefragt, »was wäre dir lieber? Ein Junge, nicht wahr?«

»Ach was«, wehrte Hans ab, »ein Mädchen wäre mir genauso lieb.« Und dabei sah er verträumt in die Ferne: »Ja, so eine kleine Pisch-Liese, das wäre schon schön.«

»Aber ein Junge wäre eigentlich besser«, beharrte Frania.

»Wieso sollte ein Junge besser sein?«

»Weil du der letzte bist, der den Namen deiner Familie trägt. Und ein Sohn würde den Namen weitertragen.«

Anfang April 1948 war es soweit. Frania wurde in die Geburtsstation des Städtischen Krankenhauses eingewiesen. Am späten Abend des 6. April rollte man sie in den Kreißsaal. Der Arzt ordnete an, den Ehemann zu verständigen, damit er in der Nähe sei, wenn sein Kind zur Welt kam.

Es war nicht weit von der Löherstraße ins Krankenhaus. Hans ging schnellen Schritts durch die Frühlingsnacht, angespannt und aufgeregt. Da war er wieder, dieser Schmerz in Brust und Arm, bohrender diesmal, stechender. Hans mußte langsamer gehen und schließlich stehen bleiben. Er tastete seinen Mantel ab. Ja, da steckte er in der Tasche, der Flachmann, den er sich auf Geheiß des Arztes zugelegt hatte. Hans nahm einen Schluck, fühlte den Cognac durch die Kehle rinnen und dann die Erleichterung in der Brust.

Der Warteraum vor dem Kreißsaal war ein kleines, schmuckloses Zimmer mit weiß getünchten Wänden ohne Bilder, vier, fünf einfachen Holzstühlen und zwei überdimensionalen Aschenbechern. Hans sah auf die Uhr. Mitternacht. Was haben wir für ein Datum? 7. April, Mittwoch, der 7. April 1948. Er hatte schon zwei Zigaretten geraucht, zündete die dritte an der Glut der vorherigen an, zog hastig. Was konnte schlimmer sein als dieses Warten? Draußen waren Schritte zu hören. Hans zerdrückte die Zigarette im Aschenbecher und ging eilig zur Tür. Auf dem Flur war niemand. Die nächste Zigarette und weiter das Auf und Ab im Warteraum. Die Uhr zeigte halb eins. Jetzt wurde es aber langsam Zeit. Das war ja die reinste Folter.

Hans langte nervös in die Tasche seines Jacketts. Das Päckchen mit den Zigaretten war leer. Mist, ausgerechnet jetzt. Aber er mußte doch noch eine andere Packung haben. Er hatte sie doch eingesteckt, ganz bestimmt. Fahrig tastete Hans seinen Anzug ab. Na also, da waren sie ja, Gott sei dank. Während er das Päckchen herauszog, bemerkte er wieder den Brief in der Tasche, den der Postbote am Morgen gebracht hatte. Ein Brief, den Hans wieder und wieder gelesen hatte, mit fremd anmutenden Schriftzeichen auf den beiden kleinen Briefmarken. Und dann der Absender: Annemie Blut, Shanghai, China.

Er steckte sich die Zigarette an, nahm den Brief aus dem Kuvert und begann zu lesen, was er an diesem Tag bestimmt schon fünf, sechs Mal gelesen hatte:

Mein geliebter Bruder,
ich bin außer mir vor Glück und Freude. Heute hat mir der Aufbau in New York Deine Adresse übermittelt, und schon sitze ich hier, um Dir zu schreiben. Seit ich Deine kleine Annonce gelesen habe und weiß, daß Du am Leben bist, habe ich vor Aufregung kaum eine Nacht mehr durchgeschlafen. Hans, was bin ich froh, ein Lebenszeichen von Dir erhalten zu haben! Ich weiß, daß es einige Wochen dauert, ehe Du diesen Brief in Händen hältst. Und ich zähle die Stunden und die Tage bis zu Deiner Antwort. Ich freue mich so unendlich darauf.
Wir sind jetzt seit gut sechs Jahren in Shanghai. Frage nicht, was wir durchgemacht haben. Aber seit der Krieg auch im Pazifik zu-

ende ist, haben wir wieder neue Hoffnung. Und vor allem seit dem vorigen Jahr, als unser Sohn Peter zur Welt kam. Wir beten darum, daß er in Frieden und in Sicherheit aufwachsen kann und es einmal besser haben möge als der Rest der Familie.
Du weißt das ja nicht, weil Du damals schon nicht mehr in Deutschland warst, aber wir konnten im Frühjahr 1939 noch ausreisen. Martin und ich hatten nach Mutters Tod geheiratet und waren kurz darauf nach Berlin gezogen. Dennoch dauerte es Jahre, ehe wir endlich und nach langem Bangen die Visa für Shanghai in der Tasche hatten – den letzten Hafen, der uns noch aufzunehmen bereit war. Was hatten wir nicht alles versucht! Aber die Türen waren fast überall dicht für die Juden aus Deutschland. Und die Nazis ließen niemanden außer Landes, der nicht auch eine Aufnahmezusicherung vorweisen konnte. Es war eine lange, schier endlose Schiffspassage. Als wir Shanghai schließlich erreichten, war das ein Schock. Wir hatten nicht damit gerechnet, in solch drangvolle Enge zu geraten, in ein Stadtviertel mit Tausenden von deutschen Juden, die alle geflüchtet waren, kaum Arbeit hatten und von dem bißchen leben mußten, was sie noch aus Deutschland hatten mitnehmen dürfen. Trotzdem hatten wir mehr Glück als die anderen. Denke nur, die vielen Rechtsanwälte konnten aus ihrem studierten Beruf nichts machen, auch nicht die Journalisten oder die Kaufleute. Woher hätten sie ein Geschäft nehmen sollen, um Handel zu betreiben? Da ging es uns schon besser. Martin konnte als Arzt arbeiten, und ich habe ihm als Krankenschwester assistiert. Das hat uns über Wasser gehalten. Ein Arzt wird nun mal immer gebraucht, in guten und in schlechten Zeiten.
Allerdings wurde unsere Lage bald deutlich ärger, weil die Japaner die Stadt besetzten und die Juden in ein Ghetto pferchten. Die Japaner lernen anscheinend schnell. Leider hatten sie sich als Lehrmeister die Nazis ausgesucht. Deshalb trauerten wir bald der vergangenen Zeit unter chinesischer Oberhoheit nach. Inzwischen, das wirst Du wissen, haben uns die Chinesen wieder, oder wir sie. Aber die Lage ist viel schlechter als noch vor ein paar Jahren. Wenn wir nicht aus Amerika die Lebensmittelpakete der jü-

dischen Hilfsorganisationen bekämen, müßten wir verhungern. Deshalb versuchen wir schon seit Kriegsende, Shanghai zu verlassen. Aber das Trauerspiel setzt sich fort, wieder finden wir kein Land, das bereit wäre, uns aufzunehmen.
Martin arbeitet nach wie vor als Arzt, auch wenn uns das nicht mehr als ein paar Pfennige pro Tag bringt. Inzwischen habe ich eine eigene Möglichkeit gefunden, etwas zu unserem gemeinsamen Lebensunterhalt beizutragen. Du wirst es nicht glauben, aber ich habe eine Leihbücherei eröffnet. Ja, ich sitze hier zwischen Regalen und Stapeln von Büchern. Deutschen Büchern! Und die leihe ich für eine kleine Gebühr aus. Nun wirst Du sicher fragen, woher ich die habe. Ganz einfach. Jeder von den vielen jüdischen Emigranten hier in Shanghai hat auf seiner Flucht von zuhause ein paar Bücher im Gepäck gehabt. Weiß der Himmel, was die Leute alles zurückgelassen haben – aber Bücher haben sie mitgenommen. Ist das nicht komisch? Wir hängen an diesem Land, das uns davongejagt oder umgebracht hat, wir verachten es für alles, was uns angetan wurde, aber wir hüten und lesen seine Bücher. Und dabei versuchen wir, für ein paar Augenblicke die traurige Wirklichkeit um uns herum zu vergessen. Diese schrecklichen Bedingungen, unter denen wir hier vegetieren müssen. Ach, wenn wir doch nur ein Einreisevisum für ein anderes Land bekämen! Am liebsten gingen wir nach Amerika. Aber da haben wir wohl keine Chance. Nicht bei den riesigen Warteschlangen vor dem Konsulat.
Weißt Du, lieber Bruder, was uns überrascht hat? Daß Deine Adresse in Deutschland ist! Martin hat ziemlich verärgert reagiert, als er Deine Anschrift erfuhr. Ich weiß ja nicht, wo dieses Fulda genau liegt, aber es ist jedenfalls in Deutschland. Und darüber möchte Martin eigentlich gar nicht mehr sprechen. Er will nicht einmal mehr den Namen in den Mund nehmen. Stell Dir vor, ausgerechnet Martin, der einst so stolz darauf war, Deutscher zu sein. Er ist schrecklich enttäuscht.
Ich bin ja so außerordentlich gespannt auf Deine Antwort. Das letzte, was wir von Dir gehört haben, war, daß du aus Prag nach

Spanien gegangen seist. Hast Du dort »überwintert« oder bist Du dann noch weitergezogen?
Hier in Shanghai können wir in einem der jüdischen Sozialzentren den Aufbau lesen. Dadurch erfahren wir von Woche zu Woche mehr über die fürchterlichen Ungeheuerlichkeiten, mit denen Deutschland die halbe Welt überzogen hat. Man muß sich das vorstellen: Sie haben Millionen von Menschen umgebracht, nur weil es Juden waren! Dieses Land verdient es nicht, noch länger auf der Landkarte zu stehen. Und ausgerechnet dort bist Du jetzt wieder gelandet! Warum hast Du Dich dazu entschlossen? Na ja, Du wirst es mir hoffentlich schnell schreiben, natürlich auch, wie es Dir ergangen ist und was Du jetzt machst. Bist du womöglich verheiratet? Und hast Du Kinder? Nein, das nehme ich nicht an. In Deutschland wird es keine jüdischen Kinder mehr geben. Das kann eigentlich niemand seiner ermordeten Familie antun, daß er in diesem Land wieder Kinder in die Welt setzt.
Hans, geliebter Bruder, ich bin schrecklich gespannt, von Dir zu hören. Spann mich bitte nicht länger auf die Folter, antworte ganz schnell. Ich umarme Dich. Auch Martin läßt Dich natürlich grüßen.
Bis bald,
Deine Annemie.

Hans faltete den Brief wieder zusammen. Deutschland ist kein Land mehr für jüdische Menschen? In Deutschland wird es keine jüdischen Kinder mehr geben? Das kann niemand seiner ermordeten Familie antun? Er preßte die Lippen aufeinander. Wo wurde eigentlich über das Schicksal von Menschen entschieden? Im Himmel? Und von wem? Von Gott? Vom lieben Gott? Von dem, der all das geschehen ließ, was den Menschen seines Bundes angetan wurde? War das die Segnung, die das auserwählte Volk als Prämie bekommen hatte? Auserwähltes Volk?! Danke schön, auf so eine Prüfung hätten wir gern verzichtet.

Bald würde sein Kind zur Welt kommen. Auf der Geburtsstation eines deutschen Krankenhauses.Und was dann? Sollte das Kind in Fulda aufwachsen oder in einer anderen deutschen Stadt? Konnte er das vertreten gegenüber all den ermordeten Verwandten?

Automatisch hatte Hans gerade Zigarette Nummer sieben in Brand gesetzt, als die Tür geöffnet wurde und eine Krankenschwester mit einer gewaltigen weißen Flügelhaube hereinschaute. Sie blickte sich kurz um, ob noch andere Männer im Raum waren.

»Sind Sie Herr Neumann? Hans Neumann?«

»Ja, das bin ich«, antworte Hans hastig. Er war von seinem harten Holzstuhl aufgesprungen. »Was ist es, ein Junge oder ein Mädchen? Sagen Sie es, schnell.«

Jetzt huschte ein Lächeln über das strenge Gesicht.

»Ich gratuliere. Sie sind Vater eines gesunden Sohnes.«

Hans merkte, wie ihm das Wasser in die Augen stieg. Er wischte sich ein paar Tränen aus den Augenwinkeln, schluckte zweimal und fragte: »Wann kann ich ihn sehen? Und meine Frau? Wie geht es ihr?«

»Es geht ihr den Umständen entsprechend gut. Sie ist müde. Aber wenn Sie mitkommen, können Sie sie kurz sehen.«

Als das Bett aus dem Kreißsaal gerollt wurde, sah Hans seine Frau bleich und ausgepumpt auf ihrem Kissen liegen. Neben sich ein kleines Bündel, eingewickelt in eine weiße Decke, aus der nur der Kopf hervorlugte, ein kleines Köpfchen mit einem Busch schwarzer Haare.

Hans trat an das Bett heran und griff vorsichtig nach der Hand seiner Frau. Frania schlug die Augen auf. Als sie Hans sah, ging ein schwaches Lächeln über ihr Gesicht.

»Siehst du«, sagte sie leise, »der Name Neumann bleibt in der Welt.«

Hans mußte einen gewaltigen Kloß herunterwürgen, ehe er sprechen konnte.

»Ich freue mich so unendlich, und ich danke dir so sehr. Wie werden wir ihn nennen, den kleinen Neumann?«

»Wir nennen ihn nach deinem Vater«, flüsterte Frania. »Wir nennen ihn Moritz. Ja, so soll er heißen, wie sein Großvater: Moritz Neumann.«

Danksagung

Bei der Vorbereitung, den Recherchen und der Endfassung meines Manuskripts habe ich Ratschläge, Ermunterung und Korrekturen erfahren, die mir sehr geholfen haben.
Ich danke meinem langjährigen, guten Freund Klaus Staat für duldsames Zuhören und wiederholten Ansporn.
Ich danke dem mir stets hilfreichen Historiker und Germanisten Dr. Thomas Lange für wichtige Überprüfungen des Textes.
Mein besonderer Dank gilt der Lektorin Dr. Ruth Führer für behutsame redaktionelle Bearbeitung mit Feingefühl und persönlichem Verständnis.
Mein ebenso herzlicher Dank gebührt dem Kulturchef des Hessischen Rundfunks, Hans Sarkowicz, für das Zutrauen in meine Arbeit und seine Bereitschaft, eine Veröffentlichung zu fördern.
Ich danke Frau Dr. Bettina Leder-Hindemith für ihre Beharrlichkeit bei der Suche nach Möglichkeiten, das zum Inhalt gewählte Thema als Buch zu veröffentlichen.
Ich danke der Josef-Fränkel-Stiftung, Darmstadt, und dem Landesverband der Jüdischen Gemeinden in Hessen, Frankfurt am Main, für finanzielle Unterstützung zur Veröffentlichung des Buches.
Ich danke Anne Hamilton und Dr. Rolf Johannes vom zu Klampen Verlag für sympathische Betreuung des Autors und kreative Umsetzung seiner Arbeit.